2019年高水平培育和高峰团队经费——新发展理念下宏观调控法创新与演进
（项目编号：A-3000-19-X003-18）

Changes in the Economic Rule of Law

中国经济法治变迁

主　　编／杨勤法
副主编／季　洁
参编人员／丁庭威　温　馨　陈　枫　刘秋欢　谭书卿
　　　　　王璐琪　林晓波　李佳璐　殷佳楠

北京大学出版社
PEKING UNIVERSITY PRESS

图书在版编目(CIP)数据

中国经济法治变迁/杨勤法主编. —北京：北京大学出版社,2020.11
ISBN 978-7-301-31767-9

Ⅰ.①中… Ⅱ.①杨… Ⅲ.①经济法—研究—中国
Ⅳ.①D922.290.4

中国版本图书馆 CIP 数据核字(2020)第 200260 号

书　　　名	中国经济法治变迁 ZHONGGUO JINGJI FAZHI BIANQIAN
著作责任者	杨勤法　主编　季　洁　副主编
责 任 编 辑	刘秀芹
标 准 书 号	ISBN 978-7-301-31767-9
出 版 发 行	北京大学出版社
地　　　址	北京市海淀区成府路 205 号　100871
网　　　址	http://www.pup.cn　　新浪微博：@北京大学出版社
电 子 信 箱	sdyy_2005@126.com
电　　　话	邮购部 010-62752015　发行部 010-62750672　编辑部 021-62071998
印 　刷 　者	北京溢漾印刷有限公司
经 　销 　者	新华书店
	730 毫米×980 毫米　16 开本　23.25 印张　392 千字 2020 年 11 月第 1 版　2020 年 11 月第 1 次印刷
定　　　价	88.00 元

未经许可，不得以任何方式复制或抄袭本书之部分或全部内容。
版权所有，侵权必究
举报电话：010-62752024　电子信箱：fd@pup.pku.edu.cn
图书如有印装质量问题，请与出版部联系，电话：010-62756370

序言 反思中国经济法治变迁

一、经济法理论的反复

中国经济法治的现状,既是理论指导实践的结果,也是实践推动理论的结果,是理论与实践的相互促进。改革开放之初,基于对经济发展的渴望,也由于对法治的追求,经济法治成为热门的话题。其中,"何为经济法"成了话题的中心,学术界对经济法的调整对象的讨论尤为激烈。早期对经济法影响最大的几次会议包括:1979年5月在北京召开的关于民法、经济法的学术讨论会,会上法学界的同行们对民法与经济法的关系进行了热烈的讨论;1983年10月和1983年12月分别在沈阳和北京召开的经济法理论工作会议和经济法学术理论讨论会。所谓的"五大经济法学派"① 就是在这两次会议上初步形成的。在这五大学派中,最有影响的是"综合经济法论"。该派学者认为,凡是涉及经济活动的经济关系,都应该由经济法调整,这种大经济法的观点几乎排除了民法对经济活动的调整。该观点也得到了实务部门的认可,凡是涉及经济管理的行政法规或涉及平等主体间经济关系的法律、法规,都被称为经济法。学界普

---

① "五大经济法学派"是指我国经济法理论研究中的五个学派,即"纵横经济法论""纵向经济法论""计划经济法论""综合经济法论"以及"学科经济法论"。

遍认为，经济法是一个很重要的法律部门，门类众多，内容繁杂。经济法又是一个新兴的边缘学科，目前还处在逐渐形成和逐步完善的发展过程之中。[①] 作为全国法院干部业余法律大学的培训教材，《中国经济法讲义》将我国经济法归纳为：计划法律制度、工商企业法律制度、农村合作经济组织法律制度、个体经济法律制度、外商投资企业法律制度、经济合同法律制度、基本建设法律制度、涉外经济合同法律制度、货物运输法律制度、知识产权法律制度、技术合同法律制度、财政法律制度、金融法律制度、自然资源法律制度、环境保护法律制度。这种归纳基本与我国法院经济审判庭的审案范围相一致。

1986 年，我国颁布了《民法通则》，该法适用国际普遍采用的民法调整范围划分标准，除将平等主体间的身份关系作为调整对象外，也将平等主体间的财产关系作为调整对象。《民法通则》作为基本法律，对公民、法人及其他组织的民事活动（包括一定的经济活动）作了相应的规范。为保持与民法的一致性，经济法学界提出了"管理协调论"。该理论认为，经济法是调整经济管理关系和经济协调关系的法律规范。经济法调整国家经济管理关系[②]，即国家经济管理机关对于由其投资的企业（特别是国有企业）所进行的必要的经营管理活动而发生的经济组织的内部经济管理关系。经济法协调国家经济关系，即国家行政权力深入经济领域，对国民经济实行组织、管理、监督、调节和干预。经济法得到了快速发展，到 1987 年为止，全国有两百多所高等文科院校/系成立了经济法系或经济法教研室。国务院经济法规研究中心组织了几十个部门的数百位专家、学者，用了近三年的时间编纂的《经济法辞典》于 1987 年 2 月出版。这一阶段经济法理论研究的重点是探讨运用经济法律手段调节和控制经济运行，解决经济法规体系内部的合理分工与有机结合，按两权分离的原则深化企业改革，完善承包经营责任制、租赁经营责任制、股份制的法律问题。

经济法界的另外一件大事是，1987 年，国务院经济法规研究中心、中国经济法研究会摄制了长达 200 学时的经济法系列电视讲座教学片，内容包括经济法制的立法、司法、执法研究，中央和地方政府的经济法制建设。时任中央政法委书记乔石在这部教学片中作了重要讲话。

20 世纪 80 年代，经济法学界取得的另一个重大理论突破是产权制度改

---

① 参见任建新主编：《中国经济法讲义》（上册），人民法院出版社 1987 年版，前言第 1 页。
② 参见漆多俊：《经济法调整对象及其他》，载《法学评论》1991 年第 2 期。

革。经济法学者提出，必须明确国有企业所有权，赋予企业完整的财产所有权权能，调动企业的积极性。应成立国有资产管理机构，专门负责国有资产的投资、收益、利益分配等问题。国家与企业脱钩，企业面向国有资产管理机构，以平等资格商谈国有资产利用方面的事宜。国有资产管理机构以委托人的身份管理国有资产，并负责对企业进行投资，从而为企业向股份制过渡创造条件。[①] 股份制是产权制度改革以后最理想的经营模式，它能促进产权的全面流动，有利于企业间的融资和股权所有者对经营者的约束，使企业在各方利益机制的制衡作用下，保证企业效益的最大化。

1992年邓小平同志南方谈话后，中国共产党第十四次全国代表大会作出了建立社会主义市场经济体制的重大战略决策，明确提出社会主义市场经济体制的建立和完善必须有完备的法制来规范和保障。我国立法机关按照建立社会主义市场经济体制的要求，加快经济立法，在规范市场主体、维护市场秩序、加强宏观调控、促进对外开放等方面发挥了作用。经济法学者转向关注经济法的价值、原则等。经济法学者认为，经济法的本质属性（也即基本范畴）是保障社会整体经济利益；基本价值是社会效益和社会公正；基本功能是平衡协调经济运行；发挥功能的基本方式是规制经济运行中的经济行为；直接任务是通过引导、促进、保障、制约，实现国民经济的健康、协调、可持续发展。因此，"经济法是公私融合的新法域，是具有独立意义的社会法的特别法"[②]。经济法是创设社会主义市场经济之法。经济法的本质在于其"创设性"，而非"干预性"，其调整对象不仅包括政府宏观经济调控关系、市场管理经济关系、社会经济保障关系，还包括公司法、破产法、合同法等民（商）法的内容。有学者提出，"经济法固然是政府干预社会经济之法，但也在某种程度上是'干预政府之法'，界定政府权力、规范政府行为、明确政府责任是经济法的核心内容所在。从一定意义上说，法律'干预'好了政府，政府就干预好了社会经济。"[③] 经济法就是"要为政府干预社会经济建章立制，是政府干预社会经济必须遵循的基本法律、法规。不建立起一套'干预政府'的经济法体系，政府干预经济就没有依据和标准，这种经济法体系就是不完善的"。

---

① 参见《中国法律年鉴》编辑部编：《中国法律年鉴（1989）》，法律出版社1990年版，第970页。
② 肖乾刚、程宝山主编：《经济法概论》，中国商业出版社1995年版，第20页。
③ 邱本、董进宇：《论经济法的宗旨》，载《法制与社会发展》1996年第4期。

20世纪90年代以来,国家十分重视经济法制度建设工作。随着社会主义市场经济体制的逐步建立、对外开放水平的不断提高、民主法制建设的深入推进和各项事业的全面发展,为把中国特色社会主义事业全面推向21世纪,八届全国人大四次会议批准了21世纪第一个十年国民经济和社会发展的远景目标,确立了"依法治国,建设社会主义法治国家"的基本方略,明确提出到2010年形成中国特色社会主义法律体系。按照这一目标要求,为保障和促进社会主义市场经济的发展,适应加入世界贸易组织的需要,中国继续抓紧开展经济领域立法,制定了证券法、合同法、招标投标法、信托法、个人独资企业法、农村土地承包法、政府采购法等法律,修改了对外贸易法、中外合资经营企业法、中外合作经营企业法、外资企业法、专利法、商标法、著作权法等法律。这为厘清现代经济法的内涵和本质提供了良好的制度基础和实践经验,为经济法的理论提升创造了新的历史契机和科学视野。①

2011年10月27日,国务院新闻办发布了《中国特色社会主义法律体系》。该白皮书对经济法发展作了如下总结:"经济法是调整国家从社会整体利益出发,对经济活动实行干预、管理或者调控所产生的社会经济关系的法律规范。经济法为国家对市场经济进行适度干预和宏观调控提供法律手段和制度框架,防止市场经济的自发性和盲目性所导致的弊端。截至2011年8月底,中国已制定经济法方面的法律60部和一大批相关行政法规、地方性法规。中国制定了预算法、价格法、中国人民银行法等法律,对经济活动实施宏观调控和管理;制定了企业所得税法、个人所得税法、车船税法、税收征收管理法等法律,以及增值税暂行条例、营业税暂行条例、城市维护建设税暂行条例等行政法规,不断健全税收制度;制定了银行业监督管理法、反洗钱法等法律,对金融行业的安全运行实施监督管理;制定了农业法、种子法、农产品质量安全法等法律,保障农业发展和国家粮食安全;制定了铁路法、公路法、民用航空法、电力法等法律,对重要行业实施监督管理和产业促进;制定了土地管理法、森林法、水法、矿产资源法等法律,规范重要自然资源的合理开发和利用;制定了节约能源法、可再生能源法、循环经济促进法、清洁生产促进法等法律,促进能源的有效利用和可再生能源开发。中国重视通过法律保障市场主

---

① 参见顾功耘主编:《经济法教程》(第三版),上海人民出版社、北京大学出版社2013年版,第234页。

体之间的公平、有序竞争。反不正当竞争法是中国由计划经济向市场经济转轨时期制定的一部重要法律，借鉴国际经验，规定禁止仿冒、商业贿赂、虚假宣传、侵犯商业秘密、不正当有奖销售、诋毁竞争对手等不正当竞争行为，维护经营者公平竞争的权益。价格法规定国家实行并逐步完善宏观调控下主要由市场形成价格的机制，大多数商品和服务实行市场调节价，极少数商品和服务实行政府指导价或者政府定价。反垄断法对垄断协议、滥用市场支配地位以及排除、限制竞争的经营者集中等垄断行为作了禁止性规定。中国依法对财税、金融、外汇、投资等体制进行改革，建立了与市场经济相适应的宏观管理体系。中国经济的市场化进程取得了举世瞩目的成就。中国积极履行在世界贸易组织框架内承担的义务，不断完善对外贸易法律制度，确立了社会主义市场经济条件下的对外贸易体制，规范了对外贸易经营者的权利和义务，健全了货物进出口、技术进出口和国际服务贸易管理制度，建立了具有中国特色的对外贸易调查制度和对外贸易促进体制，并根据世界贸易组织规则完善了贸易救济制度以及海关监管和进出口商品检验检疫制度，确立了统一、透明的对外贸易制度。中国对外贸易快速增长，进出口总额在世界贸易中的地位不断提升。"[1] 该白皮书对我国经济法的范围、功能、成就作了完整的总结。自此以后，经济法进入比较成熟的发展阶段。

之前学界对经济法理论的反复讨论，最后是通过官方的白皮书界定了部门法的范围与调整对象，这也是中国特色的法治现象。

推动我国经济法治进步的一支重要力量是经济审判工作。我国改革开放以后，经济审判工作成为人民法院的一项重要任务。1979年2月，重庆市中级人民法院率先成立了经济审判庭，进行经济审判试点工作。1983年9月，六届全国人大常委会第二次会议通过了修改《人民法院组织法》的决定后，各地区中级人民法院和基层人民法院陆续设立了经济审判庭。1984年3月，最高人民法院召开了第一次全国经济审判工作会议，明确了经济审判工作为现代化经济建设和改革开放服务的指导思想，明确了基本任务和收案范围，提出了加强组织、业务建设的措施。到1989年6月底，全国各级法院共受理各类经济纠纷案件192万件以上，诉讼标的总额5196200万元。[2] 1989年，全国各级人

---

[1] 中华人民共和国国务院新闻办公室：《中国特色社会主义法律体系》，人民出版社2011年版。
[2] 参见《中国法律年鉴》编辑部编：《中国法律年鉴（1989）》，法律出版社1990年版，第11页。

民法院共受理一审经济纠纷案件 694907 件。[①]因经济审判工作一直适用民事诉讼法程序，为与民事诉讼称谓相一致，2000 年 8 月，最高人民法院作出决定，取消原来的经济审判庭，改经济审判庭为民（商）事审判庭。这一改革并未削弱经济法的社会功能，涉经济发展的民商事案件的审判程序更加清晰。[②]

二、所有制立法标准的疑问

1978 年改革开放以来，我国的法治建设受到高度重视。经济法治作为我国法治的重要组成部分，在为我国经济发展提供制度保障方面发挥了重要作用。我国经济改革的基本路径是农村到城市、私营（个体）到国营（集体）、外资到内资、计划到市场。经济法治的变迁也回应了这一路径。

我国改革的重大突破首先从农村开始。1978 年 11 月，安徽凤阳县小岗村农民私自将集体所有的土地分配到户，实行包产到户。包产到户，其意义在于改变了集体经济的经营模式，摆脱了人民公社对农民劳动积极性的束缚，极大地解放了生产力。在解决了农民吃饭问题的同时，农村产生了大量的剩余劳动力。农村剩余劳动力为寻求工作机会，从农村涌入城市，形成了我国非常有特色的"农民工"群体。农民工为城市的工业化提供了大量廉价的劳动力，进而促进了制造业的发展。

肇始于安徽凤阳的包产到户，一开始就游走于法律的灰色地带。作为社会主义公有制经济制度的重要组成部分，集体所有制是全国农村的核心和主要制度，其最重要的体现是农村的集体土地所有制，这是由我国的宪法规定的。凤阳模式是对现有制度框架的突破，但并无法律及政策依据。直到 1982 年 1 月 1 日，中共中央批转了《全国农村工作会议纪要》（中发〔1982〕1 号），肯定了包产到户是建立在土地公有制基础上的，是社会主义农业经济的组成部分。而由法律来确定农村土地的承包制度，则是 2002 年 8 月全国人大常委会通过

[①] 参见最高人民法院院长任建新在第七届全国人民代表大会第三次会议上所做的《最高人民法院工作报告》。

[②] 这一改革使很多人对经济法的地位产生了怀疑。经济法是一个独立的法律部门，它不同于行政法、民商法、社会法；经济法又是一个重要的法律部门，不能被其他的法律部门所取代；同时，经济法仅仅是一个法的部门，也不能取代别的部门法；经济法不够完善，需要在和别的部门法的协调中完善自我。曾两次给中央政治局集体学习讲课的西南政法大学教授李昌麒回忆，当年听说要撤销经济审判庭，就写了反对的文章，但因种种原因未能发表，自己的书面意见也未得到有关部门的重视。

的《农村土地承包法》。农村土地的承包经营，是通过家庭来承包的，这也就有了我国法律关系主体中的"农村承包经营户"。

农村土地制度改革取得突破的同时，我国农村的另一个主体——乡镇企业，也得到了发展。乡镇企业的前身叫"社队企业"，指的是人民公社和生产队创办的企业，本质上属于公有制的经济形式。1984年3月1日，国务院正式发文，将"社队企业"改称为"乡镇企业"，乡镇企业成为我国新的企业组织形式。乡镇企业在我国经济发展中发挥了重要作用。据国家统计局统计，在国务院发文两年后，即1986年年底，全国的乡镇企业的总数已经达到1515万家，解决就业人数8000多万人，实现总产值3300亿元，占国内生产总值的20%，缴纳税收170亿元。针对这一企业组织形式，全国人大常委会于1996年10月29日通过了《乡镇企业法》，对乡镇企业的设立、产权、管理等进行了规定。虽然《乡镇企业法》对乡镇企业作了规范，但我国乡镇企业自身的发展途径却很奇特。乡镇企业都在农村，没有任何工业化的基础，没有设备、技术、工人，也没有市场。乡镇企业的发展途径主要有两个："侵占国营"和"个体挂靠集体"。乡镇企业私下聘用国企的工程师，利用周末时间为乡镇企业服务，通过这种服务，逐渐地把国企技术转移到乡镇企业。为了获得市场与品牌，许多乡镇企业与国企开展联营，国企将自己的业务承包给乡镇企业，乡镇企业使用国企的品牌、人才、技术和销售渠道，乡镇企业得到了长足的发展。"个体挂靠集体"而形成的乡镇企业源于我国对个体经济的限制。改革之初，为了解决部分人员的就业问题，国家允许个人从事商业活动，这就是我国很有特色的"个体工商户"。到1979年年底，全国批准开业的个体工商户约10万户。由于个体工商户是以个人名义从事商业经营，各地对个体工商户能否雇用工人无法把握。最后，有人从马克思的《资本论》中找到了依据。《资本论》指出："雇工到了八个就不是普通的个体经济，而是资本主义经济，是剥削。"各地对个体工商户是否合法的一个判断标准是雇工人数是否超过八人。这一规定直到1987年的中央"5号文件"发布才废止。① 许多个体工商户为了突破雇

---

① 1988年4月七届全国人大一次会议通过了《宪法修正案》，该修正案的两条规定都被认为是经济法的巨大突破。《宪法修正案》第一条规定："宪法第十一条增加规定：'国家允许私营经济在法律规定的范围内存在和发展。私营经济是社会主义公有制经济的补充。国家保护私营经济的合法的权利和利益，对私营经济实行引导、监督和管理。'"为落实宪法规定，国务院于当年6月颁布了《私营企业暂行条例》，该条例对私营企业的性质及条件作了规定。

工人数的限制，采取了挂靠乡镇集体的规避做法，使自己的私企或个体工商户变为乡镇集体企业。

　　这两种发展乡镇企业的途径都带来了很多后遗症。国企与乡镇企业的联营，造成了国企原有技术人才的流失，乡镇企业获取了国企的技术。特别是在我国生产资料紧缺时期，乡镇企业与国企争原材料，引起了市场的极大波动，国家不得不出台政策整顿市场，并对乡镇企业的发展进行一定的限制。相比较而言，个体挂靠乡镇企业引起的后果更严重。因企业的实际产权人是个人，乡镇集体并未投入资金，企业的实际所有人也认为自己应享有企业的成果。被挂靠的乡镇企业不断壮大后，企业所挂靠的集体与企业的实际所有人对企业财产产生争议，其中一些乡镇企业家因被控侵吞集体资产而入狱。吴晓波在书中写道："国家是在动用政府机器对体制外的资本力量进行遏制，这样的制度性遏制将在今后的20年时间里持续发生，这不是某一个人的决策行为，而是整个中国企业变革的逻辑使然。"[1] 全国绝大多数的乡镇集体企业与城镇集体企业，后来逐渐改制为民营企业，加上逐渐壮大的私有企业，民营经济取得了巨大的成就。[2] 但是，部分人对民营经济的不信任、不容忍的意识仍根深蒂固，甚至时不时会有人提出民营经济应该退出历史舞台的怪论。[3] 另一个因主体不同而区别对待的例子是我国对外资企业的政策。开放之初，我们缺乏资金及有竞争力的市场主体，为吸引外资，给外商直接投资（FDI）提供了很多的优惠条件。许多条件远远超过国内企业能够享有的待遇，这种待遇被称为"超国民待遇"。[4] 国内有一定经济能力的市场主体为享受这些"超国民待遇"，通过各种手段，将国内的资金转到国外"走一圈"，然后以外资形式享受优惠。通过国外渠道进入国内投资以享受外资待遇的国内资金被称为"假洋鬼子"。外资看

---

[1] 吴晓波：《激荡三十年：中国企业1978—2008（上）》，中信出版社2017年版，第111页。
[2] 中国民营经济贡献了中国经济的半壁江山。截至2017年年底，中国民营企业的数量超过2700万家，个体工商户超过6500万户，注册资本超过165万亿元，民营经济占GDP的比重超过了60%。民营企业用近40%的资源，创造了我国60%以上的GDP，缴纳了50%以上的税收，贡献了70%以上的技术创新和新产品开发，提供了80%以上的就业岗位。民营经济发展成为社会主义市场经济的重要组成部分和我国经济社会发展的重要基础。
[3] 2018年9月，网上的一篇文章《中国私营经济已完成协助公有经济发展的任务，应逐渐离场》引发热议。文章提出"私营经济不宜继续盲目扩大，一种全新形态、更加集中、更加团结、更加规模化的公私混合制经济，将呈现越来越大的比重"，"中国私营经济已完成协助公有经济发展的任务，应逐渐离场"。
[4] 1980年4月10日，由中国民航北京管理局和香港中国航空食品公司合资经营的北京航空食品公司获批成立，这是国家工商局颁发执照的第一家中外合资企业。

重各种优惠的同时，也特别在乎其财产的安全，保障安全的重要手段是法制，故许多外资在评估投资的可行性时，将我国对外资保护的相关法律作为评估内容。为此，我国早期在企业组织法领域制定的法律是保护外资的《中外合资经营企业法》①。以《中外合资经营企业法》为开端，产生了多部以企业所有制为模式的立法。

对于私企、乡镇企业、国企、外企的区别对待，是基于对各类企业对社会所做贡献的不当认知：国企就是公有的，不存在剥削；私企是私人的；乡企是小部分人的；外企是可以引进技术、资金和管理水平的。为此，我国企业组织法的立法模式非常特别：基于企业的所有制性质的立法模式，将企业法分为全民所有制企业法、集体企业法、私营企业法、"三资企业法"。②

无论是"挂靠集体"还是"假外资"，都是我国区域产业战略和产业政策必然产生的套利行为。比如，有些地方为吸引投资，给予相关企业以税收优惠，即所谓的"五免五减半"。投资主体为最大限度地享有这些好处，会在五年后，再找能给予税收优惠的政府。企业在优惠期一到，就主动关闭。企业根据政府税收优惠期限而开办和关闭，被形象地称为"开关厂"。"从中国改革的第一个年份开始，根据资产身份的不同制定不同的政策便成为一个不容置疑的战略，在很多时候，它甚至成了一种价值观。"③ 因主体的不同而给予不同政策的逻辑，其弊端是不透明、不公平。政府对此也有一定的认知，但其行事的思路和政策导向一直没有大的改变。

三、宏观调控的非法制化

从计划经济转向市场经济，发展并不顺利。为纠正市场的偏差，政府一直与市场相互博弈。在我国最为典型的体现是政府的宏观调控。自改革开放以来，我国有四次重大的宏观调控，分别是1984年起的宏观调控、1993年起的

---

① 该法是1979年7月1日由第五届全国人民代表大会第二次会议通过的。
② 具体包括：全民所有制企业法，指第七届全国人民代表大会第一次会议于1988年4月13日通过了《全民所有制工业企业法》；集体企业法，指国务院颁布的《城镇集体所有制企业条例》和《乡镇企业法》；私营企业法，指《私营企业暂行条例》；"三资企业法"，指《中外合资经营企业法》《中外合作经营企业法》和《外商独资企业法》。"三资企业法"已由自2020年1月1日开始施行的《外商投资法》所取代。
③ 吴晓波：《激荡三十年：中国企业1978—2008（上）》，中信出版社2017年版，第112页。

宏观调控、2003年起的宏观调控、2014年起的宏观调控。

1984年我国决定扩大开放，把对外开放的城市从4个经济特区扩大到沿海14个城市。沿海开放城市获得许多特权。海南地区就是利用进口审批权，向无进口权的其他地区和单位大量开具进口批文，造成各种进口商品对我国经济的冲击。[①] 1985年全国进口汽车数量竟是改革开放前我国汽车进口数量的总和。各地方政府当时扩大开放的主要手段是争抢引进彩电、冰箱、洗衣机、录像机生产线[②]，最后导致了我国物价高涨、经济过热。1984年全国货币投放量在1983年的90.66亿元的基础上激增到170多亿元。

从1984年年底开始，国家对"经济过热"踩刹车，采取了一系列宏观调控措施。首先，限制进口，既限制进口商品，也限制引进生产线。其次，控制物价上涨，对主要生产资料和必需生活资料限定最高价。中央为保证宏观调控尽快见效，还采取行政手段，处分了一批对经济过热负有责任的地方领导。全国的经济秩序有所恢复，过热现象逐渐缓解。

第二次宏观调控起于1993年。基于1992年邓小平南方谈话，我国进一步开放，在海南设省，整个省对外开放。各地给外资以大量的优惠政策，即"超国民待遇"，国外资本对我国的市场更加渴望，大量外资再次涌入中国。1993年出现经济狂热现象。以投资为例，1993年投资比1992年增长69%。当时主管经济的副总理朱镕基采取了三大调控措施：金融整顿（包括三角债清理）、分税制和国企改革。特别是分税制对我国中央与地方的财权划分产生了深刻的影响，地方的财政收入向中央集中。[③] 这次宏观调控，中央取得财权的同时，把大量的事权下放给了地方。

我国的第三次宏观调控开始于2003年。背景是我国在2001年加入世贸组织后，对外贸易额激增，国内投资加速，产能过剩明显（尤其是建材行业）[④]。自1998年开始的住房分配改革出现效果，房地产热逐渐出现，个人购买商品

---

① 海南1984年的财政收入为2.956亿元，进口贷款42.1亿元；进口8.9万辆汽车、286万台彩电、25.2万台录像机。
② 具有讽刺性的是，全国9省市从意大利梅洛尼公司引进了9条同样的"阿里斯顿"冰箱生产线，结果是重复生产。
③ 分税制改革前，中央和地方的税收分成大都采用包干制或分成制，如上海1992年的任务是165亿元，100亿元归中央，65亿元留上海，超收各半。
④ 产能过剩在建材行业体现得特别明显：2003年钢铁投资增长96%，电解铝增长92.9%，水泥增长121.9%等。

房比例显著提高。2003年开始的宏观调控以调控房地产市场为重点，防止物价的过度上涨。由于这一阶段的货币发行量不断攀升，虽然物价上涨指数得到了控制，商品房的价格却一路高歌猛进。房地产市场成了超发货币的蓄水池。

我国的第四次调控开始于2014年。此次调控之前，我国经济发展达到了新的规模，全国GDP接近60万亿元人民币。经济高速发展的同时，受资源（能源）、环境的制约越来越明显。①2013年，十二届全国人大一次会议选举产生新一届政府。新一届政府开始了经济新常态思维，经济发展不求量但求质。全国调控的主要目标是降库存、去杠杆、调结构。对各省的政绩考核中，GDP的权重下降。调结构涉及供给侧改革，难度非常大，我国至今还未全部完成。

我国的宏观调控一直围绕经济总量展开，依赖的主要手段是行政手段，在抑制通胀和防止萎缩之间循环反复。因我国宏观调控非法制化明显，习惯于过度使用行政干预，在干预措施出台时，没有对干预措施的负面效应做深入的研究，如为抑制物价而限制企业的自行定价权，为压缩产能过剩而限制企业自由投资权等，发生"头痛医头，脚痛医脚"的现象。中央与地方在宏观调控的职责划分上不够明确，经常出现地方政策与中央政策的冲突。

四、经济法的政策法属性明显

经济法调整的经济活动变化快，为适应经济活动的迅速变化，经济法的许多规范具有政策法的特点。政策法常以暂时规定、暂行办法等形式出现，其层级较低，颁布、修改、废除程序简单。我们能够发现许多这样的政策法。②经济法的政策法属性，除了有能迅速应对经济形势变化的积极效果外，也有较多的负面效果。大量的经济法法规以暂行法的形式出现③，大大降低了执行效果，也损害了经济法权威。

---

① 根据2013年国土资源公报，全国水质较差43.9%、极差15.7%。甚至拉萨也于2013年出现了浮尘天气。

② 如我国1979年成立了国家外汇管理局，负责人民币和外币的交易。当时是为了临时应对外汇黑市交易。改革之初，对于企业能否做广告，没有法律规定，后来国家有关部委发了一个通知，企业可以做广告。为此，1979年3月中央电视台组建广告部，电视台播放的企业广告不断增多。同一时间，上海《文汇报》则刊登了第一个外国品牌的广告——瑞士雷达表。

③ 例如，我国涉及房地产的房产税、城镇土地使用税、耕地占用税、契税等，都是20世纪八九十年代以暂行条例形式出现的，且都暂行了三十多年，有的现在仍有效。

政策的多变性，使得市场主体不知所措，甚至造成主体的普遍违法现象。在我国改革开放后的经济史上，有一个令人们印象深刻的名词："投机倒把"。改革之初的一个措施是促进商品流通、鼓励贸易。当贸易达到一定规模，国家无法控制时，政府又出台政策进行一定的限制。1981年1月，国务院颁布《国务院关于加强市场管理、打击投机倒把和走私活动的指示》，打击投机倒把成了当年经济工作的重点。对于投机倒把，既可以追究刑事责任[①]，也可以追究行政责任。[②] 80年代，刑事案件中有很多是投机倒把案件，在《中国法律年鉴》公布的年度大案中，投机倒把案件经常名列榜首。

我国经常会出台一些产业目标[③]、产业目录等，根据相关产业政策，国家会给予某些产业特殊的政策或相应的补贴，以此使相关企业获得市场竞争优势。但是，有些企业并没有提高竞争力，反而利用政策套利。近几年，因我国的产业政策而导致的套利行为不断。最明显的两个例子是光伏产业和新能源汽车行业，因补贴而产生了大量套取补贴的公司。

我国市场监管领域的政策性法规产生的套利行为更加突出，这种监管套利直接影响了行业的发展。一个典型例子是在资产管理领域，由于我国金融领域的分业监管，资产管理公司利用监管部门对基金业、券商资管、保险资管、银行理财、第三方管理机构实施的不同执业和监管规定获取监管利益。这不仅造成了市场主体间的不公平竞争，也增加了金融风险。[④]

另一个值得我们反思的经济法领域是竞争政策。早在1980年10月，国务院就发布了《国务院关于开展和保护社会主义竞争的暂行规定》，"允许和提倡各种经济形式之间、各个企业之间发挥所长，开展竞争"。为此我国先后制定了《反不正当竞争法》《反垄断法》予以规范。但我们对垄断的认定过多地强调了市场份额，而忽略了经济政策给市场设置的障碍。一家企业是否垄断，不在于它的市场份额，而在于它是否依靠权力设置了市场准入限制，排除和限制他人的竞争。限制他人竞争的本质是对他人经营权的侵犯。经营权是财产权权

---

① 我国1997年《刑法》取消了"投机倒把罪"。
② 追究投机倒把行政责任的依据是1987年9月国务院颁布的《投机倒把行政处罚暂行条例》。
③ 例如，国务院于2015年5月印发的部署全面推进实施制造强国的战略文件《中国制造2025》就是一个产业政策性的文件。
④ 虽然政府为了解决大资管乱象，于2018年4月出台了《关于规范金融机构资产管理业务的指导意见》，试图解决大资管业内存在的沉疴旧疾，但资管行业是否能够最终摆脱融资业务与投行业务的利益诱惑，重新回归资管行业的本源，还需拭目以待。

能的组成部分,一个主体拥有财产权,就有权使其财产进入市场进行自由的交换和经营,追求财产收益。剥夺市场主体的竞争,实际上是对财产权的部分剥夺。垄断经营权是对财产权的掠夺,对此美国最高法院马歇尔法官有经典论述。[①] 我国虽然认识到妨碍竞争的主要障碍在于市场进入,但对因权力而产生的障碍排除的供给依然不足。

我国涉及经济法的制度供给缺陷而对经济产生不良影响,并应引起高度注意的问题是:地区的竞争政策和产业政策的差异性。由于地方政府为了追求本地的政绩——生产总值、就业岗位、财政税收等——争相为优质企业提供各种优惠,进而引起了地区间的不良竞争。

经济法政策性属性的弊端,在后面各章的论述中也有涉及。

杨勤法
2020 年 3 月 10 日

[①] 1824 年的"吉本斯诉奥格登案"是关于垄断经营权的案子。罗伯特·富尔顿(Robert Fulton)发明了蒸汽动力船(汽船),找到一个大"金主"罗伯特·利文斯顿(Robert Livingston)投资。他们认为此项技术对美国扩张海洋权益意义重大且投资风险极高,于是请求纽约州议会授予他们纽约水域运输的垄断经营权。纽约州议会同意,未经利文斯顿允许,任何汽船不得驶入纽约水域,否则予以扣押。新泽西州州长奥格登为了反击纽约州的地方保护主义,也申请了新泽西水域的垄断经营权,并对纽约商船实行对等扣押。后来,托马斯·吉本斯(Thomas Gibbons)看到汽船航运有利可图,经营起到纽约的航运业务来。这一做法显然违反奥格登的特许权利,当地法院遂判吉本斯侵权,责令他立即停业。最后双方诉讼到了美国最高法院。马歇尔法官以州际贸易属于联邦管辖为由,裁决汽船垄断的州法违宪,每一个公民均有权参与经营。判决生效一年后,航线增加,船票价格降低,由此成就了纽约港的繁荣。

目 录
Contents

第一章　金融调控法律制度 ··· 001
　　一、金融调控法律制度概述 ·· 001
　　二、中央银行的发展与职能变迁 ·· 003
　　三、货币政策的运用与实效 ·· 012
　　四、数字货币在我国的现状梳理 ·· 026

第二章　经济转轨过程中的财政体制改革 ···································· 031
　　一、中央与地方财政体制改革的探索过程 ·································· 031
　　二、分税制下财权与事权不匹配的问题与规制 ··························· 043
　　三、财政转移支付制度的建立与完善 ······································· 047
　　四、财政预算管理改革 ·· 052

第三章　税收法治变迁 ·· 058
　　一、统一税收法律制度的建立 ·· 058
　　二、"非税论"下的税制简化 ··· 060
　　三、新时代背景下的税制发展 ·· 065
　　四、市场经济体制改革过程中的税制调整 ································· 071
　　五、税收法定主义的贯彻与落实 ··· 083

第四章　计划调控的法治路径 ··· 086
　　一、价格调控：双轨制价格改革 ··· 086
　　二、区域调控制度：经济特区制度与区域调控政策 ···················· 094
　　三、规划调整制度：五年规划制度 ·· 106

第五章	产业调控的法治思路	112
	一、产业政策法与产业政策	114
	二、产业指导目录与负面清单制度	123
	三、当下：五大任务与供给侧改革	131

第六章	反垄断法治的不断成熟	135
	一、垄断的概念	135
	二、反垄断法律制度的发展阶段	137
	三、《反垄断法》实施过程中存在的问题	148
	四、《反垄断法》发展总结	151
	五、《反垄断法》需要与时俱进	156

第七章	反不正当竞争法治的完善	161
	一、竞争立法的历史回顾	161
	二、《反不正当竞争法》的颁布	172
	三、《反不正当竞争法》的修改	180
	四、未来立法的发展趋势	188

第八章	消费者权益保护法治的发展历程	189
	一、消费者权益保护立法	190
	二、社会现实变化背景下的《消费者权益保护法》	192
	三、电子商务中的消费者权益保护	199
	四、从"3·15晚会"看消费者权益保护制度发展的社会参与	201
	五、消费者权益保护法争议制度的发展：惩罚性赔偿与知假买假	206
	六、金融消费者概念与权益保护之辩	213

第九章　产品质量法治的革新 ····· 215
一、产品质量法律制度 ····· 215
二、《产品质量法》的出台 ····· 219
三、新时代下《产品质量法》的不足 ····· 222
四、新时代下《产品质量法》的完善 ····· 229
五、结语 ····· 234

第十章　国企法治的探索与成果 ····· 235
一、国有企业的发展历史 ····· 235
二、产权改革与国企改革的逻辑关系 ····· 237
三、国企改革初期：放权让利 ····· 243
四、增强国企活力：承包制的推行 ····· 250
五、产权多元化探索 ····· 255
六、现代企业制度改革 ····· 261
七、国有企业改革的方向 ····· 265

第十一章　非公有制经济法治的完善 ····· 268
一、非公有制经济发展的历史背景 ····· 269
二、私营企业的萌芽 ····· 274
三、私营企业的发展与完善 ····· 279

第十二章　我国对外投资的法治塑造 ····· 293
一、突破禁区：从对外经济合作到对外直接投资 ····· 294
二、重整旗鼓：严格整顿清理时期 ····· 299
三、政策导向："引进来"与"走出去" ····· 303
四、WTO时代：立法理念转变 ····· 313

第十三章　我国金融监管的法治选择 ·················· 323

一、中国人民银行统一监管体制 ·················· 324

二、金融分业监管初期 ·················· 327

三、金融分业监管成熟期 ·················· 333

四、"一行三会"金融监管体制 ·················· 337

五、"一委一行两会"金融监管体制 ·················· 348

第一章
金融调控法律制度

金融（finance）是指货币的发行、流通和回笼，贷款的发放和收回，存款的存入和提取，货币的汇兑和结算，以及金银的买卖等经济活动。金融的本质是价值的流通。在市场经济中，商品和服务的供应及需求受价格规律及市场机制影响。在市场经济带来经济增长的同时，也带来了经济的周期波动。为避免周期波动的产生及其给社会带来的震动，宏观调控通过人为地调整社会经济运作来达到经济计划之目标。金融作为社会、经济的重要组成成分，直接影响到国计民生与社会的稳定和发展，因此各国都高度重视金融行业，并制定了大量的金融政策和法律对金融活动进行宏观调控。

一、金融调控法律制度概述

金融调控指的是中央银行通过制定金融政策和金融法律来引导各类主体的金融活动以实现其调控目标。它是宏观调控的重要形式，[1] 着眼于遵循客观规律，运用利率、存款准备金比例、再贴现等金融杠杆和金融工具对金融市场进行宏观调控。

金融调控的主体是中央银行，在我国为在国务院领导下的中国人民银行，其主要调控手段为货币政策。货币政策分为一般性货币调控政策工具和选择性货币政策工具，其中一般性货币调控政策工具包括法定存款准备金、再贴现和

---

[1] 参见顾功耘主编：《经济法教程》（第三版），上海人民出版社、北京大学出版社2013年版，第268页。

公开市场操作三类,这三类也被称为货币政策"三大法宝";选择性货币政策工具包括信用直接控制工具(信用分配、直接干预、利率限制、流动性控制等)与信用间接控制工具(窗口指导、道义劝告、优惠利率等)。《中国人民银行法》第三条规定了我国货币政策的目标——保持货币币值的稳定,并以此促进经济增长。这表明,货币稳定与经济增长皆为我国金融调控的目标,但当两者相互矛盾时,以货币稳定为优先。由此可见,我国金融调控的首要目标为稳定货币,抑制通货膨胀。

在法律制度方面,金融调控法是指调整金融调控关系和金融监管关系的法律规范的总称,有别于传统金融法。[①] 目前,我国已经颁布了许多调整金融调控关系和金融监管关系的法律、法规和规章,这些规范性文件的总和,构成了金融调控法。[②] 我国的金融调控法基本包括中国人民银行法、政策性银行法、货币法、外汇和外债管理法等。

改革开放四十年来,我国的金融调控经过了不同的阶段:1993年采取适度从紧的货币政策,控制货币供应量,治理通货膨胀,国民经济成功实现软着陆;1997年人民银行对金融调控方式进行改革,执行稳健的货币政策,克服通货紧缩趋势,注意处理好经济增长和防范化解金融风险的关系,综合运用多种货币政策手段适当增加货币供应量;2008年为了应对美国次贷危机采取紧缩的货币政策,防止经济增长由偏快转为过热、价格由结构性上涨演变为明显通货膨胀;2010年至今回归稳健的货币政策,人民银行通过货币政策传导机制和多种货币政策工具的运用,维护货币总量及其结构的平衡,促进社会总需求和总供给的平衡,有力地支持了我国经济的结构调整和平稳增长。[③] 习近平总书记在党的十九大报告中明确提出:"深化金融体制改革,增强金融服务实体经济能力,提高直接融资比重,促进多层次资本市场健康发展。健全货币政策和宏观审慎政策双支柱调控框架,深化利率和汇率市场化改革。健全金融监管体系,守住不发生系统性金融风险的底线",为我国新历史时期的金融工作指明了方向。2020年2月19日,中国人民银行发布了2019年第四季度《中

---

① 参见卢炯星:《论创立和完善我国宏观经济法的法律体系》,载《政法论坛》2001年第2期。
② 参见顾功耘主编:《经济法教程》(第三版),上海人民出版社、北京大学出版社2013年版,第272页。
③ 参见陈小云:《〈中国人民银行法〉的修改是金融法制建设的重大成果》,载《中国金融》2004年第2期。

国货币政策执行报告》。报告指出:"中国人民银行坚持金融服务实体经济的根本要求,实施稳健的货币政策,加强逆周期调节,在多重目标中寻求动态平衡,保持货币信贷合理增长,推动信贷结构持续优化,以改革的办法疏通货币政策传导,千方百计降低企业融资成本,为实现'六稳'和经济高质量发展营造了适宜的货币金融环境。"①

毫无疑问,中央银行是在一国金融体制中处于中心、主导地位,制定和实施货币政策,进行金融调控和金融监管的特殊机构,是发行的银行、政府的银行、银行的银行。② 中央银行在金融调控中的重要性自是不言而喻的。因此,本章着重围绕着中央银行展开,梳理自改革开放以来《中国人民银行法》的发展与央行的职能变迁,以及分析主要调控手段——货币政策的运用与实效,同时聚焦时下新兴的数字货币问题,以期为接下来的金融工作的开展提供建议。

二、中央银行的发展与职能变迁

历史上,中央银行的产生源于政府的需要,银行券、票据清算的统一需求以及稳定信用体系的社会要求。19 世纪末之前,各国中央银行几乎无一例外是为了解决政府融资问题而建立起来的,如美国的第一国民银行和第二国民银行、法国的法兰西银行、日本的日本银行等皆是如此。③

(一) 改革开放前的中央银行

我国人民银行的历史,可以追溯到第二次国内革命战争时期。1932 年 2 月 1 日,中华苏维埃共和国国家银行在江西瑞金叶坪成立,毛泽民任行长。银行业务包括分行、支行、兑换处等。除办理抵押、贷款、存款、票据买卖贴现、汇兑、发行钞票、代理国家金库外,还发行革命公债及经济建设公债。

1932 年 7 月 7 日,国家银行正式发行统一的纸币——中华苏维埃共和国

---

① 中国人民银行货币政策分析小组:《2019 年第四季度中国货币政策执行报告》,http://www.pbc.gov.cn/zhengcehuobisi/125207/125227/125957/3830536/3974306/index.html,2020 年 2 月 20 日访问。
② 参见顾功耘主编:《经济法教程》(第三版),上海人民出版社、北京大学出版社 2013 年版,第 273 页。
③ 参见尹洪霞、刘振海:《中央银行与金融监管》,中国金融出版社 2005 年版,第 6 页。

国家银行银币券,又称"苏维埃国币"。1935年,中华苏维埃共和国国家银行与原在陕西的陕甘晋苏维埃银行合并,更名为中华苏维埃共和国国家银行西北分行。1937年,陕甘宁边区政府成立,中华苏维埃共和国国家银行西北分行改组为陕甘宁边区银行,总部设在延安。从土地革命到中华人民共和国诞生前夕,各根据地建立了相对独立、分散管理的根据地银行,并各自发行在本根据地内流通的货币。

1948年12月1日,以华北银行为基础,合并北海银行、西北农民银行组建的中国人民银行在石家庄正式宣告成立,中国人民银行作为中华人民共和国成立后的中央银行开始发行法定本位币——人民币。1949年2月,中国人民银行总行随军迁入北平。1949年9月27日,中国人民政治协商会议第一届全体会议通过《中央人民政府组织法》,把人民银行纳入政务院的直属单位系列,接受政务院财政经济委员会指导,赋予其国家银行职能,承担发行国家货币、经理国家金库、管理国家金融、稳定金融市场、支持经济恢复和国家重建的职能。1950年11月21日,中国人民银行颁布了《中央人民政府中国人民银行试行组织条例》,条例再次明确中国人民银行在政务部领导下管理全国货币金融事宜。1958年,公私合营银行并入中国人民银行。1970年至1976年间,中国人民银行被合并到财政部。

在计划经济时代,中国人民银行既是行使货币发行和金融管理职能的国家机关,又是从事信贷、储蓄、结算、外汇等业务经营活动的专业银行,可以说是"一身二任"的银行机构。这既适合于中华人民共和国成立初期制止通货膨胀的历史需要,也同后来高度集中的经济管理体制相适应。[①] 随着社会主义改造的加快,私营金融业被纳入了公私合营银行的轨道,形成了集中统一的金融体制。与高度集中的银行体制相适应,从1953年开始建立了集中统一的综合信贷计划管理体制,即全国的信贷资金,不论是资金来源还是资金运用,都由中国人民银行总行统一掌握,实行"统存统贷"的管理办法。银行信贷纳入国家经济计划,成为国家管理经济的重要手段。这种高度集中的国家银行体制,为国家大规模的经济建设进行全面的金融监督和服务。中国人民银行担负着组织和调节货币流通的职能,统一经营各项信贷业务。总的来说,长期资金归财政、短期资金归银行,无偿资金归财政、有偿资金归银行,定额资金归财政、

---

① 参见尹洪霞、刘振海:《中央银行与金融监管》,中国金融出版社2005年版,第17页。

超定额资金归银行的体制,一直延续到1978年,期间虽有几次变动,基本格局变化不大。

(二) 改革开放后的中央银行

1. 《中国人民银行法》的出台背景

1978年,中国共产党十一届三中全会上作出了实行改革开放的重大决策,为适应对外开放和国际金融趋势,中国政府决定开始对银行体制进行改革,中国农业银行、中国人民保险公司、信托投资公司和城市信用社等金融机构相继恢复和建立,过去"大一统"的银行体制得到了突破,适应改革开放要求的新型金融体系初现雏形。但随着各种金融机构的出现和各类金融业务的增加,金融业的统一管理、协调和监管变得愈发重要,由中国人民银行专门行使中央银行职责成为大势所趋。但由于立法的缺失,中国人民银行作为央行的地位一直未得到确立。我国银行法的起草最早可以追溯到1979年,当时中国人民银行成立了专门的起草班子,收集了大量的中外银行法资料,但由于当时我国正在进行金融体制的重大改革,原有的金融体制模式已被彻底突破,新的运行机制尚未形成,银行法的起草工作被迫中断。[①]

1983年9月17日,国务院发布了《国务院关于中国人民银行专门行使中央银行职能的决定》,明确规定"中国人民银行是国务院领导和管理全国金融事业的国家机关",是中国的中央银行。中国人民银行不再兼办工商信贷和储蓄业务,专门负责领导和管理全国的金融事业,建立法定存款准备金制度,并具体规定了中国人民银行的十项职责。中国人民银行的商业性业务基本剥离,开始专门行使中央银行的职能,集中力量研究和实施全国金融的宏观决策,逐步运用货币政策,加强对信贷总量的控制和金融机构的资金调节,以保持货币稳定;同时新设中国工商银行,承担人民银行过去的工商信贷和储蓄业务;人民银行分支行的业务实行垂直领导;设立中国人民银行理事会,作为协调决策机构,初步确定了中央银行制度的基本框架。1984年货币发行量过多,信贷

---

① 参见黄卫忠:《十年磨一剑——〈中华人民共和国中国人民银行法〉起草始末》,载《中国金融》1995年第4期。

有些失控,为了克服"统一计划、分级管理、存贷挂钩、差额包干①"管理办法的弊病,有利于中央银行体制的建立并加强金融宏观调控,使信贷资金由直接管理为主逐步向间接管理为主转变,从1985年1月起推行"统一计划、划分资金、实贷实存、相互融通"的管理办法,以解决信贷资金使用"吃大锅饭"的问题。1986年,国务院颁布了《银行管理暂行条例》,分别对中央银行、专业银行和其他金融机构的基本职责、组织机构、业务范围及分支机构设置作了明确规定,为中国人民银行法的起草奠定了一定的基础。

1983年至1993年间,中国人民银行努力探索和改进宏观调控的方式和手段,综合运用利率、存款准备金率、中央银行贷款等手段来控制信贷规模和货币供应量,在控制通货膨胀、促进经济结构调整的过程中,渐渐提高了其运用货币政策调节金融体制的能力。但是,因为缺少相应的法律,中国人民银行的独立性不强,权威不高。从货币政策的制定与执行的角度看,我国制定中央银行货币政策的指导思想有偏差,货币政策目标的确立不规范、不科学;货币政策工具的运作力度不够,作用发挥不充分。从某种意义上讲,货币政策工具不是金融宏观调控的手段,反而成了被动跟进经济增长的附庸。② 在这样的条件下,中央银行就难以在通货膨胀的遏制与通货膨胀的治理中发挥应有的作用。③ 1993年,中国的通货膨胀率高达14.7%。

1993年,《国务院关于金融体制改革的决定》中明确提出了建立在国务院领导下独立执行货币政策和实施金融监管的中央银行宏观调控体系,进一步强化了中央银行的金融调控、金融监管和金融服务职责,并划转了政策性业务和商业银行业务。自改革开放以来,尽管我国金融业的发展取得了突飞猛进的成就,但整体而言仍很落后。许多发达国家几十年甚至上百年前存在的情况,在我国金融界屡见不鲜。④ 人民银行少数分行将资金违章拆借给非银行金融机构,几家大型银行把资金违章拆借给所办信托投资公司,拆入资金主要用于发放固定资产贷款。此外,违章拆借在支持地方盲目扩大投资方面起了推波助澜

---

① 差额包干:对核定的信贷差额实行包干使用,存差必须完成,借差不得突破。在差额包干计划内,多吸收的存款和多收回的贷款,可以按照规定和信贷原则多发放贷款;存款计划不能完成,贷款不能按期收回,则少发放贷款。
② 参见魏建华:《中央银行立法与遏制通货膨胀》,载《中央财政金融学院学报》1995年第8期。
③ 同上。
④ 参见吕随启:《〈中国人民银行法〉与我国金融秩序建设》,载《经济科学》1995年第4期。

的作用。1992—1993 年，我国违规拆出资金总额在 1000 亿元以上；一些地方政府为盲目追求高速发展，干预金融企业的业务经营，或者非法成立金融机构变相办理金融业务；一些金融机构出于地方、本单位、个人利益违法违规办业务，如为逃避金融监管和贷款规模限制，将部分存贷款列在账外核算。至1995 年年底，全国共查处国有商业银行 1000 多亿元账外资金经营；人民银行及有关监管部门，对金融监管不够及时、不够有力；有些监管规定，如民间借贷等政策界限还比较模糊。① 江泽民总书记指出："金融管理混乱，纪律松弛，已经到了十分严重的地步，直接影响改革开放和经济建设的顺利进行。"② 国家现金供应紧缺，1991 年现金投放 530 亿元，1992 年达到 1200 亿元。1994年物价迅速上涨，全国居民消费物价增长 24.1%，比 1993 年高出 10.4 个百分点，通货膨胀十分严重。1993 年 6 月 24 日，时任国务院副总理朱镕基兼任人民银行行长。7 月 7 日，朱镕基在全国金融工作会议上作重要讲话，要求银行系统的领导干部要严格执行党中央、国务院在《当前经济情况和加强宏观调控的意见》中提出的 16 条措施，包括严格控制货币发行、坚决纠正违章拆借、灵活运用利率杠杆、坚决纠正各种乱集资、严格控制信贷总规模等，明确"约法三章"，在全国部署开展金融秩序全面整顿工作。③ 金融行业乱象丛生，这让管理者意识到，为保障金融体制稳健运行，促进国民经济健康发展，将中国人民银行的职责以立法的形式规定下来极为重要。

2.《中国人民银行法》的正式出台

1995 年 3 月 18 日，全国人民代表大会通过《中国人民银行法》。这部法律从开始起草到正式颁布历时八年，专门起草班子组织三次，易稿数十次。起草小组成员还专门到英国、意大利、韩国、新加坡、新西兰以及中国香港地区等地考察，并得到了国际货币基金组织的大力帮助。《中国人民银行法》首次以国家立法形式确立了中国人民银行作为中央银行的地位，中国人民银行作为发行的银行、银行的银行、政府的银行的职能得到了法律的肯定，货币政策手段得到确立，我国金融宏观调控手段由直接调控开始向间接调控转变。尽管信

---

① 参见戴相龙：《对金融秩序八年整顿的回忆》，载《中国金融》2018 年第 14 期。
② 转引自胡菊莲、卜建都：《对金融转轨时期加强执法监察的几点思考》，载《武汉金融》1993年第 12 期。
③ 参见戴相龙：《对金融秩序八年整顿的回忆》，载《中国金融》2018 年第 14 期。

贷规模这样的直接调控方式得到保留，但《中国人民银行法》所规定的货币政策目标和货币政策工具已经与国际接轨。[1] 我国立法滞后的状况得到改善，标志着中央银行开始走向法制化、规范化的轨道，同时也为中国人民银行行使宏观调控职能提供了法律保障[2]，是中央银行制度建设的重要里程碑。

中央银行独立性的实践始于20世纪初。关于中央银行与政府、财政部的关系，在西方国家主要有以下三种模式：（1）中央银行向国会负责，不隶属于财政部。如在美国，作为中央银行的联邦储蓄系统，直接向国会负责，向国会报告工作，不需要考虑政府的政策。（2）中央银行名誉上隶属于财政部，实际上独立制定货币政策。如日本银行虽受大藏省的监督，但独立制定货币政策，既有独立性，又与政府保持必要的联系。（3）中央银行受财政部直接控制，如意大利、澳大利亚、巴西等。[3] 中央银行与通货膨胀之间有着密切的关联：中央银行独立性强的国家，通货膨胀率较低，独立性弱的国家，通货膨胀率较高。[4] 因此，中央银行的独立性一定程度上决定了货币政策目标的实现程度。

在我国中央银行独立性问题上，《中国人民银行法》规定中国人民银行在国务院领导下制定和实施货币政策、履行职责、开展业务，对金融业实施监督管理，不受地方政府、各级政府部门、社会团体和个人的干涉。我国并未选择西方的模式，而是将中央银行与财政部同隶属于国务院，受国务院的领导。即中国人民银行隶属于国务院，但不隶属于财政部门。这创造了中央银行具有独立性的"中国模式"。

禁止财政透支和财政贷款是《中国人民银行法》的另一个重点，该法规定中国人民银行不得财政透支，实行独立的财务预算管理制度。财政透支曾经是影响货币政策执行的重大阻碍，过去当国家财政发生支付困难时，政府不仅可以向央行临时借款，还可以向央行透支。政府在向央行借款之后，往往不能按期归还，渐渐变成了变相的透支。由于财政透支会直接影响到央行基础货币的投放，对货币政策的不利影响极大。法律明文规定禁止财政透支，为货币政策

---

[1] 参见戴相龙：《依法履行中央银行职责——纪念〈中国人民银行法〉颁布五周年》，载《金融研究》2000年第4期。
[2] 参见漆多俊主编：《宏观调控法研究》，中国方正出版社2002年版，第284页。
[3] 参见伏健、郑玉：《建立和完善中央银行宏观调控体系的法律——〈中华人民共和国中国人民银行法〉》，载《经济管理》1995年第5期。
[4] 参见蔡志刚：《中央银行独立性与货币政策》，中国金融出版社2004年版，第49页。

符合国民经济发展的正常需要提供了保障。

此外,货币政策独立性的确定,打破了以往货币供应计划服务于计划部门的国民经济增长计划和财政部门的预算安排的情况。过去迫于各方压力,中国人民银行基本上每年都会突破计划造成货币的超量供应。改革开放十多年来,政府几乎每天都要向银行透支来弥补财政赤字。1993年,在高达898.84亿元的财政赤字中,除举借内外债弥补了693.84亿元外,还有205亿元的硬赤字是通过向中央银行透支解决的。① 确立央行的独立性不但有利于稳定货币,增强公众对中央银行抑制通货膨胀的信心,而且有利于保持国民经济持续、稳定、协调地发展。②

1998年1月1日,中国人民银行取消了对国有商业银行实行多年的贷款规模控制,同时完善了资产负债比例管理和风险管理,进一步促进了我国金融调控由直接调控向间接调控转变。③ 1998年10月始,按照中央金融工作会议的部署,中国人民银行及其分支机构在全国范围内进行体制改组,撤销省级分行,在全国设立九个跨省、自治区、直辖市的一级分行,重点加强对辖区内金融业的监督管理。这有利于摆脱地方政府行政干预,杜绝财政透支,加强金融监管。同时,成立人民银行系统党委,对党的关系实行垂直领导,对干部垂直管理。此次改革基于一个重要认识:历史上很多银行不良贷款的形成是地方政府行政干预的结果。1997年11月,朱镕基在全国金融工作会议上指出,"政银不分、政企不分,对银行和其他金融机构的行政干预过多,使人民银行不能依法履行职能职责,国有商业银行不能依法行使经营自主权。"至此,一个以中央银行为中心,国家专业银行为主体,多种金融机构并存、分工协作的具有中国特色的社会主义金融体系已然形成。

3.《中国人民银行法》的修改

随着社会主义市场经济体制的逐步完善,中国人民银行作为中央银行在金融调控领域中取得很大成绩。但是,必须清醒地看到,中国人民银行在依法履行中央银行职责等方面还存在一些问题:及时制定和执行货币政策的水平尚需

---

① 参见魏建华:《中央银行立法与遏制通货膨胀》,载《中央财政金融学院学报》1995年第8期。
② 参见黄卫忠:《十年磨一剑——〈中华人民共和国中国人民银行法〉起草始末》,载《中国金融》1995年第4期。
③ 参见戴相龙:《依法履行中央银行职责——纪念〈中国人民银行法〉颁布五周年》,载《金融研究》2000年第4期。

提高，金融监管工作依然薄弱，干部素质与依法履行中央银行职责的要求还不适应。①我国加入世界经济贸易组织，对中国人民银行履行职责提出了新的挑战。2003年，根据十六届二中全会审议通过的《关于深化行政管理体制和机构改革的意见》和十届全国人大一次会议批准的国务院机构改革方案，中国人民银行对银行、金融资产管理公司、信托投资公司及其他存款类金融机构的监管职能被分离出来，并和中共中央金融工作委员会的相关职能进行整合，设立中国银行业监督管理委员会，由其接手原由中国人民银行履行的监管职责。同时，人民银行各地监管办事处被撤销。2003年9月，中央机构编制委员会正式批准人民银行的"三定"方案调整意见。12月27日，十届全国人大六次会议审议通过了修正后的《中国人民银行法》，开启了中国人民银行金融宏观调控的新时期。

在分业经营、分业监管、部分金融监管职责分离后，中国人民银行保留了对全国银行间债券市场、同类拆借市场、银行间外汇市场、黄金市场的监督管理职责。根据《中国人民银行法》的规定，中国人民银行在国务院领导下，制定和执行货币政策，防范和化解金融风险，维护金融稳定。这一规定强化了"制定和执行货币政策"这一中国人民银行最重要的职能。此外，中国人民银行在通常情况下不对银行业金融机构进行全面的、日常性的监督检查，对于人民银行为了实施货币政策和维护金融稳定，需要对银行业金融机构进行监督检查的，则可以建议银监会对其进行监督检查，从而避免对银行业金融机构的重复监督检查。②该法第十二条新增"中国人民银行货币政策委员会应当在国家宏观调控、货币政策制定和调整中，发挥重要作用"的规定，要求人民银行大力提高制定和执行货币政策的水平，灵活运用利率、汇率、存款准备金率等各种货币政策工具实现宏观调控；加强对货币市场、外汇市场、黄金市场等金融市场的监督与监测，密切关注货币市场与房地产市场、证券市场、保险市场之间的关联渠道、有关政策和风险控制措施，疏通货币政策传导机制。

2003年修正的《中国人民银行法》将"中国人民银行依法对金融机构及其业务实施监督管理，维护金融业的合法、稳健运行"改为"中国人民银行依法

---

① 参见戴相龙：《依法履行中央银行职责——纪念〈中国人民银行法〉颁布五周年》，载《金融研究》2000年第4期。

② 参见陈小云：《〈中国人民银行法〉的修改是金融法制建设的重大成果》，载《中国金融》2004年第2期。

监测金融市场的运行情况,对金融市场实施宏观调控,促进其协调发展"。这一修改表明我国对防范与化解系统性金融风险的方式进行了观念上的转换,由过去主要通过对金融机构的设立审批、人员审查和监管指导等直接调控方式,转变为对金融市场的整体风险进行监测和评估,防范和化解系统性金融风险。此外,我国于2003年12月10日签署《联合国反腐败公约》,需要国内相关法律制度相应的配套和安排。由于洗钱活动多通过金融机构实现,"三定"方案决定由人民银行承担原由公安部负责的组织协调国家反洗钱工作的职责,也修订后的《中国人民银行法》中。指导、部署金融业反洗钱工作,负责反洗钱的资金监测成为中国人民银行的新职责。

2003年,国务院赋予中国人民银行"管理信贷征信业,推动建立社会信用体系"职责,批准其设立征信管理局。同年,上海、北京、广东等地率先启动区域社会征信业发展试点。2004年,中国人民银行建成全国集中统一的个人信用信息基础数据库。随后,全国集中统一的企业信用信息基础数据库也由原来的银行信贷登记咨询系统升级而成。2008年,国务院将中国人民银行征信管理职责调整为"管理征信业"并牵头社会信用体系建设部际联席会议,2011年国家发展改革委员会加入牵头单位。2013年1月,国务院出台《征信业管理条例》并于同年3月正式实施。该条例第四条明确中国人民银行及其派出机构为国务院征信业监督管理部门,依法对征信业进行监督管理。2015年,中国人民银行发出牌照,批准八家民营公司发展"个人征信"业务,其中包括腾讯和阿里巴巴集团。根据应用者在互联网上的一举一动,如是否按时缴水电煤费用、网络购物习惯等作出评级,评级愈高好处愈多。

总的来说,中国人民银行自1948年12月1日成立始,从最初既要行使中央银行职责和提供金融服务,又要进行金融管理,逐步改革到外汇业务、工商信贷和储蓄业务分离,专门行使国家中央银行职能,再到分离金融监管职责,集中精力制定与执行货币政策,维护金融稳定,更好地发挥作为中央银行在宏观经济调控与防范和化解系统性金融风险中的作用。[①] 从成立至今,特别是从改革开放以来为适应改革进程和国际金融形势,中国人民银行在地位、体制、职能等方面,都发生了巨大而深刻的变革。这些新的变化,强化了中国人民银

[①] 参见陈小云:《〈中国人民银行法〉的修改是金融法制建设的重大成果》,载《中国金融》2004年第2期。

行作为我国的中央银行在实施金融宏观调控、保持币值稳定、促进经济增长和防范处理系统性金融风险中的重要作用。伴随着市场经济体制的逐步完善,对市场经济的认识逐步加深,在强调发挥市场在资源配置中的决定性作用的同时,也必须重视政府作用的发挥。作为金融调控的职能部门,中国人民银行应当发挥其在制定和执行货币政策和系统性监管中的重要作用,密切关注金融市场的运行情况和风险状况,综合、灵活运用利率、汇率等各种货币政策工具实现金融宏观调控。

三、货币政策的运用与实效

自中华人民共和国成立以来,中国经济经历了多种经济成分共存的混合经济时期、长达二十多年的计划经济时期和建设有中国特色社会主义市场经济的转轨经济时期。改革开放以前,我国是不存在真正意义上的货币政策的。因为在计划经济体制下,我国经济的调控权集中在中央政府手中,财政部是国民收入分配主体,财政政策在经济运行调控中占据主导地位,调控的方式也主要是行政命令和有关规章制度及文件。人民银行附属于财政部,集中央银行、专业银行、非银行金融机构等诸多职能于一身,是"一身二任"的银行机构。

1978年,我国进入了改革开放的新时代,金融体制改革成为重要改革内容。自此,指令性计划逐渐被指导性计划以及市场调节取代,银行也逐步在社会资金的集中和分配中占据支配地位,并扩大了银行的贷款范围。同时,金融体制和货币信贷管理体制进行了一系列的改革,货币政策成为金融调控的重要政策方式,并发挥愈来愈重要的宏观调控手段作用。货币政策目标也取代了原来比较模糊的经济发展计划。

货币政策是中央银行调节货币供应以实现宏观经济调控目标的方针和政策的总称,是国家宏观调控经济政策的重要组成部分。[①] 1983年,国务院发布《国务院关于中国人民银行专门行使中央银行职能的决定》,自此中国人民银行开始独立行使中央银行职能,集中力量研究和作好全国金融的宏观决策,加强信贷资金管理,保持货币稳定,货币政策也由此正式步入历史舞台。

---

① 参见顾功耘主编:《经济法教程》(第三版),上海人民出版社、北京大学出版社2013年版,第278页。

第一章 金融调控法律制度

(一) 1984—1992 年宏观管理初期的反通胀货币政策

在告别了二十多年的高度集中统一的计划经济模式后，我国步入了以国家调控为主的宏观管理体制，开始使用间接货币政策工具，但信贷规模计划管理仍是主要的调控手段。在中共十二大提出"翻两番"战略目标的激励下，我国经济发展开始呈现出高速增长的趋势。从 1984 年 4 月起，我国开始全面展开城市经济体制改革。但是，在货币供应方面出现"倒逼机制"的现象：企业倒逼财政，希望财政给予支持，财政倒逼专业银行，专业银行被迫提供信贷资金，为企业提供贷款，接着专业银行又倒逼中国人民银行，最终引起信贷规模失控。在倒逼机制和财政赤字的双重压力下，中央银行只能采取发放再贷款以及超经济发行货币的方式。[①] 作为调控手段的信贷规模最终被迫变成了通货膨胀的推手。这期间，经济增长率从 1982 年的 9.1% 一路上升到 1984 年的 15.2%。但同时，政府财政赤字逐年增多，到 1984 年年底赤字高达 149 亿美元，中国人民银行投放大量财政性货币发行，1984 年当年货币供应量 M0（流通中的现金）达 262.33 亿元，增长 49.5%；M1（狭义货币供应量）余额 20556.2 亿元，增长 26.8%；M2（广义货币供应量）余额 46933.3 亿元，增长 34.4%，直接导致通货膨胀率从 1984 年的 2.8% 上升至 1985 年的 9.3%，出现了严重的通货膨胀现象。

在巨大的压力下，中国人民银行开始实施"紧缩银根"的货币政策，我国进入了"三年治理整顿"时期。中国人民银行在 1985 年初采取了第一次紧缩供应和信贷的货币紧缩政策。一是切实把好货币、信贷闸门，对国家银行继续实行贷款规模管理。二是在严格控制总量的同时，积极调整信贷结构。贷款优先支持农业生产，特别是支持"米袋子""菜篮子"。三是固定资产投资贷款要保证国家重点项目、基础设施、基础产业，支持推动技术进步的技术改造项目，对产品积压、没有效益的企业要管紧贷款，促其限产、压库、促销。[②] 此外，还动用外汇储备进口了大量消费品来稳定国内市场。半年多之后，政策效果逐渐表现了出来，1985 年年底 M1 为 3011.39 亿元，通货膨胀得到缓和，由 1985 年的 9.3% 降至 1986 年的 6.5%，过快的生产增长速度暂时得到遏制。

[①] 参见魏建华：《中央银行立法与遏制通货膨胀》，载《中央财经金融学院报》1995 年第 8 期。
[②] 参见段晓锋、冯梅：《1995 年我国货币政策分析》，载《前进》1996 年第 3 期。

不过由于我国经济实际上是靠增长速度支撑的经济,增长速度的下降必然会激发许多矛盾,部分商品滞销的问题也开始出现。这就招致要求放松银根、实行宽松的货币政策的强烈呼声,以致国家管理层只能选择放弃紧缩的货币政策,于是1986年又转向放松信贷的货币政策,旨在维持经济适当的发展速度,"倒逼机制"正式形成。由于1985年的这次紧缩货币政策的实施时间很短,只是暂时缓和了物价上涨。货币政策尚未完全产生效果就终止,没有从根本上解决问题。

但是,1986年起开始实行的宽松的货币政策直接造成1987年货币发行、信贷规模的增加额均突破了当年计划规定的数字,经济持续过热。物价增长速度加快,通货膨胀率从6.5%再度上升到7.3%。1987年第四季度起,国家又开始采取紧缩的货币政策。当时人民银行提出的货币政策方针是"控制总量、调整结构",给贷款规定发行指标进而控制信贷规模的增长,上调法定存款准备金率和再贷款利率,继续实行从紧的货币供给。但是,该政策同样没有长期实行,仅坚持到1988年初,后来在各地要求"大干快上"的压力下,人民银行迫于形势只能再次放弃紧缩措施,采取扩张性货币政策。与此同时,1988年8月15日至17日,中共中央政治局在北戴河召开第十次全体会议,讨论并原则通过了《关于价格、工资改革的初步方案》,但是并没有具体讲从什么时候开始改革。不少人认为价格闯关马上就要开始了,于是发生了全国性的抢购风潮。居民对于物价上涨的预期,引发了全国性的提款抢购风潮,银行门前排起了挤兑的长龙。湖北有的县银行营业所因不能及时支付,柜台被愤怒的储户推倒。在这种提款抢购风潮下,1988年7、8、9三个月,银行存款少增加了300亿。部分银行的储蓄所遭到挤兑,出现了中华人民共和国成立以来最严重的金融危机。1988年全年通货膨胀率高达18.8%,创下历史纪录。

为解决通货膨胀的问题,1988年9月,政府实行财政和货币双紧的政策,计划用三年时间对经济系统进行治理整顿。从紧的货币政策表现为行使贷款限额管理;把法定存款准备金率从12%提高到13%;备付金率不得低于5%—7%;提高存贷款利率,对3年以上的定期储蓄实行保值补贴。实行"双紧政策"后,通货膨胀得到了抑制,到1990年,全年通货膨胀率为3.1%,货币发行量和信贷规模得到了有效控制,但随着紧缩政策的实施,我国经济出现了改革开放以来的首次负增长,"三角债"①问题爆发,不少企业停工停产,产销循环不畅,库存积压严重。山东省全省三角债高达 43 亿元,辽宁省的三角债为 45 亿元,江苏省则突破了 100 亿元。为解决三角债问题,1989 年 5 月,国务院宣布,在人民银行的牵头下,工商银行、农业银行、建设银行、中国银行和交通银行联合起来,在全国范围内有组织地清理企业三角债。这项工作由于牵涉面广、关联复杂而推进得非常艰难。到 11 月底,各地政府和银行费了九牛二虎之力总算清欠约 700 亿元,但是由于前清后欠,债务链总额仍然高达 1000 亿元。② 同时,为恢复经济,我国当局从 1989 年 9 月开始放松紧缩力度,扩大了贷款规模,下调了出口汇率和存贷利率,以增加社会需求,稳步推进金融企业改革。

1991 年,朱镕基从上海市委书记任上调入北京,出任主管经济的副总理。朱镕基到京后的"第一战"就是清理三角债。当时,各企业之间拖欠的三角债已累计达 3000 多亿元,其中 80%是全国 800 多家大型国有企业拖欠的。朱镕基上任之后立刻赶赴东北,他提出注入资金、压货挂钩、结构调整、扼住源头、连环清欠等一整套"铁拳式"的解决措施,只用了 26 天,清理拖欠款 125 亿元,东北的三角债问题基本解决。回到北京第二天,朱镕基就召开全国清理三角债电话会议,强硬地要求各地政府在 1991 年 9 月 20 日 21 时以前,将当地固定资产投资拖欠注入资金情况报至国务院清欠办公室。在此后的半年多里,限时清欠让各地官员无从躲避。到 1992 年 5 月,全国总计共清理固定资产项目 4283 个,收到了注入 1 元资金清理 3.5 元欠款的效果,困扰中央和各地政府、企业数年的"三角债铁链"终于被解开。同时,朱镕基亲自兼任央行行长,对扰乱金融秩序的行为严惩不贷。朱镕基以前所未有的务实和强硬风格确立了自己的治理权威。③

可见,我国宏观管理初期经济的主要特点是需求膨胀—财政赤字—货币超经济发行—物价上涨之间的恶性循环,造成了严重的通货膨胀。经过货币政策

---

① "三角债"是人们对企业之间超过托收承付期或约定付款期应当付而未付的拖欠货款的俗称,是企业之间拖欠货款所形成的连锁债务关系。
② 参见吴晓波:《激荡三十年:中国企业 1978—2008(上)》,中信出版社、浙江人民出版社 2007 年版,第 225 页—226 页。
③ 参见吴晓波:《激荡三十年:中国企业 1978—2008(下)》,中信出版社、浙江人民出版社 2008 年版,第 10—11 页。

类型的不断调整，从 1989 年下半年起，中央银行最终采取了适度从紧的货币政策。在调控手段方面，信贷规模计划管理仍然是主要的调控手段，间接的货币政策工具尚未完全发挥作用。

（二）1993—1996 年反通胀和国际收支平衡的货币政策

在 1992 年邓小平南方谈话和中共十四大精神的激励下，"发展是硬道理"成为口号，我国经济进入了高度发展的轨道。微观经济主体的活跃程度不断提高，各地纷纷扩大投资，建开发区，搞房地产，投资与消费需求同时膨胀。与此同时，在有效供给不足的背景下，货币供应量超常增长，金融秩序混乱，通货膨胀风险不断积累。

1992 年全年国内生产总值增长 14.2%，固定资产投资比上年增长 44.4%。中国人民银行当时预计，1992 年全年货币发行可能达到 1200 亿元，这是我国货币发行首次超过 1000 亿元。到 1993 年上半年，固定资产投资增长过猛，经济过热现象开始显现，同时大量金融机构为支持当地经济发展，绕过贷款规模管理而"乱拆借、乱集资"，由此造成金融体系运行紊乱。我国经济生活出现了"四热""四高""四紧""一乱"的现象："四热"，即开发区热、房地产热、股票热、集资热；"四高"，即高投资规模、高信贷投放、高货币发行、高物价上涨；"四紧"，即交通运输紧张、能源紧张、重要原材料紧张、资金紧张；"一乱"，即经济秩序混乱，尤其是金融秩序混乱。通货膨胀率在 1994 年达到了峰值 24.1%，同时国际市场上的收支情况也出现恶化趋势，外贸赤字创历史新高（679.4 亿美元），人民币随之开始大幅贬值。

这时期我国金融的运行主要有以下几个方面的问题：一是货币供给高速增长，流动性明显增强。1993 年上半年，货币投放再次呈现高速增长的势头，货币增长速度达 54.2%，比上年末的增长速度提高了约 17 个百分点，增长速度达到 1986 年以来的最高点。二是城乡居民储蓄存款大幅度滑坡，存款质量明显下降。受 1992 年以来的高利率集资、房地产、开发区和炒股票等热潮的影响，实际利率自 1992 年年初以来再度变成了负值，1993 年年初以来城乡居民的储蓄存款形势日渐严峻。三是通货膨胀再度攀升，人民币承受贬值压力。从 1993 年 3 月起，通货膨胀再次达到两位数的高水平。这显然与中央银行稳定人民币币值的目标相悖，也容易造成人们普遍的投机心态。当时人民币兑美元的黑市汇率一度贬至近 12∶1，其幅度之大实属罕见。四是金融秩序混乱，违规拆借现象屡屡发生，大量违规资金流向房地产和股票市场。非法集资猖獗，许多地区出现了违反中央银行有关规定的集资，有的利率竟高达 25%，超出国家规定的利率水平一倍多。非法金融机构大量出现，非法从事金融业务，严重扰乱了正常的金融秩序。

造成这次经济过热的原因是多方面的，从根本上讲，是由于经济体制没有理顺。在由计划经济体制向社会主义市场经济体制转变的过程中，一方面，计划经济体制的弊端没有完全消除，特别是在投资立项、发展速度等方面，缺乏约束机制和风险责任的相互攀比、过度行政干预依然存在；另一方面，社会主义市场经济体制尚在发育中，国家宏观调控体系还很不健全，尚不能发挥有效作用。在实际经济工作中，很多部门和地方"口头上说的是社会主义市场经济，而脑子里想的和实际做的却仍然是过去计划经济的一套做法"①。在新旧体制转变、两种体制相互交叉的特殊时期，遏制经济过热的趋势，统一各部门、各地方的思想认识，转变旧有的工作思路和方法显得尤为重要。②

针对这次出现的情况，国务院和中国人民银行采取了有力的措施，加强宏观调控力度以叫停经济过热。鉴于前几年"急刹车"式的紧缩货币政策导致了经济萎靡的经验，本次宏观调控采取的是"适度从紧"的货币政策。1993 年 6 月 24 日，党中央、国务院正式发布《中共中央 国务院关于当前经济情况和加强宏观调控的意见》，标志着加强宏观调控的正式启动。文件规定了 16 条加强和改善宏观调控的措施：严格控制货币发行，稳定金融形势；坚决纠正违章拆借资金；灵活运用利率杠杆，大力增加储蓄存款；坚决制止各种乱集资；严格控制信贷总规模；专业银行要保证对储蓄存款的支付；加快金融改革步伐，强化中央银行的金融宏观调控能力；投资体制改革要与金融体制改革相结合；限期完成国库券发行任务；进一步完善有价证券发行和规范市场管理；改进外汇管理办法，稳定外汇市场价格；加强房地产市场的宏观管理，促进房地产业的健康发展；强化税收征管，堵住减免税漏洞；对在建项目进行审核排队，严格控制新开工项目；积极稳妥地推进物价改革，抑制物价总水平过快上涨；严格控制社会集团购买力的过快增长。为保证这 16 条措施能得到有效的贯彻实施，1993 年 7 月初，国务院召开了全国金融工作会议，朱镕基代表中央提出了金

---

① 参见江泽民：《论社会主义市场经济》，中央文献出版社 2006 年版，第 121 页。
② 参见尹航：《江泽民与 1993 年治理经济过热》，载《党的文献》2011 年第 5 期。

融系统的"约法三章",即:立即停止和认真清理一切违章拆借,已违章拆出的资金要限期收回;任何金融机构不得擅自或变相提高存贷款利率;立即停止向银行自己兴办的各种经济实体注入信贷资金,银行要与自己兴办的各种经济实体彻底脱钩。[①]

本次宏观调控的效果显著,1993年5月、7月,中国人民银行连续两次大幅度提高存贷款利率,一年定期存款的年利率由两年前的7.56%提高到10.98%,并且对三年以上的定期存款再次实行保值。存款利率的大幅度提高,使一度滑坡的居民储蓄明显回升,并连续数月保持稳定增长,定期储蓄比重有了大幅度上升。同年6月起,我国货币供应量的增长速度从高位逐步降低,并逐渐接近正常的供应目标。流通中货币的增长率从6月份54%的最高点下降到9月份的42.6%,通货膨胀逐渐得到控制。同年9月,全社会商品零售物价总指数出现了1993年的首次下降。通货膨胀加剧的势头得到了阻遏,已经在高位上趋于平稳。中国人民银行从1993年8月下旬连续4次增加专业银行的再贷款,到10月末再贷款累计超过1500亿元,从而逐步缓和了企业资金紧张的局面,企业资金基本恢复到了正常状态。与此同时,我国货币政策的目标在1993年得到了确定,《国务院关于金融体制改革的决定》中将货币政策的最终目标确定为"保持货币的稳定,并以此促进经济增长"。把稳定币值作为货币政策的直接目标,将促进经济增长作为货币政策的最终目的。这个目标在1995年出台的《中国人民银行法》中得到了法律上的确定。将货币稳定作为主要目标,改变了之前实行多年的兼顾发展经济和稳定币值的双重目标。由于各级政府承担着推动当地经济发展的职能,扩大投资的冲动在得不到满足时就转嫁到了银行,出现"倒逼机制"。结果是我国信贷规模扩张,货币发行量过多,从而造成通货膨胀。因此,明确货币政策的目标对我国金融宏观调控具有重要意义。

1994年至1996年,我国继续推行的"双紧"货币政策进一步取得了良好的调控效果,通过紧缩性货币政策来控制赤字、减少发债、压缩政府开支、控制货币总投放量。到1996年,我国经济软着陆成功,物价水平大幅度回落。通货膨胀率从1994年的24.1%直线下降到1996年的8.3%,经济过热得到有效

[①] 参见中共中央文献研究室:《十四大以来重要文献选编》(上),中央文献出版社1996年版,第350—351页。

控制,金融秩序明显好转,国际收支持续顺差,经济增长势头良好。

中国人民银行在1993年进行了职能转换,杜绝了财政贷款和透支,困扰我国多年的"倒逼机制"问题逐渐得到解决。在货币政策手段方面,从1994年三季度起,中国人民银行开始按季向社会公布货币供应量统计监测指标;1995年初宣布将货币供应量列为货币政策的控制目标之一;1996年开始公布货币供应量的年度调控目标,当年4月,中国人民银行首次启用本币公开市场操作,随后放开了银行间同业拆借利率,我国利率市场化进程开始。但至此,控制信贷规模依然是主要的货币政策手段。

(三) 1997—2007年从反通缩到稳健的货币政策

1997年亚洲金融危机爆发,风暴席卷泰国,泰铢贬值。不久,这场风暴横扫了马来西亚、新加坡、日本和韩国,中国也受到了波及。亚洲金融危机打破了亚洲经济急速发展的景象,亚洲一些经济大国的经济开始萧条。

1997年开始,由于增长基础发生了根本性变化,我国经济发展逐渐从资源约束过渡到需求约束,有效需求不足成为经济调控的新问题。亚洲金融危机爆发后,我国承受了巨大的压力,坚持人民币不贬值,进一步加速了我国经济的周期性低谷来临,消费物价指数持续负增长、企业开工不足、失业人口不断增长等通货紧缩迹象开始令人担忧,经济陷入了外需不足、内需不振的困境,宏观经济衰退导致局势不稳定。当年11月召开的全国金融工作会议上对解决金融改革和发展的重大问题作出具体部署,要求力争用3年左右的时间,基本建立一个与社会主义市场经济相适应的金融机构体系、金融市场体系和金融调控监管体系。

自经济实现软着陆以来,我国金融当局开始实行"适当"的货币政策,为对付通货紧缩和促进经济增长,采取逐步降低利率和增加货币供应量的政策。具体包括,多次下调贷款利率,1996—1997年间,3次下调利率幅度为5.31%,缓解了前一时期的紧缩货币政策以及高利率;1998年取消贷款限额控制后,商业银行可以自由贷款;1998年3月23日、7月1日和12月7日中国人民银行3次调低存贷款利率;1998年人民银行首先将法定存款准备金率从13%降到8%,1999年11月又一次下调法定存款准备金率2个百分点;1998—1999年间,金融机构法定存贷款利率再次下调4次,达到1980年以来的最低点,到1999年11月,一年期存款的实际利率下降至1.8%。在降低利率的同时对利率结构进行了较大幅度的调整,使长期贷款利率下调的幅度大于短期贷款利率下调的幅度,以期降低企业成本,推动投资活动。同时,货币供应量呈下跌趋势,从 1995 年至 1998 年 6 月末,M2 增长分别为 33.5%、25.2%、17.4% 和 14%,M1 增长则分别为 16.7%、18.9%、16.5% 和 8.7%。这些措施让我国较好地承受住了亚洲金融危机所带来的影响,但是适度放松的货币政策并没有取得预期的效果。虽然国有单位投资在名义和实际上均有明显上升,然而,反映投资增长的生产资料购进价格指数仍然呈负增长,表明了投资仍然处于低迷之中。

在货币政策手段方面,长期以来,中国人民银行主要通过规模管理这一行政手段来控制货币供应量,以实现货币政策目标。但是,随着市场机制作用的扩大,这种调控社会资金总需求的规模管理已经显得力不从心。[①] 以 1998 年 1 月取消对商业银行贷款规模的限制、改革存款准备金制度和扩大公开市场业务为标志,中央银行货币政策调控逐步由直接调控向间接调控转变。尽管金融调控仍然以货币供应量为目标,但更加重视 M1 和 M2 指标,并开始将利率变量纳入中间目标范畴。由于银行改革及其行为的日益理性化,取消贷款规模限额并未导致贷款规模的失控,相反银行与企业的借贷行为都变得更加谨慎,货币供应量的增长更趋于合理和平稳。

1999 年,我国正式提出了"稳健"的货币政策,并一直延续到 2007 年。1999 年 10 月中国人民银行货币政策委员会决定,在继续保持人民币币值稳定的基础上,适度扩大货币供应,其具体内容为进一步降低金融机构法定存款准备金率,年底时 M1 余额为 45837 亿元,增长了 17.7%。但是由于内需仍然没有扩大,物价持续低走,通货膨胀逐渐转变为通货紧缩,经济并未走出低谷。随着我国货币、财政政策作用到位,经济开始呈现出回暖的迹象。从 2000 年起,中国人民银行运用多种货币政策手段,大幅降低利率,加大公开市场操作力度,调控货币供给,使货币供应量适度增加,拉动国内消费需求回升。接着 2001 年先后 9 次下调境内外币存款利率,使本外币利率差出现逆转;2002 年 2 月第 8 次降息,进一步拉动国内消费,推动经济发展。

2003 年我国宏观经济发生了巨大变化,受固定资产投资高速增长和经济

---

① 参见余培翘:《从起草过程看〈中国人民银行法〉的意义和作用》,载《中国金融》1995 年第 5 期。

高速增长的拉动，从 2002 年第四季度开始生产价格就以高于消费者物价指数（CPI）的幅度快速上涨。房地产市场化、货币供应量、货币信贷、外汇储备及市场投资增长偏快，部分行业和地区盲目投资和低水平扩张倾向明显加剧。例如钢铁行业，2003 年我国钢产量增长近 4000 万吨，运输量增加 1.8 亿吨，针对钢铁的项目不断盲目上马，投资过热，其后果之一是全国铁路运输不堪重负。同时，伊拉克战争和"非典"疫情对经济运行所带来的不确定性，进一步增加了金融宏观调控决策的难度。

在此情况下，中国人民银行保持了货币政策的稳定性和连续性，继续实行稳健的货币政策。2003 年 6 月，银监会下发《中国人民银行关于进一步加强房地产信贷业务管理的通知》，严控房地产贷款，加强按揭贷款管理，防范和控制信贷风险。同年 9 月，为适度抑制金融机构信贷扩张趋势，将法定存款准备金率从 6% 调高至 7%，这是继 1999 年 11 月将存款准备金率由 8% 下调至 6% 后，又一次调整存款准备金率。总体上看，提准和加息的货币政策抑制了通胀，信贷投放过多得到有效控制。

2004 年，中央根据经济运行中出现的投资膨胀加剧、物价回升加快等新情况，认为要紧紧把握土地、信贷两个闸门，同时加大调控力度。年内放开人民币存款利率下限和贷款利率上限，上调再贷款利率和再贴现利率，上调存款准备金率，并开始实行差别存款准备金率制度，利率市场化改革取得成效。

为保持基础货币平稳增长，2005 年中国人民银行开始灵活运用公开市场操作，发行央行票据回收外汇占款。2005 年共发行 125 期央行票据，发行总量 27882 亿元，年末央行票据余额为 20662 亿元。此外，汇率价格工具也得到充分使用，自 2005 年 7 月 21 日起，我国开始实行以市场供求为基础、参考一篮子货币进行调节、有管理的浮动汇率制度。根据对汇率合理均衡水平的测算，7 月 21 日 19 时，人民币对美元升值 2%，即美元对人民币交易价格调整为 1 美元兑 8.11 元人民币。汇率升值，有利于扩大进口和适当减少出口，可以改变我国当前贸易顺差和外汇储备增长过快的情况，从而逐步实现进出口的基本平衡和外汇收支平衡，提高资源的使用效率。

1997—2007 这十年间，我国一直坚持稳健的货币政策，并根据实际情况调整货币政策松紧。经济过热和物价上涨是这段时期的总基调，为稳定经济，中国人民银行灵活运用了各种货币政策，包括取消贷款限额控制、稳步推进利率市场化进程、强化公开市场操作能力、上调存款准备金率、实行浮动汇率制度、实行差别存款准备金率制度、加强房地产信贷业务管理、适时对金融机构进行窗口指导等,我国金融运行中的有关问题得到了基本解决,金融调控取得不错的成效。与此同时,在这些年的摸索中,我国也为应对马上到来的美国次贷危机积累了各种货币政策的运用经验。

(四) 2008—2019 年从适度从紧到稳健的货币政策

2007 年年底的中央经济工作会议将 2008 年宏观调控的首要任务定为"两个防止":防止经济增长由偏快转为过热,防止价格由结构性上涨演变为明显通货膨胀。2007 年第四季度,中国人民银行在货币政策执行报告中指出,"中国人民银行将按照党中央、国务院的统一部署,把防止经济增长由偏快转向过热、防止价格由结构性上涨演变为明显通货膨胀作为宏观调控的首要任务,实行从紧的货币政策,抑制总需求过度膨胀,同时根据国内外经济形势的最新变化,科学把握调控的节奏和力度,适时适度微调,努力为经济增长和结构调整创造平稳的货币金融环境"。我国的货币政策逐步从前几年的"稳健"转为"从紧"。

2008 年上半年,美国次贷金融危机尚未全面爆发,但是次级贷款不良问题已经暴露,美国经济出现了类似"滞胀"的组合,国际环境更趋严峻复杂,许多经济体宏观政策陷入维护物价稳定和保持经济增长的两难境地。我国在 2008 年年初遭遇雨雪冰冻灾害,上半年通胀压力依然较高。2008 年 9 月,美国次贷危机全面爆发,信用问题不断加剧,贝尔斯登因流动性不足和资产损失被摩根大通收购。2008 年 9 月,1850 年创立、存续一个半世纪的雷曼兄弟宣布破产,次贷危机急剧恶化,华盛顿互惠银行倒闭,美联银行出现危机,接着欧洲部分金融机构相继出现问题,美国次贷危机变成百年难遇的国际金融危机。与此同时,国内发生雪灾、"5·12"汶川大地震等自然灾害,这些都表明我国当时的国内外形势并不乐观。

针对形势变化,中国人民银行调整金融宏观调控措施,连续三次下调存贷款基准利率,9 月和 10 月两次下调存款准备金率,取消对商业银行信贷规划的约束,全年新增贷款预期目标提高至 4 万亿元,并引导商业银行扩大贷款总量。除此之外,为抵御国际金融危机,人民币汇率形成机制改革也暂时停止,货币信贷平稳增长,金融业稳健运行。到 2009 年,我国全年新增信贷总额达 9.6 万亿元,新增信贷总量创下历史最高。

2009年年底，中央经济工作会议提出，2010年要保持宏观经济政策的连续性和稳定性，继续实施积极的财政政策和适度宽松的货币政策。货币政策要保持连续性和稳定性，增强针对性和灵活性。随着金融危机的影响逐渐消失，我国2008年的"4万亿"投资刺激也为我国带来了通货膨胀、资产泡沫化的危险，稳定物价成为金融调控的主要目标。中国人民银行自2010年1月18日起连续7次上调法定存款准备金率，并于2010年年底上调一年期存贷款基准利率至0.25%。同年6月19日，央行为改变2008年次贷危机爆发后人民币汇率浮动区间收窄、市场化步伐放缓的局面，宣布重启汇率市场化改革。央行在2010年货币政策执行报告中指出，"货币政策从适度宽松转向稳健意味着以M2为代表的货币供应总量增长应低于适度宽松时期，降至以往稳健货币政策阶段的一般水平，只有货币供给总量回归常态，才能实现中央提出的把好流动性总闸门的要求。"这意味着我国的货币政策重新回归至稳健的货币政策。

2012年全球经济增长显著放缓，美国经济增长动力有所减弱，世界经济体普遍处于财政整顿周期中，货币政策已经处于极度宽松状态，中国人民银行选择了稳健宽松的货币政策。中国人民银行2012年2月、5月两次下调存款类金融机构人民币存款准备金率0.5个百分点，6月、7月下调金融机构人民币存贷款基准利率。在外部环境不确定的情况下，我国选择了降准降息的货币政策。2012年我国经济增速出现较为明显回落，GDP增速跌破8%，通货膨胀率从5.4%降到了2.6%。2013年央行并未使用准备金率和基准利率操作工具，既没有因为稳增长而放松货币，也没有过度收缩银根，因此可以判断出在此期间央行货币政策为稳健中性。同时，在稳步推进利率市场化改革方面，2013年7月19日，中国人民银行决定自7月20日起全面放开金融机构贷款利率管制，由金融机构根据商业原则自主确定贷款利率水平。9月下旬，央行继续稳步有序推进利率市场化改革工作。一是建立市场利率定价自律机制；二是推动开展贷款基础利率报价工作；三是推进同业存单发行与交易，进一步丰富金融机构市场化负债产品，为稳妥有序推进存款利率市场化创造条件。①

2014—2015年，我国的货币政策重新回到稳健宽松。央行审视"新常态"的阶段性含义与特征，长远且动态地看待金融稳定和系统性风险问题，在加快结构转型和缓解增长过快下行之间取得了平衡。2014年，央行两次定向降准，

---

① 参见万荃：《2013：货币政策精准发力稳中有为》，载《金融时报》2014年1月9日。

一次降息。2015年，央行先后进行了5次降准降息，提供抵押补充贷款，开展中期借贷便利操作等一系列调控手段。我国经济正从高速增长转向中高速增长，我国GDP增长率也在2014年至2015年连续两年低于政府目标值，这一情况在之前从未发生过。央行因此将稳定经济增长作为首要目标，实施稳健略宽松的货币政策，连续降准降息来对冲经济下行风险。GDP同比增速由2014年的7.2%回落至2015年的6.9%。

既要支持实体经济稳定增长和转型升级，又要抑制资产泡沫和防范风险，2016年中国货币政策在多重目标和有限空间内闪转腾挪。2016年1月，央行把国际收支平衡作为首要目标，2月，把经济增长作为首要关注目标，4月后，央行持续通过中期借贷便利（MLF）和常备借贷便利（SLF）操作填补市场流动性缺口，而非降准，稳增长已不是首要目标。本年的货币政策是在坚持稳健总基调的前提下，不断摸索新办法、寻求新平衡。2016年11月上旬央行公布的第三季度货币政策执行报告指出，稳健货币政策取得了较好效果，银行体系流动性合理充裕，利率水平低位稳定运行。但实体经济特别是小微企业融资难、融资贵问题依然比较突出。货币政策调控正处在从数量型为主向价格型为主逐步转型过程中：一方面更加注重稳定短期利率、探索构建利率走廊；另一方面也需要在一定区间内保持利率弹性，发挥价格调节和引导作用。2016年10月1日，人民币正式加入了特别提款权（SDR）[①]——货币基金的特别提款权篮子。SDR的纳入是对人民币实力的认可，是人民币走向国际化的一个里程碑，虽然权重并不是很高，但可预见的未来人民币的比重将可能不断增加，对金融改革也有一定的助推作用。

2017年中国经济稳中向好并好于预期。GDP增速出现了2010年以来首次的增速回升，就业形势向好，物价稳定。此外，2017年10月，党的十九大明确指出要建立货币政策和宏观审慎政策双支柱调控框架，货币政策侧重于物价稳定、经济增长、就业以及国际收支基本平衡，宏观审慎政策则侧重于金融稳

[①] 特别提款权（Special Drawing Right，简称SDR），是国际货币基金组织根据会员国认缴的份额分配的，可用于偿还国际货币基金组织债务、弥补会员国政府之间国际收支逆差的一种账面资产。其价值目前由美元、欧元、人民币、日元和英镑组成的一篮子储备货币决定。会员国在发生国际收支逆差时，可用它向基金组织指定的其他会员国换取外汇，以偿付国际收支逆差或偿还基金组织的贷款，还可与黄金、自由兑换货币一样充当国际储备。它是国际货币基金组织原有的普通提款权以外的一种补充，所以称为"特别提款权"。

定和逆周期调控。"宏观审慎"这一概念1979年就被正式提出，1998年国际货币基金组织中首次将宏观审慎监管理念纳入监管金融体系，2000年国际清算银行将金融稳定划分为微观审慎层面的稳定和宏观审慎层面的稳定，对应的是以确保单个金融机构稳健为目标的微观审慎监管和以维护整个宏观金融体系稳定为目标的宏观审慎监管。[①] 传统央行政策框架以货币政策为核心，主要关注的是经济周期和货币政策。但以CPI为锚的货币政策框架存在缺陷：即使CPI较为稳定，资产价格和金融市场波动也可能很大。引入宏观审慎政策可以维护金融稳定和防范系统性金融风险。我国在宏观审慎政策框架方面曾进行了不少探索，如2011年引入差别准备金动态调整机制，要求金融机构"有多大本钱就做多大生意"；2016年起将其升级为宏观审慎评估体系（MPA）；2017年把表外理财纳入MPA；2018年将把同业存单纳入MPA；加强房地产市场宏观审慎管理，形成了以因城施策差别化住房信贷政策为主要内容的住房金融宏观审慎政策框架。

2018年经济开局延续了好的态势，中国人民银行宣布实施稳健中性的货币政策。这一年，中国人民银行前瞻性地采取了一系列逆周期调节措施，激励引导金融机构加大对小微企业和民营企业的支持力度。12月19日，中国人民银行决定，从2019年1月起增设定向中期借贷便利（TMLF）工具，鼓励商业银行等金融机构将资金更多地配置到实体经济，尤其是小微企业、民营企业等重点领域。21日，中国人民银行印发了《关于设立定向中期借贷便利 支持小微企业和民营企业融资的通知》。截至2019年第三季度，中国人民银行按季开展了三次定向中期借贷便利操作，金额分别为2575亿元、2674亿元和2977亿元，期末余额为8226亿元，期限均为一年，利率为3.15%，到期后可根据金融机构需求续做两次，实际使用期限可达到三年。

改革开放以来，我国货币政策经历了从无到有、从附属到独立、从直接调控为主到间接调控为主、从手段单一到手段多样、从稚嫩到成熟的过程，同时又经历了两次国际金融危机的考验。中国人民银行努力通过货币政策来调控货币总量及其结构，通过保持货币供求总量和结构的平衡来促进社会总需求与总供给的均衡。进一步推进利率市场化改革、提高制定和执行货币政策的水平、丰富货币政策手段的种类、建立货币政策和宏观审慎政策双支柱调控框架等成

[①] 参见胡继晔、李春梅：《〈人民银行法〉亟待修法》，载《中国党政干部论坛》2015年第8期。

为新时期的新任务。

四、数字货币在我国的现状梳理

近年来，以比特币为代表的数字货币越来越引发人们关注，不仅让国内外的不少中央银行开始重视数字货币的研发、应用和监管，更吸引不少央行主动加入到数字货币研发队伍中。2019年9月24日，在庆祝中华人民共和国成立70周年活动新闻中心首场新闻发布会上，中国人民银行行长易纲表示："我国央行自2014年起就已经开始了关于数字货币的研究。"① 此外，在2019年8月10日的中国金融四十人伊春论坛上，央行支付结算司副司长穆长春曾表示："央行数字货币可以说是呼之欲出了。"②

结合《中国人民银行法》第四条第一款第三项③以及第十六条④的规定，中央银行所发行的数字货币具有法定货币的性质。除法定数字货币之外，还存在着主要由私人部门发行的数字货币，如比特币、Libra币⑤等。可以预见的是，法定数字货币和其他数字货币将对央行未来的货币政策制定以及实施效果产生影响。数字货币是对货币形式的又一次重大变革，特别是对中央银行以及货币政策带来了重大挑战。⑥ 在加快研究法定数字货币进程的同时，央行针对交易市场中存在的数字货币交易乱象，与其他部委共同就数字货币事项发布用

---

① 参见杨承霖：《财经观察："央行数字货币"破茧还有多久》，http：//www.xinhuanet.com/fortune/2019-12/18/c_1125360605.htm? baike，2019年12月20日访问。
② 参见张姝欣、程维妙、陈鹏：《央行20天三次"发声"谈数字货币》，http：//www.xinhuanet.com/fortune/2019-08/22/c_1210252327.htm，2019年12月20日访问。
③ 《中国人民银行法》第四条："中国人民银行履行下列职责：（一）发布与履行其职责有关的命令和规章；（二）依法制定和执行货币政策；（三）发行人民币，管理人民币流通；（四）监督管理银行间同业拆借市场和银行间债券市场；（五）实施外汇管理，监督管理银行间外汇市场；（六）监督管理黄金市场；（七）持有、管理、经营国家外汇储备、黄金储备；（八）经理国库；（九）维护支付、清算系统的正常运行；（十）指导、部署金融业反洗钱工作，负责反洗钱的资金监测；（十一）负责金融业的统计、调查、分析和预测；（十二）作为国家的中央银行，从事有关的国际金融活动；（十三）国务院规定的其他职责。中国人民银行为执行货币政策，可以依照本法第四章的有关规定从事金融业务活动。"
④ 《中国人民银行法》第十六条：中华人民共和国的法定货币是人民币。以人民币支付中华人民共和国境内的一切公共的和私人的债务，任何单位和个人不得拒收。
⑤ Libra币是由Facebook公司计划发行的数字加密货币。根据Facebook公司于2019年6月18日发布的《Libra白皮书》的介绍，Libra币是建立在"Libra区块链"基础上的，完全由实物资产储备（一篮子银行存款和短期政府债券）提供支持的，并且由独立的非营利性成员制组织Libra协会管理的数字加密货币。参见《Libra白皮书》，https：//libra.org/zh-CN/white-paper/#introducing-libra，2020年2月20日访问。
⑥ 参见刘少军：《法定数字货币的法理与权义分配研究》，载《中国政法大学学报》2018年第3期。

以指导监管部门的相关文件,稳定我国的金融交易秩序,保护投资者的合法权益。下文主要围绕着两大类数字货币展开讨论,以发行方是否为法定发行机构为划分标准。

(一) 法定数字货币

法定数字货币,即法定机构发行的数字货币。在我国,是指由中国人民银行依法发行的数字货币,是以数字货币形式存在的法定货币。它在法律性质上是目前法定现钞或硬币的替代形式,是一种全新类型的法定货币,同法定现钞或硬币具有共同的法律属性。① 另外,央行数字货币不同于电子货币。电子货币并不是一种新的货币形态,只是基于实体货币而诞生的用于电子支付体系的新支付方式。②

2018年,央行副行长范一飞撰文表示,中国央行数字货币应采用双层运营体系。双层运营体系,即人民银行先把数字货币兑换给银行或者是其他运营机构,再由这些机构兑换给公众。而单层运营体系,则是指人民银行直接对公众发行数字货币。

采用双层运营体系,不会影响现行货币政策传导机制,是"中央银行—商业机构"这种双层运营模式的诸多好处之一。③ 数字货币的流转仍然通过央行和金融机构再到企业和个人,在货币创造渠道、流转环节、功能上与纸币完全相同,没有脱离传统货币政策调控的范围。④ 央行在设计数字货币时,会基于货币政策调控、货币的供给和创造机制、货币政策传导渠道进行综合考虑。数字货币的发行渠道与现有的实物货币类似,实施同样的管理原则,能够配合货币政策的实施,实现货币政策的目标。

(二) 非法定数字货币

1. 非法定数字货币的法律地位

非法定数字货币是相对于法定数字货币的概念。虽然被称为"货币",但

---

① 参见刘少军:《法定数字货币的法理与权义分配研究》,载《中国政法大学学报》2018年第3期。
② 参见张庆麟:《电子货币的法律性质初探》,载《武汉大学学报》(哲学社会科学版) 2001年第5期。
③ 参见张姝欣、程维妙、陈鹏:《央行20天三次"发声"谈数字货币》,http://www.xinhuanet.com/fortune/2019-08/22/c_1210252327.htm,2020年2月20日访问。
④ 参见温信祥、张蓓:《数字货币对货币政策的影响》,载《中国金融》2016年第17期。

官方并不认可它是真正意义的货币。以比特币为例,对如何认识比特币的属性,人民银行等五部委发布的《关于防范比特币风险的通知》(以下简称《通知》)中指出:"由于其不是由货币当局发行,不具有法偿性与强制性等货币属性,并不是真正意义的货币。""从性质上看,比特币应当是一种特定的虚拟商品,不具有与货币等同的法律地位,不能且不应作为货币在市场上流通使用。"2017年人民银行等七部委发布的《关于防范代币发行融资风险的公告》(以下简称《公告》)再次强调了类似观点。①

正如学者所指出的,我国将货币的概念与法定货币的概念等同②,具备法定性以及强制性是判断是否属于货币的依据。在这一点上,比特币等非人民银行发行的"货币",的确不属于真正意义上的货币。但是,"在世界范围内已经出现了广义的货币法理论,倾向对货币进行开放性的实质解释"③。广义的货币法理论以能否实现交换媒介的职能定义货币,区别于狭义的货币法理论,后者要求货币具有法定性、强制性的特点。从域外实践的角度,比特币是具有交换媒介的功能的,符合广义货币法理论对货币的定义。

但是,如果承认只需具备交换媒介功能便可作为货币在市场上流通使用,可能会加大一系列金融风险。首先,法定货币在国内市场流通中的垄断地位将会被打破,同时有可能扰乱现有银行体系承担的储蓄和支付功能。其次,货币政策的传导机制将会受到影响,从而导致货币政策有效性的减弱。再次,由于货币政策制定机构并不掌握非法定数字货币发行及交易的第一手信息,而需要依赖其他机构的信息报备,信息的滞后性加大了货币政策制定机构及时准确评估非法定数字货币的流通速度的难度,这会对货币政策的有效性造成影响。最后,毕竟非法定数字货币由私人部门发行且多以去中心化为发行模式,一旦私人部门出于私利而无序发行,去中心化的特征将导致政府对其调控的难度加大。

随着我国研究法定数字货币进程的加快,目前非法定数字货币作为数字货

---

① 《中国人民银行 中央网信办 工业和信息化部 工商总局 银监会 证监会 保监会关于防范代币发行融资风险的公告》第一条第二款规定:"代币发行融资中使用的代币或'虚拟货币'不由货币当局发行,不具有法偿性与强制性等货币属性,不具有与货币等同的法律地位,不能也不应作为货币在市场上流通使用。"

② 参见赵天书:《比特币法律属性探析——从广义货币法的角度》,载《中国政法大学学报》2017年第5期。

③ 同上。

币的优势也随着法定数字货币的推行而渐渐丧失。因此可以说，非法定数字货币作为货币的法律地位在我国是很难得到认可的。

2. 非法定数字货币的监管

我国对非法定数字货币的监管，主要依据的是人民银行等部委出台的《通知》和《公告》。2013年出台的《通知》虽然明确否定了比特币作为货币的法律地位，但是允许其在洗钱风险可控的情况下作为虚拟商品进行交易，如"提供比特币登记、交易等服务的互联网站应切实履行反洗钱义务，对用户身份进行识别，要求用户使用实名注册，登记姓名、身份证号码等信息。"而2017年《公告》的出台则是鉴于当时国内通过发行代币的形式进行融资的活动涌现，投机炒作盛行，甚至涉嫌从事非法金融活动。这些行为不仅带来了巨大的金融风险，而且严重扰乱了我国的经济金融秩序。因此，相较于《通知》，《公告》的严厉管制色彩更加浓厚，不仅保留了禁止各金融机构和支付机构为代币发行提供相关业务的规定，同时还加大了对代币融资交易行为及平台的管理力度，禁止各类代币发行融资活动，禁止代币融资交易平台为代币交易活动提供定价、信息中介等服务。

货币是为了提高交易效率而用于交换的中介商品，是从商品中分离出来而固定充当一般等价物的商品。但目前我国境内的非法定数字货币发行与交易活动主要是通过各类虚拟货币理财项目拉拢投资者，来实现发行方的融资目的与满足投资者的投资需求。非法定数字货币依旧是作为商品进行交易，与货币从商品中分离出来固定充当一般等价物的特点并不相符。人们在不同的经济环境下，可能在不同的媒介商品上就何者作为货币达成共识，货币从贝壳、金银到纸币等的不断演化证实了这一点。但是，目前非法定数字货币的境内实践表明发行方与投资者就非法定货币的价值虽然达成共识，但并非对非法定数字货币能够固定充当一般等价物在境内流通达成共识，而是对非法定数字货币的投资价值达成共识。投资者期待的依旧是以人民币作为理财回报，而非法定数字货币仅是其所投资的商品。

习近平总书记在主持中共中央政治局第十八次集体学习时强调，区块链技术的集成应用在新的技术革新和产业变革中起着重要作用，要把区块链作为核心技术自主创新的重要突破口，加快推动区块链技术和产业创新发展。借助于区块链技术的宣传推广，部分虚拟货币交易平台再次通过数字货币抵押推出零息借贷、双币理财等项目。对此，监管当局就虚拟货币交易活动发布风险提示，要求各单位按照《公告》的有关规定，对虚拟货币交易、ICO及变相ICO持续保持监管高压。虽然区块链技术是从比特币中分离出来的，但是区块链技术并不等于比特币。

  各国对非法定数字货币的态度并不一致，如我国对比特币等非法定数字货币采取严厉管制的监管态度，而日本对数字货币采取了适度监管、鼓励创新的态度。日本在2016年通过修正《资金结算法》明确了虚拟货币及其交易平台的合法地位。[1] 另外，日本金融厅《关于支付结算业务高度化的工作小组的报告书》中指出，对虚拟货币进行立法主要有两个直接目标：一是保护虚拟货币持有者和交易平台用户，避免因出现黑客攻击事件导致投资者遭受巨大损失；二是配合国际协同合作，应对洗钱和恐怖融资等犯罪行为。[2] 上述两种立法考量实际上同样体现在我国的政策文件之中，只不过我国采用的是禁止开展有关交易活动的方式，而日本则是在承认交易活动的合法性的基础上要求当事人依法开展交易活动。两种方式各有优劣。我国当下采取的禁止性规定过于简单，如何认识、规范与引导需要一个过程，未来在政策和立法上是否需要改变，尚待进一步研究。

---

  [1] 参见杨东、陈哲立：《虚拟货币立法：日本经验与对中国的启示》，载《证券市场导报》2018年第2期。
  [2] 同上。

第二章
经济转轨过程中的财政体制改革

改革开放至今我国经济发展取得了一系列成就,也经历过许多曲折的探索,财政体制改革作为经济体制改革和社会变革的先锋,其重要性不言而喻。财政领域的每一项改革的本质都是利益再分配,不可避免地将会触及既得利益者,因此财政改革的每一步都困难重重但意义非凡。我们看到某项财政政策的出台,却不了解政策从酝酿到实施,再到发展完善的过程中有来自多方利益的较量和博弈,正是这份不易才使得改革更显魄力。

一、中央与地方财政体制改革的探索过程

(一) 1978 年之前统收统支的财政体制

从新中国成立到改革开放将近三十年的时间里,中国的计划经济体制充分发挥了社会主义国家"集中力量办大事"的优势,使得我国经济建设取得重大成就。与这种高度集中的计划经济体制相适应的,是高度集中、统收统支的财政体制。这种财政体制在初期为我国做出了不少贡献,比如统收统支筹集到的大额财政资金,可以用于发展社会主义各项事业,投资于大型国有企业等。但是,这种财政体制同计划经济体制一样有着严重的弊端,那就是集一国财力满足生产性投资,导致资源分配效率低下,忽略了对社会主体的公平分配,导致社会主体缺乏积极性和活力。这一阶段,我国处于财政体制改革和创新的摸索期。

"一五"计划期间,为了发挥地方的积极性,国家实行划分收支、分级管

理的财政体制,给予地方一些财政权限。"大跃进"期间实行以收定支的财政体制。进入到经济调整时期,国家为了适当集中财政权力,实行总额分成、一年一变的财政体制。1971—1973年,为适应经济体制"大下放",我国实行收支"大包干"体制。1974—1975年,大包干体制转变成"收入按固定比例留成(在地方负责组织的计划收入中,按一定比例提取归地方的财力,当时称之为'旱涝保收')、超收另定分成比例、支出按指标包干"的财政体制。1976年,为了改变中央缺乏足够财政调剂能力的情况,改行"收支挂钩、总额分成"的办法。但是,上述探索并未改变财政体制的高度集中特征。[①] 高度集中的财政管理体制根本上是由当时计划经济体制下资源的分配方式决定的。随着社会主义经济建设规模不断扩大、社会经济关系日渐复杂,这种统收统支的财政体制已经不能适应社会需要,中央权力过于集中导致政府职能膨胀。在中央与地方关系上,经济发展带来的财政收入增长大部分都上缴了中央,地方并不能从中得到多少好处,甚至是财政收入增长越多向中央上缴就越多。这种财政体制严重挫伤了地方、部门、单位等的积极性,从长远来看不利于社会生产力的发展,因此亟须进行改革。

(二)财政包干体制发展的三个阶段

历史的车轮来到1978年,中国开始进入一个崭新的历史发展时期,国民经济急需摆脱长期停滞的局面,人民长期被压制的生产积极性也被激发了出来。但是,由于长期受到"左"倾错误的影响,在面对经济建设时还是出现了急于求成的情况,比如不断加大对基本建设的投入,在没有经过充分论证的情况下就引进耗能大的项目等。1978年的十一届三中全会提出要把全党的工作重心从"以阶级斗争为纲"的政治运动转移到经济建设上来。十一届三中全会公报指出:"现在我国经济管理体制的一个严重缺点是权力过于集中,应该有领导地大胆下放,让地方和工农业企业在国家统一计划的指导下有更多的经营管理自主权;应该着手大力精简各级经济行政机构,把它们的大部分职权转交给企业性的专业公司或联合公司;应该坚决实行按经济规律办事,重视价值规律的作用,注意把思想政治工作和经济手段结合起来,充分调动干部和劳动者的生产积

---

① 参见谢旭人主编:《中国财政改革三十年》,中国财政经济出版社2008年版,第27页。

极性。"① 1979 年中央工作会议上提出了"调整、改革、整顿、提高"的八字方针，拉开了经济体制改革的序幕，财政体制改革作为经济体制改革的先行步骤也进入了探索阶段。财政体制改革之所以被称为经济体制改革的突破口，是因为在改革初期，首要任务就是在维护国民经济基本运转的前提下，打破旧体制的束缚、引入新体制的活力，在新旧体制配置资源的能力和范围此消彼长的过程中，新的体制逐渐酝酿、形成。② 国民经济无法"停车检修"，传统体制在中国不可能因为改革而一夜消失。高度集中的计划财政下，绝大部分的经济资源都被财政控制，因此财政作为计划体制下资源配置的枢纽可以首先松动，成为渐进式改革中解锁传统体制在宏观方面的突破口，以便让体制内的一部分资源和体制外的资源能够寻求自发组合，这也就决定了财政"放权让利"的先导地位，放的是部分资源配置权，让的是地方层面配置资源的范围。③

从 1980 年到 1994 年分税制改革，我国的财政包干体制经历了三个阶段：1980 年"划分收支、分级包干"，1985 年"划分税种、核定收支、分级包干"，1988—1993 年多种形式包干财政体制改革。这三次改革在总体上不断向分税制改革靠拢，前两个阶段改革侧重中央与地方的财政分成，第三个阶段突出强调财政收入的增量变化。对于我国为什么要实行包干制，曾任国家税务总局副局长的许善达说，当时国家从农村承包开始改革并取得了很大的成功，很多人就主张既然农村能够成功，城市也能搞承包。这种主张在 1986 年、1987 年盛行，中央和地方之间承包就是财政分税，国家和企业承包就是每个企业和政府签订承包合同，在合同中规定缴多少税。④

1. 1980 年"分灶吃饭"财政体制改革

经济改革初期，社会上要求进行财政体制改革的呼声高涨，要求经济体制改革首先要扩大地方和企业的财权。1979 年财政部专门成立了体制改革领导小组，借鉴江苏试点经验开始设计改革方案。1980 年全国大部分省份实行"收支挂钩、全额分成、比例包干、三年不变"的江苏模式，四川开始实行

---

① 《中国共产党第十一届中央委员会第三次全体会议公报》，载《人民日报》1978 年 12 月 24 日。
② 参见贾康、赵全厚：《中国财政改革 30 年：政策操作与制度演进》，载《改革》2008 年第 5 期。
③ 参见谢旭人主编：《中国财政改革三十年》，中国财政经济出版社 2008 年版，第 31 页。
④ 参见董博：《许善达谈财税改革 30 年：从财政包干到分税制》，载《第一财经日报》2008 年 8 月 18 日。

"划分收支、分级包干"的模式。1979年召开的全国计划工作会议上提出要加快财政体制改革,确定了各地财政收支包干基数、财政收入留缴比例、补贴数额。1980年2月国务院颁布了《关于实行"划分收支、分级包干"财政管理体制的暂行规定》,从1980年开始要实行财政体制改革,改革的基本原则是:在巩固中央统一领导和统一计划,确保中央必不可少的开支的前提下,明确划分各级财政和经济单位在财政管理方面的权力和责任,做到权责结合,各行其职,各负其责,充分发挥中央和地方两个积极性,"一灶吃饭"开始向"分灶吃饭"转变。财政部随后下发通知,对中央和地方的财政收支划分等问题进一步作出明确规定。财政体制改革由此正式开始,这次改革又被称为"分灶吃饭",主要内容有以下几个方面:一是划分收支,按照经济管理体制规定的隶属关系,明确地划分了中央政府和地方政府的财政收支范围,收入分为中央固定收入、地方固定收入、固定比例分成收入、调剂收入。二是分级包干,在对中央和地方收支范围进行划分后①,以1979年财政收支预算执行数据为基础,确定地方财政收支包干基数,地方预算支出首先用地方固定收入和固定比例分成收入去弥补,如有多余上缴中央,如有不足则用调剂收入来弥补,如果地方三项收入仍不能平衡地方政府的收支预算的,中央会对差额定额补助。② 三是五年不变,也就是说中央和地方的分成比例、补助定额确定后原则上五年不变。四是福建和广州实行"划分收支、定额上缴或定额补助"的特殊政策。这两个省拥有临近港、澳的特殊地理优势,华侨众多,便于引进外资,因此中央给予了地方政府更多的自主权,鼓励其先行一步。这两个省根据1979年财政收支决算基数确定上缴或需要补助的金额,金额确定后五年不变,在执行过程中如果收入有增加或支出有结余都留给地方。五是江苏继续实行固定比例包干办法。江苏省在1977年开始试行固定比例包干的财政体制,在此次的全国财政体制改革中,继续遵照原来的办法,但是对于地方包干范围和留缴比例进行了一些调整。江苏省在1981年才开始按照"划分收支、分级包干"办法执行。

"划分收支、分级包干"的财政体制打破了传统的高度集中的财政体制。对于地方政府来说,"吃大锅饭"改为"分灶吃饭",对于地方支出安排中央不再

---

① 参见姜长青:《财政包干制推动改革开放进程》,载《中国社会科学报》2018年12月12日。
② 同上。

"条条"下达指标，地方分成比例和补助定额五年不变，地方政府可以在国家总的发展方针和政策下制订地方规划。为了实现收支平衡，地方政府不再乱批条、滥用财政支出，而是有重点、有节制、精打细算地进行资金使用和建设，逐渐实现了事权与财权、权力与责任的统一。财政体制改革充分调动了中央和地方的积极性，企业的活力增强，工农业发展迅速。

但是，这种体制也存在着很多问题：一是地方保护主义问题逐渐显著，地方政府为了地方利益，极力从中央政府争夺更多的优惠政策和资源，分割市场，妨碍竞争。统收的局面已成历史，但是统治尚缺火候，地方遇到解决不了的问题仍要找中央要钱，中央的财政收入逐年减少，支出却未下降，导致中央财政困难。二是财政体制改革没有从根本上改变"条块分割"的行政隶属关系和组织财政收入的体制弊病。[①] 三是财政体制改革和整个经济体制改革存在着不协调的地方，由于财政体制改革比其他方面的经济体制改革先行一步，一旦财政体制的基数和比例确定，此后经济上的每一步改革，凡是涉及财政问题，比如调整产品的价格、调整银行利率等都会同地方财政利益发生矛盾，在某种程度上影响到一些经济措施的实施。[②]

2. 1985 年"划分税种、核定收支、分级包干"财政体制改革

我国在对中央和地方关系改革的同时，对于如何调整国家与企业关系也在不断摸索中。1980 年起，我国开始在一些国营企业进行"利改税"试点。1982 年第五届全国人民代表大会第五次会议通过了《关于第六个五年计划的报告》，肯定了上缴利润改为上缴税金的方向，认为改革需要区分不同情况进行。对国营大中型企业，要分两步走：第一步，实行税利并存，即在企业经营的利润中，首先征收一定比例的所得税和地方税，对扣除后的税后利润采取多种形式在国家和企业之间合理分配。这一举措在"六五"计划期间开始实施。第二步，在价格体系基本趋于合理的基础上，再根据盈利多少征收累进所得税。对小型国营企业，准备在以后三年内分期分批推行由集体或职工个人承包、租赁等多种经营方式，实行国家征税、资金付费、自负盈亏的制度。同时，要根据经济发展的需要，适当调整部分产品的工商税率，开征一些必要的

---

① 参见财政部财政科学研究所课题组、贾康、赵全厚：《中国财政改革 30 年的路径与脉络》，载《经济研究参考》2009 年第 2 期。
② 参见谢旭人主编：《中国财政改革三十年》，中国财政经济出版社 2008 年版，第 43 页。

新税种，进一步发挥税收集聚资金和调节生产、流通和分配的作用。① 上述税利制度改革的实现，将使企业的经营管理产生深刻的变化，进一步推进实行企业经济责任制和扩大企业自主权工作，使企业的利益与企业的经营和发展更好地结合起来。1980年实行的"分灶吃饭"财政体制改革计划的五年到期之时，"利改税"的两步走战略已初见成效，国家与企业的财政分配关系发生了巨大的变化。1985年国务院决定实行"划分税种、核定收支、分级包干"财政体制改革，基本原则是在总结前几年实行的财政管理体制经验的基础上，存利去弊，继续坚持统一领导和分级管理，进一步明确各级财政的权力和责任，做到权责结合，充分发挥中央和地方的积极性。此次改革按照"利改税"第二步改革后的税种设置对各级财政收入进行了划分；根据行政隶属关系划分了各级财政支出；区分不同情况实行上解、分成、补助，地方固定收入大于支出的，定额上解中央，反之则从中央和地方共享收入中确定一个分成比例留给地方，如果地方固定收入和中央地方共享收入仍不足以抵补支出的，再由中央定额补助；广东和福建继续实行财政包干等。

总体上来看，1985年实行的"划分税种、核定收支、分级包干"的财政体制，基本上仍是"分灶吃饭"，但是与1980年的财政体制改革相比，有两个明显的优势：一是提出以划分税种作为划分各级财政收入的依据，从形式上向分税制的管理体制迈出了一步，有利于日后过渡到完全的分税分级管理体制。二是较好地体现了保证重点、兼顾一般的原则，这一体制力求比较合理地确定地方财政的基数，也力求保证中央财政得到稳定的收入，加强各级政府当家理财和平衡收支的责任。②

3. 1988—1993年的多种形式包干财政体制改革

1986年我国财政体制出现了问题：经过前几年的财政放权，原本上解收入较多的沿海地区有的发生了财源转移，地方上解的收入不足以抵补中央对地方的补助，中央负担的支出有增无减，中央财政收入在全国财政收入中所占比重不断下降，中央财政连年出现较大的赤字。按照"先调动地方组织收入的积极性，在地方财政收入增长以后，中央再从财政收入增量中多拿一些"的思

---

① 参见刘佐：《国营企业"利改税"及其历史意义》，载《税务研究》2004年第10期。
② 参见谢旭人主编：《中国财政改革三十年》，中国财政经济出版社2008年版，第48页。

路，中央开始实行多种形式的地方财政包干体制。① 多种形式的包干是指对于全国不同地区实行不同形式的包干办法，具体的形式有：收入递增包干、总额分成包干、总额分成加增长分成包干、上解额递增包干、定额上解、定额补助。

表 2-1　多种形式的包干办法

包干形式	内容	实施地区
收入递增包干	以 1987 年决算收入和地方应得的支出财力为基数，参照各地近几年的收入增长情况，确定地方收入递增率（环比）和留成、上解比例。在递增率以内的收入，按确定的留成、上解比例，实行中央与地方分成；超过递增率的收入，全部留给地方；收入达不到递增率，影响上解中央的部分，由地方用自有财力补足。	北京市、河北省、辽宁省（不包括沈阳市和大连市）、沈阳市、哈尔滨市、江苏省、浙江省（不包括宁波市）、宁波市、河南省和重庆市
总额分成	根据前两年的财政收支情况，核定收支基数，以地方支出占总收入的比重，确定地方的留成和上解中央的比例。	天津市、山西省和安徽省
总额分成加增长分成	在上述"总额分成"办法的基础上，收入比上年增长的部分，另加分成比例，即每年以上年实际收入为基数，基数部分按总额分成比例分成，实际收入比上年增长的部分，除按总额分成比例分成外，另加增长分成比例。	大连市、青岛市和武汉市
上解额递增包干	以 1987 年上解中央的收入为基数，每年按一定比例递增上缴。	广东省和湖南省
定额上解	按原来核实的收支基数，收大于支的部分，确定固定的上解数额。	上海市、山东省和黑龙江省
定额补助	按原来核定的收支基数，支大于收的部分，实行固定数额补助。	吉林省、江西省、甘肃省、陕西省、福建省、内蒙古自治区、广西壮族自治区、西藏自治区、宁夏回族自治区、新疆维吾尔自治区、贵州省、云南省、青海省和海南省。湖北省、四川省划出武汉、重庆两市后，由上解省变为补助省，其支出大于收入的差额，分别由武汉市、重庆市从其收入中上交本省一部分，作为中央对地方的补助。

资料来源：《国务院关于地方实行财政包干办法的决定》，1988 年 7 月 28 日。

---

① 参见刘克崮、贾康主编：《中国财税改革三十年亲历与回顾》，经济科学出版社 2008 年版，第 35 页。

包干制改变了中央高度集中财权的状况，扩大了地方财政的自主权和积极性，财政体制改革作为经济体制改革的先导也支持了经济体制改革，但是存在的问题也是非常明显的。中央财政收入占国民经济的比重不断下降，中央财力与承担的财政支出不匹配使得连年出现赤字。财政包干强化了地方利益，助长了地方封锁和盲目建设的情况，影响了国家产业结构的调整和全国统一市场的形成。时任财政部地方预算司司长韩国春认为：20世纪80年代所进行的三次财政管理体制改革，改变了原有体制在财权财力上高度集中的格局，无论在深度上还是广度上都比传统体制有突破性进展。但是，也应该看到存在的不少问题：一是税收制度不规范、不健全，不同经济成分和不同经营形式的企业所得税制不统一，内外资企业流转税制不统一；二是国家与国有企业利润分配关系没有梳理顺畅，企业普遍实行的承包制不利于企业之间公平竞争，制约了财政收入的合理增长；三是财政包干体制不利于正确处理中央与地方的分配关系，中央财政收入占全国财政收入的比重不断下降，而且阻碍了全国统一市场的形成和生产力的合理布局。与此同时，财政运行机制也出现了许多紊乱现象，财政收入流失严重，社会分配秩序混乱，越来越多的部门与财政并行参与国民收入分配，大大降低了国家财政的分配协调功能。[①]

（三）拉开经济性分权序幕的分税制改革

1. 分税制改革的出台背景

分税制财政体制改革在20世纪80年代末期就已经提出。1986年中央高层即表现出进行分税制改革的意向。1987年10月召开的中共十三大提出，"在合理划分中央和地方财政收支范围的前提下实行分税制"。但是，由于当时还未出现要求实施分税制的直接动因，市场经济体制也还没有建立起来，因此分税制改革未能付诸行动。而最终促使1994年实施分税制改革的重要原因是当时的中央财政已经陷入极度困难的局面，举步维艰。过去几年的市场化改革带来经济快速发展的同时，也使得中央财政做出了巨大牺牲。到了1992年，宏观经济开始出现通货膨胀。1992年邓小平南方谈话和中共十四大后，中国开始走上了价格、税收、财政和金融体制的配套变革。当时中央的困难程度可

[①] 参见刘克崮、贾康主编：《中国财税改革三十年亲历与回顾》，经济科学出版社2008年版，第41页。

能令人难以置信。王丙乾担任财政部部长时曾说自己穷得只剩下背心和裤衩，谁再想剥夺也没有多少东西了。在他之后接任的刘仲藜戏称自己连背心都没有，只剩下裤衩了。当他把国库报表给时任国务院副总理朱镕基看时，朱镕基说了一句话："你这个财政部长真是囊中羞涩啊！"面对当时困窘的中央财政，朱镕基副总理焦急万分，他曾多次提到一般的国家中央财政收入需要占到全国财政收入的60%，地方收入只占40%，在财政支出上地方财政支出占60%。中央政府负有为全国发展保驾护航的义务，只有占据大部分的财政收入才有能力协调地区发展不平衡。但是，当时的实际情况却是中央财政收入占全国财政收入的比重不到40%，却承担着超过50%的支出，为了维持收支平衡，中央大量发债、向地方借债。朱镕基副总理要求尽快成立财政和税制改革领导小组，进行财政体制改革。1992年党的十四大报告中也提出"统筹兼顾国家、集体、个人三者利益，理顺国家与企业、中央与地方的分配关系，逐步实现利税分流和分税制"。财政部随后公布《关于实行"分税制"财政体制改革试点办法》，选择了天津等九个地方进行试点，可谓我国财政体制改革迈出的重要一步。

分税制方案的设计是一项复杂的工程，设计这个方案花费了大量的人力和财力，耗费了很多人的心血。时任财政部部长刘仲藜提到，1994年财税改革涉及的内容较多，涵盖了包括税制、分税制等在内的数个方面，但其核心是分税制改革。所谓分税制，就是中央与地方财政分配关系上，统一按税种划分收入，彻底打破中央与地方一对一谈判、一地一个体制的财政大包干办法。改革的目标就是要提高财政收入占国内生产总值的比重以及中央财政收入占全国财政收入的比重。只有这样才能增强中央的宏观调控能力，维持国家的长治久安，这也是市场经济国家普遍的做法。为了保证决策科学、可靠，当时的决策参与者做了大量细致的测算工作。[①]

2. 分税制改革的主要内容

一是收入划分。将实施宏观调控需要、维护国家利益的税种划分为中央税，将适合地方征收管理的税种划分为地方税，将有利于促进经济发展的税

[①] 参见刘克崮、贾康主编：《中国财税改革三十年亲历与回顾》，经济科学出版社2008年版，第339页。

种划分为中央与地方共享税。① 中央税由国税局负责征收，地方税由地方税务机构负责征收，共享税中的地方分享部分由国税局直接划入地方金库。

表 2-2　1994 年分税制改革中央与地方税种划分

中央固定收入	地方固定收入	中央与地方共享收入
1. 消费税 2. 海关代征的消费税和增值税 3. 关税 4. 中央企业所得税 5. 中央企业上缴的利润 6. 外贸企业的出口退税 7. 地方企业和外资银行及非银行金融企业所得税 8. 铁道部门、各银行总行、各保险总公司等集中缴纳的营业税、所得税、利润和城市维护建设税	1. 营业税（不含铁道部门、各银行总行、各保险总公司集中缴纳的营业税） 2. 个人所得税 3. 地方企业所得税（不含地方银行和外资银行及非银行金融企业的所得税） 4. 地方企业上缴利润 5. 城镇土地使用税 6. 城市维护建设税（不含铁道部门、各银行总行、各保险总公司集中缴纳的部分） 7. 房产税 8. 车船使用税 9. 印花税 10. 屠宰税 11. 农牧业税 12. 农业特产税 13. 耕地占用税 14. 契税 15. 固定资产投资方向调节税 16. 遗产和赠与税 17. 土地增值税 18. 国有土地有偿使用收入	1. 增值税 2. 资源税 3. 证券交易税

二是支出划分。划分的基本原则是中央财政主要承担国家安全、外交和中央国家机关运转所需经费、调整国民经济结构、协调地区发展、实施宏观调控所必需的支出以及由中央直接管理的事业发展支出；地方财政主要承担本地区政权机关运转所需要的支出以及本地区经济事业发展所需支出。②

---

① 参见贾康、赵全厚：《中国财政改革 30 年：政策操作与制度演进》，载《改革》2008 年第 5 期。
② 参见任进：《理顺和规范司法机关与地方关系》，载《学习时报》2014 年 6 月 16 日。

第二章 经济转轨过程中的财政体制改革

表 2-3 1994 年分税制改革中央与地方支出划分

中央财政支出	地方财政支出
1. 国防费 2. 武警经费 3. 外交和援外支出 4. 中央级行政管理费 5. 中央统管的基本建设投资 6. 中央直属企业技改和新产品试制费 7. 地质勘探费 8. 中央财政安排的支农支出 9. 中央本级负担的公检法支出 10. 中央本级负担的文化支出、教育支出、卫生支出、科学支出 11. 国内外债务还本付息的支出	1. 地方行政管理费 2. 公检法支出 3. 部分武警经费 4. 民兵事业费 5. 地方统筹的基本建设投资 6. 地方企业技改和新产品试制费 7. 支农支出 8. 城市维护建设支出 9. 地方文化、教育、卫生支出 10. 价格补贴 11. 其他

三是税收返还制度。实行按税种划分收入的办法后，原来属于地方支柱税源的增值税和消费税税额的 75% 需要上划到中央，如果中央不对此采取补偿措施，必然影响地方的财政利益，不利于新旧体制的平稳转换。因此，要制定税收返还的办法，以 1993 年为基期年，按分税后地方净上划中央的收入数额，作为中央对地方的税收返还基数，基数部分全额返还地方。为了尽量减少对地方财力的影响，调动地方政府的积极性，国务院还决定不仅税收返还基数全额返还地方，1994 年以后还要给予一定的增长。①

四是建立一系列配套措施：改革国有企业利润分配制度、进行税收管理体制改革、改进预算编制办法、建立适应分税制要求的国库体系、建立税收返还制度、各地区进行分税制配套改革、过渡期转移支付、经济特区与开发区财政管理体制等。

3. 分税制改革的幕后

分税制方案设计难，推行更难。为了取得地方政府的支持，使分税制能够按照中央计划按时出台，朱镕基副总理先后带领 60 多人组成的大队人马，昼夜兼程，"游说四方"。这支队伍从 1993 年 9 月 9 日到 11 月 21 日，历时两个多月分 9 站走了 17 个省、市、自治区和直辖市。他们充分听取各省同志的意见，与省里认真细致地计算财政体制账，了解每地历史上多次体制变更状况，

---

① 参见谢旭人主编：《中国财政改革三十年》，中国财政经济出版社 2008 年版，第 62—64 页。

预测分税制实施后十年内,中央从地方拿多少钱及其占地方税收的比重。这种预测的结果确定了分税制的切割线,中央既可以拿到必要的增量,又能考虑到地方的承受力。在与每一个省份谈判时中央同志无不苦口婆心,一方面晓之以建设社会主义市场经济之"理",动之以顾全大局向前看之"情",千方百计使得所有省份同意接受分税制改革。与此同时,经过这两个月的协商,中央原定的分税制方案在地方政府的强烈要求下也不得不作出调整、妥协,但是实行全国统一分税制改革的大原则始终没有动摇。① 项怀诚部长曾回忆说,之所以要花那么大的力气东奔西走,由国务院常务副总理带队,一个省一个省地跑,是因为只有朱总理去才能够和省委书记、省长面对面地交谈、交换意见,有的时候书记和省长都拿不了主意的,还要去找老书记、老省长,如果不是朱总理带队,可能连面都见不上。②

在1994年年初分税制方案实施后,方案设计者和执行者都捏了一把汗,对于分税制能否实现预期的效果大家都是没有底的。财政部部长刘仲藜曾经表示,分税制推行有三个隐忧:一是由于设计方案的税率比原来高了,企业如果把费用转嫁给消费者,分税制可能会推动通货膨胀。二是如果税制不合理,不是刺激了生产,而是打击了生产,经济增长会往下走。三是企业可能不懂这种新的方法,尽管大规模的培训已经完成,但是税收征管人员懂不懂、钱能否收得上来难说。为了了解实际情况,刘仲藜经常到各地的商场、企业等转一转,看看会计会不会用新方法做账。③ 令人欣慰的是,1994年的财政数据显示每个月的财政收入都比上年同期有大的增长,全年财政收入增长了869亿,比上一年增长了20%,后来多年的实践也充分证明了分税制改革是成功的。

改革自始至终得到了中央领导的高度重视,江泽民总书记多次主持中央常委会议,听取改革方案汇报,就改革方向、思路、制度和政策等问题,作出了一系列重要指示,并在改革方案酝酿形成的关键时刻,亲自主持会议,直接而广泛地与地方党政主要领导对话沟通,统一认识,听取意见,改进方案。李鹏总理在1993年的全国人民代表大会和全国经济工作会议上都强调要加快推进

---

① 参见刘仲藜、汪文庆、刘一丁:《1994年财税体制改革回顾》,载《财政科学》2018年第10期。

② 参见刘克崮、贾康主编:《中国财税改革三十年亲历与回顾》,经济科学出版社2008年版,第349—350页。

③ 同上书,第367页。

财税体制改革。中央常委、常务副总理朱镕基是财税改革的前线总指挥,不仅亲临一线,与财税部门的领导和工作人员一起调查研究、设计方案、组织实施,面对面地与地方、部门的负责同志沟通商讨;而且能够抓住改革的主要矛盾,以降低财政体制基数来换取地方支持分税制改革,以暂时放弃税后利润上缴换取企业支持国家与企业分配关系改革,关键时刻果断拍板,强力推进,使得改革得以全面推出并顺利实施。[1]

4. 分税制改革的初步成效

1994年分税制改革的成果不仅仅是提高了中央财政收入占全国财政收入的比重,从改革和体制转轨的角度来看,改革还使中国的财政体制得以从20世纪50年代告别严格意义上的统收统支且反复探索却始终不能收功的"行政性分权",走向了与市场经济相内洽的"经济性分权",突破性地创造了以往不论"集权"还是"分权"都是按照企业行政隶属关系组织财政收入的体制症结。在"缴给谁"和"按照什么依据缴给谁"的制度规范上,前所未有地形成了所有企业不论大小、不管经济性质、不分行政级别,在税法面前一律平等、一视同仁的市场环境。分税制改革使得中央与地方之间告别了行政性分权历史阶段分成制下无休止扯皮和包干制下"包而不干"的弊病,打破了令人头痛的"一放就乱,一乱就收,一收就死"的循环。[2]

二、分税制下财权与事权不匹配的问题与规制

分税制改革的最初目的是提高中央财政收入在财政总收入中的比重,保证中央政府的宏观调控能力,在平衡不同地区间财力状况的同时推进国民经济和社会主义事业的发展。但是,在后来的实施中却出现了中央政府出现结构性剩余,同时地方政府结构性赤字的情况。虽然中央通过财政转移支付制度来支持地方,但是地方财政仍然有大缺口,地方债务规模越来越大,债台高筑。1994年的分税制改革并不是完全的分税制。所谓完全的分税制,是指中央和地方的

---

[1] 参见刘克崮、贾康主编:《中国财税改革三十年亲历与回顾》,经济科学出版社2008年版,第379—380页。

[2] 参见贾康、刘薇:《构建现代治理基础——中国财税体制改革40年》,广东经济出版社2017年版,第535页。

税收管理划分彻底，不存在中央与地方共享税。不完全的分税制是指中央与地方的税收管理权有交叉，存在中央与地方共享税。独立的税收立法权是彻底分税制的标志。1994年我国的分税制改革吸纳了西方市场经济国家的一些制度元素，但更多的是考虑到我国的国情而选择了中央财权相对集中、财力相对分散的集权式模式，这一财政分权模式不同于西方国家联邦制下的分税制。联邦制下地方政府在政治、法律、财政上都是享有主权的独立政治实体。我国的财政分权是在从高度集中的计划经济体制向社会主义市场经济体制转轨过程中，为解决计划失灵而实施的，赋予地方政府独立的税收立法权是有难度的。①

（一）分税制改革后地方政府的财政负担过重

一是分税制改革中对中央和地方政府享有哪些财权、负责哪些事权没有明确规定，导致各级政府扯皮现象时有发生。中央政府拿走大部分的财政收入，同时又将事权不断下放给地方，地方政府不仅要承担地区内的基础设施建设、环境保护、治安管理、义务教育等，还要对中央下放的事情负责，地方入不敷出的财政令其捉襟见肘。二是转移支付制度不合理，转移支付结构中专项转移支付比重太大，还要求地方政府有配套资金，而且很多专项转移支付的审批权在各个部委手里，"会哭的孩子有奶吃"和"跑部钱进"的现象一直存在。转移支付经过各级政府层层"过滤"下放，越是往基层，资金挤占、截留、挪用、使用效率低下等现象越是严重，如此种种都加剧了地方财政缺口。三是税权划分不合理，消费税、关税等大税种收归中央，企业所得税和增值税由中央和地方共享，中央财政收入急剧膨胀，相比之下地方财政收入大幅缩减，"营改增"的推广更加挤压了地方财政收入，地方财政收入难以与中央财政收入同步增长。除此之外，税收管理权限集中在中央，税收制定权、减免权、调整权几乎全部由中央定夺，地方缺乏独立的税收自主权，缺乏能够保证地方财政收入稳定增长的主体税种。②

---

① 参见赵兴罗、刘孝诚：《"分税制"改革20年：回顾与反思》，载《经济研究参考》2014年第40期。

② 参见王静远：《分税制视角下的地方政府债务研究》，载《经济研究导刊》2013年第32期。

(二) 土地财政和地方债务问题严重

由于分税制改革后，地方只留下些零星的小税种，税额少，征收难度大，地方不得不"另辟财源"，于是土地财政和地方债务出现了。地方政府的财政来源过度依赖经营土地获得的收入，已经逐渐演变成了地方的"第二财政"，当地方政府拿不出钱时，卖地这一简单又直接获益的方法成为缓解资金困境、获得财政收入的重要渠道。谋取眼前的发展利益，透支的却是社会的未来收益，在这种"寅吃卯粮"的短期行为下，一方面，在滚滚而来的财政收益和"政绩"面前，百姓的买房承受能力、耕地保护红线显得苍白无力；另一方面，土地作为全民的公共资源却被某届地方政府将今后 50—70 年的土地收益一次性收取，实际上是预支了未来若干年的土地收益总和，这种透支卖地的做法，必然破坏土地资源的合理配置和使用，影响社会的公平分配，损害社会长远利益。①

当土地被卖得差不多的时候，地方政府又将目光投向了举债。我国地方政府债务经历了自由发行、禁止发行、代理发行、自行发行、规范发行等多个阶段。清代末年，两广总督岑春煊提出以"息借民款"的方式发行地方债券以支持地方政务，此后地方债券风行，逐渐成泛滥之势。中华人民共和国成立初期，政府禁止发债，改革开放以后重新开始发行地方债券。随着地方债券的盛行，各种问题也逐渐出现：一方面，债券发行额越来越大，已经远远超出地方政府的偿债能力；另一方面，有些地方政府采用强行摊派的方式发行债券。基于此情况，1985 年国务院发布了《国务院办公厅关于暂不发行地方政府债券的通知》，1994 年的《预算法》也明确规定地方政府不得发行地方债券，从法律上对其进行限制。2008 年以来，在 4 万亿经济刺激政策主导下，通过地方融资平台形成的地方债急剧增加，2009 年国务院放松了对地方政府债券的限制，首批财政部代理发行政府债券 2000 亿元，允许地方政府发行债券，但是必须由财政部代为发行，此举被称为"财政部代发地方政府债券"。2011 年，经过国务院批准，财政部发布了《2011 年地方政府自行发债试点办法》，将上海市、浙江省、广东省和深圳市作为地方政府自行发债试点，允许这些地方在

---

① 参见赵兴罗、刘孝诚：《"分税制"改革 20 年：回顾与反思》，载《经济研究参考》2014 年第 40 期。

国务院批准的发债规模限额内发行政府债券。2014年，经过国务院批准，上海、浙江、广东、深圳、江苏、山东、北京、江西、宁夏、青岛各地试点地方政府债券自发自还制度，地方债发行朝着市场化路径迈进。为了进一步规制地方政府融资，2014年以来我国修订《预算法》和颁布相关法律、法规，授予了地方政府债券融资权，出台了一系列政策和法律鼓励地方政府在公益性领域引入社会资本，解决基础设施建设资金不足的问题，提高公共服务运营的效率。①

地方政府可以通过发行债券的方式筹集资金，解决了地方政府资金收入有限的问题，但是在地方债的发行过程中存在着债务结构与管理等多方面的问题。地方政府债务结构问题主要有两方面：一是规模过大、增长速度过快，二是期限设计不合理，地方债大部分为3—5年的短期债券，这样的设计存在期限错配问题，一旦地方债到期，就会在短时间积累大量待清偿债务。不仅如此，地方政府债务在管理上同时存在如下风险：一是没有标准化规定来统计地方政府债务数量，债务规模隐蔽性强。在地方政府没有将担保形成的或有负债和隐性债务计入地方政府的债务规模的情况下，地方政府对债务的风险防控机制就是不健全的。二是责任约束机制的缺位。如果地方出现违约现象，作为地方政府主要的债权人，银行等金融机构就会形成坏账，影响到整个银行体系的运行。在中央政府不对地方债进行救助的原则下，地方政府应该怎样明确责任机制？三是地方政府债务筹集资金的用途不透明。所筹资金是否按照4万亿的投资计划进行投资、资金的使用是否符合投资的规定、资金实际运行的收益率等问题有待于进一步明确。资金管理不透明会造成资金的运作效率低、政府部门官员为获得地方债资金进行寻租行为等情况出现。②

（三）规制路径：将地方政府债务纳入财政预算

地方政府债务作为地方财政收支的重要组成部分，应当纳入预算管理。为了规范地方政府债务的预算管理，财政部发布了《地方政府一般债务预算管理办法》和《地方政府专项债务预算管理办法》，确定了地方政府的债务限额，要求规范预算编制和批复的流程并严格执行预算，对于非政府债券形式存量债

---

① 参见贾康、刘薇：《构建现代治理基础——中国财税体制改革40年》，广东经济出版社2017年版，第270—273页。
② 参见王耀晨：《地方政府债务风险分析》，载《时代金融》2017年第11期。

务也要纳入预算管理，同时强化监督管理。通过将地方政府债务纳入预算管理，可以改变一些政府通过融资平台举债后导致债务资金游离于监管之外的局面，[①] 规范地方政府发债行为。

2014年修订的《预算法》和《国务院关于加强地方政府性债务管理的意见》建立了规范地方政府债务发行的基本框架。财政部跟随国务院部署，依照法律授权，加强顶层设计，着力推进制度建设，逐步形成覆盖地方政府债务限额管理[②]、预算管理、风险管理、信息公开、监督管理等各个环节的"闭环"制度体系。

在规范地方政府债务发行管理上，2016—2019年分别经全国人大批准新增地方政府债务限额1.18万亿元、1.63万亿元、2.18万亿元、3.08万亿元，全部采取债券方式规范发行，筹集资金用于在建项目建设，积极支持打赢三大攻坚战，着力推进自然灾害防治体系建设以及铁路、高速公路、生态环保、城镇基础设施、农业农村基础设施等方面重大公益性项目建设，有力推动地方经济持续健康发展，推进供给侧结构性改革。

在加强地方政府债务信息公开与监管上，为了推动地方政府债务信息公开，财政部印发《地方政府债务信息公开办法（试行）》，指导和督促各地做好地方政府债务相关预决算以及地方政府债券发行重大事项等信息公开工作，提高地方政府债务透明度，鼓励社会监督。构建地方政府债务常态化监督机制，会同国务院有关部门和省级政府发现一起、查处一起、问责一起，严肃财经纪律。组织核查部分地区违法违规融资担保行为，对有关省级政府、监管部门依法问责，处理到人。

三、财政转移支付制度的建立与完善

在对中央和地方事权的划分上，党的十八届三中全会上提出，"适度加强中央事权和支出责任，国防、外交、国家安全、关于全国统一市场规则和管理等作为中央事权；部分社会保障、跨区域重大项目建设维护等作为中央和地方

---

① 参见李苑：《财政部管制地方债 各省、自治区、直辖市只可在批准限额内举借》，载《上海证券报》2016年12月1日。
② 参见李烝：《加强地方政府债务管理》，载《中国财政》2017年第6期。

共同事权,逐步理顺事权关系;区域性公共服务作为地方事权"。我国在1994年的分税制改革过程中,对于政府与市场、政府与企业、中央与地方财权划分等关系进行了初步的梳理。作为分税制改革的配套措施,过渡期转移支付自1995年开始实施,结合分税制财政体制改革的逐步深入,地方的财政转移支付制度不断改进和完善。2002年我国实施的所得税收入分享改革,建立了转移支付资金稳定增长的机制,过渡期转移支付改称为"一般性转移支付"。当时中央对地方的转移支付主要可分为两类:一是财力性转移支付,主要目标是增强财力薄弱地区地方政府的财力,促进基本公共服务均等化,包括一般性转移支付、民族地区转移支付、调整工资转移支付、农村税费改革转移支付和"三奖一补"转移支付等;二是专项转移支付,是中央政府对地方政府承担中央委托事务、中央地方共同事务以及符合中央政策导向事务进行的补助,拨款的地方政府需要按照规定的用途使用资金,实行专款专用。2009年,为了规范转移支付制度,原来的"财力性转移支付"改为"一般性转移支付",原来的"一般性转移支付"改为"均衡性转移支付"。[①] 2018年,结合中央与地方财政事权和支出责任划分改革,我国进一步优化转移支付制度,对转移支付体系进行了重大调整,将现有一般性转移支付、专项转移支付中属于中央与地方共同财政事权的项目归并,设立共同财政事权转移支付。调整以后,中央对地方转移支付主要分为一般性转移支付、共同财政事权转移支付、专项转移支付三大类。同时,研究加强转移支付管理,简化一般性转移支付分配因素,建立共同财政事权转移支付清单管理制度,健全专项定期评估和退出机制。改革后,各类转移支付的边界更加清晰、分工更为明确,有利于维护党中央权威和集中统一领导,贯彻中央施政方针和调动中央、地方两个积极性,促进区域协调发展和基本公共服务均等化。

(一)推行过渡期转移支付

转移支付制度是财政管理体制的重要内容,主要是弥补各级政府履行事权的财力缺口及设立执行政策的财力激励。作为分税制改革的配套措施,我国在1995年开始推行过渡期转移支付。在深入研究并借鉴国际经验的基础上,政

---

① 参见贾康、刘薇:《构建现代治理基础——中国财税体制改革40年》,广东经济出版社2017年版,第135页。

府引入了旨在均衡地方间财力差异的过渡期转移支付,其指导思想是:不调整地方既得利益,中央财政从收入增量中拿出一部分资金,逐步调整地区利益分配格局;兼顾公平和效率,转移支付力求公正、合理、规范,同时适当考虑各地的收入努力程度;转移支付有所侧重,重点缓解地方财政运行中的突出矛盾,体现对民族地区的适度倾斜。①

财政部地方司姜永华司长解释了我国实行过渡期转移支付办法的原因:一是中央财政收入占 GDP 比重过低,中央新增财政收入能够用于实行财政转移支付的财力极其有限,而且这种局面在短期内难以有较大的改观;二是地区间的利益格局已经形成,调整难度较大;三是当时的方案设计面临着数据不完整、测算方法不完善等技术性问题,因此实施规范转移支付先要经历一个过渡性办法,这是在借鉴国外经验的基础上充分结合我国国情决定的。②

(二) 建立一般性转移支付稳定增长的机制

2002 年 1 月 1 日起,我国开始实施所得税收入分享改革,建立了中央对地方转移支付稳定增长机制,改革中明确中央改革增加的收入全部用于增加对地方尤其是中西部地区的转移支付。一般性转移支付主要参照地方标准财政收入和标准财政支出的差额、可用于转移支付的资金规模等计算,计算结果主要表现为转移支付额的确定。

(三) 调整工资转移支付

1998 年以来,为了应对亚洲金融危机,缓解国内需求不足的矛盾,党中央、国务院决定实施积极的财政政策,出台了提高中低收入者收入水平的一系列政策。1999 年至今,国家先后多次增加机关事业单位职工工资和离退休人员的离退休费,出台发放一次性年终奖金和实施艰苦边远地区津贴政策。③ 调整工资转移支付的目标主要是通过中央对地方的适当补助,缓解财政困难的中

---

① 参见贾康、刘薇:《构建现代治理基础——中国财税体制改革 40 年》,广东经济出版社 2017 年版,第 136 页。
② 参见《逐步完善过渡期转移支付制度——财政部地方司姜永华司长访谈》,载《中国财政》1998 年第 5 期。
③ 参见倪红日、洪亭:《对中国财力性转移支付制度的分析与完善建议》,载《调查研究报告》2005 年第 188 期。

西部地区和老工业基地由于增加工资和离退休费而形成的财政支出压力，促进调整收入分配政策在全国范围内贯彻实施。

（四）完善民族自治地区转移支付制度

由于基数因素的限制，1994年分税制后实行的过渡时期转移支付办法对平衡东西部地区的差距效果甚微，随着经济发展，东西部的差距越来越大。经过国务院批准，从2000年开始实施民族地区转移支付办法，将民族地区增值税环比增量的80%转移给地方，同时中央另安排资金与中央增值税增长率挂钩，缓解民族地区的财政困境。2006年又将非民族自治区以及非民族自治州管辖的民族自治县纳入民族转移支付的范围。

（五）农村税费改革转移支付制度

1998年9月，国务院成立了由时任财政部部长项怀诚牵头，时任农业部部长陈耀邦、中央农村工作领导小组办公室主任段应碧参加的国务院农村税费改革工作小组，进行农村税费改革方案设计。此后农村税费改革由试点逐步全面推开，转移支付制度配合各项农业税的取消，对于确保乡镇机构和村级组织正常运转和农村各项事业的正常发展发挥了重要作用。

2000年发布的《中共中央、国务院关于进行农村税费改革试点工作的通知》中，提到了当时农村税费制度和征收办法还不尽合理、农民负担重、收取税费不规范等问题。[①] 因此，要加大农村税费改革转移支付力度，完善省级以下财政管理体制，明确划分县乡政府事权和财权，对于应当属于省、市级承担的支出，同级财政应全额保障经费，不得以任何形式向下转嫁。自2000年开展农村税费改革试点至2006年全面取消农业税，中央财政累计安排农村税费改革转移支付资金2612亿元，地方各级财政也安排了改革补助资金约250亿元。[②]

[①] 《中共中央、国务院关于进行农村税费改革试点工作的通知》中提到：有些地方和部门不顾国家三令五申，随意向农民伸手，面向农民的各种收费、集资、罚款和摊派项目多，数额大；有些地方虚报农民收入，超标准提取村提留和乡统筹费，强迫农民以资代劳；有些地方违反国家规定，按田亩或人头平摊征收农业特产税和屠宰税；有些部门要求基层进行的各种名目的达标升级活动屡禁不止，所需资金最后摊派到农民身上；有些地方基层干部采取非法手段强行向农民收钱收物，酿成恶性案件和群体性事件。

[②] 参见刘克崮、贾康主编：《中国财税改革三十年亲历与回顾》，经济科学出版社2008年版，第464页。

(六)"三奖一补"转移支付制度

为了缓解县乡财政困难状况,2005年中央财政出台了"三奖一补"激励约束机制,该政策主要是对财政困难县增加本级税收收入和省市级政府增加对财政困难县财力性转移支付给予奖励,对于县乡政府精简机构和人员给予奖励,对产粮大县给予奖励,对以前缓解县乡财政困难工作做得好的地区给予补助。为了巩固和扩大缓解县乡财政困难的成果,在2008年,中央财政对"三奖一补"进行了进一步的完善和调整。

(七)专项转移支付体系

我国目前已经初步建立起了一套比较完整的专项转移支付体系,主要是一般预算安排的专款和国债资金安排的专款。为了加强中央对地方专项拨款的管理,2000年中央财政下达了《中央对地方专项拨款管理办法》,对专款资金的使用、分配和管理作出了明确要求。专项转移支付主要有以下几种:一是中央委托地方事务的专项转移支付,二是符合中央政策导向事务范围的专项转移支付,三是中央政府和地方政府共同事权范围内的专项转移支付,四是地方政府事权范围内的专项转移支付。近些年来,按照建立健全共同财政体系的基本方向,经过逐步调整,原用于竞争性领域、支持企业发展方面的专项转移支付比重逐步减少,用于民生领域、地区均衡发展等方面的专项转移支付比重逐渐增加,如增加社会保障支出、农村义务教育、农村卫生医疗、粮食风险基金、生态环境保护、贫困地区补助、支援经济不发达地区等。[1]

2014年国务院印发了《国务院关于改革和完善中央对地方转移支付制度的意见》(以下简称《意见》),提出要增加一般性转移支付的规模和比例,逐步将一般性转移支付的占比提高到60%以上,合理划分中央与地方事权和支出责任,适当扩大地方自主权。[2]《意见》明确指出,要清理整合一般性转移支付,建立一般性转移支付稳定增长机制,从严控制专项转移支付,规范专项转移支付的分配和使用,逐步取消竞争性领域的专项转移支付,形成以均衡地

---

[1] 参见贾康、刘薇:《构建现代治理基础——中国财税体制改革40年》,广东经济出版社2017年版,第150页。

[2] 参见金微:《国务院改革转移支付制度:压"专项"增"一般"》,http://www.nbd.com.cn/articles/2015-02-03/895232.html,2019年10月4日访问。

区间基本财力、由地方政府统筹安排使用的一般性转移支付为主体，一般性转移支付和专项转移支付相结合的转移支付制度。《意见》明确提出，要加快转移支付立法的进程，尽快研究制定出相应的转移支付条例，将我国的财政转移支付改革建立在科学合理的法治化框架体系之下。《意见》中对专项转移支付的分配和使用进行规范，取消了地方资金配套，加强了对专项资金分配使用的全过程监督和检查力度，建立健全的信息反馈、责任追究和奖惩机制，重点解决资金管理"最后一公里"的问题。[1]

四、财政预算管理改革

在20世纪90年代初期我国提出了建立社会主义市场经济体制的构想，1994年初步构建了分税制财政体制框架。在这样的大背景下，建设型财政的模式开始向公共财政的模式转变，我国开始推行以支出为重点的预算管理改革。预算是政府财政活动的体现，我国传统的预算编制过于粗糙，时任财政部部长项怀诚在2000年的全国财政工作会议上指出多头分户和分级拨付的支出方式造成拨款环节过多、挤占、截留、挪用财政资金的现象非常严重。时任国务院副总理李岚清指出，依法加强和规范财政预算管理，是发挥财政功能作用的重要保障。财政工作的重点是研究制定财政政策和法律制度，编制国家预算和监督预算执行，充分发挥政府规范经济秩序、调控经济运行、依法实施职能的作用。预算管理改革具体包括以下几个方面：一是在编制现有的以税收收入为主体的预算的基础上，逐步将非税收收入纳入预算管理，最终实现预算内外资金的统筹使用，建立统一、规范和更为全面的国家预算。二是改革预算编制方法，细化预算编制内容，实行零基预算和部门预算。三是建立国库集中收付制度。四是推行政府采购和招标制度。

（一）部门预算编制改革

部门预算是指将部门的各项财政性资金及所有支出项目在一本预算中加以反映的改革，实现部门预算的完整和统一。[2] 传统的预算是按照支出功能编制

---

[1] 参见周广帅、唐在富：《改革开放四十年我国财政体制改革回顾与展望》，载《财政科学》2018年第8期。
[2] 参见楼继伟：《中国三十年财税改革的回顾与展望》，载吴敬琏等主编：《中国经济50人看三十年——回顾与分析》，中国经济出版社2008年版，第323—346页。

的，在分配过程中存在着层层切块的现象，财政部和各个部门对预算的管理效率低、资金分配不透明、资金管理责任不明晰，非常有必要进行预算编制改革。2000年6月，财政部将原来按照预算收支功能设置的机构，调整为按照部门预算管理设置，理顺财政部各司、局与中央各部门的关系。2001年到2003年间，部门基本支出和项目支出预算成为中央部门预算的重点。

部门预算打破了传统的"基数法"预算编制的方法，将部门所有支出划分为基本支出和项目支出。基本支出预算主要采取定员定额管理方式，体现公平、透明、规范分配的原则。项目支出预算采取项目库管理方式，按照项目重要程度，区分轻重缓急，使项目经费安排与部门的行政工作计划和事业发展规划以及年度工作重点紧密结合，并逐步建立了项目预算滚动管理机制，预算分配方法逐步向"零基预算"转变。[①] 部门预算改变了传统预算只反映预算内收支、大量预算外资金只报账甚至不报账的粗放管理方式，采取综合预算编制方法，通过深化"收支两条线"改革，逐步将一个部门的各项预算外资金收支、政府性基金收支、经营收支以及其他收支都按照统一的编报内容和形式在一本预算中反映，体现了"大收入、大支出"的原则。部门预算改革中基本支出预算和项目支出预算的编制和批复都细化到了基层预算单位，中央部门不再代编下级单位预算，这样细化的预算可以避免代编预算的随意性。[②]

（二）国库集中收付制度改革

我国传统的财政资金收付管理方式存在着以下几个方面的问题：一是重复和分散地设置账户，大量的预算外资金没有被纳入预算管理之内，财政收支活动的透明度低；二是在收入执行过程中由于征管不严，征收机关设置很多过渡性的账户，导致财政收入不能及时入库，财政收入流失；三是支付执行过程中资金被分散拨付，截留、挤占、挪用现象普遍，资金使用效率低下的同时滋生了腐败。这种只能资金缴拨的方式已经不能适应财政收支规模不断扩大、加强预算管理的需要，亟须进行改革。当时我国缺乏国库管理经验，为了建立与市场经济相适应的科学的国库管理制度，时任财政部国库司司长肖捷带领几位同

[①] 参见王海涛：《深化预算改革完善预算管理》，"2009年中国财税改革年度论坛"，2009年11月10日。

[②] 参见贾康、刘薇：《构建现代治理基础——中国财税体制改革40年》，广东经济出版社2017年版，第285页。

事到英国进行实地考察,与英国财政部、英格兰银行、国债发行和国库管理执行机构等进行交流。在沟通中发现,我们要改革实行的国库集中收付制度,外国习惯称之为国库单一账户制度。考虑到当时我们国家许多部门都设置有账户,如果改革成"单一账户",把这些部门原来的账户都取消,部门阻力太大,因此最后还是采用了"集中支付改革"的说法。2001年财政部和中国人民银行联合印发了《财政国库管理制度改革试点方案》,要求建立国库单一账户体系,所有财政性资金都纳入国库单一账户体系管理,收入直接缴入国库或财政专户,支出通过国库单一账户体系支付到商品和劳务供应者或用款单位。通知还要求进一步推进预算编制改革,修改和制定相关法律、法规和管理办法,建立财政管理、信息系统和国库管理操作系统,建立健全现代化银行支付系统,建立财政国库支付执行机构,加强监督制约机制。

国库集中收付改革实施成效显著,肖捷对此给予了很高的评价。他认为这场"财政革命"从根本上改变了我国的预算支出管理和财政资金运行模式,以国库单一账户体系为基础,财政资金缴拨以国库集中支付为主要形式的财政国库管理制度,奠定了中国特色市场经济条件下公共支出管理的重要基础。这场"财政革命"建立起来的新制度带来了一系列前所未有的变化,包括确立了与时俱进的财政国库管理理念,建立了现代国库制度体系基本框架,健全了财政国库管理主体功能,改变了我国预算执行和财政资金运行机制。[①]

(三) 政府采购制度改革

政府采购是指各级政府为了开展日常各项政务活动或提供公共服务,以法定的方式、程序,从市场上购买商品或服务、工程等行为。1994年分税制改革后,我国财政改革的重点开始转移到财政支出方面,由于我国当时缺乏关于政府采购的法律,因此政府采购行为非常自由和分散。根据预算管理的规定,各单位向财政部门申请资金,经过审核批准后资金从国库划拨到预算单位,预算单位自己支配资金,缺少后续的跟踪和监督,采购过程中存在着很多暗箱操作行为,盲目采购、重复采购、挪用资金等行为频发,采购数额巨大却并没有产生良好的效果。1998年财政部预算司设立了专门机构负责履行政府采购管

[①] 参见肖捷:《我所经历的一场"财政革命"——财政国库管理制度改革出台前后》,载吴敬琏等主编:《中国经济50人看三十年——回顾与分析》,中国经济出版社2008年版,第506—507页。

理职责，政府采购制度改革由此拉开序幕。2000年财政部又对内部机构进行调整，政府采购管理职能由预算司调到国库司，国库司内设政府采购处负责全国政府采购管理。① 2003年《政府采购法》的正式实施使得政府采购制度改革进入全面推行阶段。

政府采购在我国作为一个新事物，经过探索、试点、全面实施阶段，尽管还存在着这样或那样的问题，但是通过政府采购体现节约财政资金的作用，体现公开、公平、公正的效果还是很明显的。从反腐败来讲，确确实实起到了从源头上防治腐败的作用。尤其是政府采购政策功能实施取得重大突破，初步实现了由单一管理目标向政策目标的转变，如在促进节能环保、自主创新方面，有效地支持了国内相关产业或行业的发展。②

（四）"收支两条线"改革

"收支两条线"是指政府对财政性资金进行管理时，收入上缴国库或财政专户，支出根据各单位完成工作的需要，由财政审核批准，收入与支出脱钩，对收入和支出分别进行核算。我国"收支两条线"的管理模式与特定的历史背景有关。新中国成立以来我国财政的收支规模占GDP的比重一直偏低，收入规模的既定总量与支出需要的不断膨胀产生的资金缺口，催生了预算外资金甚至制度外资金。在对这部分资金的管理上，政府采用了一些权宜之计：一是对某些特定的专项收入，只能用于特定的专项支出，不得挪作他用。二是一些特殊部门的经费支出与其所取得的收入挂钩，按其取得收入的一定比例提取支出经费。这种收支挂钩的"收支两条线"管理，相对于资金的"坐收""坐支"等不法现象，是我国财政管理的进步，对于各部门取得收入的积极性，支持部门的事业发展起到了很大的作用。③ 1990年，中央发布了《中共中央 国务院关于坚决制止乱收费、乱罚款和各种摊派的决定》，第一次明确提出"收支两条线"概念，取消各种形式的罚没收入提留分成办法，将执法部门所需办案和

---

① 参见财政部财政科学研究所课题组、贾康、赵全厚：《财政支出改革》，载《经济研究参考》2009年第2期。
② 参见项怀诚主编：《中国政府预算改革五年（1998—2003）》，中国财政经济出版社2003年版，第133—140页。
③ 参见刘克崮、贾康主编：《中国财税改革三十年亲历与回顾》，经济科学出版社2008年版，第427页。

业务经费列入财政支出预算。1993年,《中共中央办公厅关于转发财政部〈关于对行政性收费、罚没收入实行预算管理的规定〉的通知》要求对行政性收费、罚没收入实行"收支两条线"管理。尽管提出了要实行"收支两条线"管理,但是未有实质性措施出台。1996年,国务院发布了《国务院关于加强预算外资金管理的决定》,指出"预算外资金是国家财政性资金,要上缴财政专户,实行收支两条线管理"。"收支两条线"管理在促进政府职能的转变、提高财政资金的使用效益和增加财政透明度等方面起到了积极作用。从2002年开始,我国大力推进"收支两条线"改革,将中央部门收取的行政事业性收费、罚没收入等预算外资金纳入预算管理,改变国税和海关系统按照收入比例提取经费的办法,实行"预算制"改革。① 2010年,财政部印发《财政部关于将按预算外资金管理的收入纳入预算管理的通知》,除教育收入纳入财政专户管理外,将预算外管理的非税收入全部纳入预算管理,从此,"预算外收入"彻底退出历史舞台。规范部门预算编报范围,除独立核算的经营性收支外,将预算单位符合规定的其他收支全部纳入部门预算管理,加强对事业收入、事业单位经营收入、非本级财政拨款等其他收入的管理,加大资金统筹力度,提高部门预算编制的完整性和合理性。

财政是国家治理的基础和重要支柱,财政制度在治国安邦中始终发挥着基础性、保障性作用。中华人民共和国成立以来,我国财政体制经历了多次重大变革,逐步建立起与中国特色社会主义市场经济体制相适应的分税制财政体制,并根据形势变化不断调整完善,在规范中央与地方财政关系、调动中央和地方两个积极性、促进区域均衡发展等方面发挥了积极作用。

1994年的分税制改革奠定了我国现行财政体制的基本框架,此举是我国迈向市场经济机制的关键一步,也为现代财政制度的建立奠定了基础。分税制改革后,为配合税制改革,同时解决发展中出现的新问题,对中央和地方收入分配关系也进行了适当调整。我国开始实施所得税收入分享改革,完善出口退税负担机制,实施增值税"五五分享"改革等措施。不仅如此,2018年1月1日起,环境保护税全部作为地方收入。这些调整使得中央与地方收入大体稳定在"五五开"的局面。在财政事权与支出责任改革方面,1998年我国开始探索建立公共财政制度,注重支出结构的调整和完善,财政支出开始重点关注民

---

① 参见贾康:《中国财税改革30年:简要回顾与评述》,载《财政研究》2008年第10期。

生领域，财政事权与支出责任的划分平衡也在逐渐匹配。2018年1月，国务院办公厅印发了《基本公共服务领域中央与地方共同财政事权和支出责任划分改革方案》，明确了八大类18项共同财政事权事项的支出责任及分担方式、保障标准等，也为厘清中央与地方的权责边界提供了引领。在预算制度方面，自1999年的预算制度改革，我国通过建立部门预算、国库集中收付制度、政府采购等制度，构建了我国预算体系的基本框架。[①] 2014年，国务院印发了《国务院关于深化预算管理制度改革的决定》，系统提出了全面深化预算管理制度改革的任务目标，为新一轮预算管理制度改革指明了方向。

中华人民共和国成立至今，我国的财政体制改革成就斐然，但我们也不能满足于此。党的十八届三中全会通过的《中共中央关于全面深化改革若干重大问题的决定》中提出，科学的财税体制是优化资源配置、促进社会公平、实现国家长治久安的制度保障，财政是国家治理的基础和重要支柱，要求建立现代财政制度。习近平总书记在党的十九大报告中，更是围绕下一步财税体制改革作出了如下战略部署："加快建立现代财政制度，建立权责清晰、财力协调、区域均衡的中央和地方财政关系。建立全面规范透明、标准科学、约束有力的预算制度，全面实施绩效管理。深化税收制度改革，健全地方税体系。"[②] 因此，我们仍要以建立现代财政制度为目标，一是完善分税制，即建立权责清晰、财力协调、区域均衡的中央和地方财政关系；二是建立全面规范透明、标准科学、约束有力的预算制度，全面实施绩效管理；三是深化税收制度改革，健全地方税体系。站在中华人民共和国成立七十年的路口，我们要立足于已经取得的财政改革成绩，牢记使命，不忘初心，坚定不移地推进财政体制改革，努力建成社会主义现代化强国。

[①] 参见周刚志：《中国财政立宪30年回眸——基于中国财政宪法规范之变迁过程的考察》，载《中国宪法年刊》2009年第00期。

[②] 参见《决胜全面建成小康社会 夺取新时代中国特色社会主义伟大胜利——在中国共产党第十九次全国代表大会上的报告》，载《中国社会报》2017年10月30日。

第三章
税收法治变迁

自1949年中华人民共和国成立至今，中国特色社会主义市场经济伟大实践大体经历了计划经济时期、市场经济探索时期、市场经济确立时期、市场基础性地位巩固时期、国家治理现代化与全球治理时期。[①] 为了与经济体制改革相适应，我国的税收法律制度也在逐步进行改革，以此回应实践的需要。

诚然，我国的市场经济实践已经进入了国家治理现代化与全球治理时期，税收法律制度如何通过自身的完善，为我国在新一轮竞争中保驾护航，将是税收法律制度接下来需要面对的问题。根据美国经济学家道格拉斯·诺斯的"路径依赖"理论，我国税收法律制度接下来的发展不可避免地受到了自身过去的影响。因此，本章从税收法律制度如何从无到有[②]，又是如何在陷入低潮后走向复苏的发展历程谈起，只有明白我国税收法律制度发展历程的复杂性与曲折性，才能对税收法律制度的现状有清晰的了解，也才能更好地立足当下，畅谈未来。

一、统一税收法律制度的建立

中华人民共和国成立初期，我国百废待兴，经济发展面临着巨大挑战，迅速恢复和发展国民经济成为重要任务。巩固新生的人民政权，建立强大的国家

---

① 参见马海涛、汪昊：《中国特色财政改革的伟大实践——改革开放40年回顾与思考》，载《财经问题研究》2018年第11期。
② 中华人民共和国成立初期，随着原来国民政府杂乱税收政策的废除，新的统一的税收制度尚未建立，直至1950年《全国税政实施要则》的颁布和执行，才标志着我国新的统一税收制度的建立。

机器，促进稳定的社会生产，无一不需要稳定的国家财政支持。税收作为国家财政的主要来源，税收工作的开展显得尤为重要。

为此，中央人民政府政务院财政经济委员会和财政部于 1949 年 11 月 24 日在北京召开首届全国税务会议，会议主要内容是：统一税政，建立新税制，制订第一次全国税收计划，建立健全各级税务机构。会议上，时任政务院副总理兼政务院财政经济委员会主任陈云就目前如何解决因财政支出带来的财政赤字问题指出两条解决途径：一是增加税收，二是发票子。发票子只能造成物价不稳、通货膨胀，老百姓叫苦，增加税收不仅可以解决需要，而且可以回笼货币。[①] 最终，中央人民政府委员会一致通过以增加税收方式解决严重的财政赤字问题。

1950 年 1 月，中央人民政府政务院发布《关于统一全国税政的决定》和《全国税政实施要则》，决定在全国设立 14 种税收，即货物税、工商业税（包括营业税和所得税两个部分）、盐税、关税、薪给报酬所得税、存款利息所得税、印花税、遗产税、交易税、屠宰税、房产税、地产税、特种消费行为税和使用牌照税。除了上述税种以外的其他税种，由省、市或者大行政区根据习惯拟定办法，报经大行政区[②]或者中央批准以后征收（当时主要有农业税、牧业税和契税等，其中牧业税始终没有全国统一立法）。[③]《全国税政实施要则》的颁布和执行，标志着我国新的统一税收制度的建立。[④]

法规专栏

《全国税政实施要则》

1950 年 1 月，政务院第三号通令颁布《关于统一全国税政的决定》，并附发了《全国税政实施要则》（以下简称《实施要则》）、《全国各级税务机关暂行组织规程》《工商业税暂行条例》和《货物税暂行条例》四个文件。《实施要

---

① 参见赵昭：《建国初期（1949 年—1956 年）税收工作的简要回顾》，载《税务研究》1995 年第 5 期。
② 大行政区是中华人民共和国成立初期设置的管辖若干省、市的行政区域，全国分为东北、华北、西北、华东、中南、西南等六大行政区，1954 年这种行政区域单位被撤销。
③ 参见刘佐：《新中国 60 年税制建设的简要回顾与展望》，载《经济研究参考》2009 年第 55 期。
④ 参见严金中：《我国税制经历了五个改革发展时期》，载《黑龙江财会》1994 年第 7 期。

则》是根据《中国人民政治协商会议共同纲领》第四十条第二款"国家的税收政策,应以保障革命战争的供给、照顾生产的恢复和发展及国家建设的需要为原则,简化税制,实行合理负担"的政策精神制定的。

《实施要则》的主要作用在于统一全国税政,整理各地区因税政不一致而引发的一系列紧迫问题。其中,第三条明确指出:"全国各地所实行的税政、税种、税目和税率极不一致;应迅速加以整理,在短期内逐步实施,达到全国税政的统一。"该条清楚地指明了1950年前后我国税收制度的主要问题,即税收政策不一致引发的一系列收缴、执行问题。

《实施要则》第五条第二款规定:"凡有关全国性之各种税收条例之施行细则,由中央税务机关统一制定,经财政部批准施行。各区税务管理局得根据中央颁布之税法章则精神制定稽征办法,经大行政区财政部批准施行。"可以看出,《实施要则》给予了各区在制定稽征办法上的自主权,但是具体办法要遵循中央颁布的税法章则。

除此之外,《实施要则》的一个重要作用就是在全国范围内暂定统一的税种。《实施要则》暂时统一制定了14个征收税种,虽然这次统一规定在一定程度上缓解了当时的税制混乱情况,但是从整体上的实施办法来看,相较于国营商业部门,该规定给私营工商业者添加了更大的负担:对私营商业,在批发环节和零售环节实行多税种、多次征并且手续复杂,而对于国营商业部门之间的内部调拨不予征税,这造成了税收征缴过程中的不合理待遇。

二、"非税论"下的税制简化

中华人民共和国成立初期,随着税收法律制度的建立,我国税收在全部财政收入中约占50%到75%,它对积累国家资金、争取财政经济状况的根本好转、支援解放战争的继续进行和抗美援朝战争的胜利,以及促进经济恢复和生产发展都起过重要的作用。[1]

然而,1956年社会主义改造完成后,国民经济结构发生了根本的变化,

---

[1] 参见葛惟熹:《怎样认识社会主义改造后的税收——重温马克思关于税收的论述》,载《财经研究》1982年第6期。

社会主义经济中国营经济、合作社经济和公私合营经济等公有经济所占比重达到93%，私营工商和个体经济的比重只占7%，理论界逐渐产生对于"非税论"的极度认可，认为税收并非公有制内部的分配关系，在社会主义改造过后，公有制分配不再需要税收这一形式。加之1958年开始的"大跃进"等"左"的思想，使得税收职能作用的发挥受到了严重妨碍，一度出现了税收可以消亡的思潮，税收法律制度的发展进入了低潮期。

（一）"非税论"

"非税论"产生于20世纪50年代的苏联，是在"斯大林将生产资料认定为非商品，其只是保持商品的外壳"这一观点的影响之下逐渐衍生而来。那时，更多人认为社会主义国家可以通过从公有化部门中聚集资金，社会主义之下的税收并不改变资金背后的所有权，如"生产资料"一样，税收本质上具有非税收的外壳，一味地坚持税收不再具有存在的实质意义。苏联的莫·保尔在《关于社会主义国民收入的几个问题》中就提到："在社会主义经济中，没有国民收入再分配的关系，这也就表示没有像在资本主义经济条件下的捐税那样的再分配工具。我们认为这些术语应该改称为各种缴款（周转缴款、农业缴款、所得缴款，等等）。"

中华人民共和国成立前夕，应聘来我国的苏联首席财政专家杜沃罗夫等人，通过介绍苏联的税收制度和他们实行"周转税"的经验，使苏联的"税收非税论"思想逐渐在我国传播开来。直至1956年社会主义改造完成后，"非税论"成为我国理论界议论的焦点，并对我国税收法律制度接下来的发展产生了重要影响。

由于中华人民共和国成立初期深受苏联在政治和经济上的引导，使得"非税论"在一定程度上成为主导新中国税收法律制度的税收理论。正是由于"非税论"本质上的缺陷，使得人们在税收认知方面出现了偏差，尤其在生产资料所有制的社会主义改造基本完成以后，人们认为商品的范围和价值规律作用的范围已经很小，税收调节经济的作用并不明显，其主要职能是组织财政收入、积累资金，税收制度越简化越适合社会主义经济发展的需要。

（二）简化税制

在"非税论"的影响下，我国进行了两次大型税制改革，一次是1958年税制改革，另一次是1973年税制改革。两次税制改革在不同背景下产生，并在不同目标下开展，造成的影响也不同，但是二者的主要内容均表现为简化税制。

自中华人民共和国成立至1957年，我国基本上实行的是多种税、多次征的复合税制。在这一税制下，税收组织财政收入和调节经济的职能得到了较好的发挥。[①] 1958年是我国第二个五年计划的开端之年，在"二五计划"的开始时期，国内经济状况较好，税收基础较为牢固，为国民经济的恢复和发展奠定了基础，其中重工业的迅速发展使得工业化的初步基础得以建立，社会主义三大改造的相继完成也使得公有制经济的主体地位基本确立。但正是"一五计划"的经济成果使得国内滋生了骄傲自满的情绪，随着以"鼓足干劲，力争上游，多快好省地建设社会主义"为总路线的"大跃进"开展，浮夸作风在国内尤为显著，并且在经济活动中逐渐忽视对经济发展规律的尊重。

税收领域也深受"左"倾错误思想的影响。本着"基本上在原有税负的基础上简化税制"的方针，将工商税制作为重要领域进行改革，其主要内容是将货物税、商品流通税、印花税和工商业税中的营业税部分简并为工商统一税。此次税制改革过分强调通过合并税种来简化税制，虽然保证了税收收入，简化了部分征收手续，但是在具体征缴程序中，将工商企业原缴纳的商品流通税、货物税、印花税、营业税合并为工商税，在货物工业环节和商业零售环节各征一次，削弱了税收的经济杠杆作用。

1973年税制改革是在延续1958年改革的主要思路的基础上进行的简并税收改革，除保留工商所得税外，将企业缴纳的各种税统一简并为工商税这一种税，从而使工商税收制度进一步趋向单一化。我国早在1964年就着手研究简并税制问题。财政部在总结各地试点经验的基础上，于1971年6月提出了实行"工商税"的意见，并草拟了"工商税条例"。1972年3月，国务院向各省、市、自治区发布了《工商税条例（草案）》。经过将近一年的扩大试点，自1973年起在全国范围内全面推行。

立足于当时的社会潮流和理论背景，工商税种的逐步合并简化并不意外，但是这种将不同征税范围、不同性质的税种合并为依据销售和劳务收入征收的

---

① 参见贾康、赵全厚编著：《中国经济改革30年：财政税收卷（1978—2008）》，重庆大学出版社2008年版，第238页。

行为，很大程度上削弱了原税种在其领域的调节和杠杆职能。同时，一些简化合并并不具有十足的合理性，"盐税"就是其中一个例子。

1973年的税制改革将盐税合并至工商税制中，但是从实际情况来看，盐税有着特有的征税对象和稽征方法，实际上具有很强的独立性，这也是1981年国务院再次将盐税从工商税中划分出来的重要原因。对税种的认识和理解存在误差，将实质上具有独立性的税种通过制度变革合并为一种税，最终在实施过程中认识到不同税种之间的差异性与特殊性，导致后期进一步深入改革时，形成制度改革的反复，即"简化合并——独立分税"，在一定程度上造成了制度成本的增加以及实施成本的浪费。

简析工商税改革情况

1950—1985年各种工商税收入情况表[①] （金额单位：万元）

年度	合计	工商税	所得税	其他税
1950	63.9	57.4	4.1	2.4
1953	451.2	414.2	20.0	16.5
1955	549.9	497.8	37.0	15.1
1963	695.2	658.3	13.5	23.4
1965	825.7	804.5	8.8	12.4
1970	943.0	919.0	11.7	12.3
1975	1929.5	1879.5	45.4	4.6
1978	2404.0	2317.8	68.8	17.4
1980	2837.0	2779.2	53.4	4.0
1985	4550.2	4197.8	56.5	295.9

工商税改革是整个税收改革历程的重要组成部分，回顾两次税制改革，工商税的变化可以说是一个逐步简化的过程，直观地反映了两次税制改革的方向和重点。1953年，商品流通税、货物税、营业税和印花税这四种税种合并为工商统一税。1973年，工商统一税及其附加、盐税、城市房地产税、车船使

---

① 参见《海林县志》，http://www.mdjlib.cn/showdf2.asp?id=2885，2020年2月20日访问。

用牌照税和屠宰税合并为工商税。至此，可以看出工商税是由九个税种合并后而形成的一个综合性税种。

从总体来看，在1953年税制改革后，工商税税收总额占到国家全部税收金额的90%以上，一方面是因为合并税种后，工商税覆盖范围较广，背后的内容涵盖较多；另一方面也是因为税制建设初期，我国税种分配并不均匀，征收内容和领域并未细致划分，因此工商税在总体税收收入中比重增加。但随着税制的进一步完善，以及改革开放后的市场化税制调整，政策更加遵循经济规律，并逐步向国际标准靠拢，其他税种的比例也逐步增加。

事件专栏

工商税收"民主评议"法与薄一波

"民主评议"是一种由商人民主讨论所确定的征税方式。"民主评议"这一方法最早是在华北根据地辖区内开始实施与推广的。1947年6月，华北财政经济会议上的一份综合报告中就提出："根据某些地区的经验，最好还是采用分级计分办法，即由政府规定税款总额，而由商人自己民主讨论，按其资金、营业赢利状况评定等级，按级计分，分摊税款。"解放战争期间，中国共产党执政的华北大中城市均实行"民主评议"这一征税方法。①

中华人民共和国成立初期，在城市工商业税收工作中推行"民主评议"的方法，并在各城市组织成立了工商业税评议组织——工商业税民主评议委员会。工商业税民主评议委员会的作用主要表现为五点：（1）传达人民政府的税收政策、法令；（2）督促工商业户自报营业额及所得额，检举假账，揭发虚报；（3）评定工商业户营业额及所得额，提交税务机关依率核计税额；（4）受理对民评有争议之申请，重评各行业不公之评议；（5）协助税务机关，督促工商业户完成纳税义务。②

虽然民主评议方法在一定程度上取得了可喜的成效，但是它最大的弊端是

---

① 参见蒋贤斌：《"民主评议"的实施与调整——建国初期城市工商税收方法、政策研究》，载《江西师范大学学报》（哲学社会科学版）2013年第4期。
② 参见全承相：《新中国税收立法民主化建设的历史考察》，湖南师范大学2005年博士学位论文。

欠缺税收法定的标准，给予了工商业者过多的自主权。时任上海税务部门负责人顾准对于上海的税收征收方法并未采取"民主评议"，而是采取了"自报实缴，轻税重罚"的方式，在征缴时按照工商业者自己申报的所得额征收税款，如若发现工商业者存在少报所得额、少缴税的情况，相关部门将对其作出重罚。

面对"民主评议"这一方式的缺陷，以及上海"自报实缴，轻税重罚"方式的实施情况，1950年3月23日，时任中央人民政府第一任财政部部长薄一波在《人民日报》发表的《税收在我们国家工作中的作用》一文中对此作出回应，关注到了两种方式各自的不足。在综合分析各方面利弊的基础之上，1950年1月30日发布的《工商业税暂行条例》规定征税方式为三种："自报实缴，配合查账办法""民主评议方法""定期定额征税办法"。可以看出，《工商业税暂行条例》结合了"自报实缴"与"民主评议"的方法，其特殊之处在于更加注重自报的凭证，即增加了"配合查账办法"，这种方式更加体现了税收依据的客观性和实际性。

三、新时代背景下的税制发展

1978年12月，党中央召开了第十一届中央委员会第三次全体会议，并在随后的《中国共产党第十一届中央委员会第三次全体会议公报》中提出："现在，我们实现了安定团结的政治局面，恢复和坚持了长时期行之有效的各项经济政策，又根据新的历史条件和实践经验，采取一系列新的重大的经济措施，对经济管理体制和经营管理方法着手认真的改革，在自力更生的基础上积极发展同世界各国平等互利的经济合作，努力采用世界先进技术和先进设备，并大力加强实现现代化所必需的科学和教育工作。"[1] 党的十一届三中全会标志着我国从此进入改革开放和社会主义现代化建设的历史新时期，中国共产党从此开始了建设中国特色社会主义的新探索。[2] 而此阶段的税收法律制度的发展也

---

[1] 参见《中国共产党第十一届中央委员会第三次全体会议公报》，http://cpc.people.com.cn/GB/64162/64168/64563/65371/4441902.html，2018年10月7日访问。

[2] 参见《解读：十一届三中全会开启了改革开放历史新时期》，http://www.gov.cn/ztzl/17da/content_791152.htm，2020年2月20日访问。

体现着鲜明的时代特点,一是初步形成了涉外税收制度,与我国的对外开放政策相互配合,为涉外税收的规范提供法律制度保障;二是着手进行国营企业的"利改税"改革,即对政府与国营企业的分配关系进行改革。同时,政府还进行了上文提及的工商税制改革,将部分税种,如增值税、营业税、盐税、产品税等,从之前的"简化合并"中再次独立出来,并开征了新税种,如资源税、城市维护建设税、房产税、土地使用税和车船使用税。与十一届三中全会召开之前相比,此时的税收实践不断进行改革发展,税收法律制度逐渐走出低潮,迎来了复苏时期。

(一) 涉外税收制度的初步形成

我国建设涉外税收制度的基本指导思想是为了贯彻对外开放的方针政策,与我国的对外态度紧密相连,其重要作用在于规范外资的吸收,保障国际经济合作中的本国权益。我国一直把鼓励投资、引进技术、发展对外经济合作关系作为涉外税收制度建设的长期目标。

我国对外的态度经历了一个由"保守、封闭"向"吸收、引进"的转变。1976年10月粉碎"四人帮"之后,在深刻的反思中,全党和全国人民喊出了"实现四化①,振兴中华"的响亮口号,这也促使我国在发展中放眼国际。1978年9月全国计划会议在京召开,会上明确地提出了"三个转变"的经济战线。其中一个转变就是要"从那种不同资本主义国家进行经济技术交流的闭关自守或半闭关自守状态,转到积极地引进国外先进技术,利用国外资金,大胆进入国际市场",这是我国对外开放战略中的关键一步。在此期间,我国派出多支考察组到国外考察经验。1978年,全国掀起了一股声势浩大的出国考察热潮,据国务院港澳办公室统计,仅1978年1月至11月底,经香港出国和去港考察的人员就达529批,共3213人。②

涉外税收制度正是在我国转变对外态度、向国外学习制度构建的背景下初步形成的。改革开放初期,我国税收制度以适应对外开放需求、建立涉外税收制度为突破口。所制定的涉外税收法规,是在总结我国税收法治建设的实践经验、借鉴国际税收的通常做法和惯例的基础上,采取了在维护国家权益的前提

---

① 四化:四个现代化,即工业现代化、农业现代化、国防现代化、科学技术现代化。
② 参见曹普:《1978:中国对外开放基本国策的提出和实施》,载《党史博览》2011年第7期。

下，坚持税负从轻、优惠从宽、手续从简的原则的做法，这也体现了国际经济法中的"平等互利"原则。①

自十一届三中全会以来，我国先后颁布的涉外税收法律有三部，分别是《中外合资经营企业所得税法》《外国企业所得税法》《个人所得税法》，以此设置了企业所得税以及个人所得税，并相应颁布了具体的实施细则。我国的涉外税收工作，是以上述三部所得税法为中心，逐步开展起来的。我国适用于涉外的税种主要是两种税：一是按流转额征收的工商统一税；二是按所得额征收的企业所得税和个人所得税。此外还有房产税、车船使用牌照税和牲畜交易税等地方税。正是基于此，一套比较完整的涉外税收制度在中国初步建立。

据报道，当时的美国国务卿赛勒斯·万斯来华访问后，高度评价了这三部涉外税收法规。他说："这几部法律体现了中国的对外开放政策，它们的及时颁布，使外国企业家增加了在华投资利益的可预见性，对投资者作出投资决策有极为重要的作用。"②

（二）国营企业"利改税"的推行

1979 年"利改税"试点

1979 年 5 月 5 日至 26 日，财政部在四川省成都市召开全国税务工作会议，重点是贯彻十一届三中全会精神，研究加强税收理论建设、制度建设和组织建设问题，会议根据经济形势的需要对一些国营企业实行了"独立核算、国家征税、自负盈亏"，即企业向国家上缴利润改为缴纳税金的试点。

此次试点大体上可分为两个阶段：第一阶段从 1979 年起，在湖北省光化县、广西壮族自治区柳州市、上海市和四川省的部分国营企业中进行"利改税"的试点；第二阶段从 1980 年第四季度起，在全国 18 个省、直辖市、自治区的 400 多个国营企业中，扩大"利改税"试点。到 1981 年年底全国已在 18

---

① 参见王选汇、张勇：《我国涉外税收制度的理论与实践》，载《中国法学》1987 年第 5 期。
② 参见郝昭成：《从无到有、规范统一——改革开放 30 年中国涉外税收制度发展的轨迹》，载《涉外税务》2008 年第 12 期。

个省、市、自治区的 456 个国营工业、交通企业中进行了试点，试行以所得税为主要税种，国家通过征收 50% 左右的所得税参与企业的利润分配。① 根据湖北省光化县、广西壮族自治区柳州市、上海市和四川省 143 个"利改税"试点企业的统计，与 1979 年相比，这些企业 1980 年的销售收入增长了 9.3%，利润增长了 23.7%，上缴财政收入增长了 15.9%，企业留利增长了 59.2%；与 1980 年相比，1981 年销售收入增长了 12.4%，利润增长了 9.7%，上缴财政收入增长了 5.4%，企业留利增长了 11.9%。②

在改革试点的基础上，财政部于 1980 年 8 月 26 日向中央财经领导小组作了关于税制改革问题的汇报。汇报中指出：这次税制改革的中心是"利改税"，将国营企业上缴利润改为上缴税收。税制改革的目的就是要有利于把企业的潜力挖掘出来，改善管理。通过税制上面的政策改变，间接促进国家财政收入的稳定，并且作用于政府与企业之间的利益分配关系，使之更具有合理性。

"利改税"的实施是调整我国国营企业利润分配关系的重要举措，其核心内容是将所得税引入国营企业利润分配领域，把国营企业向国家上缴利润改为缴纳税金，税后利润全部留归企业。

在实施利改税措施之前，我国适用经济责任制。所谓经济责任制，着重体现了经济法中责任与权利统一的原则，具体是指企业在享有自主经营权的同时，负有按照规定数额上缴利润的责任。经济责任制在一定程度上保障了国家财政收入的稳定增长。到 1981 年年底，80% 以上的国有企业适用经济责任制，缓解了 1979 年到 1980 年近乎 300 亿的财政赤字。但是，经济责任制也产生了严重的负面效果，首先是普遍出现了"鞭打快牛"的现象——生产积极性越高，成本控制得越好的企业，上缴国家的利润越多，留在企业的利润反而越少，而经营得不好的企业，却可以与政府部门谈判减少上缴数额。③

鉴于经济责任制的负外部性严重影响了企业生产的积极性，长期实施不仅会增加政府对于效益较差企业的扶助成本，更会在企业与政府对于上缴利润的

---

① 参见《1979 年利改税试点》，https://baike.baidu.com/item/1979 年利改税试点/22584980，2020 年 2 月 20 日访问。
② 参见刘佐：《"利改税"：逼出来的改革》，载《中国财经报》2004 年 8 月 17 日。
③ 参见张文魁、袁东明：《中国经济改革 30 年：国有企业卷（1978—2008）》，重庆大学出版社 2008 年版，第 26 页。

讨价还价之中降低政策的严肃性。1981年，在总结若干地区试点经验的基础上，财政部先后在湖北、广西、上海、重庆等地进行了国营企业利改税的扩大试点工作。1982年12月，五届全国人大五次会议通过的《关于第六个五年计划的报告》中指出："今后三年内，对价格不作大的调整的情况下，应该改革税制，加快以税代利的步伐。"1983年，国务院决定停止《关于实行工业生产经济责任制若干问题的意见》规定的利润分配制度。当年4月，财政部颁发《关于国营企业利改税试行办法》，规定试行利改税政策。

利改税的实行分为两步：第一步是税利并存阶段；第二步是以税代利阶段。第一阶段集中在1983年，主要是对有盈利的国营企业征收所得税，即把企业过去上缴的利润大部分改为用所得税的形式上缴国家。对于不同类型的企业具体实施的手段有所不同：对于小型国营企业，在缴纳所得税后，由企业自负盈亏，少数税后利润较多的，再上缴一部分承包费；大中型国营企业则是在缴纳所得税后，除了企业的合理留利外，采取递增包干、定额包干、固定比例和调节税等多种形式上缴国家。由于各级政府重视、有关部门密切配合和财税部门积极努力，一年多来，这项工作进展比较顺利，取得了较好的效果。利改税第二步改革的基本模式是：国营企业按照十一种税种向国家缴税，由税利并存逐步过渡到完全的以税代利。在这一改革中，对企业将采取适当的鼓励政策，越是改善经营管理，努力增加收入，税后留归企业安排使用的财力越大。

利改税政策从1983年延续到1986年，对比先后两阶段的利改税实施，第二阶段相对于第一阶段，无论是在深度还是广度上都有着更大的进步。第二阶段顺利完成之后，企业只需依法向国家纳税，税后的利润留给企业安排使用，有力地发挥了税收的杠杆作用。一方面，利改税更大程度地保障了国家财政收入的稳定增长；另一方面，征税办法的改进有利于维护企业的合法权益，相对于经济责任制来说，利改税更能充分地给予企业财权管理，增加了企业生产经营的动力，保障了市场中企业的公平竞争。

法规专栏

《关于国营企业利改税试行办法》

1983年4月24日，国务院批转财政部制定的《关于国营企业利改税试行办法》（以下简称《办法》）。《办法》是我国利改税政策第一步的重要指导性文件。翌年9月18日，国务院批准颁布《国营企业第二步利改税试行办法》。《办法》共计19个条款，规制的主体主要有：国营大中型企业（包括金融保险组织），国营小型企业，营业性的宾馆、饭店、招待所和饮食服务公司，县以上供销社以及军工企业、邮电企业、粮食企业、外贸企业、农牧企业和劳改企业这五个类型，并且不同主体的实施办法不同（如下表所示）。

五种主体的不同利改税实施办法

主体	实施方式
国营大中型企业（包括金融保险组织）	按55%的税率缴纳所得税，缴纳所得税后的利润，一部分上缴国家，一部分按照国家核定的留利水平留给企业。
国营小型企业	按八级超额累进税率缴纳所得税。缴税以后，由企业自负盈亏，国家不再拨款。
营业性的宾馆、饭店、招待所和饮食服务公司	缴纳15%的所得税，国家不再拨款。企业税后有盈有亏的，由商业主管部门调剂处理。
县以上供销社	按八级超额累进税率缴纳所得税，国家不再拨款；除国家规定的个别商品外，国家也不再负担价格补贴。
军工企业、邮电企业、粮食企业、外贸企业、农牧企业和劳改企业	按原定办法执行，在条件成熟后，再实行利改税办法

根据主体不同的性质、作用和定位，利改税的实施方式也有所不同，可以看出国家对于军工企业等国家战略性产业持更加保守的态度。对于国营大中型、小型企业的利改税实施，《办法》中特意强调"有盈利的"这一前提条件。在当时的情况下，部分企业处于严重亏损的状态下，从客观条件上无法进行利改税。同时，此措辞也更加强调"凡有盈利的"国营企业，均应该按照规定缴纳所得税，不得逃避义务。

面对长期政企利益交易、企业就利润与政府讨价还价的窘境，为避免陷于经济责任制政企权责的泥沼，《办法》第十一条规定："国营企业在纳税问题上与税务机关有分歧意见时，应当按照税务机关的意见先交纳税款，然后才能向上一级税务机关申请复议。如果对复议作出的决定不服，地方企业可向省一级财政部门申诉，作出裁决；中央企业可向财政部申诉，作出裁决。"第十二条规定："国营企业不得偷漏所得税和应当上交的利润。发现有弄虚作假行为的，应当处以相当于侵占国家收入一倍以下的罚款，由企业从留利中支付。对企业领导人员和直接责任者，还要追究行政责任。情节严重、触犯刑律的，由财税部门移送司法机关,追究刑事责任。"通过行政法规的形式规定了税务机关在决策、执行层面的权力,并且规定了相应的行政责任、刑事责任,更进一步地保障了利改税前期的推进。

四、市场经济体制改革过程中的税制调整

1992年10月,根据中国共产党第十四次全国代表大会的报告,党中央提出了经济体制改革的目标:在坚持公有制和按劳分配为主体、其他经济成分和分配方式为补充的基础上,建立和完善社会主义市场经济体制。伴随着这一目标的正式确定,税收法律制度也逐渐向符合社会主义市场经济要求的方向不断发展,以适应市场经济体制改革的现实需要。在这一过程中,既有对原有制度的渐进式改革,如1994年的税制改革、从试点到全面推广的"农业税"停止征收与"营改增",也有对税收法律制度的制度空缺的填补,如《税收征收管理法》的出台与修改。随着社会主义市场经济理论的逐渐确立和完善,这一阶段的税收法律制度呈现出不断突破、向前发展的态势。

(一) 1994年税制重大改革

我国在税制改革方式上,采取了先易后难、循序渐进的稳妥方式,从总体上看,渐进式的改革大体分为两个阶段:1994年税制改革以前走大步,侧重于整体税制的改革;1994年以后的税制改革呈现走小步的趋势。[①]但总体来看,相较于之前的改革,1994年的税制改革更趋于稳健、规范、合理、简化,并与国际税收惯例进一步靠拢,这样更有利于我国改革开放的进一步推进。

此次税制改革立足于中共十四大提出的建立社会主义市场经济体制的目标和相关理论,以"统一税法、公平税负、简化税制、合理分权、理顺分配关系、保障财政收入,建立符合社会主义市场经济要求的税制体系"为指导思想。经过20世纪80年代的税制改革,我国已经初步建立起了一个"多税种、多环节、多层次"的复合税制体系,但其中松散甚至重复的多种税反而随着改

---

① 参见国家税务总局税收专题项目课题组:《我国改革开放以来税制改革经验总结与展望》,载《税务研究》2012年第6期。

革开放的进一步推进而愈来愈难适应现实的需要。因此，1994年的税制改革侧重于税制结构的调整，重点关注流转税、所得税、目的税的结构调整，在总体税负保持不变的前提下，试图建立一个更为适应社会主义市场经济要求的分配关系。

在流转税领域，1994年的改革将原由产品税、增值税和营业税构成的流转税，转变为由增值税、消费税和营业税构成。可见，消费税是1994年税制改革在流转税中新设置的一个税种，而产品税在此次改革中被取消。消费税实行价内税，只在应税消费品的生产、委托加工和进口环节缴纳，在以后的批发、零售等环节，因为价款中已包含消费税，不再缴纳消费税，但税款最终由消费者承担。1993年12月13日，国务院发布《增值税暂行条例》，标志着产品税退出中国税制历史舞台。

在所得税领域，此次改革分别对企业所得税和个人所得税进行了改革，其中企业所得税实行"四税合一"，个人所得税实行"三税合一"。企业所得税将原先"国营企业所得税""国营企业调节税""集体企业所得税"和"私营企业所得税"四个税种合并为"企业所得税"；个人所得税将原先"个人所得税""个人收入调节税"和"城乡个体工商业户所得税"三个税种合并为"个人所得税"。原先按照经济性质划分所得税的制度无法处理股份制企业的所得税问题，影响着企业市场化的发展。基于此，此次企业所得税调整的重点是将四税合一，更加适应当下企业的市场化要求，严格规范国家和企业之间的利润分配关系，同时保证国家财政收入的稳定以及企业之间在市场经济下的公平竞争。而个人所得税的定位则是调节个人收入差距，缓解社会分配不公的矛盾。

税种专栏

增 值 税

增值税改革是1994年税制改革的一个重点内容，其主要的改革方向就是更加与国际税制接轨，并且税率更加清晰、计税方法更加明确。1994年之前，增值税的主要征税范围集中在机械加工和纺织业两大行业，虽然后期增值税征税范围逐渐扩大，但始终未涉及商品流通领域。1993年12月由国务院颁布的《增值税暂行条例》中规定："在中华人民共和国境内销售货物或者提供加工、修理修配劳务以及进口货物的单位和个人,为增值税的纳税义务人(以下简称纳税人),应当依照本条例缴纳增值税。"因不允许一般纳税人扣除固定资产的进项税额,故称之为"生产型增值税"。由此可以看出,1994年增值税方面的改革特色是将增值税的征税范围扩大到商品流通领域。

在计税方式上,1994年之前的增值税曾先后采用过"扣税法"和"扣额法"。"扣税法"又称"间接计税法",是以产品销售收入额的应纳税额减去生产应税产品外购部分的已纳税额后的余额作为应纳税增值额计算增值税税额的一种方法。"扣额法"也称"增值税减法",是指按商品、劳务流转额全额扣除法定扣除范围的各非增值项目金额后求得增值额,并据以计税的一种方法。1987年之后我国取消"扣税法",采取单一的"扣额法",但是由于"扣额法"计算方法复杂,造成严重的扣税失真。1994年,我国增值税税率设为两档,采用了17%的标准税率加13%的低税率模式,税款计算采用发票上注明税款的购进扣税法。

1994年后征收的增值税,与此前试行开征的增值税相比,具有以下几个方面的特点:(1)实行价外税,即与销售货物相关的增值税额独立于价格之外单独核算,不作为价格的组成部分;(2)扩大了征收范围,即除了生产、批发、零售和进口环节外,还扩大到劳务活动中的加工和修理修配;(3)简化了税率,即重新调整了税率档次,采用基本税率、低税率和零税率;(4)采用凭发票计算扣税的办法,即采用以票控税的征收管理办法,按照增值税专用发票等抵扣凭证上注明的税款确定进项税额,将其从销项税额中抵扣后计算出应纳税额;(5)对纳税人进行区分,即按销售额的大小和会计核算的健全与否,将纳税人划分为一般纳税人和小规模纳税人,对小规模纳税人实行简易征收办法。[①]

(二)《税收征收管理法》的颁布

1992年9月4日,第七届全国人民代表大会常务委员会第二十七次会议通过《税收征收管理法》(以下简称《税收征管法》)。1992年《税收征管法》是在

---

① 参见张敏:《"营改增"对聊城市税收收入的影响》,山东财经大学2015年硕士学位论文。

邓小平南方谈话以及十四大胜利召开的背景下颁布的。邓小平南方谈话重申了深化改革、加速发展的必要性和重要性。十四大第一次明确提出了建立社会主义市场经济体制的目标模式，把社会主义基本制度和市场经济结合起来，建立社会主义市场经济体制。

2015年修正后的《税收征管法》一共有6章94条，其中包含了许多保护纳税人合法权益的条款。如第三十一条第二款规定："纳税人因有特殊困难，不能按期缴纳税款的，经省、自治区、直辖市国家税务局、地方税务局批准，可以延期缴纳税款，但是最长不得超过三个月。"明确了纳税人延期缴税的条件，保障了有特殊困难无法按时缴税的纳税人的权益。第三十九条规定："纳税人在限期内已缴纳税款，税务机关未立即解除税收保全措施，使纳税人的合法利益遭受损失的，税务机关应当承担赔偿责任。"此条是针对税收保全措施实施下税务机关对于未及时解除保全措施而造成纳税人损失的责任条款。此外，《税收征管法》还赋予了纳税人对复议的选择权（可以依法申请行政复议，也可以依法向人民法院起诉），并且延长了纳税人申请退税的法定期限。

除此之外，《税收征管法》强化了税务机关的行政执法权限。其中，第三十八条第一、二款规定："如果纳税人不能提供纳税担保，经县以上税务局（分局）局长批准，税务机关可以采取下列税收保全措施：（一）书面通知纳税人开户银行或者其他金融机构冻结纳税人的金额相当于应纳税款的存款；（二）扣押、查封纳税人的价值相当于应纳税款的商品、货物或者其他财产。纳税人在前款规定的限期内缴纳税款的，税务机关必须立即解除税收保全措施；限期期满仍未缴纳税款的，经县以上税务局（分局）局长批准，税务机关可以书面通知纳税人开户银行或者其他金融机构从其冻结的存款中扣缴税款，或者依法拍卖或者变卖所扣押、查封的商品、货物或者其他财产，以拍卖或者变卖所得抵缴税款。"对于税务机关有根据认为从事生产、经营的纳税人有逃避纳税义务行为的，在限期内发现纳税人有明显的转移、隐匿其应纳税的商品、货物以及其他财产或者应纳税的收入的迹象的，税务机关可以责成纳税人提供纳税担保，并明确规定两种保全方式。同时，第三十八条第三款规定："个人及其所扶养家属维持生活必需的住房和用品，不在税收保全措施的范围之内。"规定保全的同时未忽视对于纳税人的保障。

1992年《税收征管法》解决了90年代初期税收征管无法可依的问题，但是其操作性依旧有所欠缺，并不能完全解决我国税收遇到的新问题，这也是之后几次修正《税收管理法》的原因。税收征管一直是税收调控的关键组成部分，一方面它可以规范税务机关的行政行为；另一方面它也是约束纳税人依法纳税、明确税收法律责任分配的重要规则。

（三）农业税退出历史舞台

农业税在我国起源于春秋时期鲁国的"初税亩"，到汉初形成制度。在封建社会，农业是一国最主要的支撑性产业，农业税收入则是国家财政收入的主要来源。2006年废除农业税，标志着我国进入改革开放转型新时期，同时也标志着延续了2600年的农业税在我国的终结，从此我国进入无农业税时代。

取消农业税发生在我国着力解决"三农"问题之时，并且提高农民收入、减轻农民负担也是我国农村全面建设小康社会的首要任务。2004年年初，取消农业税在吉林和黑龙江两省进行试点；2005年上半年，全国22个省取消农业税；直至2005年年底，28个省区市及河北、山东、云南三省的210个县（市）全部取消了农业税。2005年12月29日，第十届全国人大常委会第十九次会议表决通过《关于废除〈农业税条例〉的决定》，并于2006年1月1日生效。

取消农业税是基于多方面原因的考虑，其中一个重要原因在于持续加剧的城乡差距。如表3-1所示，自1984年开始，城市和农村收入比率不断增加。这虽然反映了改革开放后城市建设取得了巨大的进步，城市经济发展迅速，但是与改革开放所设定的缓解城乡差距的目标背道而驰。我国市场经济还未发展成熟，并且农业专业化程度较低，农业产品难以适应市场经济的调节作用，更多的是根据顶层设计中的制度和政策调整农产品生产计划，导致了我国农业的周期性波动难以根据市场的供求关系进行灵活调节，缺乏敏感性。1999年至2003年，农民收入增幅也持续下降。

取消农业税，从直接效果来看减轻了农民的负担，对于真正解决"三农"问题起到了积极作用。但是进一步剖析，取消农业税又将产生新的不平等现象：取消农业税之时我国工商税收还未完全覆盖农村，取消农业税会使农村出现纳税真空。在13亿中国人口中，有8亿多人口为农民，如此庞大的群体处于无税状态，会产生新的城乡居民税负的不平等。①

---

① 参见王颖：《取消农业税的影响及其应对措施》，载《学术交流》2005年第4期。

表 3-1 城乡居民收入比率[1]

年份		1984	1985	1987	1989	1990	1991	1992	1993	1994	1995	1996	1997	1998	1999	2000	2001	2002	2003	2004
收入（元）	城市	535	573	660	739	900	1002	1181	1376	1510	1701	2027	2577	3496	4283	4839	5160	5425	5854	6280
	农村	270	310	355	398	424	463	545	602	686	709	784	922	1221	1578	1926	2090	2162	2210	2253
城乡居民收入比率		1.98	1.85	1.86	1.86	2.12	2.16	2.17	2.29	2.20	2.40	2.59	2.80	2.86	2.71	2.51	2.47	2.51	2.65	2.79

[1] 参见王海滨：《我国取消农业税的原因及相关政策措施》，载《财经科学》2006年第5期。

此外，囿于地区经济发展的不均衡，部分地区对于农业税收的依赖程度较高，全面取消农业税会使得地区基层财政运转出现棘手的问题，影响地区财政的收入来源，从而造成新的财政缺口，影响地区公共服务的质量和水平，进一步加剧区域不平衡的问题。

（四）营业税改增值税

营业税和增值税是我国税收体系中两大主体税种，二者均属于流转税。营业税具体指对在中国境内提供应税劳务、转让无形资产或销售不动产的单位和个人，就其所取得的营业额征收的一种税。增值税具体指对商品生产、流通、劳务服务中多个环节的新增价值或商品的附加值征收的一种流转税。

营业税改增值税，简称"营改增"，具体是指将以前缴纳营业税的应税项目改成缴纳增值税。"营改增"的最大特点是减少重复征税。从最初的试点到最终在全国实行，"营改增"经历了三个阶段：

第一阶段：试点方案出台——上海交通运输业和部分现代服务业——8省市

2011年1月1日，经国务院批准，财政部、国家税务总局联合下发《营业税改征增值税试点方案》，从2012年1月1日起，在上海交通运输业和部分现代服务业开展营业税改增值税试点。自2012年8月1日起至年底，国务院将"营改增"试点扩大至北京、江苏、安徽、福建、广东、天津、浙江、湖北8省市。

第二阶段：广播影视服务——铁路运输业和邮政业——电信业

2013年8月1日，"营改增"范围已推广到全国，将广播影视服务业纳入试点范围。2014年1月1日起，将铁路运输和邮政服务业纳入营业税改征增值税试点，至此交通运输业已全部纳入"营改增"范围。2014年6月1日，电信业在全国范围内实施"营改增"试点。

第三阶段：试点全面推开

2016年5月1日起，将试点范围扩大到建筑业、房地产业、金融业、生活服务业。2017年10月30日，国务院第191次常务会议通过《国务院关于废止〈营业税暂行条例〉和修改〈增值税暂行条例〉的决定》，标志着实施六十多年的营业税正式退出历史舞台。

政策专栏

《关于明确金融 房地产开发 教育辅助服务等增值税政策的通知》

为进一步完善全面推开营改增试点相关政策，2016年12月25日，财政部、国家税务总局联合印发了《关于明确金融 房地产开发 教育辅助服务等增值税政策的通知》（财税〔2016〕140号）。其中，对资管产品在运营过程中发生的增值税应税行为如何缴纳增值税的问题，该通知第四条明确规定由资管产品管理人作为增值税纳税人，承担缴纳增值税义务。

在原营业税税制下，对资产管理产品如何缴纳营业税的问题，《财政部 国家税务总局关于信贷资产证券化有关税收政策问题的通知》（财税〔2006〕5号）已有明确规定。在官方的政策解读中，由于增值税与营业税一样，均是针对应税行为征收的间接税，营改增后，资管产品的征税机制并未发生变化。资管产品管理人在以自己名义运营资管产品资产的过程中，可能发生多种增值税应税行为。例如，因管理资管产品而固定收取的管理费（服务费），应按照"直接收费金融服务"缴纳增值税；运用资管产品资产发放贷款取得利息收入，应按照"贷款服务"缴纳增值税；运用资管产品资产进行投资等，则应根据取得收益的性质，判断其是否发生增值税应税行为，并应按现行规定缴纳增值税。[①]

虽然由营业税改征增值税在征税机制上并未发生变化，但并不足以论证由资管产品管理人对资管产品发生的应税行为承担增值税纳税义务的合理性，该规定的合理性值得进一步商榷。学界在讨论该问题时，对该规定多持否定态度，[②] 但对具体由谁承担纳税义务依旧没有形成统一意见。

在讨论资产管理的相关税收问题上，首先需要明确的是，在资产管理中投资方与资产管理人之间是何种法律关系。现有立法并未对资产管理内部的法律关系进行定性，学界也尚未有统一意见，主要存在"信托法律关系"以及"委

[①] 参见《财政部税政司 国家税务总局货物和劳务税司关于财税〔2016〕140号文件部分条款的政策解读》，http://www.chinatax.gov.cn/chinatax/n810341/n810760/c2431727/content.html，2020年2月20日访问。

[②] 参见汤洁茵：《资管产品增值税的纳税人之辨——兼论增值税的形式主义》，载《法学》2018年第4期；邓怀女：《资管产品增值税征税主体重构》，载《湖南税务高等专科学校学报》2019年第2期；滕祥志：《资管产品增值税新规的法律评析》，载《银行家》2017年第10期；臧莹：《我国金融资产管理产品税制问题研究》，中央财经大学2018年博士学位论文。

托法律关系"之争，两者的主要区别在于资管产品管理人对委托人所承担的义务。当然，也有部分学者认为资管产品种类繁多，不宜以单一的法律关系认定。

持信托法律关系观点的学者认为，《关于规范金融机构资产管理业务的指导意见》（以下简称《指导意见》）的许多理念与《信托法》的理念是一致的，如强调禁止刚性兑付、风险自担、强调资管人的信义义务等。① 也有学者在早前建言修订《信托法》，以实现将各类资管产品均作为信托产品予以规制。② 持不同意见的学者则从域外角度介绍域外资产管理的"代理人业务模式"（agency business model），并阐释代理人业务模式下双方法律关系既可以是通常所讲的委托代理关系，也可以是信托关系，③ 暂称之为广义上的委托法律关系。相较于广义上的委托法律关系的包容性，最高人民法院民二庭曾认为委托理财关系属于全权代理，认定其为信托不符合监管体制。④ 此处的委托代理与信托并列使用，显然是从狭义角度对委托代理关系的理解。此外，有学者提出了在信托以及委托之间的中间道路，认为无须以统一的法律关系规范所有资管产品，而应该具体分析其中的权利义务安排。⑤

在资产管理业务中，投资者的目的是实现财产增值，看重的是收益权利而非管理权利。投资者可能同时购买多只资产管理产品，此时如果强调其管理权利，不仅其真正实施管理的可能性存疑，而且赋予其管理权利很可能面临不同资管产品之间的利益冲突问题。此外，现有法律规定对部分资管产品的制度设计同样与信托法律关系十分吻合。如根据证监会出台的《证券公司客户资产管理业务管理办法》第三十二条的规定，证券公司代表客户行使集合资产管理计划所拥有证券的权利，履行相应义务。在制度设计上，可以通过强调证券公司对客户的信义义务保障客户的合法权益，而将客户的证券权利转交给证券公司行使，既能实现和保障专业化管理，也能减轻证券发行人与数量众多的不特定客户的协商成本。综合前述考量，此时对该管理办法第三十二条的理解，应当包含剥夺了客户直接向证券发行人主张证券权利的权利，实现管理人的独立管理。同时，随着《指导意见》的出台，资产管理行业逐渐规范化发展，正如持

---

① 参见王涌：《资管业的基本法应当是〈信托法〉》，载《金融法苑》2018年第2期。
② 参见季奎明：《论金融理财产品法律规范的统一适用》，载《环球法律评论》2016年第6期。
③ 参见刘燕：《大资管"上位法"之究问》，载《清华金融评论》2018年第4期。
④ 参见高民尚：《审理证券、期货、国债市场中委托理财案件的若干法律问题》，载《人民司法》2006年第6期。
⑤ 参见缪因知：《资产管理内部法律关系之定性：回顾与前瞻》，载《法学家》2018年第3期。

信托法律关系观点的学者所认为的，资管制度设计的本意（即"受人之托，代人理财"）和监管部门对资产管理业务的理念是与信托相一致的，当下信托配套制度的不足在未来将逐步完善，而当下不符合资管业务本质要求的资管产品将逐步退出资管行业，交由其他法律规范规制。因此，作为同样是面向未来而讨论的资管行业中增值税的规范问题，对资产管理内部法律关系的理解采取信托法律关系是较为可取的。

（一）现行政策仅体现了税收效率原则的部分内容

增值税作为流转税，其流转频繁的特点使得税务机关在征收过程中必须考量如何降低征税成本，提高效率。投资者在投资时，可能不仅购买一种资管产品，而是同时购买好几种，并且购买同一种资管产品的投资者是不特定的，以不特定的投资者作为资管产品增值税的纳税义务人显然成本过高。相反，以资管产品的管理人作为纳税义务人，可相应地降低征税成本，一则管理人的资质限制使得其数量远低于投资者，二则管理人掌握了资管产品的具体情况，方便税务机关核查。

这种以资产管理人作为纳税义务人的税收制度设计体现的正是税收行政效率原则的要求。根据税收行政效率原则，征税过程中应当尽量花费较少的征税成本。但是，税收效率原则的另一层含义却受到了压制，即税收经济效率。税收效率原则同时要求税收对经济效率的影响应当尽可能减少，甚至应当能提高经济效率，实质上这也是税收能对经济发展产生调控作用的原因。然而，现行规定并未体现出这一点，甚至间接降低了经济效率。从社会整体经济效率的层面，机构投资相比于个人投资拥有更多优势，如专业知识、管理能力以及充分的信息等。同时，对融资方而言，从机构获得融资的优势也大于个人。因此，对社会经济效率而言，应当鼓励、支持机构投资的发展，在税收安排上，应当对机构适当减税、免税，或者方便机构转移税收成本。但是，现有规定要求资产管理人承担增值税的安排，增加了管理人的税收负担。即便可以通过管理费用向投资者转嫁成本，但为了转嫁该部分成本将会产生新的成本，并且这一转嫁行为自身的收益与成本依旧需要考量。简言之，如果税制设计不合理，导致投资者因为委托理财而承担更重的税收负担，并因此改变了行为选择，放弃委托理财而选择个人投资，那么就造成了效率损失，有违税收经济效率原则所强调的理念。

（二）现行政策违背了实质课税原则

对于实质课税原则，通常的理解是指在税法的立法与适用中，当税法规制的对象出现形式与实质不一致时，应按其实质进行征税的原则，即主张不拘泥于法律形式而着眼于经济实质课税。在信托法律关系中，适用实质课税原则有其必要性。由于信托行为的特殊性，使得信托财产的形式归属与实质归属出现不一致。对此，英美法系发展出普通法与衡平法上的"双重所有权"，大陆法系则是在坚持物权法"一物一权"理念上提出了"信托财产独立性"规则。

信托实际上将财产的所有权的权能进行分割并分别赋予了信托当事人。它将信托财产的名义所有权归属于受托人，使受托人履行经营管理信托财产的职责；又将信托财产的受益权（实质所有权）归属于受益人。这一权能分割设计直接导致了信托税收客体归属的问题。就信托法而言，信托财产在名义上属于受托人，而且受托人还对信托财产行使占有、使用、处分权能，受托人是信托财产的代表人，是信托义务的执行人，似乎将受托人作为信托增值额的增值税纳税义务人具有形式合理性。[①]

然而，此种做法虽然具有形式合理性，却背离了实质课税原则。实质上，受托人在经济上并无与其享有的名义所有权相对应的税负能力。一是信托财产本身具有独立性，信托财产与受托人的自有财产相区别，严禁混同。二是受托人并不享有信托利益，信托利益归属信托本身或者在信托终止后归属于受益人所有。鉴于受托人的实质税负能力与其在形式上对信托财产享有的权利极不相称，依实质课税原则，应当将受托人排除在信托纳税义务人的范围之外，实现税负分配的实质公平。

（三）现行规定违背了资产管理的实质

税负机构从税收征纳便利性的角度出发，规定由资管产品管理人承担纳税义务，但该规定与资产管理的实质相悖。资产管理的实质是"受人之托，代人理财"，资产管理人扮演的仅是代人理财的角色，收取的仅是管理费用，产品收益与资产管理人无关。那么，管理人既然不享有主张投资收益的权利，又为何需要承担投资收益所承载的缴纳增值税的义务？这既不符合权利义务相一致的原则，也与资产管理制度设计的本意相悖。

另外，在信托法律关系中，作为受托人的资产管理方应当勤勉处理信托财产，以实现信托目的。为了实现信托目的，自然要求管理人在日常管理信托财产的过程中应当遵守相关法律规定，如及时缴纳税款。如果信托财产因欠缴有关税费而被税务机关作出行政处罚，则很可能不能实现信托目的，而作为管理

[①] 参见刘继虎：《信托所得课税的法理与制度研究》，中南大学2011年博士学位论文。

信托财产的受托人毫无疑问违背了信义义务。但是，受托人负有实现信托目的的信义义务，并不等同于信托人负有以其自有财产为产品的增值额缴纳增值税的义务。信义义务并不能以牺牲受托人的利益为代价，如只要受托人合理、尽责地履行其管理义务，即便最终信托目的不能实现，受托人也不因此承担责任。同时，在尚未对信托财产清算之前，信托财产具有独立性。因信托财产产生的收益归信托财产所有，相应的，信托财产发生的有关债务也应由信托财产独立承担。因此，资产管理产品产生的税负应当由资产管理产品自身及其收益承担，管理人对此不应当以其自有财产承担纳税义务。

（四）小结

财税〔2016〕140号文件第四条的规定体现了税务机关在保证国家税款不流失的情况下对税收行政效率的诉求。但在追求行政效率的同时，却忽视了税收经济效率的重要性，并且违背了实质课税原则。另外，该规定不仅与资产管理"代人理财，风险自担"的实质相悖，也与信托法律关系视野下信托财产的独立性原则不符。在明确实务部门的需求和政策考量后，在否定由管理人承担增值税纳税义务的同时，出于行政效率的考量，规定管理人作为扣缴义务人，履行代扣代缴增值税的职责是较为合适的。如果管理人怠于履行扣缴义务，税务机构有权对其作出行政处罚。

在"谁受益，谁纳税"原理下，排除了管理人作为纳税义务人的做法，委托人同样并非信托收益的享有者（虽然资产管理主要是自益信托），将其作为纳税义务人也不恰当。此时，似乎只有信托法律关系中的受益人作为纳税义务人符合税法的"受益人纳税"原理。但是，学界对此提出了另一种看法，即由信托在其未被清算之前作为独立的纳税主体，承认信托的纳税主体资格。[①] 具体表现为各种资产管理计划作为纳税主体，以资产管理计划开设的账户财产缴纳税收债务。本质上，这两种观点都是基于"谁受益，谁纳税"的原理，其主要区别在于对信托纳税主体资格的承认与否，背后涉及的是对信托课税理论的不同理解，即"信托导管理论"和"信托实体理论"。

虽然目前对信托导管理论和信托实体理论的讨论主要集中在信托所得税的领域，但对信托财产增值税的征纳同样需要回答信托自身的纳税主体资格问

[①] 参见汤洁茵：《资管产品增值税的纳税人之辨——兼论增值税的形式主义》，载《法学》2018年第4期；邓怀女：《资管产品增值税征税主体重构》，载《湖南税务高等专科学校学报》2019年第2期；刘继虎：《信托所得课税的法理与制度研究》，中南大学2011年博士学位论文。

题。只有在认可信托作为独立法律实体的情况下,才需要承认其独立纳税主体资格,而如果仅是将信托作为向受益人输送利益的管道,则由受益人作为纳税人缴纳相关增值税款。

"营改增"的过程也是我国税制改革摸着石头过河的一个体现。据不完全统计,从2012年试点到2015年年底,"营改增"已经累计减税5000多亿元,后续产业链减税效果持续体现。[①] 从"营改增"政策的本质来看,把营业税的"价内税"变成了增值税的"价外税",其实质是一项减税的政策,避免了营业税重复征税、不能抵扣、不能退税的弊端,从而减轻了企业的税收负担,更进一步优化了我国税收体制,顺应了供给侧结构性改革的内在要求。将积极的税收政策作用于企业本身,有利于市场经济主体的培育,从深层次影响产业结构的调整及企业的内部架构。

五、税收法定主义的贯彻与落实

通过对税收法律制度发展历程的回顾,可以看出我国的税收法律制度更多的是从适应经济体制的发展的角度进行调整、完善的。同时,在每一阶段,一项具体的税收法律制度往往是以"政策—法律"的方式出台。由于缺少经验,我国经济体制的确定处于一个不断摸索的过程,往往需要灵活的政策进行及时调整,再通过后期不断完善上升到法律制度。而税收与其他制度不同,由于其"无偿性"与"强制性",从保护私有财产的角度,往往要求税收必须且只能通过法律进行规范。因此,在税收法定主义引入我国后,随着研究的深入,我国税收的政策导向引发了理论界的热议。目前,我国虽尚未将税收法定主义写入宪法,但在法律层面和政策层面,税收法定主义正在被不断贯彻和落实。[②]

---

① 参见罗兰:《营改增将全面"落地开花"》,http://www.gov.cn/xinwen/2016-01/27/content_5036479.htm,2019年1月27日访问。

② 也有学者认为,我国《宪法》第五十六条规定:"中华人民共和国公民有依照法律纳税的义务。"这是税收法定原则的体现,但笔者认为该规定更加侧重的是公民纳税义务的宪法依据。的确,"依照法律"的字眼可以解释为公民的纳税义务仅源自法律规定,但是这样的理解未免过于间接,并且在《立法法》等对税收法定主义有直接法律规范体现的背景下,作为"母法"的宪法理应对此有着直接回应。另外,税收对公民的私有财产在数量上有着直接影响,宪法对此予以直接明确规定,有利于进一步彰显其保护公民合法的私有财产的决心。

从法律层面看，1992年出台的《税收征管法》第三条[①]将税收程序法的立法权限收回到了中央。虽然同时规定法律可以授权国务院制定行政法规予以执行，扩大了税收法定主义中"法"的内涵，但作为税收法定主义在立法领域的第一步，显然是具有重要意义的，即便仅是在税收程序法领域。我们不能苛责一部税收程序法对实体法予以规范。除此之外，2000年出台并在2015年进行修改的《立法法》则是进一步落实税收法定主义的要求：一是直接规定税收基本制度只能由法律规定。这一规定，不仅是对《税收征管法》关于税收程序法上坚持税收法定主义的肯定，同时也将税收法定主义的立法领域从税收程序法扩展到税收实体法，至此实现了税收程序法与税收实体法立法领域在税收法定主义上态度的一致性。[②] 二是在肯定授权国务院制定行政法规的同时，进一步细化授权的条件与授权期限届满后的法律效果。[③] 2015年《立法法》的修改，实现了税收法定主义在法律中的全面落实，做到了对立法授权的全过程监控，涵盖由始至终的整个过程，对之后我国整个税收法律体系的调整与改革起到了引领与指导作用。[④]

[①] 《税收征收管理法》第三条："税收的开征、停征以及减税、免税、退税、补税，依照法律的规定执行；法律授权国务院规定的，依照国务院制定的行政法规的规定执行。任何机关、单位和个人不得违反法律、行政法规的规定，擅自作出税收开征、停征以及减税、免税、退税、补税和其他同税收法律、行政法规相抵触的决定。"

[②] 2000年《立法法》第八条第八项规定，"基本经济制度以及财政、税收、海关、金融和外贸的基本制度"只能制定法律。2015年修改后的《立法法》第八条规定："下列事项只能制定法律：……（六）税种的设立、税率的确定和税收征收管理等的税收基本制度；……（九）基本经济制度以及财政、海关、金融和外贸的基本制度；……"

与2000年《立法法》相比，2015年《立法法》的修改主要体现了以下两方面的变化：一是将税收基本制度单独规定，体现出立法者对税收法定主义的重视；二是对那些属于税收基本制度的内容予以列举，增加税收法定主义的可操作性，同时以"等"字作为兜底，体现立法的严谨性。

[③] 2000年《立法法》第九条规定，"本法第八条规定过的事项尚未制定法律的，全国人民代表大会及其常务委员会有权作出决定，授权国务院可以根据实际需要，对其中的部分事项先制定行政法规"。第十条："授权决定应当明确授权的目的、范围。"2015年《立法法》第十条："授权决定应当明确授权的目的、事项、范围、期限以及被授权机关实施授权决定应当遵循的原则等。授权的期限不得超过五年，但是授权决定另有规定的除外。被授权机关应当在授权期限届满的六个月以前，向授权机关报告授权决定实施的情况，并提出是否需要制定有关法律的意见；需要继续授权的，可以提出相关意见，由全国人民代表大会及其常务委员会决定。"第十一条："授权立法事项，经过实践检验，制定法律的条件成熟时，由全国人民代表大会及常务委员会及时制定法律。法律制定后，相应立法事项的授权终止。"

通过对上述规定的比较，可以看出，授权立法的条件在不断细化和严格，同时，对授权主体、被授权主体以及两者之间的授权法律关系予以确定，并且对授权期限届满后相应的立法授权事项该何去何从予以规范。

[④] 参见孟鸽：《40年来税收法定主义在中国的变迁与时代创新》，载《第十四届中国财税法前沿问题高端论坛论文集》，第50页。

在政策层面上，2015年党的十八届三中全会在《中共中央关于全面深化改革若干重大问题的决定》中提出要"落实税收法定原则"，这是首次在党的纲领性文件中涉及税收法定主义。同年，《贯彻落实税收法定原则的实施意见》（以下简称《意见》）出台，这是政策层面上出台的关于税收法定原则的专门性文件。《意见》的出台，使得税收法定主义的落实有了具体安排。根据《意见》，将对现行的15个税收条例予以废除或者上升为法律，并且在2020年落实税收法定原则。

截至2018年，我国共有18个税种，由全国人大设立的税种有3个，分别是企业所得税法、个人所得税法以及属于地方税种的车船税法。其他15个税种分别由政府制定的30部行政法规、50部行政规章和5500个规范性文件予以规范。[①] 当下没有明确立法的税种占税收总收入的70%。

新时代，在政府简政放权改革的背景之下，税收法定的调控目标之一就是将行政机关的权力合理、合法地放在法律的笼子之中，让改革的成果体现出公平，并在发展中惠及全体人民。税收是民生的保障，也是国民经济的重要根基。政府报告中强调要保障和改善民生，不断提升人民群众的获得感、幸福感、安全感，而税收作为主要动力，只有在法律的规制之下才能发挥出调节经济、稳定市场的重要作用。另外，在国家治理现代化和全球治理的时代背景下，协调国内税收体系与国际税收体系之间的关系、不同国家之间的税收差别裁量以及日益增多的国际避税案件等，都对我国的税收法律制度提出了挑战。我们在应对这一挑战时，除了审时度势，还应在税收法定的基本原则下完善税收法律制度，发挥好税收的杠杆作用，最终才能为新时代改革不断助力。

---

① 参见刘剑文：《我国为什么要坚持税收法定主义》，载《中国税务部报》2012年2月22日。

第四章
计划调控的法治路径

经济法上的计划是指为经济的未来发展制定一个总体目标，并且预定一系列实现这一总体目标的手段的一种对经济进行整体控制的活动。① 以1978年改革开放为分界线，我国在计划调控领域从宏观上实现了由计划经济体制向市场经济体制的转变，同时微观上也实现了市场经济体制要求摆脱国家以具体指令的形式干预市场主体经济行为的转变。市场机制下的计划调控的基本性质是指导性的，仅是对市场的宏观反映和总体指导，具有战略性、宏观性、政策性的特征。② 但是，经济体制的改变不是一蹴而就的，保持政治、经济、社会生活的稳定是政府的重要职责。在逐步开放、改变的过程中，计划调控发挥着重要的指引作用。而在计划调控的大框架下，价格调控、区域调控和五年计划是最重要的三个部分。

一、价格调控：双轨制价格改革

物价改革是20世纪80年代经济改革的重点之一。中华人民共和国成立之初，百废待兴，各种经济成分同时存在，政权尚不稳定，战争遗留下的经济问题和社会矛盾仍然十分突出，迫切需要建立新的经济体制和法律制度，来恢复经济的稳定和促进经济的发展。为解决这一问题，国家从三个方面开始着手调整经济：第一，没收官僚资本，形成全民所有制的国营经济，以解决城市问

---

① 参见顾功耘主编：《经济法教程》（第三版），上海人民出版社、北京大学出版社2013年版，第339页。
② 参见李昌麒主编：《经济法学》（第三版），中国政法大学出版社2007年版，第404页。

题；第二，实行土地改革，变地主所有制为农民所有制，以解决农村问题；第三，统一财政经济，加强对市场、物价和金融的管控，逐步实现财政收支、物资调度和货币发行的"三统一"，以保障经济的整体稳定。到 1956 年年底，随着对农业、手工业和资本主义工商业的"三大改造"基本完成，公有制的绝对优势地位得以确立。上述"三大举措"和"三大改造"，为实行计划经济体制奠定了重要基础。①

自 1956 年年底"三大改造"完成后，我国的经济体制开始从多种经济成分并存的不发达市场经济逐渐转向以公有制为基础的较为单一的计划经济。在计划经济体制的时代，价格一直都是计划控制的，甚至连火柴的价格要上涨几分钱都需要通过政治局开会讨论决定。经济法律制度大都被废除或停用，少量存在的制度亦成为实现计划的手段。在当时，考虑到我国面临的社会现实，迫切需要通过建立起较为完整的工业体系和国民经济体系，来实现"优先发展重工业"的战略。计划经济体制下"集中力量办大事"的优势逐渐显现，我国作为传统的农业国家，依然在短时间内快速推进了工业化进程，计划经济对于实现工业化目标发挥了重要作用。但是，随着改革开放的逐步深化，我国经济发展的规模越来越大，原来为限制和改造资本主义工商业所采取的一些措施已不再适应新的形势，经济体制方面的种种弊端开始逐渐显露出来。

一方面，在计划经济体制下，不断扩大的城乡差距使得农村和农民的利益作出了一定的牺牲。在城乡之间长期存在非等价有偿的商品买卖关系，工农业产品价格的"剪刀差"加剧了城乡二元结构的问题。另一方面，在政府与市场的关系方面，政府处于绝对的主导地位，随着计划经济体制的发展和强化，市场因素被压制，不利于进一步彻底解放和发展生产力。譬如，在计划经济体制下，企业效率的低下影响了国民经济的整体发展和财政收入。为了从根本上改变束缚生产力发展的经济体制，建立起有中国特色的、充满生机和活力的社会主义经济体制，我国在 1984 年中共中央十二届三中全会上通过了《中共中央关于经济体制改革的决定》，开启了以国企改革为核心的城市改革。该决定中明确提出以城市为重点的个体经济体制改革是经济体制改革的中心环节，要围绕着这个中心环节进行计划体制、价格体系的改革。自此，实行多年的计划经济逐渐变为"有计划的商品经济"，商品经济的因素逐渐渗透、充盈于经济生

---

① 参见张守文：《回望 70 年：经济法制度的沉浮变迁》，载《现代法学》2019 年第 4 期。

活。许多领域开始"解冻"并逐渐商品化，价格机制、竞争机制的作用日益显现，为1992年秋确立市场经济体制以及1993年"市场经济入宪"奠定了重要基础。

其实，早在改革开放之初，中央的决策者就充分认识到了价格改革的重要性。在1980年1月18日商业部下发的对猪肉供应的调控文件中，要求各地"就地收购、就地屠宰、就地销售"。随后国务院关于价格计划的文件中允许"鸡蛋可以季节性差价"等。这些关于价格调控的文件表现出由强势的指令性计划向指导性计划的转变，意味着政府这只"看得见的手"已经在尝试着使用价格杠杆来调控市场，管制在一步一步松动。就这样，在中央希望一切都在计划中有序进行的期待下，这场关于价格的改革缓缓拉开了帷幕。

（一）双轨制价格改革初探

我国并不是当时世界上唯一一个在探索价格体制改革的国家。20世纪50年代到80年代，东欧一些国家在所有制改革中放开国家计划价格的问题上出现了动乱。在吸取国外的经验教训后，我国政府的决策者希望可以较为安稳地从计划价格体制过渡到市场价格体制，探索渐进式改革。于是，决策者想出了一个办法，那就是将一部分价格仍然保留在体制内进行控制，而另一部分则放开由市场自由定价。

对价格的改革，一开始体现在农产品价格的改革中，主要表现在逐步减少统筹购派商品的品种范围，放开部分农产品的价格。1983年，我国发布了《国务院有关部门农产品价格分工管理试行目录》，将国家管理收购价格的产品，由原来的111种减少为81种。水产品原来全部派购，后减少为只派购11种。同时，三类农副产品的价格全部放开由供销合作社和国营商业随集市贸易价格的变化议价经营。1983年10月，国务院批转商业部《关于调整农副产品购销政策、组织多渠道经营的报告》，取消了上述下放品种的统派购，改为多渠道议价经营。1984年，国家继续将桐油、茶叶（不包含边销茶）等农产品，牛皮、羊皮、羊绒等畜产品，以及鸡蛋、苹果、柑橘等的购销经营和价格放开。1984年，国家定价的农产品占农副产品收购总额的比重由1978年的92.6%下降到67.5%；同一时期市场调节价、议价所占比重则由7.4%上升到32.5%。

对工业价格改革的探索，选择在石油行业中进行试水。石油在工业生产中有着重要的地位，但是由于我国原油计划价格长期偏低，导致了我国原油产量长期在低水平徘徊。为了保证石油的产量和石油业的持续发展，国务院从放开企业自主权、调动企业积极性的角度出发，对石油产业的价格进行改革。1981年，国务院批准石油工业部门实行1亿吨产量包干政策，也就是允许在完成计划内的包干产量后生产的原油可以按当时的国际价格在国内销售，也可以由外贸部门组织出口。1982年，经国务院批准，大庆油田超产的原油在国内按每吨644元出售，其他油田超产的原油均按每吨532元出售。当时计划内生产的原油国家定价为每吨100元。高价油与平价油的价差收入，作为"勘探开发基金"用于石油勘探开发。就这样，在原油市场中形成了价格双轨制，而对石油价格的这些专项措施，成了工业品生产资料实行价格双轨制的源头。

（二）双轨制价格改革的推进和抢购风潮

对部分市场的价格放开后，中央决策者计划着在更大范围内进一步放开对价格的管制。1984年9月3日至9月10日，在莫干山召开的中青年经济科学工作者会议上，一些经济学家提出了价格双轨制的方案。双轨制价格改革的理论核心是"一条腿放，一条腿调，放调结合，双轨推进，两条腿走路"，所以被称为"放调结合的双轨制"。一个月后，在北京召开的中共十二届三中全会上，通过了《中共中央关于经济体制改革的决定》。这次会议上明确指出，价格改革是整个经济改革的关键，价格双轨制开始逐步实施。

双轨制价格改革的基本思路是，自觉利用客观上已经形成的生产资料双轨价格，使计划价格和市场价格逐步靠拢。在这个过程中，因为放开部分计划内产品进入市场，通过市场自由调节的方式，降低目前过高的市场价格，同时逐步提高过低的计划内价格，通过这样的双轨调节让两种价格逐渐接近，最后趋向统一。

双轨制价格改革的初衷是好的，但是因为中央决策者在实施宏观调控过程中，误认为我国已经有满足人们基本生活需要的社会积累，忽视了当时我国仍处于短缺经济时期的现实，在这种供求关系不均衡的情况下，实现市场价格的降低和计划内价格的稳步上调，然后在此区间内形成均衡价格的理想状况，基本上不存在可行的客观环境。于是，在一步步的宏观控制和放开试探的过程中，出现了市场上难以抑制的物价上涨、通货膨胀和"倒爷"行业的繁荣，乃至后来的"全民抢购风潮"等问题。

1985年1月，国务院开始出台一些文件进行双轨制价格改革，取消了原来只能涨价20%的控制（1984年5月，国务院颁布《关于进一步扩大国营工业企业自主权的暂行规定》，规定企业有一定的产品自销权，在完成指令性计划以后，超产部分允许企业在不高于计划价格20%的范围内浮动），允许企业根据市场自由定价，国家不再进行干涉。从中可以看出，国家在价格改革过程中有着非常明显的逐渐式改革的特点。1979年至1986年，国家对价格进行了六次大调整、三次大放开。① （详见表4-1）

表4-1　对价格的六次大调整和三次大放开②

六次价格大调整	
1	大幅度提高了主要农副产品的收购价格，各种粮食的收购价平均提高1.2倍，棉花、糖料、烟叶等经济作物的收购价也提高了不少
2	采掘工业产品价格提高55%，原材料工业产品价格提高45%
3	除城镇居民定量供应的粮油、食糖、食盐等未提外，其他食品价格提高59.8%，副食品价格提高86.2%
4	提高了棉布、铝锅、自行车等工业消费品的出厂价和销售价，降低了化纤布、手表、收音机、电子产品及其他部分耐用消费品的价格，但升降相抵，工业消费品的价格仍然净提高5%左右
5	铁路运价提高21.6%，水运、空运的价格也有所提高
6	大部分进口商品实行代理作价，不少进口商品的国内销价作了调整
三次价格大放开	
1	放开了一般轻纺工业品和全部小商品的价格
2	对重工业品价格实行"双轨制"，国家只管指令性计划内商品的价格，指导性计划的商品允许浮动，计划外生产的商品价格全部放开
3	放开了大多数农产品的价格

根据有关部门统计，从1985年到1988年三年里，我国商品零售物价指数上升了23.6%，物价一直在涨。虽然中央多次强调要通过对工资进行调整提高、适当增加补贴的方式，保证大多数职工的实际生活水平不降低，但是事实证明，工资的补贴并不能消除物价快速上涨给百姓带来的非需求性的消费冲动。群众一哄抢，市场就紧张，于是产生了我国改革历程中著名的"全民抢购风潮"。

汹涌而来的抢购风潮迅速席卷了双轨制价格改革的第一个试点地——上

---

① 参见姬乃甫、陈乃进、陈芸：《关于物价的通信》，载《经济参考》1988年1月12日。
② 同上。

海。在抢购风潮中,与百姓生活息息相关的柴米油盐酱醋茶成为抢购风潮中的明星产品。在屡次抢购中,身经百战的上海人民积累了经验,从一开始的被动抢购转变为主动抢购,每天晚饭后,大家就会聚在一起讨论下一波什么产品会涨价。老百姓之间流传着"一斤肉两斤蛋三斤鱼"的说法,也就是说买一斤肉的钱刚好能买两斤蛋或者三斤鱼,这三者之间的价格波动是相互牵连的,如果肉涨了鸡蛋还没涨,那么下一波很有可能鸡蛋的价格会涨起来,就要去抢购鸡蛋。

粮油是人们排队抢购最严重的。在那个时候,粮店售货员一天要进三次货,把米袋、面袋在柜台后面堆得高高的。售货员告诉大家货源充足,不要抢购,但人们仍不放心,还是数百斤地购买。[①]

(三)"价格闯关"行动

在我国的改革历史上,1988年被称为"价格闯关年"。到了1988年,实施了四年的双轨制价格改革渐渐引起经济秩序的混乱,产生越来越多的负面效应。

在价格双轨制的背景下,同一种商品出现了计划内与计划外两种不同的价格,而且这两种价格都是合法的,由国家认可并保护。高额价差的存在,逐渐催生出了"倒爷"这个灰色行业,民间流传着"十亿人民九亿倒,还有一亿在寻找"的说法。他们通过有政府背景和资源的人或企业,以计划内价格买进,然后再按市场价格卖出,从中赚取高额差价。比如,一台冰箱的出厂价格是1600元,但是销售商认为这样卖出冰箱并不能赚到最多的钱,从而以1700元的价格倒卖给另一个销售商,经过五六次这样的倒卖之后,最后在市场上这台电冰箱的价格为2000元。价格双轨制导致倒卖中每个环节的价格都是合法的。

1988年,"价格改革""物价闯关""膨胀"等成为全民关注的话题。中央改革决策者希望引入市场对资源的配置作用,改变经济体制模式同社会生产力发展要求不相适应的情况,激发企业的生产活力,通过价格改革解决我国经济发展中存在的忽视商品生产、价值规律和市场的作用,以及分配中平均主义严重的问题。这种价格调整引发了整个社会资源的重新配置问题,资源配置背后是一个实际存在的社会群体,是事关工人就业、百姓生活的重大社会问题。面

---

① 参见陈锦华:《应运而生:价格双轨制——〈国事忆述〉节选(之五)》,载《中国经贸导刊》2016年第21期。

对物价一次次的上涨，还有由此引发的抢购风潮，质疑价格体制改革的声音越来越多。但是，中央决策层仍然认为价格改革势在必行。

1988年两会召开的时候，代表委员们对价格问题反响强烈，在物价已经大幅度上涨、通货膨胀预期已经形成的情况下，中央决策者决定加快价格闯关。这样，一场轰轰烈烈的价格闯关行动拉开了帷幕。从1998年4月开始，国务院出台了一系列的价格改革措施，加快价格改革的步伐。

到了8月，价格形势已经不容乐观，在上一年消费价格指数上涨了7.3%的基础上，1988年又连月上涨，7月份达到19.3%。相关部门分析指出，当年宏观经济上存在的主要问题是物价不稳；为了应对人民群众的取钱需求，货币发行量过多，国家财政赤字扩大，全国的经济环境紧张，各地的物价就像脱缰的野马，地方政府不得不出台多项政策限制涨价。

1988年8月15日至17日，中共中央政治局第十次全体会议在北戴河召开，讨论并通过《关于价格、工资改革的初步方案》。这次的中央政治局会议认为：价格改革的总方向是少数重要商品和劳务价格由国家管理，绝大多数商品价格放开，由市场调节，以转换价格形成机制，逐步完成"国家调控市场，市场引导企业"的要求。令决策层意想不到的是，这一决定的公布，将抢购风推向了最高潮。

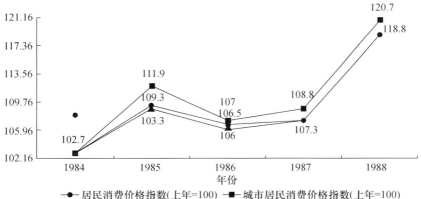

图 4-1　1982—1988 年价格指数统计①

从图 4-1 中我们可以发现，在中央决心加快价格改革步伐的 1988 年里，

---

① 根据国家统计局相关数据整理而成。

各项价格指数出现了不可控制的飞速增长,全民抢购风潮在8月进入最高潮。在上海,市政府不得不采取紧急措施,实行凭票供应一些生活物资。1988年的《新民晚报》上可以看到一些详细的规定:"上海居民购买铝锅要以旧换新,一只换购一只;新婚户要凭女方1988年8月29日以后的结婚证书和户口簿才可以购买铝锅两只,铝壶一只。"

为了控制愈演愈烈的抢购风潮,曾经退出人们生活的票证又回到了人们身边。这种票证的印制和发放非常严格,每一张票证上面都有编号。

10月27日晚,中央召开紧急会议,决定要暂停价格闯关。10月30日,国务院宣布价格方案暂时停止。轰轰烈烈的价格闯关,让群众在缺乏心理预期的情况下见证了市场的疯狂、中央决策者的紧急刹车。价格闯关失败了,自此中国进入了三年治理整顿期。

(四)价格改革的落幕

1989年11月,中共十三届五中全会通过了《中共中央关于进一步治理整顿和深化改革的决定》,规定治理整顿工作至1991年年底完成。三年治理整顿是中国经济发展走向成熟、改革开放走向深入的转折点,它为后来几年经济持续、高速、健康发展奠定了重要的基础。

1992年邓小平南方谈话后,改革步伐加快,国家放开了绝大部分商品的价格,实行市场调节。随着钢铁、机械、煤炭、原油等重要生产资料的价格实现并轨,1996年,价格双轨制完全消失,成为历史。[①]

现在回过头去看,对价格双轨制一味地夸赞或者批判都是片面的。从积极的方面来看,其一,双轨制价格改革从一定程度上赋予了国有企业自主定价的权利,促进了企业生产力的解放,激发了国有企业的生产活力。同时,带动了配套乡镇企业的生产发展,使乡镇企业从市场上购买生产资料成为合法的行为,解决了乡镇企业在体制外无法获得生产资料进行生产的难题。其二,双轨制是一种渐进式的价格改革方式,避免了如俄罗斯的"休克疗法"的价格改革方案导致巨大的通货膨胀,广大居民的积蓄大幅度缩水,工薪阶层因此倾家荡产,社会急剧震荡的恶劣影响。从消极的方面来看,两个市场存在着两种合法

---

① 参见陈锦华:《应运而生:价格双轨制——〈国事忆述〉节选(之五)》,载《中国经贸导刊》2016年第21期。

的价格，既影响了全国统一市场的建立，也因为计划内、计划外两种价格之间的高额差价，诱发牟取高额差价的倒买倒卖行为，和由此滋生的以权谋私、行贿受贿、贪污腐败的系列问题。

从经济法的角度去看价格体制改革的问题，我们可以发现，中国政府的经济管理职能正在发生改变，开始缩小对经济的管控范围，试图从具体的微观市场退出，促进市场对社会资源的配置作用，以唤起企业生产的积极性。

二、区域调控制度：经济特区制度与区域调控政策

经济特区的法律制度是区域调控法的重要组成部分，经济特区法是指调整经济特区在发展过程中，实施特殊经济管理体制及特殊经济政策所发生的社会关系的法律规范的总称。主要包括：（1）经济特区的性质、目的、功能、类型、法律定位等方面的法律制度；（2）经济特区管理体制方面的法律制度；（3）经济特区实行特殊的具体经济政策措施等方面的法律制度；（4）经济特区的劳动与社会保障等方面的法律制度；（5）经济特区有关经济体制改革方面的法律制度；（6）经济特区立法的法律制度以及其他方面的法律制度。[①]

1978年12月18日至22日在北京召开的党的十一届三中全会，是中华人民共和国成立以来中共历史上具有深远意义的伟大转折，中国从此进入了改革开放和社会主义现代化建设的历史新时期。1979年经济特区的设立即是改革开放的重要举措。

（一）深圳经济特区

1979年1月6日，广东省、交通部联合向国务院报送了《关于我驻香港招商局在广东宝安建立工业区的报告》。报告提出："我驻香港招商局要求在广东宝安县邻近的香港沿海地带，建立一批与交通航运有关的工业企业。经我们共同研究，一致同意招商局在广东宝安境内邻近香港地区的地方建立工业区。这样既能利用国内较廉价的土地和劳动力，又便于利用国外的资金、先进技术和原材料，把两者现有的有利条件充分利用并结合起来，对实现我国交通航运

[①] 参见李昌麒主编：《经济法学》（第三版），中国政法大学出版社2007年版。

现代化和促进宝安边防城市工业建设,以及对广东省的建设都将起到积极作用。"[①] 这份报告引起了中共中央副主席李先念的高度重视,经其亲自批示,"香港招商局蛇口工业区"成立,香港招商局蛇口工业区成为经济特区的开路先锋。

为了更好地建设经济特区,1979年1月13日,广东省革委会向国务院提出将宝安县改为深圳市,珠海县改为珠海市,属省辖市建制。1979年3月5日,国务院批准宝安、珠海撤县设市。1980年6月13日,深圳改建制后的第一批领导班子吴南生、罗昌仁等人带着《中共广东省委〈关于设立深圳市和珠海市的决定〉》文件来到了当时还是一个没水、没电、没路、没人的南方边陲小镇。

因为深圳起初的条件艰苦,除了政治上调动的政府班子和参与基础设施建设的工程兵,几乎没有人愿意来。为了解决深圳建设中面临的劳动力短缺的问题,中央组织部放宽了深圳的人才流动政策,下发文件要求,只要工人愿意到深圳,当地的组织部就要签文件放人。解决了政治组织上的人才流动阻碍后,深圳市的领导班子开始琢磨如何激起全国各地的人才到深圳参与经济特区建设的意愿。1984年,深圳派出12个招聘小组到全国各地去招聘人才,开出的招聘条件是:工程师来深圳即可分到两房一厅;高级工程师三房一厅;凡招聘来深的人员,都可举家迁来,同时解决家属的工作问题;工资待遇高于广州,低于香港。深圳市的第一批领导班子以指导广东改革开放的纲领性文件《广东、福建两省会议纪要》(中发〔1980〕41号文件)中规定的"特区的管理,在坚持四项基本原则和维护国家主权的前提下,可以采取与内地不同的体制和政策,特区的经济活动要充分发挥市场调节作用"作为依据,率先在深圳进行工资体制改革,到外地去招聘人才时,使用工资当面洽谈的方式吸引在国有企业中拿着固定工资的工人。面对优厚的用人条件,一些不甘于留在体制内吃"大锅饭"的思想活跃的年轻人来到了深圳。1984年的招聘轰动了全国,形成"南下大军"的局面,人才的聚集,满足了特区飞速发展的需求。

国家对经济特区最初的战略定位之一是承担起吸引外商投资的功能。早在1979年香港商人霍英东来广东投资的时候,对当时中国的投资环境是这样描

[①] 陈东林、邢茹玉:《三中全会前后中央设立经济特区决策的形成》,载《北京党史》2008年第3期。

述的:"当时投资内地,就怕政策突变。那一年,首都机场出现了一幅体现少数民族节庆场面的壁画,其中一个少女是裸体的,这在国内引起了很大一场争论。我每次到北京都要先看看这幅画还在不在,如果在,我的心就比较踏实。"可见,政策稳定问题是当时外商来华投资最担心的问题。这实际上是外商对这个长期实施计划经济的东方社会主义经济体的不确定,在计划经济体制下,政府对市场的管控能力太强了,而且没有明确的法律制度去保障外来投资者的利益。因此,为了打消外商的顾虑,在讨论给经济特区的特权时,除了给外商投资企业15%的优惠税收政策外,还给特区在管理上的特权,也就是特区可以采取与内地不同的体制和政策,这为经济特区改革和运行市场经济制度奠定了基础。

深圳经济特区要发展,首先要解决的是基础设施建设问题。在这个刚刚"撤县改市"的小镇,只有两条水泥路,对外运输主要靠深圳通往广州的107国道和通往惠州的两条公路。为了改善对外的交通运输,增强吸引外资的硬件实力,初代的深圳建设者决定将107国道升级为"深南路"。同时,他们还面临着解决来深圳投资建厂的外商的厂房土地供应的问题,于是有人提出将土地出租,用地金来换现金,解决政府的财政问题。这个想法毫无意外地招来了许多反对的声音。他们的理由很简单,但在那个时候却是极度敏感的——共产党的国土怎么可以出租给资本家。当时一位叫骆锦星的房地产局干部翻遍马列原著,终于在厚厚的《列宁全集》中查出列宁引用恩格斯的一段话来:"……住宅、工厂等等,至少是在过渡时期未必会毫无代价地交给个人或协作社使用。同样,消灭土地私有制并不要求消灭地租,而是要求把地租——虽然是用改变过的形式——转交给社会。"骆锦星查到这段话后一阵狂喜,当晚就奔去敲市委书记张勋甫的家门。据说,当时的深圳干部人人会背这段语录,有考察和质问者远道前来,他们就流利地背诵给那些人听。[①] 后来,允许地方政府将土地出租的行为,通过对《宪法》进行修正的方式得到确认,可见深圳特区土地出租的做法为1988年《宪法》修改中对国有土地的改革内容奠定了理论和实践的基础。

随着深圳经济特区基础设施等投资环境的完善,越来越多的外商来到深圳

---

① 参见吴晓波:《激荡三十年:中国企业1978—2008(上)》,中信出版社、浙江人民出版社2007年版,第53页。

投资办厂，由外商独资和外商合资等投资方式引发的法律问题越来越多，急需相关的法律规定进行规制。法治建设的重要性日渐凸显，现有的法律规则无法匹配深圳的经济发展速度和招商引资的需求。1980年，五届全国人大常委会第十五次会议通过了《广东省经济特区条例》，明确了经济特区的法律地位和法律保障，但是在立法权力方面并没有给深圳经济特区特殊待遇。当时深圳市作为一个省级市甚至没有立法的提议权，想要立法必须遵照的流程是：将提议交给广东省政府，广东省政府以政府议案的形式送交中央，由中央审查批准。所以，那个时候许多问题的相关依据只有深圳市政府制定的规范性文件，这些规范性文件出了特区便不被认可，在法院审理中也不被作为适用规制。为了促进经济良好稳定地发展，使法律匹配深圳经济发展的速度，1988年深圳特区立法工作小组提出特区拥有立法权的提议。1989年3月，国务院提请七届全国人大二次会议审议授权深圳市经济特区制定法规和规章的议案。这引发了很大的争议，"深圳要立法权是想要独立"的质疑声不绝于耳。同年4月4日，出于各方面的考量，全国人大会议没有直接对深圳作出授权决定，而是授权全国人大常委会在深圳市产生人大及其常委会后作出相应决定。此后，中央先后向深圳经济特区派出调查组，调研深圳的立法权事项。

历经13年的曲折，在邓小平同志南方谈话精神的有力推动下，1992年7月1日，七届全国人大常委会第二十六次会议作出了授予深圳市经济特区立法权的决定。这意味着，此后深圳经济特区的法规由深圳市人大或其常务委员会审议通过后公布实施，这一举措开启了中国地方立法权的先河。深圳取得特区立法权是国家支持特区发展决心的重要体现，意味着在国家相关法律、法规尚未制定的情况下，深圳特区可以借鉴香港及国外优秀法律规定先行先试；国家法律、法规已经有规定的，可以在遵守法律、行政法规的基本原则下，根据特区经济发展和改革开放的需要对国家法律、行政法规进行必要的变通、补充和细化。

深圳经济特区在立法上的先行先试，为国家相关立法提供了重要的现实参考和立法经验。比如，1993年深圳在之前颁布的《深圳经济特区国营企业股份化试点暂行规定》的基础上，先后制定并实施了《深圳经济特区股份合作公司条例》《深圳经济特区有限责任公司条例》等，提前一步进行股份制改革的试水，为全国其他地区进行股份制改革提供了宝贵的经验。

在国家决策者的支持下，深圳经济特区得到巨大的发展，从一个"吃饭难睡觉难行路难"的边陲小镇发展成为一个 GDP 长年位于全国前列的一线城市，与广州、珠海等形成中国乃至全球最为活跃的产业集群之一——珠三角经济区。

（二）海南经济特区

1. 海南经济特区的设立背景

海南岛本来是隶属于广东省管辖的行政区，中央一开始在研究开发开放海南、促进海南的经济发展的问题上，除了考虑到海南岛拥有与深圳、珠海、厦门、汕头等经济特区同样的便于对外沟通交流的优越地理条件外，还包含着邓小平对早日完成祖国统一大业的鸿鹄之志。早在 1984 年 2 月 24 日，邓小平在视察完深圳、珠海等经济特区回京后，就提出了用 20 年时间把海南岛的经济发展到与台湾同等水平的设想。

紧接着在 1984 年 5 月 31 日，六届全国人大二次会议审议并通过了国务院关于撤销广东省海南行政公署、成立海南行政区人民政府的建议。10 月，《中央扩大海南对外经济贸易主权八项规定》（以下简称《八项规定》）出台。①《八项规定》给予了海南岛比其他经济特区更多的特权与优惠政策：（1）海南岛可以自主进口 17 种国家控制的商品，其中主要就是汽车；（2）海南岛组织出口所得的全部外汇得以留用，而当时中央给深圳的政策是七成留用，三成上缴。海南对外贸易自主权的扩大的确促进了贸易的巨大发展，根据何博传在《山坳上的中国》一书中披露的数据，1985 年中国进口汽车的数量等于 1950—1979 年进口汽车的总数。②但是，在《八项规定》中并没有相关规定表明，不允许把这 17 种国家控制进口的商品转卖到其他省市。一时间，将进口国外高端汽车在全国进行倒卖牟取丰厚利润的事情频发。钻政策漏洞空子的"海南汽车倒卖事件"震惊全国，中央迅速采取紧急措施，对海南的对外贸易全面进行暂停整顿，《八项规定》给予的特权几近全部收回，海南的开发陷入了停滞。

1985 年，邓小平再一次提出对海南经济开发的问题，重申了海南经济发展的重要性，充分表达了对海南发展的信心。于是，在邓小平的支持下，中央

---

① 参见徐庆全：《1988 年海南建省办特区始末》，载《北京文摘》2018 年 4 月 12 日。
② 参见吴晓波：《激荡三十年：中国企业 1978—2008（上）》，中信出版社、浙江人民出版社 2007 年版，第 144 页。

委任刚卸任深圳市委书记兼市长的梁湘到海南进行调研。在充分研究梁湘的调研报告，广泛征求意见并进行充分的讨论后，1987年9月26日，中共中央、国务院发出《中共中央、国务院关于建立海南省及其筹建工作的通知》，明确表示国务院将给海南省更多的自主权，规定更为优惠的政策，使海南省成为我国最大的经济特区，同时成立海南建省筹备组。自此，海南岛便开始了几经波折的对外开放经济发展道路。

2. 海南经济特区的起落

谈到海南经济特区的建设，不得不谈到令人瞠目结舌的"十万人才下海南"事件。随着1988年全国人大七届一次会议上关于海南建省的决议和关于建立海南经济特区的决议的通过，一大批不满足现状、带着新的观念和新的思想的人浩浩荡荡地涌向了海南，中国改革开放史上一次令人瞩目的人口大迁徙——"闯海行动"开始了。当时经济发展各方面都十分薄弱的海南为了最大化地吸收这一波人才，制定了三个大胆的发展政策——在人才招聘的时候一不需要户口、二不需要证件、三不需要档案，只要在招聘时如实填写自己的信息就可以，打破了以往的单一户口管制的传统。

但是，因为海南的经济还处于初步的发展阶段，就业岗位有限，一时间无法消化那么多人才就业，这些人的吃住成了大问题。留有后路的人回去了，剩下的大部分知识分子开始自降身价，打短工、做临工，只要能挣钱，哪怕是一天的短工，都会有人做。最后，这次"十万人才下海南"的热潮在中央治理整顿后退潮了。但是，这次空前绝后的"人才流动潮流"在政治上和社会上的影响是巨大的，标志着人才区际自由配置在中国成为可能。相对于深圳在中央组织部的政策体制下的人才区际流动，这一次人才流动摆脱了组织体制内的桎梏，呈现出市场化的趋势。从思想上看，这次的"闯海行动"充分体现了深圳、珠海等经济特区率先发展给人们思想观念上带来的转变，当年错过深圳发展契机的人带着改善物质生活的理想和抱负纷纷涌向了海南，参与到海南经济特区的建设中去。

1988年8月22日，海南省政府正式公布《加快建设海南经济特区开发建设的若干规定》。这份文件共有三十条，是在《国务院关于鼓励投资开发海南岛的规定》和国务院批转的《关于海南岛进一步对外开放加快经济开发建设的座谈会纪要》的框架下，将开发优惠政策更加细化。与其他四个特区相比，海南经济特区的优惠政策在对外贸易、工商自由制度和外汇管制方面有着更大的自主权利——比如"凡在海南注册的企业,均享有进出口经营权""允许企业以一业为主,交叉工业、商业、服务业、旅游业及其他业务""本省的人民币外汇汇率由省内外汇调剂市场自由调节"等相关细化规定。新的一股投资热随着"三十条"的公布开始涌动,据统计,当年海南新成立的企业达到230多家。

1992年邓小平南方谈话掀起了改革开放和现代化建设的第二波浪潮,海南经济特区翘首以待的发展契机再次来临,但这次掀起的不是"人才热",而是"投资热"。迎着邓小平南方谈话的春风,房地产出现马上就要热起来的迹象。

因为历史的原因,海南的基础设施薄弱,面对大量资本和人口的涌入,城市规划没有作好准备。一间几十平方米的房子要挂十几个公司的牌子的情况非常普遍,就业者没有地方住也是一个大问题,所以市场上盖房子的需求就显现出来了。《加快建设海南经济特区开发建设的若干规定》中明确规定,"从1989年1月1日起,海南省内免征建筑税",鼓励房地产的开发与投资,以解决海南发展过程中对房子的需求问题。但因为海南允许企业以一业为主交叉其他经营业务的工商自由制度,加之政府的规划不到位,导致当时八千多家公司就有五千多家涉及房地产。海南当时宽松的制度为20世纪90年代初期的"海南炒房热"提供了滋生的环境因素。

1992年的年度热词是"红线图"和"炒楼花",但是这些楼房中真正用于生产建设、居住的只有30%左右,另外70%被投资者囤积起来,用于"炒楼花"的投机活动。当时,海南的房地产生意进入一种疯狂的地步,只要你拿出一套相关文件证明你是这套房子的拥有者,就有人敢跟你签合同,付钱买房。甚至到后来,开发商手上拿着"红线图"就能进行融资。在这次"炒房热"中完成资本原始积累的"万通六君子"之一冯仑在接受央视某节目采访时回忆道,万通的第一单业务就是靠按揭做起来的,他们先是付一点钱然后抵押,买了八栋别墅,然后又抵押给别人,再去买房。投机者一手买入然后转手卖出,牟取高额差价,这种资金空转带来的房地产市场泡沫迅速膨胀。海南省政府早已察觉到问题的严重性,但是因为缺乏相应的调控手段和经验,在躁动的房地产市场面前,政府的经济调控显得心有余而力不足。

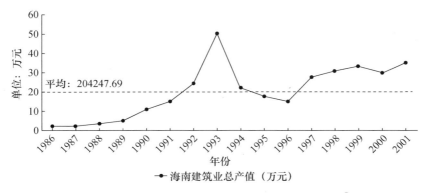

图 4-2 1986—2001 年海南省建筑业总产值趋势图[1]

中国经济发展到 20 世纪 80 年代末和 90 年代初出现了通货膨胀问题，中央决策者决定紧急刹车，放缓经济发展速度。1993 年，中央针对海南经济过热的情况颁布相关文件，要求从海南抽走绝大部分国有银行的房地产贷款。数百亿资金被冻结，银行资金断血。陡然收紧的银根，使得房地产投资骤然降温，房地产泡沫急速破裂。从图 4-2 可以看出海南省的房地产在 1988 年进入高速增长的阶段，在 1993 年达到峰值，高达 507000 万元。在 1994 年中央进行调控后，出现了滑铁卢式的急速下降。据统计，那时候海南的积压房地产将近四百个亿。在"九五""十五"期间，全国进入新一轮的经济快速增长期，海南却只能痛苦地消化历史遗留下来的经济低迷的冰山，用了十年才把那个时候积压的烂尾楼消化掉。

80 年代末期，中国民营企业崛起，市场上对资本的需求非常大，国家开始探索金融市场的建设。在中央决定整顿全国的金融机构的决策文件中往往会写上"海南除外"，也就意味着总行有着各种管理办法，但是这种限制在海南都可以突破。《加快海南经济特区开发建设的若干规定》中明确指出，"海南省内的企业可以委托银行或其他金融机构发行本、外币债券和股票，并可在资金市场上自由买卖"，"凡是国家法律、法规及省政府的条例规章没有明文禁止的，有利于生产力发展的生产经营活动，企事业单位、团体和个人均可放开经营、大胆试验"。这种宽松的制度环境，让涌向海南的思想活跃的"闯海人"

---

[1] 资料来源：前瞻网数据库。

有了大胆创新的可能。也因为海南允许一行多业,一开始的非银行金融机构是混业经营,代人理财、证券业务、吸收存款、发放贷款,什么都可以干。在种种因素的刺激下,海南经济特区的金融业空前繁荣。1991—1993年,全国银行每年有超过400亿的短期资本流入海南,其中信托行业中的资金80%投向了房地产。海南的金融与海南的房地产水乳交融,一般是银行成立一家全资子公司,由这家子公司与地产商合资,各占一半股份。地产商要钱,银行就给,银行看中的是地产商能拿到地。随着房地产市场的泡沫破裂,海南省的金融市场也遭受到重大的打击。

海南经济过热产生大量的资本泡沫。当时中国各项制度不健全,特别容易滋生法律问题。经济泡沫破裂后,海南的经济发展速度一落千丈。从图4-3中可以清楚地看到,1993年到1994年,海南省的GDP指数发生了断崖式下跌,海南的经济进入缓慢发展期。

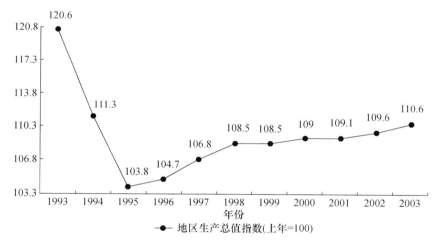

图 4-3 1993—2000年海南省生产总值指数[①]

相对于深圳经济特区经济发展成功的经验,海南经济特区在发展过程中遭遇的挫折、失败对国家宏观调控手段的完善和适用,比如如何通过国家调控避免经济硬着陆,提供了宝贵的参考经验。海南经济特区建设发展过程中存在的问题,同时反映出一个地区的制度由于种种欠缺渐渐跟不上经济发展

---

① 资料来源:国家统计局。

的需求的问题,中国改革的渐进特征日益明显,成为之后中国经济发展中转型的阻碍。

(三) 区域调控政策

在对区域政策的理论研究中,各位学者对区域政策的定义各有不同。比如经济学家费里德曼认为区域政策处理的是区位方面的问题,即经济发展"在什么地方",它反映了在国家层次上处理区域问题的要求。① C. 罗杰则认为区域政策是所有旨在改善经济活动地理分布的公共干预,区域政策实际上是试图修改自由市场经济的某些经济结果,以实现两个相关的目标:经济增长和良好的社会分配。② 范恒生认为区域政策因解决区域发展不平衡等区域问题而生,是国家为了推动发展、促进协调、发挥地区比较优势而对不同区域所作出的政策安排。③ 但是,诸多学者在区域政策的内涵上基本上达成了统一,认为区域政策的内涵至少包括区域发展政策和区域协调发展政策两部分。

区域发展政策的目的在于明确不同主体功能区的发展定位,对不同区域采取不同的制度措施④,以实现总体发展战略目标。区域协调发展政策就是国家根据不同地区的资源环境承载能力、发展基础和潜力,发挥比较优势,加强薄弱环节,促进地区产业结构合理化以及区域间结构优化的政策。改革开放四十多年以来,中国政府针对不同时期的社会经济发展趋势,分别制定和实施了不同的区域政策,总的趋势是从非协调发展的区域政策逐步转变为协调发展的区域政策,大致可以分为四个阶段:以经济特区为重心的沿海地区优先发展阶段,以浦东开发为龙头的沿江沿边地区重点发展阶段,以缩小区域差距为导向的区域协调发展阶段,以全面深化改革和对外开放为重点的发展阶段。

---

① See John Friedman, Regional Development Policy: A Case Study of Venezuela, The MIT Press, 1966.
② See N. Vanhove and H. L. Klaassen, Regional Policy: A European Approach, Saxon House, 1980.
③ 参见范恒山:《区域政策与区域经济发展》,载《全球化》2013年第2期。
④ 参见李昌麒:《经济法学》(第三版),中国政法大学出版社2007年版,第397页。

表 4-2 不同阶段的区域调控政策

	相关区域调控政策	政策目标
第一阶段：以经济特区为重心的沿海地区优先发展阶段（1979—1990）	改革开放初期，为改变国内区间低水平发展的格局，政府制定并实施了向沿海地区倾斜的投资政策，并在财政、税收、信贷等方面实行配套的优惠政策。同时，对外开放和体制改革也向沿海地区尤其是经济特区倾斜。①	在东部沿海地区发展外向型经济，凭借优惠的政策条件、自然区域优势，让经济特区优先发展起来，再辐射和带动广大内地。
第二阶段：以浦东开发为龙头的沿江沿边地区重点发展阶段（1990—1999）	以浦东开发为龙头，进一步开放长江沿岸城市，带动长江三角洲和整个长江流域地区经济的飞跃。同时，批准开放 6 个沿江城市，设立长江三峡经济开发区、13 个沿边城市、9 个"保税区"，同时，增设一批"经济技术开发区"。	区域政策的重心由东部沿海地区的带状式发展转变为"以东带中部及西部"的轴线式发展，②使长三角成为我国新的经济增长地带，同时带动中部和西部经济的发展。
第三阶段：以缩小区域差距为导向的区域协调发展阶段（2000—2013）	实行重点支持西部大开发的政策措施，增加对西部地区的财政转移支付和建设资金投入，并在对外开放、税收、土地、资源、人才等方面采取优惠政策。同时，振兴东北地区等老工业基地，促进中部地区崛起，鼓励东部地区率先发展，形成分工合理、特色明显、优势互补的区域产业结构，推动各地区共同发展。	解决我国经济发展中此阶段存在的东部城市膨胀、中部六省经济地位边缘化、东北老工业基地衰退和西部地区严重落后等区域经济关系不协调的问题，以期实现与维持国民经济的可持续发展。
第四阶段：以全面深化改革和对外开放为重点的发展阶段（2013—）	继续推动全面对外开放，整合升级内陆已有开放平台；培育一批贸易投资区域枢纽城市，截止到 2017 年共批准在上海、广东、天津、重庆、陕西等 11 个横跨东西中部重要城市建设自由贸易试验区，十九大后宣布在海南探索建设自贸港等；提升沿边开放平台功能，重点搞好 17 个边境经济合作区和 2 个跨境经济合作区，深入对接"一带一路"建设；推动跨行政区域的区域协作，推动资源要素在更广的范围内优化配置。	推动我国从贸易大国到贸易强国的转变，形成全面开放的新格局，进一步均衡区域间经济发展，考虑中西部地区和沿边地区的对外开放，建立全国统一市场。

改革开放以来制定和实施的区域政策取得了明显的成果，通过制定经济特

---

① 参见陈瑞莲、谢宝剑：《回顾与前瞻：改革开放 30 年中国主要区域政策》，载《政治学研究》2009 年第 1 期。
② 同上。

区优先发展政策、中西部地区优惠政策、贫困地区发展支持政策、系列区域开发计划等区域调控政策，培育了经济发展的重点地区，促进了欠发达地区的发展，增强了区域发展的协调性，拓展了区域合作的深度和广度，丰富了区域发展的内涵等。但是，我们要清楚地认识到，由于我国区域的多样性，区域发展不平衡问题仍然十分突出。区域政策的合理性是政府对资源的配置更高效，能实现社会资源的优化配置，避免资源配置在市场探索中的浪费。同时，避免因为市场的"马太效应"，造成资源向发达地区聚集，造成欠发达地区越来越贫穷的后果。政府介入市场资源配置，协调区域之间的资源配置，避免地区之间产生巨大的差别。

区域政策是政府干预市场、进行区域调控的工具，政府对市场经济的介入是区域政策形成的基础，它决定了区域政策的特征：第一，它产生于市场机制对解决区域问题失灵的背景下，是政府缓解经济发展差距的重要工具；第二，政府间财政转移支付是区域政策的重要内容，转移支付在促进问题区域经济发展的同时必将使中央及各地方政府的经济行为变得更为复杂[①]；第三，政府通过制定区域政策，采取相应措施，支持战略性产业发展，使市场资源从落后的高污染企业向扶持企业倾斜，从而达到扶持、开发、支持区域发展的效果。政府这种宏观经济行为，存在着中央政府与地方政府、中央政府与企业、地方政府与企业等多方利益集团博弈，在取得区域经济发展的同时，极容易滋生寻租及搭便车等现象。

目前的区域调控领域中，"重政策而轻法律"的现实问题十分突出。在政府进行区域调控的时候，涉及调控主体和调控受体的诸多权责问题，只有引入和强调经济法的调整作用，才能确保经济结构调整行为的规范性，才能更好地保护相关主体的合法权益，在促进经济稳定增长的同时，保障社会公益和基本人权，实现经济法的调整目标。[②] 为了建立和完善区域调控法律体系，法律应当注意保障地方政府事权平衡、实施区域政策的程序管理监督、避免区域地方保护、区域调控效果评估等问题。同时，设立专门的区域调整部门，对区域调整执法、监督、效果评估、区域间协调等问题负责。

---

① 参见母爱英：《论博弈分析在区域政策中的运用》，载《经济地理》2003年第1期。
② 参见张守文：《"双重调整"的经济法思考》，载《法学杂志》2011年第1期。

三、规划调整制度：五年规划制度

五年规划制度是国家从宏观层面制定的阐明国家的主要战略意图、明确政府工作重点、引导市场主体行为的制度，是未来五年我国经济社会发展的宏伟蓝图，是全国各族人民共同的行动纲领，是政府履行经济调节、市场监管、社会管理和公共服务职责的重要依据。[①] 2006 年 3 月，在十届全国人大四次会议上通过的"十一五"规划纲要中，将"计划"改称为"规划"，这标志着中国进一步迈向市场经济体制[②]，体现了国家决策者希望通过用词的变化，将国家计划与"分钱、分物、分项目"的计划经济体制彻底区分开来的意图。

（一）五年规划制度的优越性

1. 集中资源

在中华人民共和国成立之初，由于长期的战争遗留下来的资本短缺、物资匮乏等问题，中国的国民经济处于一种崩溃的状态。当时，最急切需要解决的是粮食增产的问题，让全国人民能吃饱饭，那么就必须要有化肥的生产。因此，在"一五"计划中，涉及化工行业的规定就有 7 个，通过国家的有形之手，在资源匮乏的年代，对资源进行合理配置，集中到最需要的地方去。

近现代以来，实现工业化一直是中华民族为之奋斗的目标，在以建立我国社会主义工业化基础为计划目标的"一五"计划中，也体现了这一奋斗目标。从国民生活、国防安全和经济发展来看，中国都需要有自己的重工业。钢铁是大工业的基础，钢铁建设是当时"一五"计划的重点工业项目，而且根据"一五"计划，我国的第一个五年计划的钢铁建设重心是要扩建当时最大的钢铁基地鞍山钢铁公司（以下简称"鞍钢"）。为此，中共中央发出了"支援鞍钢"的号召。陈云为政务院财政经济委员会起草，发给华东、中南、西北财政经济委员会和华北、东北计委等并报周恩来、毛泽东的电报中写道："鞍钢改建的初步设计，规定完成期限为七年（一九五二年至一九五八年底），是否按期完成

[①] 参见《国民经济和社会发展第十二个五年规划纲要（全文）》，http://www.gov.cn/2011lh/content_1825838.htm，2019 年 12 月 2 日访问。

[②] 参见史际春：《论规划的法治化》，载《兰州大学学报（社会科学版）》2006 年第 4 期。

或推迟,关联到我国的财力和建设的进度……因此,集中全国力量首先完成鞍钢的改建,是我国工业化首要的步骤。中央一声令下,全国共有55个城市、199个企业从人力、物资、设备等各方面支援了鞍钢建设。

"一五"计划,通过计划一个个具体的项目,达到计划目标,实现了国民经济的快速发展,并为我国工业化的发展奠定了初步的基础,这是一个农业大国成为世界第一制造大国的开端。早期的中国,就是依靠着国家的指令性计划和中国工人的辛勤奋斗,打下了现代化工业的基础。

依托国家规划的大型项目,以目标管理的方式,集中力量办大事。"十三五"规划提出,实施"中国制造2025"推行工业强基工程,关键的零部件必须中国人自己制造。《中国制造2025》的主要执笔人屈贤明在接受采访时表示,工业强基是中国走上制造强国道路最大的瓶颈和最需要解决的问题。关键的零部件、元器件不掌握在自己手里,就影响国家经济的安全、国防的安全,影响创新能力的提高,影响制造业、工业的转型升级。中国在一个个规划的引领下,将各方面的人力、物力、科技等资源有效集中,追求着核心零部件的突破。在不同的发展阶段,五年计划(规划)内容的侧重点虽然不同,但是都体现着集中力量办大事的特点,将市场资源通过政府之手向国家战略性项目集中,促进特定产业在国家政策的扶持下,实现某一特定产业的迅速发展,达到世界领先水平。

2. 提供公共产品

国家规划的力量不仅体现在可以使有效的社会资源向着能够产生最大社会效用的特定产业或特定地区集中,利用有限的资源在短期内实现社会福利的最大化,完成落后国家的赶超计划,而且还体现在通过政府的有形之手提供公共产品上,比如大型水利工程的投产建设。

雅砻江两河口水电站是中国第三大水电基地,在雅砻江上计划建造22座水电站。两河口水电站建成后,将对下游电站产生巨大的补偿调节效益,极大改善川渝电网汛期电量富余、枯水期电量不足的不合理电源结构,进一步改善长江上游的生态环境,增强长江下游的防洪能力。两河口水电站建成后,每年将提供1500多亿度电,相当于减少了七千万吨火力发电中需要消耗的原煤。2014年9月4日,国家发展改革委同意建设两河口水电站,电站总投资达664亿元,计划2021年年底首台机组发电,2023年年底工程竣工,将历经两个

"五年"规划期间。这一耗资巨大、从建设到完工跨越时间较长的大型水利工程,是中央决策者站在国家的宏观层面,完善藏区的基础设施建设、改善民生、带动经济发展的规划筹措。在两河口水电站的建造现场,可以看到一辆辆由藏族同胞开着的大型卡车装运着生产过程中产生的废石料进进出出的场景。整个电站预计建设十年的时间,将会解决当地 60 多万人的就业,给当地税收带来 20 多亿元的收入。规划不仅让国家一步步强大起来,也让百姓们逐步富裕起来。

林毅夫在谈到五年规划的作用时表示,经济发展本身是产业不断升级、技术不断创新,在这个过程中一些基础设施,比如交通、电力、港口也必须不断完善。那么在这个过程当中,有很多市场自己解决不了的问题,既要有有效的市场,也要有有为的政府,这两只手同时使用。从第一个五年计划建造的新安江水电站到"十二五"规划发展清洁能源,我国已经规划了 13 个大型的水电基地。不同地区、不同条件下的水利基础工程建设,体现着国家规划对未来的高瞻远瞩。

(二) 五年规划的历史演变

在中华人民共和国成立之初,"一五"计划正式制订与有效实施。后来因为中国进入了长期的以阶级斗争为纲的政治斗争之中,国民经济的建设放缓。后来的几个五年计划基本上都流于形式,甚至没有正式的规划文件出台。1978 年党的十一届三中全会重新确立了实事求是的路线,党和国家的工作重心发生战略性转移,实现了新中国成立以来历史上的伟大转折。

"六五"计划(1981—1985 年)是改革开放后的第一个五年计划。"六五"计划的编制时间较长,计划的指标经过 1975 年、1977 年的两次拟定,一次比一次高,到了 1980 年又将原计划推倒开始重新拟定。最终在 1982 年,五届全国人大五次会议正式批准"六五"计划。从"六五"计划开始,我国的经济计划中增加了社会发展的内容,计划的题目也相应改为"国民经济与社会发展计划",而以往的几个五年计划都是仅仅关于国民经济发展的计划。"六五"计划的另外一个重要特点是强调一切经济工作都要以提高经济效益为中心。①

---

① 参见徐建青:《六五计划(1981~1985):走向改革开放》,http://news.sina.com.cn/c/2006-03-20/03349389582.shtml,2020 年 2 月 10 日访问。

第四章
计划调控的法治路径

进入以经济建设为中心的新时期后，中国的经济体制由原来的计划经济体制改为市场经济体制。1992年国家明确提出经济体制要由计划经济向社会主义市场经济转变后，国家经济体制开始转变，在社会资源配置方面越来越强调发挥市场的基础性作用，国家的经济职能发生巨大的变化，由原来的统一管理逐步转变为国家调节。市场经济要求以市场调节为基础性调节，国家调节应以市场调节为基础。同时，在1993年《宪法》修订时，通过国家根本大法的形式将我国经济实行市场经济体制进行明确。这时候，对五年计划制度是否属于计划经济体制留下的落后的制约生产力发展的经济手段的争议开始出现，决策者在制订新一轮的五年计划时面临着如何解释计划在社会主义市场经济体制中的地位的难题。

在这样的背景下，1996年第八届全国人民代表大会第四次会议批准了《国民经济和社会发展"九五"计划和二〇一〇年远景目标纲要》（以下简称《纲要》）。在《纲要》中明确提出，计划要体现市场在资源配置中的基础性作用，突出宏观性、战略性和政策性，指标总体上是预测性、指导性的。"十五"计划则按照发展社会主义市场经济的需要，确立以经济结构的战略性调整作为主线，计划安排体现出政府不再是资源配置的主角，市场发挥着资源配置的基础性作用，计划总体上不再具有指令的性质，而是粗线条的计划。经过"九五"计划和"十五"计划的探索，实践证明，计划和市场都是经济手段，而社会主义市场经济与市场机制之间并不是相互排斥、互不相容的关系。但是，过多的、强制的计划目标在社会主义市场经济条件下已经失去了价值和意义，只有方向性、指导性的规划目标才能更好地在社会主义市场经济条件下发挥作用。①

为了更好地明晰社会主义市场经济制度下国家计划与计划经济中的国家计划的不同，从"十一五"开始，国家计划改为国家规划，为经济生产提供了更大的发展空间。谈到"计划"变"规划"的意义时，张连起说：原来的"计划"色彩更浓，它是要规范一棵一棵的树，规定长多高、长多粗，而"规划"是规划整个一片森林，让树木自由生长，这是规划的意义。而以法学人的眼光看，"计划"改"规划"，将脱法的计划变为法治的规划，摆脱中国特色的人治、行政（计划）经济的传统羁绊。一字之变，对国家经济调控提出了更高的

---

① 参见于建荣：《从五年计划到五年规划的嬗变》，载《长江论坛》2006年第4期。

要求。政府不应再以具体指令左右市场主体的微观行为，要变"分钱、分物、分项目"为战略性、政策性指导，强化公共资源、公共产品和服务的配置及空间定位，建立政府、社会、企业和公民全方位合作的开放性规划。①

五年规划是对中国国民经济中长期发展的战略蓝图，对市场主体的生产经营决策有着重要引导作用，而且随着中国经济实力的增强和国际地位的提高，中国的经济规划对世界经济也存在着不可忽视的外溢效用。但是，从"一五"计划开始，这一份重要的经济规划的制定、实施一直都缺少实体制度和程序制度上的相关法律的制约。也正因缺少规划调控法的存在，"二五"计划、"三五"计划和"四五"计划的制定往往随着领导人的主观认识的变化而制定，领导人在经济建设指导思想上急于求成，五年计划安排变得随意化，而且脱离客观实际，导致了之后"大跃进"和"浮夸风"的产生。

在"六五"计划之后，国家规划的编制基本上实现了决策上的科学化、民主化和制度化。这之后，国家计划（规划）制订的步骤基本上固定了下来（如图4-4所示）。

图4-4　国家计划（规划）制订步骤图示

我国曾经着手《计划法》的起草，但是由于种种原因被搁置，直到2005年10月22日，国务院发布了《国务院关于加强国民经济和社会发展规划编制工作的若干意见》（国发〔2005〕33号），以行政法规的形式对规划编制的前期工作、立项、起草、衔接、论证、审批、评估调整、调整和修订等提出了程序上的要求，形成了较为完备的制度安排，避免了规划编制的随意性。

改革开放四十年来，中国经历了从完全的计划经济体制，到以计划经济为主、市场调节为辅的经济管理体制，到在公有制基础上的有计划的商品经济，再到在资源配置中发挥市场的基础性作用的社会主义市场经济体制的市场经济制度逐步完善的过程。这是中央决策者根据中国国情的实际需要，通过运用计划调控的手段逐步成就的，实现了中国经济较为稳定的高速发展。通过对改革

---

① 参见史际春：《论规划的法治化》，载《兰州大学学报》（社会科学版）2006年第4期。

开放四十年来价格调控、区域调控和规划调控等法律、法规和政策制度的梳理，可以发现：在价格调控上，政府从价格体制改革入手。价格传导机制是市场发挥资源配置作用的基础，通过价格调控逐步实现完全由市场定价，国家对某项商品具体定价的情况彻底退出了历史舞台；在区域调控上，通过对特定区域的优惠政策，给予特定区域或特定产业一定的特惠让它们超前发展，为后来的中国经济的发展提供可借鉴的制度经验；在规划调控上，在一定时间内，为国民经济和社会发展设定目标，指导市场主体的经济发展等，体现了中央政府和各级地方政府根据国内外经济形势及发展趋势和宏观经济规律的要求，依法调整、修改计划安排，实现对经济运行的引导和对经济发展的调控。

第五章
产业调控的法治思路

改革开放以来，随着经济的快速发展，我国产业也在快速发展。针对在产业发展过程中产生的众多与社会经济不相适应的情形，国家也相应地出台了一系列的调整措施，其中以产业政策最为典型。

尽管现代意义上的产业政策在20世纪70年代以后才在世界各国广泛运用，但经济学家一般认为，产业政策的实践伴随着最古老的产业——农牧业的出现和国家的诞生，在鼓励农牧业、抑制商业的政策出现时就已经存在了。现代意义上的产业政策的思想及其实践则是从现代大工业发展的时期开始的，第一次正式提出是在20世纪70年代的日本。日本战后对经济发展的方向出现了两种不同的倾向，一种倾向是麦克阿瑟占领军当局要求日本否定战时的统制经济，实现自由化，日本之后采取的"道奇计划"和加强反垄断立法、解散财阀等行动都是朝着建立自由市场经济的方向所作出的努力。另一种倾向就是继承战时统制经济体制的遗产。由于战时统制经济遗产是客观存在的，有经济学家的支持，日本在50年代和60年代便有了一系列被后来人命名为"产业政策"的经济行为，一种叫产业结构政策，另一种便是产业组织政策。当时产业结构政策的核心在于"运用财政、金融、外贸等政策工具和行政指导的手段，有选择地促进某种产业或者某些产业的生产、投资、研发、现代化和产业改组，而抑制其他产业的同类活动"[①]。概括地说，即为一种"有选择的产业政策"。而在该政策受到新古典经济学家的批评后，日本开始了从选择性的产业政策向功

---

① 吴敬琏：《产业政策抑制竞争 违反公平竞争原则》，https://finance.sina.com.cn/roll/2016-11-28/doc-ifxyawxa2964412.shtml，2020年2月18日访问。

能性的产业政策的转变。相比选择性产业政策的"硬"产业政策属性,功能性产业政策更像是一种集中于提升市场功能的软性产业政策,即以提供信息、诱导民间企业为中心的一套政策。该政策一直持续到了 80 年代中期,而中国正是在 1978 年引进了产业政策。概括而言,产业政策可以被视为政府为了实现一定的经济和社会目标而对产业的形成和发展进行干预的各种政策的总和。① 这里的"干预"应该是一个广义上的概念,包括规划、引导、促进、调整、保护、扶持、限制等方面的含义。②

产业政策的主要功能包括弥补市场缺陷,有效配置资源;保护幼小民族产业的成长;抚平经济震荡;发挥后发优势,增强适应能力。产业政策一般以各个产业为直接对象,保护和扶持某些产业,调整和整顿产业组织,其目的是改善资源配置,实现经济稳定与增长,增强国际竞争力,改善与保护生态环境等。为了实现这些经济性的或者社会性的目标,产业政策要求政府对每个产业和企业的生产活动、交易活动进行积极或者消极的干预,直接或者间接地介入市场的形成和市场机制。③ 产业政策的实质是政府对经济活动的一种自觉干预,以实现特定的政策目标,包括实现经济振兴与赶超、结构调整与转换以及保持经济领先地位与维持经济增长势头等。显然,这种政策是对社会整体利益的维护。④ 一般来说,在产业政策的制定与实施过程中,政府代表的是社会共同利益,而不是某种政府利益。这是产业政策的一大特点,并以此与自由经济下的其他政府政策相区别。⑤ 所以,从产业政策的目标看,产业政策是对本国社会整体利益的维护,在国际层面上是为了维护和增强本国的经济地位,体现了国家之间的竞争。综上,产业政策是市场竞争的产物,反映了一种赶超的思想。⑥

诺贝尔经济学奖获得者阿瑟·刘易斯认为,制度能否促进经济增长,主要取决于制度能否保护民众努力的成果、能否提供专业化分工的机会以及是否允

---

① 参见王先林:《产业政策法初论》,载《中国法学》2003 年第 3 期。
② 参见梁建军、韩建萍:《后危机时代社会发展的几个新变化》,载《当代世界与社会主义》2010 年第 6 期。
③ 参见〔日〕长谷川启之:《经济政策理论基础》,梁小民、刘甦朝译,中国计划出版社 1995 年版,第 205 页。
④ 参见王先林:《产业政策法初论》,载《中国法学》2003 年第 3 期。
⑤ 参见陈淮编著:《日本产业政策研究》,中国人民大学出版社 1991 年版,第 3 页。
⑥ 参见高帆主编:《行政权力与市场经济——政府对市场运行的法律调控》,中国法制出版社 1995 年版,第 140 页。

许民众拥有充分的行动自由。回顾我国的产业调控相关法律制度，从我国的国情出发，分析我国各种产业政策出台的特定背景和内容，有利于我们从本质上审视我国当前产业调控领域的现状，从而进一步完善制度，推动社会经济向着更高的水平迈进。

一、产业政策法与产业政策

长期以来，我国将产业政策法和产业政策几乎视为同一个概念，没有处理好二者之间的关系，导致目前我国产业调控制度并不能很好地实现预期的效果。人们对产业政策法的关注度不够，产业政策法被边缘化，一定程度上就是因为在观念上往往把产业政策与产业政策法相混淆，在实践中没有将产业政策法制化。有学者在评论产业政策法时就认为，产业政策法是政策与法律相互交叉而形成的一种法律。在产业政策法中，政策是其内容，法律是其形式，或者说产业政策获得了法律的表现形式，进而具有法律的一般性质，如规范性和约束力，或者说政策本身就具有法律性质。[①] 除此之外，在实践中产业政策与法的联系也是造成这种混淆的原因之一。其联系主要表现在以下几个方面：（1）在很多时候，产业政策本身就是以法律的形式出现的。欧美、日本等发达的资本主义国家在制定并实施具体的产业政策时，都非常重视建立和推行法制化的产业法制度。如日本的《电子工业振兴临时措施法》《特种产业结构改进临时措施法》等。（2）产业政策法有时是推行产业政策的一种手段，是产业政策的法律化、具体化。例如，《指导外商投资方向规定》第一条规定："为了指导外商投资方向，使外商投资方向与我国国民经济和社会发展规划相适应，并有利于保护投资者的合法权益，根据国家有关外商投资的法律规定和产业政策的要求，制定本规定。"[②]（3）产业政策法有时也是制定和推行产业政策的渊源和依据。（4）产业政策法在实施过程中深受包括产业政策在内的经济政策的影响。以属于产业组织政策法的反垄断法为例，在反垄断法实施过程中，当它与经济政策相矛盾时，往往让位于经济政策，服从于宏观调控的需要。例如，日本早在1947年就颁布了反垄断法，但真正有效实施却是从20世纪70年代末

---

① 参见董进宇主编：《宏观调控法学》，吉林大学出版社1999年版，第56—70页。
② 参见《指导外商投资方向规定》第一条。

开始的，其重要原因是反垄断法与产业政策的相互配合和衔接问题。①

正确的、科学的产业政策应该是对客观经济规律的反映，各项产业政策都要尊重客观经济规律，按经济规律办事；而产业政策法是这些特定的经济规律在法律上的反映，是人们能动地认识规律、利用客观经济规律的结果。在正确处理二者关系的同时，也要注意各项产业政策应注入相应的产业政策法律制度中去，产业政策法要能够很好地体现具体的产业政策内容，以保障各项产业政策法律不是空泛的法律条文。②

（一）产业政策内容法律化

在我国产业的发展过程中，政府的作用大于市场的作用。③虽然学术界在较早时期曾提出要大力推进产业政策内容法律化，并借助国外经验进行佐证完善，④但限于立法实践与理论研究的不足，产业政策法律化推进缓慢。

在实践中，我国的行政组织法和行政程序法尚不完善，基本上没有与产业政策相关的内容。"像产业政策这样几乎完全没有纳入法律调整范围的公权行为是非常罕见的。"⑤具体表现有：我国在改革开放以前事实上也存在产业政策，如"以钢为纲"的政策、优先发展重工业的政策、鼓励发展地方工业和乡镇工业的政策等，但没有使用"产业政策"这个名词，更谈不上严格意义上的产业政策法。我国比较明确地提出和实行产业政策是从20世纪80年代后半期开始的。1986年，我国在《国民经济和社会发展第七个五年计划》中第一次正式使用了"产业政策"的概念，并对产业发展提出了系统的规划，制定了具体的政策。1987年，党的十三大报告中提出："计划管理的重点应转向制定产业政策，通过综合运用各种经济杠杆，促进产业政策的实现"。1989年3月15日，《国务院关于当前产业政策要点的决定》颁布，这是我国第一个正式的关于产业政策的规范性文件。1993年，党的十四届三中全会通过的《中共中央关于建立社会主义市场经济体制若干问题的决定》明确提出，"制定和实施产

---

① 参见国家经贸委、国家工商局反垄断法起草小组：《关于反垄断法若干问题的研究》，载《经济法学》1996年第2期。
② 参见张士元：《完善产业政策法律制度应注意的几个问题》，载《法学》2010年第9期。
③ 参见卢现祥：《对我国产能过剩的制度经济学思考》，载《福建论坛》（人文社会科学版）2014年第8期。
④ 参见宾雪花、何强：《美国产业政策立法及对中国的三启示》，载《法学杂志》2013年第8期。
⑤ 叶卫平：《产业政策法治化再思考》，载《法商研究》2013年第3期。

业政策作为政府管理国民经济的重要职能和调控手段"。为贯彻党的十四大精神和十四届三中全会的决定，根据我国经济发展的现状和趋势，1994年3月，国务院发布了《90年代国家产业政策纲要》，作为今后制定各项产业政策的指导和依据。1996年3月，八届全国人大四次会议通过《国民经济和社会发展"九五"计划和2010年远景目标纲要》，提出了一系列具体的产业政策。

另外，我国法学界对产业政策法的研究起步较晚，其研究成果也比较薄弱，对我国产业政策法律化助力有限。关于产业政策法的研究成果多反映在宏观调控法的有关内容中，而没有单独对产业政策法进行专门的探讨。[①] 除此之外，系统性探讨产业政策法的论文较少，其中以王先林教授的《产业政策法初论》和王健博士的《产业政策法若干问题研究》为代表，其他的多是探讨单项政策法律问题的论文。[②]

(二) 产业政策法律化的发展历程

自1986年六届全国人大四次会议通过的《国民经济和社会发展第七个五年计划》中正式引入"产业政策"这一概念以来，中国已经颁布并实施了大量的产业政策，调整的对象几乎涵盖了国民经济中的各大行业。与经济体制改革进程与经济发展阶段相适应，我们将中国的产业政策以2000年为界划分为两个阶段。

2000年以前是产业政策发展的第一个阶段。1993年至1996年，中国的宏观经济调控不同于过去历次调整、整顿的做法：它不是片面地压缩，而是把调控作为一种积极手段，针对经济和社会发展中的不同情况，实行有进有退的政策，有发展有压缩，不搞一刀切。其直接成果就是，在实行宏观经济调控的这四年里，全国投资规模的增长率都是两位数，1996年比1993年增长75.3%，增幅也逐年趋于合理稳定。投资率逐年下降1至2个百分点，力度适当，既缩小了投资规模占比，又保持了一个比较合理的投资增长速度，对缓解社会总需求与总供给的矛盾起了重要的作用。1997年8月，国家计划委员会在北戴河召开专门会议，讨论和部署转变经济增长方式的工作。国家计划委员会一致认为，要看到国民经济发展中的突出问题，在国民经济日趋良好的形势下，更要

---

① 参见顾功耘主编：《经济法教程》，上海人民出版社2002年版，第200—201页。
② 参见张士元：《完善产业政策法律制度应注意的几个问题》，载《法学》2010年第9期。

正视经济增长中的粗放倾向，强调要转变经济增长方式，变粗放经营为集约化经营，大力调整产品结构，节约能源消耗和原材料消耗。强调抓好转变经营方式的重要性，要求各地切实落实会议精神，提高经济增长质量。第一，坚持"两个转变"一起抓。经济体制转变是经济增长方式转变的前提条件，要通过改革消除经济增长中的各种障碍；通过经济增长方式的转变，提出和丰富经济体制改革的内容。第二，充分发挥市场机制的作用。依靠市场竞争，促进优胜劣汰，实现资源优化配置。第三，努力搞好结构调整。必须对产业结构、产品结构、企业组织结构和区域生产力布局进行战略性调整，促进经济结构的优化和升级。第四，切实依靠科技进步。要以提高产业技术水平为中心，强化技术开发和推广，加速科技成果商品化、产业化进程。第五，制定和实施正确的经济政策。充分运用价格、税收、信贷、利率、贴息和折旧等经济杠杆和手段，鼓励集约经营，限制和淘汰粗放经营，为转变经济增长方式提供良好的政策环境。遗憾的是，只要形势好一些，经济处于上升态势，这些问题就容易复发。①

2000 年后是产业政策发展的第二个阶段。随着经济体制改革的逐步深入以及宏观经济运行的复杂化，产业政策干预微观经济主体运行的趋势不断加强，行政手段在产业政策中发挥着越来越重要的作用，如何处理好政府与市场的关系、避免产业政策对深入推进经济体制改革起到阻碍作用，成为最主要的问题。② 自 20 世纪 90 年代以来，国家陆续制定了一些包含或体现相关产业政策性质的法律、法规、规章和其他规范性文件。例如，《中共中央、国务院关于加快发展第三产业的决定》(1992)、《科学技术进步法》(1993)、《汽车工业产业政策》(1994)、《指导外商投资方向暂行规定》(1995)、《外商投资产业指导目录》(1995)、《促进科技成果转化法》(1996)、《水利产业政策》(1997)、《中共中央、国务院关于加强技术创新，发展高科技，实现产业化的决定》(1999)、《关于当前调整农业生产结构的若干意见》(1999)、《进一步鼓励软件产业和集成电路产业发展的若干政策》(2001)、《关于加快发展环保产业的意见》(2001)、《中西部地区外商投资优势产业目录》(2001)、《"十五"期间加

---

① 参见陈锦华：《中国社会主义市场经济体制的建立——〈国事忆述〉节选（之一）》，载《中国经贸导刊》2016 年第 15 期。
② 参见刘社建：《中国产业政策的演进、问题及对策》，载《学术月刊》2014 年第 2 期。

快发展服务业若干政策措施的意见》（2001）、《国家产业技术政策》（2002）、《清洁生产促进法》（2002）、《中小企业促进法》（2002）等。①

2009年，国务院曾陆续出台十个重点产业调整和振兴规划，这些产业包括汽车、钢铁、纺织、装备制造、船舶、电子信息、石化、轻工业、有色金属和物流业。规划意在通过控制总量、淘汰落后、兼并重组、技术改造、自主创新等，推动产业结构调整升级。然而国务院的规划并未改变各行业产能扩张的趋势。2013年，"化解产能过剩矛盾"的表述开始出现在政府高层的讲话与文件中。当年10月，国务院发布《国务院关于化解产能严重过剩矛盾的指导意见》，其中明确提及，我国钢铁、水泥、电解铝、平板玻璃、船舶产能利用率分别仅为72%、73.7%、71.9%、73.1%和75%，明显低于国际通常水平。②因此，对于当前的中国经济是否还应该继续适用产业政策来进行调整，出现了一些质疑的声音。

（三）产业政策与竞争政策

国家经济政策除了产业政策外，还有竞争政策、财政政策和税收政策，均为调节经济、平衡政府与市场关系的政策工具。其中最常被拿来与产业政策相比较的是竞争政策。如上所述，产业政策是国家规划、诱导产业的形成、发展，促进或限制产业发展所采取的公共经济政策；而竞争政策则是国家和政府为保护和促进市场对资源的配置作用而实施的经济政策，它通过建立维护竞争秩序的政策措施来保护市场机制的有效运转，其中尤以竞争法为主要代表。关于竞争政策与产业政策的争论有很多，而在国内最著名的当属著名经济学家林毅夫、张维迎两位2016年在北京大学的辩论。这场被称为"世纪之辩"的交锋是为了解决当下经济体制改革的核心问题：如何处理好政府和市场的关系，使市场在资源配置中起决定性作用和更好地发挥政府的作用。

以杨小凯、张维迎等为代表的经济学家否定中国应当继续实行产业政策调节，认为中国取得的经济增长源于市场经济对计划经济的替代，政府应该进一

---

① 参见王先林：《产业政策法初论》，载《中国法学》2003年第3期。
② 参见银昕、徐豪、陈惟杉：《林毅夫VS张维迎：一场产业政策的"世纪之辩"》，载《中国经济周刊》2016年第44期。

步退出市场、废除管制，要做的就是创造自由、法治的环境及对产权制度的保护完善。而在林毅夫看来，如今中国经济进入新常态，正处于爬坡转型的关键时期，原有增长模式遭遇挑战，传统动能作用减弱，新动能还不够强大，产业政策不仅能保障产品研发所需要的基础性的巨大成本投入，刺激产品创新和各项科技研发，同时也能发挥政府作用，利用比较优势抓住机遇。现有产业政策尽管存在不足的地方，但绝不能一刀切地否定其作用。

实际上，从法律角度而言，竞争政策有许多不同于产业政策的特点。首先，如上所述，从形式上，我国当前的产业政策大部分属于部门规章、地方性法规层级，而竞争政策大多体现在反垄断法等法律层级中，相对而言层级较高。其次，从政策的实施手段来讲，竞争政策多以间接方式维护市场竞争，比如事前的预防作用和事后的司法惩罚手段，而产业政策的实施多具有一定的行政性。对于产业政策是否会背离"使市场在资源配置中发挥决定性作用"的初衷，需要明确的是，在市场经济条件下，政府制定与实施产业政策不是要取代或者否定市场机制对经济活动的决定性作用，而是在充分尊重并利用市场机制的决定性作用的前提下对市场缺陷的必要补充。现代的产业政策普遍是建立在市场经济的基础上的。所以说，产业政策的制定与出台并不是对我国市场经济地位的否定，而是在某些市场失灵的情形下，更好地对市场进行调控，促进市场的良性发展。一言以蔽之，我国并不遵循完全自由的市场经济，而是遵循在市场经济的条件下，为了经济的更好发展，对经济进行必要的调控。因此，产业政策绝非是需要根除的病根，问题的关键在于如何协调好和竞争政策之间的关系。

（四）产业政策法律化的必要性

通过上文的论述，我们不难发现，我国产业政策的调整升级一直都是国家十分关注的问题。产业方面的调整一般都是依据相应的政策，大多是政府有关部门根据当年的经济态势制定相应的政策，对本年度的经济作出一定的调整或者补救，同时预测今后的经济走势，从而作出一些具有前瞻性的政策调整。

这种调整方式有利有弊，其好处主要是政策具有一定的灵活性，可根据时局及时作出调整，适应经济的发展；其弊端也是很明显的，正是因为政策制定的程序较法律而言并不复杂，且较为容易制定，所以才具有相当的灵活性，但正因如此，其稳定性受到了很大的挑战。政策制定的相对随意性，导致了产业政策的调整无法用法律固定下来，无法得出较为普遍适用的法律调整规范。行业、产业发展的漫长过程需要相对稳定的国家政策，这是推进产业政策法律化的现实需求。

另外，产业政策本身具有一定的局限性。产业政策的局限性包括时间上的阶段性、空间上的层次性、成效测度上的模糊性和问责机制的事后性。即使政策能够应对瞬息万变的经济变化，但是由于规则制定总是具有一定的滞后性，所以有时也会产生产业政策调整失效的情形。此外，产业政策导致的信息不对称、激励不兼容、逆向选择与道德风险问题，都使得产业政策的实际落实效果有时不尽如人意，甚至事与愿违。针对产业政策落实后引发的产业政策失效这一概念，学术界也作了不少讨论。从法学研究的角度而言，产业政策失效不是一个严格意义上的法律概念，只是一个描述性用语，大致是指一定时期内政府通过产业政策耗费的资源成本与政策目标的实现程度之间有较大的差距，一言以蔽之，就是政策效果不理想。[①] 太阳能光伏产业即为典型的例子，从几年前的轰轰烈烈、遍地开花，到如今的全行业普遍亏损、一般企业停产、领头企业破产重组，十年间经历了大起大落。[②]

产业政策失效是政府干预经济中经常出现的现象，经济学界对此问题关注比较多。在法学界，产业政策法的研究起步较晚，进展较慢，研究的内容有限。尽管如此，学者们也从法律角度找到了一些治理药方。经济法学界普遍认为，我国产业政策法律化程度低，一些重要方面的产业政策仅仅表现为政府及其职能部门的法规、规章，很多甚至连规章的形式都未采取，只是以某种规范性文件形式存在的"纯粹"的政策，层次低、效力差、约束力和强制力不够，

[①] 参见刘桂清：《产业政策失效法律治理的优先路径——"产业政策内容法律化"路径的反思》，载《法商研究》2015年第2期。

[②] 2013年3月20日，江苏省无锡市中级人民法院裁定，全球四大光伏企业之一的无锡尚德太阳能有限公司将实施破产重整。参见李妍：《光伏教父退位：地方政府过猛助推绑架企业和企业家》，载《中国经济周刊》2013年第11期。

导致在具体实施中易出现诸多变数，达不到预期的效果。① 尤其是以红头文件形式发布的产业政策，"在实施过程中暴露出一些政策执行力度不够的问题"。② 所以，对政府制定和执行产业政策的行为进行法律上的控制是法治国家的必然要求。而产业政策一旦上升为法律，就不再是政府意志，而是国家意志、全民意志。即使是政府的有关规定或行为与法律相抵触，也必须以法律为准，服从法律的要求。③

林毅夫与张维迎的"世纪之辩"后，2016年9月14日，在国家发改委举行的新闻发布会上，有记者问及如何看待关于产业政策的争论，国家发改委新闻发言人赵辰昕表示，不同发展阶段的各国都在运用产业政策，并指出我国的产业政策对我国的发展发挥了至关重要的作用。但他同时坦言："我们现有的产业政策确实存在与新常态不相适应的地方。"④

从我国目前产业政策发展的实际情况来看，产业政策长久以来在我国经济发展中占据重要地位，短时间内难以完全被其他经济政策所取代。此外，从长远角度来看，出于应对市场失灵、有针对性地分辨市场缺陷和溢出效应的考虑，我国的经济政策选择也不会完全放弃产业政策，尤其是在市场失灵现象屡见不鲜、产业政策愈发与竞争政策产生融合的态势下，尽管受到一定的质疑，产业政策仍然被视为发展中小经济体、实现特殊领域产业快速发展与赶超、弥补市场的缺失的重要手段。

（五）小结

综合而言，我国的产业政策整体上利大于弊、得大于失，在不同发展阶段

---

① 这是目前学术界的流行观点，散见于诸位学者的论述之中。主要文献如：王健：《产业政策法若干问题研究》，载《法律科学》2002年第1期；王先林：《产业政策法初论》，载《中国法学》2003年第3期；卢炯星：《论宏观经济法中产业调节法理论及体系的完善》，载《政法论坛》2004年第1期；张波：《论我国产业政策的法治化及实施制度重构》，载《当代法学》2008年第1期；王立君：《后危机时代的中国产业政策法律化思考——以日韩经验为借鉴》，载《法学》2011年第6期；李青贤、张志华、苏婷：《全面深化改革背景下我国产业政策法的发展与完善》，载《天津经济》2014年第9期；刘桂清：《产业政策失效法律治理的优先路径——"产业政策内容法律化"路径的反思》，载《法商研究》2015年第2期。

② 参见丁道勤：《我国产业政策法律化研究——以软件产业与集成电路产业发展立法为视角》，载《中国软科学》2007年第8期。

③ 参见国家经贸委政策法规司：《运用法律手段推进结构调整——日本产业政策和结构调整法制化的启示》，载《辽宁经贸》2001年第11期。

④ 参见银昕、徐豪、陈惟杉：《林毅夫VS张维迎：一场产业政策的"世纪之辩"》，载《中国经济周刊》2016年第44期。

扮演了不同的角色，产生了不同的效果：在经济发展的初期，具有调理性的竞争促进型产业政策通过增强市场性的施政方式，较好地引导和促进了特定产业的发展，帮助我国经济实现了快速发展和赶超；而我国改革开放的经验也表明在早期的破冰期，作为增量改革的配套措施，选择性、倾斜性的产业政策也曾发挥过作用。但是，我们同样须要正视，我国产业政策和产业政策法一直以来存在以下几个比较突出的问题：(1) 产业政策法律化程度不够。这导致现实中出现很多弊端，产业政策在具体实施中出现诸多变数，达不到预期的效果。最典型的是《汽车工业产业政策》，究其原因，主要在于《汽车工业产业政策》本身并不是一部法规，其内容只有指导性作用，不具有强制力，没有相应的法律责任制度做保障，对各地的约束力不大。① (2) 已有的产业政策效力层次太低。中国现有的产业政策主要是行政法规和部门规章。相比而言，国外的产业政策法基本上是议会制定的，以法律为表现形式，这无疑加大了产业政策的执行力度与效果。(3) 产业组织政策法十分稀缺。我国产业政策及其法律主要集中于产业结构方面，产业组织方面的规定很少。实际上，产业组织问题是我国现在面临的一个十分重要的问题，须加大力度制定一些基本的产业组织政策法才能得以改善。(4) 产业政策法涉及面太广。产业政策的有效领域主要是国家需要加快发展和企业不愿自觉进入的基础设施、支柱产业、高新技术和公共产品领域。如果政府在每个产业、每个领域都制定产业政策，产业政策涉及的面太广，就会失去重点，我们就会制定出一个从总体上失效的产业政策。②

因此，作为治理对策，"各项产业政策应注入相应的产业政策法律制度中去，产业政策法要很好地体现具体的产业政策内容，以保障各项产业政策法律不是空泛的法律条文"③。产业政策与其他所有政策一样，都应当受到法律的支配，这是政府以行政权力干预经济活动实施的要求。总而言之，一些产业政策之所以会陷入失效的境地，是因为政策本身没有足够的约束力和强制力，致使实施效果十分有限；作为对策，需要将政府的产业政策上升为法律，借助于法律责任制度作保障，其约束力和强制力才可以彰显，进而政策目标才能够实现，政策失效的现象才能得以消解。显然，这是一种"产业政策内容法律化"

---

① 参见林兴登：《产业政策立法初探》，载《经济与法》1999 年第 7 期。
② 参见王健：《产业政策法若干问题研究》，载《法律科学》2002 年第 1 期。
③ 参见张士元：《完善产业政策法律制度应注意的几个问题》，载《法学》2010 年第 9 期。

的治理进程。[①]

目前的通说认为,产业政策法在制度构建上应当参考产业政策的划分方法,分为产业结构政策法、产业组织政策法、产业技术政策法和产业布局政策法。换言之,当前学界的通说将产业政策法体系建立在产业政策的体系基础上,更多是以政策为内容,以法律为形式,而缺少具有普适效力的对于产业政策行为进行规范的制度和条款预设。有学者提出,在产业政策法的体系构成中,应当增加基本法的概念,即将产业政策法一分为二,分别为产业政策基本法和产业政策单项法。产业政策基本法主要涵盖政府产业政策活动的指导思想、基本原则及基本制度,也可称为产业政策一般法、综合法等;而产业政策单项法则可分为产业政策部门单项法和内容单项法,分别针对特定产业部门进行培育、扶持、促进或限制的立法,和根据产业政策所涉及内容归属于产业结构政策、产业组织政策、产业技术政策或产业布局政策进行的立法。

二、产业指导目录与负面清单制度

(一)产能过剩

产能过剩是指在计划期内,企业参与生产的全部固定资产,在既定的组织技术条件下,所能生产的产品和能够处理的原材料数量超过市场标准的剩余。

中华人民共和国成立之初,国家处于一穷二白的境地,生产力和生活水平低下,很多东西都造不出来。这时国家便鼓励全国人民大炼钢铁,人们将家中的锅、勺等铁制品都拿去炼钢,但是炼出来的"钢铁"由于冶炼技术不达标而成了废品。随着科技和生产力的发展,生产钢铁的技术得到提高,但是由于我国长久以来实行计划经济的影响,以及为了服务快速发展的中国经济建设的需要,国家决策层依旧会发布相应的政策及红头文件,鼓励社会大炼钢铁。由于政策往往都带有一定的物质奖励,各个地市以及企业为了完成指标获取奖励而努力生产钢铁,最终导致钢铁比白菜便宜,产生了钢铁产能过剩的现象。

2013年第一季度,全国日均粗钢产量213.2万吨,再创历史新高,供大

[①] 参见刘桂清:《产业政策失效法律治理的优先路径——"产业政策内容法律化"路径的反思》,载《法商研究》2015年第2期。

于求导致行业亏损严重。电解铝、水泥、煤化工、平板玻璃、造船业等，也都不同程度地暴露出产能过剩问题。除传统行业外，新能源和新材料行业也不断释放产能过剩信号。来自行业内部的数据显示，2013年上半年光伏产能利用率不足60%，风机产能利用率不到70%，而多晶硅开工率只有35%。可以说，一些行业的产能严重过剩问题已到了非解决不可的地步。[1] 在这期间，国务院召开会议强调，要增强宏观调控的针对性、有效性和权威性，坚决完成遏制产能严重过剩、行业盲目扩张等任务。作为执行货币信贷政策的银行，在遏制产能过剩中应主动作为，及时构筑相关防御体系。[2]

近些年来，我国产能过剩程度更加严重是由两大原因造成的：一是我国市场化程度在不断提高，二是政府控制经济和资源的程度并没有随着市场化改革的深入而降低，反而由于2008年金融危机增加了。因此，我国现在主要要治理的，不是由市场决定的一般性产能过剩，而是特殊的产能过剩。这种产能过剩是我国经济转型时期的特定产物，是政府过度干预经济的结果，是政府与市场边界没有划分清楚的产物。[3] 例如，国家发改委出台的政策中一旦包含了税收优惠、补贴以及其他有利于增长地方GDP的措施，地方政府为了实现自身GDP的增长，往往不会考虑全国范围内经济发展和产业发展的态势，而是仅仅根据补贴和优惠政策发展本地经济。尽管从地方的角度而言，其政策是理性的，是有利于地方经济发展的，但从全国的角度来看，却造成了某些行业整体的产能过剩。对于这种现象，究其根本，在于我国实行的是中央领导下，地方发展并相互竞争的民主集中制，这种体制使产业发展"遍地开花"，很容易造成产能过剩。

面对产能过剩的问题，国家先后作出很多次调控，其中最重要的举措就是制定《产业结构调整指导目录》和建立负面清单制度。

---

[1] 参见金言：《化解产能过剩要有刚性措施》，http://roll.sohu.com/20130524/n376933250.shtml，2020年2月10日访问。

[2] 参见黄开伟：《遏制产能过剩 银行应主动作为》，http://roll.sohu.com/20130524/n376933250.shtml，2020年2月10日访问。

[3] 参见栾相科：《北京市首发文创产业指导目录 构建"高精尖"文化创意产业体系》，载《中国战略新兴产业》2016年第15期。

（二）《产业结构调整指导目录》

对于产业指导目录中涉及的产业，理论和实务界都倾向于理解为火电、炼钢、炼铁、水泥、造纸等一些较为落后且需要进行淘汰的产业。其实这种理解是较为狭隘的。比如：2016 年，北京市正式发布《北京市文化创意产业发展指导目录（2016 年版）》（以下简称《目录》），自印发之日起生效。作为全国首个省级文化产业发展指导目录，《目录》成为首都文化创意产业转型发展、结构调整的新指南。[①] 对于产业结构的调整从传统的第二产业逐渐转向了第三产业。

针对《产业结构调整指导目录》，国家也作了很多的尝试与调整。具体如：2005 年 12 月 2 日，经国务院批准，国家发展和改革委员会发布《产业结构调整指导目录（2005 年本）》，自发布之日起施行。2011 年 3 月 27 日，国家发展和改革委员会发布《产业结构调整指导目录（2011 年本）》，自 2011 年 6 月 1 日起施行，《产业结构调整指导目录（2005 年本）》同时废止。2013 年 2 月 16 日，国家发展和改革委员会在《产业结构调整指导目录（2011 年本）》的基础上进行修改，形成了《国家发展改革委关于修改〈产业结构调整指导目录（2011 年本）〉有关条款的决定》，于 2013 年 5 月 1 日起施行。2016 年 3 月 25 日，国家发展和改革委员会根据镀金产业发展实际，经研究决定停止执行《国家发展改革委关于修改〈产业结构调整指导目录（2011 年本）〉有关条款的决定》第三十五条关于 2014 年底前淘汰氰化金钾电镀金及氰化亚金钾镀金工艺的规定，该决定自公布之日起 30 日后施行，《国家发展改革委关于暂缓执行 2014 年底淘汰氰化金钾电镀金及氰化亚金钾镀金工艺规定的通知》同时废止。[②]

从国家对《产业结构调整指导目录》的多次调整中我们不难看出，随着经济的不断发展，经济结构的调整必然会引起产业结构的调整。从 2007 年到 2018 年，国家对于产业指导目录的不断调整和产业指导目录与负面清单相衔

[①] 参见栾相科：《北京市首发文创产业指导目录 构建"高精尖"文化创意产业体系》，载《中国战略新兴产业》2016 年第 15 期。

[②] 参见《中华人民共和国国家发展和改革委员会令第 36 号》，http：//www.mofcom.gov.cn/article/b/g/201605/20160501329409.shtml，2020 年 2 月 10 日访问。

接的这一发展趋势，都体现了国家对产业结构的调整一贯重视。

具体文件介绍

1.《关于 2006 年国民经济和社会发展计划执行情况与 2007 年国民经济和社会发展计划草案的报告》

2007 年 3 月 16 日，十届全国人大五次会议表决通过了《关于 2006 年国民经济和社会发展计划执行情况与 2007 年国民经济和社会发展计划草案的报告》。该报告中指出，调整优化工业结构，落实促进产业结构调整暂行规定和产业结构调整指导目录，完善行业准入管理制度，加快产能过剩行业结构调整，鼓励和支持钢铁、水泥、电解铝、煤炭、纺织、造纸等行业的企业兼并重组，依法淘汰落后的生产能力。密切关注其他行业生产和市场供求变化，及时采取措施，防止出现新的产能过剩。广泛应用先进信息技术改造传统产业，特别是要加强对钢铁、建材、煤炭、电力、石油化工、建筑等行业的技术改造。①

2.《国务院常务会议分析当前经济形势部署四季度工作》

在《国务院常务会议分析当前经济形势部署四季度工作》中，中央提出积极推进结构调整和节能减排，继续抓好重点产业调整振兴规划和实施细则的贯彻落实。推动企业加快技术改造，修订《产业结构调整指导目录》，研究出台鼓励淘汰落后产能、促进兼并重组的政策措施。坚决抑制部分产能过剩行业新上扩大产能项目。抓紧研究提出促进战略性新兴产业发展的总体思路和近期工作安排，设立创业投资基金支持新兴产业发展。认真落实国务院促进中小企业发展的各项政策，毫不放松地抓好节能减排工作。②

3.《2009 年经济和社会发展计划执行与 2010 年草案报告》

根据《2009 年经济和社会发展计划执行与 2010 年草案报告》，2009 年的

---

① 参见《关于 06 年计划执行情况与 07 年计划草案的报告》，http：//www.china.com.cn/2007lianghui/2007-03/18/content_7976379.htm，2020 年 2 月 10 日访问。
② 参见《国务院常务会议分析当前经济形势部署四季度工作》，http：//www.gov.cn/ldhd/2009-10/21/content_1445532.htm，2020 年 2 月 10 日访问。

产能过剩行业调整工作稳步推进。报告制定并组织实施了《抑制部分行业产能过剩和重复建设引导产业健康发展的若干意见》，提出了促进钢铁、水泥、平板玻璃、煤化工等行业健康发展的主要原则和政策措施。建立了部门联合信息发布制度，信息引导工作得到加强。落后产能退出机制进一步完善。2008 年关停小火电机组 2617 万千瓦，提前一年半实现了"十一五"期间关停 5000 万千瓦小火电机组的目标，炼钢、炼铁、煤炭、水泥、电石、铁合金、焦炭、造纸、化纤行业分别淘汰落后产能 1691 万吨、2113 万吨、5000 万吨、7416 万吨、46 万吨、162 万吨、1809 万吨、50 万吨、137 万吨。① 同时，对 2010 年的产业政策提出了新的要求，要求继续推进重点产业的调整振兴。认真落实产业调整振兴规划和实施细则，修订并实施《产业结构调整指导目录》及相关政策。在船舶、石化、有色、环保、新能源、节能减排等领域，组织实施技术研发和产业化示范。围绕节能降耗和发展循环经济，加大用高新技术改造和提升传统产业力度，提高企业信息化水平。支持重大技术装备自主开发，鼓励使用国产首台（套）重大装备，推动重大装备的本地化。加大地质勘探力度，提高国内能源资源保障能力。积极调整能源结构，促进能源产业持续健康发展。2010 年，原煤、原油、天然气产量分别达到 31.5 亿吨、1.9 亿吨、920 亿立方米，增长 3.3%、0.5%、8%；发电量 39600 亿千瓦小时，增长 6.6%，其中，水电 6600 亿千瓦小时，增长 7.2%，核电 750 亿千瓦小时，增长 7.1%。积极推进风电及其配套工程建设。加快兼并重组步伐，推动重点产业合理布局、集约发展。②

4.《2010 年经济和社会发展计划执行与 2011 年草案报告》

根据《2010 年经济和社会发展计划执行与 2011 年草案报告》，工业结构调整取得新进展。重点行业调整振兴规划进一步实施，安排 200 亿元重点产业振兴和技术改造专项资金，支持了 5051 个技术改造项目。首钢搬迁顺利完成，鞍钢与攀钢重组取得实质性进展。加快医药行业结构调整的指导意见颁布实施。淘汰落后产能任务全面完成。火电、炼钢、炼铁、水泥、平板玻璃、造纸等行业分别淘汰落后产能 1210 万千瓦、931 万吨、4000 万吨、11619 万吨、1105 万重箱和 472 万吨，超过计划目标 210 万千瓦、331 万吨、1500 万吨、

---

① 参见《2009 年经济和社会发展计划执行与 2010 年草案报告》，http://www.gov.cn/2011lhft/1/content_1819652.htm，2020 年 2 月 10 日访问。

② 同上。

6619万吨、505万重箱和419万吨。① 对于2011年的产业结构调整的计划是积极改造和提升传统产业。继续实施重点产业调整和振兴规划，颁布实施新的产业结构调整指导目录；大力支持企业技术改造；积极推进钢铁、石化、有色金属、造船等重点产业生产力布局调整；加快装备制造、汽车零部件、轻工、纺织等行业现代产业集群建设；促进食品工业结构调整和产业升级，加强食品安全监测能力建设，提升食品安全保障能力；引导企业兼并重组，提升产业集中度；建立健全促进落后产能退出的政策体系，继续依法淘汰火电、炼钢、炼铁、水泥、造纸、平板玻璃等行业的落后产能，启动热电联产替代燃煤小锅炉试点；加快中小企业公共服务基础设施建设，拓宽融资渠道，营造有利于中小企业发展的良好环境。②

5.《关于 2011 年国民经济和社会发展计划执行情况与 2012 年国民经济和社会发展计划草案的报告》

根据《关于2011年国民经济和社会发展计划执行情况与2012年国民经济和社会发展计划草案的报告》，我国的产业转型升级加快，基础保障能力提升。新的《产业结构调整指导目录》颁布实施。中央预算内投资安排重点产业振兴和技术改造专项资金150亿元，支持了4000多个企业技术改造项目。装备制造业快速发展，重大技术装备自主化水平明显提高。淘汰落后产能工作积极开展，淘汰落后的水泥产能1.5亿吨、炼铁产能3122万吨、焦炭产能1925万吨、煤矿产能2463万吨，关闭小火电机组超过700万千瓦，均超额完成计划目标。交通基础设施建设加快推进，新建铁路投产里程2167公里，京沪高铁投入运营；新增公路通车里程7.14万公里，改扩建国省道完成2万公里；改善内河航道里程1091公里；新增运输机场5个。能源特别是可再生能源和清洁能源加快发展，新增非化石能源电力装机超过3400万千瓦，占全部新增装机的三分之一以上。全年原煤产量35.2亿吨，增长8.7%；原油产量2.04亿吨，增长0.3%；发电量47001亿千瓦小时，增长11.7%。③

---

① 参见《2010年经济和社会发展计划执行与2011年草案报告》，http://www.gov.cn/2011lh/content_1826505.htm，2020年2月10日访问。
② 同上。
③ 参见《关于2012年国民经济和社会发展计划执行情况与2013年国民经济和社会发展计划草案的报告》，http://www.npc.gov.cn/wxzl/gongbao/2013-07/17/content_1810945.htm，2020年2月10日访问。

（三）负面清单制度

在《产业结构调整指导目录》的长期指引下，我国在产业结构调整方面取得很大成效，如产业结构优化升级取得积极进展，制造业竞争能力明显提升，重大技术装备自主化取得显著成效，基础设施日益完善，节能减排和生态环境保护扎实推进，服务业发展取得长足进步，社会保障体系逐步健全，人民生活明显改善。同时也要清醒地认识到，尽管我国经济和社会发展水平显著提高，产业规模不断扩大，但长期困扰我国经济发展的结构不合理、发展方式粗放、自主创新能力不强等问题并没有得到根本解决。因此，2013年，新一届政府在不断完善《产业结构调整指导目录》的同时，还建立了负面清单制度，与产业指导目录相衔接。负面清单秉持着"法无禁止即可为"的原则，弥补了之前"法无规定不可为"的不足，扩大了企业在产业结构调整当中的自主权。

2015年10月19日，国务院发布《国务院关于实行市场准入负面清单制度的意见》，要求做好市场准入负面清单与《产业结构调整指导目录》的衔接工作，这将有助于加快推动我国产业结构调整和优化升级。做好衔接工作，有利于加快结构调整，把市场准入负面清单管理作为产业转型升级的重要抓手。国际金融危机以来，我国积极参与产业承接转移、融入全球产业分工，但由于存在路径依赖和地方保护主义倾向，产业转型升级仍存在缺乏具体抓手、进程总体缓慢的问题。当前我国经济进入新常态，转变经济发展方式、促进产业转型升级的任务更加紧迫。做好衔接工作可以将市场准入与产业转型升级有机联系起来，将市场准入负面清单管理作为加速经济结构优化的重要手段。[①]

中南大学商学院任胜钢教授、中国社会科学院工业经济研究所刘勇研究员在《引入负面清单管理 促进产业绿色发展》一文中提到，应当加快编制长江经济带产业发展的负面清单，严格限制产业发展对生态环境的影响。一是可考虑列出长江经济带限制禁入类产业的负面清单，主要是对电镀、印染、造纸等高耗能和高污染行业严禁准入和向长江中上游转移，明令禁止这类行业中的小微企业的准入，严格限制这类大中型企业的粗放式发展。二是考虑列出长江经济带落后产能类产业的负面清单，主要是对有色、石化、钢铁、建材等行业限制产能盲目扩张，逐步淘汰这类行业中生产工艺落后、环境污染严重的企业。

---

① 参见刘方、张铭慎：《做好负面清单与产业目录相衔接》，载《经济日报》2015年10月22日。

三是考虑列出长江经济带限期整改类产业的负面清单,对于关系国民经济命脉和安全的行业,强制要求通过绿色循环工艺改造达到节能环保标准,对于达不到既定工艺标准和环保标准的企业,可依照清单实施退出和淘汰机制。四是根据不同主体功能区的定位制定差异化的负面清单标准,确定不同主体功能区的产业发展类型、方式、能耗及污染物排放强度,尤其是对禁止开发区、限制开发区和重点生态功能区的产业准入和开发强度进行严格限制。[①] 长江经济带的产业结构调整和负面清单的制定是全国领域内产业结构调整的一部分,从个体来看全面,有管中窥豹之效,也可对全国的产业结构调整和负面清单的制定略知一二。

关于负面清单与《产业结构调整指导目录》的关系,应当认为,二者间存在一定的联系。目前,各省、各行业、各特殊区域的负面清单,除了增加条目外,还有一个共性,那就是新增的条目大都有调整产业结构的指向。尤其是行业的和区域的负面清单,将本行业或本区域落后的、不想发展的产业列入禁止类或限制类,来实现行业内和区域内的产业结构调整,这是当前很多地方的做法。应该看到,我国实行市场准入负面清单制度,不仅用在外资准入方面,而且用在内资准入方面,这一举措并不是用来调整产业结构的,而是用来调整政府和市场关系的,其目的是建立公平公正、公开透明的市场准入制度,激发市场活力、促进市场公平竞争;它对治的问题也不是我国产业结构不合理的问题,而是政府干预过多下的市场准入开放性、公平性、透明度不足,以及准入管理程序复杂等问题。因此,负面清单不是《产业结构调整指导目录》的另一个版本。同时,在法律层面上,负面清单的法律层级是什么样的以及应该是什么样的,也是一个非常重要的问题。如果它的法律层级不高于产业结构调整目录、政府核准目录、行政审批目录等,就很难发挥其应有的作用。有关学者应结合市场准入负面清单制度的功能,尽快对其法律层级进行清晰定位。[②]

[①] 参见任胜钢、刘勇:《引入负面清单管理 促进产业绿色发展》,http://theory.people.com.cn/n1/2016/0519/c49154-28362784.html,2020年2月10日访问。

[②] 参见郭冠男:《重视市场准入负面清单制度的认识和实践问题》,http://www.cssn.cn/jjx/jjx_gd/201802/t20180222_3853640.shtml?COLLCC=2680077789&.,2020年2月10日访问。

三、当下：五大任务与供给侧改革

（一）"五大任务"

正是由于前述产能过剩问题已经成为我国经济结构转型和经济增长面临的巨大难题，供给侧改革势在必行。从 2016 年 1 月中央经济工作会议开始，供给侧改革正式被提上我国经济改革的日程，中央明确提出"去产能、去库存、去杠杆、降成本、补短板"五大任务，从五个方面对我国目前产业结构中存在的供需问题进行重点治理。前四个任务是治理产能过剩，最后一个任务是弥补产能不足，总体任务是解决供需矛盾，调整产业结构，转变经济发展方式，真正启动内需，为国民经济持续健康发展提供持久的动力。该五大任务的基本含义分别如下：

去产能：指要积极稳妥地化解产能过剩。依法为市场化破产程序创造条件，加快破产清算案件审理。提出和落实财税支持、不良资产处置、失业人员再就业和生活保障以及专项奖补等政策，资本市场配合企业兼并重组。尽可能多兼并重组、少破产清算，做好职工安置工作。严格控制增量，防止新的产能过剩。

去杠杆：指要防范化解金融风险。对信用违约依法处置。做好地方政府存量债务置换工作，完善全口径政府债务管理，改进地方政府债券发行办法。加强全方位监管，规范各类融资行为，抓紧开展金融风险专项整治，坚决遏制非法集资蔓延势头，加强风险监测预警，妥善处理风险案件。

降成本：指要帮助企业降低成本。降低制度性交易成本，转变政府职能，简政放权，进一步清理规范中介服务。降低企业税费负担，进一步正税清费，清理各种不合理收费，营造公平的税负环境，研究降低制造业增值税税率。降低社会保险费，研究精简归并"五险一金"。降低企业财务成本，金融部门创造利率正常化的政策环境，为实体经济让利。降低电力价格，推进电价市场化改革，完善煤电价格联动机制。降低物流成本，推进流通体制改革。

补短板：指要扩大有效供给。打好脱贫攻坚战，坚持精准扶贫、精准脱贫，提高扶贫质量。降低企业债务负担，创新金融支持方式，提高企业技术改造投资能力。培育发展新产业，加快技术、产品、业态等创新。补齐软硬基础设施短板，提高投资有效性和精准性。加大投资于人的力度。继续抓好农业生产，保障农产品有效供给，保障口粮安全，保障农民收入稳定增长，加强农业现代化基础建设。

去库存：指要化解房地产库存。落实户籍制度改革方案，允许农业转移人口等非户籍人口在就业地落户。把公租房扩大到非户籍人口。发展住房租赁市场，鼓励自然人和各类机构投资者购买库存商品房。鼓励房地产开发企业适当降低商品住房价格，促进房地产业兼并重组，提高产业集中度。取消过时的限制性措施。

"五大任务"综合反映了我国各产业出现的问题，五个任务并不是孤立的、互不相关的，而是彼此相连、牵一发而动全身的，它们之间互为因果，环环相扣，共同构成了我国产业结构的现状。所以，解决这"五大任务"的同义语就是实现产业结构升级和创新。

（二）供给侧改革

社会再生产持续健康进行的前提是在相对长的时期内供求平衡，不仅供求总量要达到平衡，而且结构应该趋于合理。供给侧出现问题，不仅反映了各主要产业自身发展过程中的问题，而且暴露了我国经济结构和发展方式的不合理之处。需求方面，长期的有效需求不足，特别是居民消费水平处于低位水平，导致我国的需求结构扭曲，靠投资和出口拉动需求的方式只具有短期效应，且容易造成产能过剩；供给方面，长期发展粗放型的低端产业链不仅造成了资源浪费、环境污染、利润流失和贫困加剧，而且推后了产业结构升级和转型的时间，供给侧再不进行变革，就会错失全球产业革新带来的大量机遇，加剧我国经济社会的供需矛盾。因此，此次供给侧改革是新时期我国经济改革面临的又一历史性任务，势在必行。但是，供给侧改革不应只关注供给方面，还应该同时考虑需求侧，将两者结合起来制定综合改革方案。

供给侧结构性改革旨在调整经济结构，使要素实现最优配置，提升经济增长的质量和数量。需求侧改革主要有投资、消费、出口三驾马车，供给侧则有劳动力、土地、资本、制度创造、创新等要素。供给侧结构性改革，就是从提高供给质量出发，用改革的办法推进结构调整，矫正要素配置扭曲，扩大有效供给，提高供给结构对需求变化的适应性和灵活性，提高全要素生产率，更好地满足广大人民群众的需要，促进经济社会持续健康发展；就是用增量改革促存量调整，在增加投资的过程中优化投资结构、产业结构，开源疏流，在经济可持续高速增长的基础上实现经济可持续发展与人民生活水平不断提高；就是优化产权结构，国进民进、政府宏观调控与民间活力相互促进；就是优化投融资结构，促进资源整合，实现资源优化配置与优化再生；就是优化产业结构，提高产业质量，优化产品结构，提升产品质量；就是优化分配结构，实现公平分配，使消费成为生产力；就是优化流通结构，节省交易成本，提高有效经济总量；就是优化消费结构，实现消费品不断升级，不断提高人民生活品质，实现创新—协调—绿色—开放—共享的发展模式。①

在企业供给侧方面，消费需求差异化和有效供给不足逐渐成为当下制约经济增长的主要矛盾，企业供给侧的服务质量、产品性能及产业链管理相对于需求侧明显滞后，供需不平衡的矛盾在产品市场上集中体现为企业的库存积压和产能过剩。为应对供给侧改革的需要，国务院办公厅于2017年10月印发了《关于积极推进供应链创新与应用的指导意见》，指出推进供应链创新与应用，有利于推动集成创新和协同发展，是落实新发展理念的重要举措；有利于促进降本增效和供需匹配，是供给侧结构性改革的重要抓手。落实到微观经济主体的生产经营中，企业结合自身的战略选择，考虑客户特征为客户提供商业信用，对于有效维护客户关系，实施"去库存"供给侧改革战略，进而优化整个供应链的运行环境具有重要现实意义。众多研究均表明，企业向客户提供商业信用有利于优化企业与客户之间的关系，增强其忠诚度，促进后期供给质量的提升，从而保持市场的稳定。此外，在电子商务领域，以马云为代表的企业家提出了"新零售"的观念，试图通过打通线上线下的零售渠道、形成线上线下相结合的新零售形态，通过物流行业的发展实现多层次融合，以全新的方式响应"去库存"的号召，推动消费升级并提升网络治理能力。

值得注意的还有，在法律层面上，最高人民检察院党组书记、检察长张军从以人民为中心的角度出发，在不同场合多次提出"法治产品""检察产品"观念。他特别强调，"要深入思考如何从人民群众对民主、法治、公平、正义、安全、环境等方面的需求上来谋划检察工作的发展，从供给侧为人民群众提供

---

① 陈世清，香港国际教育研究院院士、研究员，中国管理科学研究院终身研究员。参见《知名经济学家陈世清先生谈什么是"新结构经济学"》，http://finance.takungpao.com/mjzl/mjhz/2016-01/3267991.html，2020年1月20日访问。

更优质的法治产品、检察产品"。检察产品的生产者是检察官和检察辅助人员,是检察官应用法律知识、办案经验完成法治产品检察环节的生产、加工、校验和修正。司法体制改革的重中之重,就是突出法官、检察官在司法办案中的主体地位,明确检察官责任,完善检察办案组织,探索推进检察官权责相统一。

过去一段时间里,我国的供给侧呈现出外向型特征明显、供给体系与消费结构不匹配、供给个性化能力不足、企业经营成本过高等问题。当前,我国的供给侧改革正从发挥政府的引导作用和市场的主体作用的角度,对面临的种种问题探索解决途径。未来,如何更好地让法律与政策结合,服务并推动五大任务和供给侧改革目标的实现,同时有效约束其中的行为,值得每一个人思索。

第六章
反垄断法治的不断成熟

一、垄断的概念

(一) 垄断概念的起源

垄断这一概念最初来源于经济学,在希腊文中的原意是指市场上单一的卖家完全控制了某一产业的全部生产和销售。在人类社会漫长的发展过程中,体现垄断和反垄断精神的记载早已有之。例如,《孟子·公孙丑下》有云:"有贱丈夫焉,必求龙断而登之,以左右望而罔市利。"《唐律》中规定:"诸买卖不和而较固取者,及更出开闭,共限一价;若参市,而规自入者,杖八十。已得赃重者,计利,准盗论。"大概意思就是:欺行霸市、垄断市场而牟取暴利的人,会受到杖刑,如果情节严重的话,会以盗罪论处。在西方古罗马时代,罗马帝国在公元前50年和公元301年分别颁布了《粮食法》和欧克雷狄亚斯敕令,其中规定了禁止以囤积居奇、妨碍市场、惜售等方法来抬高市场价格并牟取暴利的行为。①

(二) 两大反垄断法系的比较

反垄断法在市场经济领域内被称为"经济宪法"。目前世界上已经有一百多个国家颁布了反垄断法,总体来看分为美国反托拉斯法系和欧盟竞争法系两大体系。

---

① 参见赖源河编审:《公平交易法新论》,月旦出版社股份有限公司1995年版,第68页。

美国南北战争结束之后,伴随着全国铁路网的建立和大市场经济的发展,垄断组织开始产生。"托拉斯"为"Trust"的音译,是最为典型的垄断组织形式,最初源于美孚标准石油公司的律师根据股东表决权信托理论创设出的一种信托方法:几个公司的股东将自己所持有的公司的股票转交至一组受托人手中,然后各自得到证书,据以从统一管理的公司收益中分得红利。"Trust"这个标签很快被用于所有的企业联合。① 1879 年美孚石油公司建立,标志着美国历史上第一次兼并浪潮的开始。托拉斯这一企业组织形式也向各行各业蔓延,在美国成为不受法律规制的经济势力,传统的普通法对于这种新出现的企业组织形式及行为无法进行强有力的监管和规制。过度的经济集中导致市场受其自身的负外部性影响,市场机制难以发挥作用,市场陷入不充分竞争的泥淖。在这种背景下,美国在 19 世纪 80 年代爆发了抵制托拉斯的大规模运动。这种反垄断思潮间接导致了《谢尔曼法》的诞生。《谢尔曼法》是世界上最早的反垄断法。我们所称的美国反托拉斯法,不仅仅指《谢尔曼法》,还包括 1914 年的《克莱顿法》和《联邦贸易委员会法》。

反垄断法在欧洲更普遍地被称为竞争法。1957 年,欧洲经济共同体成立之后签订的《罗马条约》第八十五、八十六条分别对垄断协议和滥用市场支配地位这两种典型垄断行为作出了限制规定,这是欧洲竞争法的最初蓝本。欧盟反垄断法的法律渊源主要有三类:一是原始法律渊源,即《罗马条约》第八十一、八十二条,这两条规定也被称为欧盟反垄断法的支柱性法律渊源,规定了滥用市场支配地位的行为类型;二是派生法律渊源,即在前述规定的基础上,欧盟部长理事会和欧盟委员会又制定了相关的法规、指令、决定,对特定的垄断行为进行了更细化、具体的规制;三是欧洲各地法院和欧盟委员会的判决与裁定,作为判例法国家,相关的反垄断判决和裁定也是欧盟反垄断法律体系的重要组成部分。

美国和欧盟的两大反垄断法律体系存在着很大的不同。首先,在法律实施方面,美国实行司法主导体制,美国司法部反托拉斯局和联邦贸易委员会负责执行反托拉斯法,但如果需要采取强制措施则必须获得法院许可,调查完成后须以政府名义向法院提起诉讼并最终由法院作出结论;欧盟实行行政主导体

---

① 参见〔美〕欧内斯特·盖尔霍恩等:《反垄断法与经济学》(第 5 版),任勇等译,法律出版社 2009 年版,第 15 页。

制,欧盟委员会竞争总司负责执行欧盟竞争法,拥有直接调查权、行政处罚权等。其次,在可采取的公力救济措施方面,美国反托拉斯法主要包括禁令救济、三倍损害赔偿诉讼以及追究刑事责任等;而欧盟竞争法包括承诺和解及营业额10%以下的罚款等。最后,在惩罚依据方面,美国反托拉斯法的经济惩罚是依据垄断行为所造成的经济损害程度确定的;欧盟竞争法的惩罚依据是建立在罚没经营者实施垄断行为的所得基础之上的。①

现在世界上大部分国家的反垄断法基本上都是以美国反托拉斯法或欧盟竞争法为蓝本,吸收了"反对卡特尔"和"限制反竞争行为"的内容,并增加了经营者集中审查制度来预防垄断。我国反垄断法律的制定主要借鉴了欧盟竞争法体系的内容和立法模式。

二、反垄断法律制度的发展阶段

从中华人民共和国成立到1978年改革开放,我国实行纯粹的计划经济模式。在1952年前后,我国对私人资本进行了一次彻底的清理,所有的私人企业在这段时期内收归国有。此后直到1978年,我国境内所有的企业都是国营或集体所有制企业。在这种社会背景下,竞争概念被赋予了意识形态的色彩,被视为洪水猛兽。比如认为"竞争"是"在私有制条件下商品生产者之间争夺经济利益的斗争";在资本主义制度下,"由于竞争和生产无政府规律的作用,社会劳动和生产不能得到合理的安排和充分的利用,造成社会生产力的严重浪费和破坏"。"只有在以生产资料公有制为基础的社会主义条件下,国有经济才能有计划按比例地发展,竞争和生产无政府状态的规律也就失去了作用",在计划经济的背景下,"竞争"是不能为社会主义社会所容的。② 在没有"竞争"理论的计划"垄断"时代,反垄断制度更是无从谈起。直至改革开放,市场经济制度开始发展,竞争与垄断的概念才开始受到重视。

也正是因此,我国关于反垄断法的研究在20世纪80年代才开始起步,相比于西方发达国家起步较晚,比世界上第一部现代意义上的反垄断法《谢尔曼

---

① 参见万江:《中国反垄断法理论、实践与国际比较》(第二版),中国法制出版社2017年版,第7页。
② 参见王晓晔:《经济体制改革与我国反垄断法》,载《东方法学》2006年第3期。

法》的颁布时间几乎晚了一个世纪。虽然这意味着我国反垄断法研究会欠缺一些实证上的本土经验,但是作为后起之秀,我国反垄断法在充分借鉴发达国家的立法经验和实施教训后发展迅速,取得了一些显著的成果。大致可以将我国反垄断法律制度的发展分为以下几个阶段:

(一) 起步阶段——改革开放后至20世纪80年代中期

正如前文所述,我国反垄断法自改革开放后而起,正是改革开放所裹挟着的市场经济需要,让反垄断法有了现实生长的土壤。不过此时垄断概念与不正当竞争概念尚未完全厘清,在行为的认知上仍存在模糊之处。这一时期的主题是围绕如何建立和完善竞争机制,如何反对和制止垄断、不正当竞争等行为展开,同时也在探索我国竞争法律制度的基本框架该如何建立。

在法治建设成就方面,1980年7月1日国务院发布了《国务院关于推动经济联合的暂行规定》,指出在经济管理体制初步改革的背景下,已经出现了一些经济联合的形式。但是规定更倾向于肯定经济联合的积极作用,包括扬长避短、发挥各个经济单位的个体优势,提高经济效率,加快生产建设;集中分散的财力、物力投入国家建设急需方面;通过专业化协作分工避免重复建厂带来的盲目生产和不必要浪费。从规定中我们可以看出,这个时候国家政策倾向于极力鼓动联合,希望通过联合实现我国经济规模的迅速壮大,规制垄断、保护竞争的精神体现得并不明显。同时,该规定认为经济联合体的出现是改革经济体制的必经之路,也是国民经济发展的必然趋势。由此可见,这一阶段决策者在经济政策倾向上并未意识到垄断问题,而是以肯定经济联合为指导的。

首次涉及反垄断问题的是1980年10月颁布的《国务院关于开展和保护社会主义竞争的暂行规定》,但是该规定还是带有比较浓厚的计划经济色彩。规定指出社会主义的竞争和资本主义的竞争有着本质的区别,社会主义的竞争是在生产资料公有制的基础上,在国家计划指导下开展的,是为社会主义经济服务的。因此,需要积极改革现行经济管理体制,以充分开展社会主义竞争,保护社会主义竞争的顺利进行。落实到具体规定上,对此前的计划经济政策进行了变动与调整,允许企业根据择优而选的规则,在国家政策、法律许可范围内,到外地采购所需材料、物资,有关地方部门不得进行阻挠干涉;在经济活动中,除国家指定由有关部门和单位专营的商品,对其他商品不得采取独家经营等垄断经营手段;任何地方政府和有关部门不得封锁本地市场,不得禁止外地商品在本地区销售，本地区生产的原材料保证按国家计划调拨分配，地方政府不得进行封锁；对各部门先行规章制度中妨碍竞争的部分规定，必须进行修改，以利于开展竞争；不得采取行政手段保护落后企业、抑制先进企业、妨碍商品正常流通，相关规定应当予以废除。从经济环境和该规定的主旨看，该项规定虽然计划色彩浓厚，属于计划经济的产物，但是表明我们国家已经开始意识到竞争的重要性和行政垄断对于社会主义市场经济的破坏，已经有了很大的进步。

我国学者在这个时期也开始对反垄断问题展开研究。当时有一部分人认为，在我国，经济力量过度集中的问题是基本不存在的，我国企业的规模和竞争力还比较小，尤其是跟世界知名企业相比更甚，因此我们的主要任务不是反垄断，而是要发展大规模企业，鼓励企业集中，并以此提升国际竞争力。这种观点是不正确的，因为任何国家的反垄断法都是为了维护本国市场的竞争，保障本国消费者有选择商品的权利，促进本国企业在竞争的压力下实现优胜劣汰。反垄断法反对的不是大企业和规模经济，反对的是垄断行为。虽然我国企业规模还比较小，但是也存在着串通涨价、违规合并、损害消费者利益的行为，不能因为企业的规模与别的国家相比还有差距，就认定我国不需要反垄断制度。当然，我国正处在经济转型的过程中，制定完备的竞争法律的时机还不成熟，不过也可以先进行理论的研究和制度的构思。在这个时期，学者主要是介绍外国的竞争法律制度，尤其是美国的反托拉斯法，并在借鉴外国经验的基础上对我国的制度构建提出初步设想。在论文方面，如卢绳祖、董立坤的《谈谈美国反托拉斯法》[1]，张志斌的《竞争立法刍议》[2]。在著作方面，王忠、刘瑞复等出版了《经济法学》，提出了经济法的基本原则，即发挥优势、保护竞争、推动联合，提出我国要在开展竞争的过程中打破垄断和封锁。[3] 在这些研究的基础上，域外反垄断法的主要结构和制度进入了我国立法者和学者们的视线，这为我国反垄断法律制度的结构框架和主要内容奠定了一定的理论基础。

在这一阶段，我国市场经济制度刚刚起步，各行业百废待兴，对反垄断法立法的需求并不明显。但一旦市场经济产生，反垄断法的研究与立法毫无疑问

---

[1] 参见卢绳祖、董立坤：《谈谈美国反托拉斯法》，载《国外法学》1982年第2期。
[2] 参见张志斌：《竞争立法刍议》，载《法学杂志》1985年第6期。
[3] 参见王忠等编著：《经济法学》，吉林人民出版社1982年版，第78—81页。

就要提上日程，我国的反垄断法也从此起步。

（二）初步发展——20世纪80年代中期至1993年

20世纪80年代中期，随着经济体制改革的发展，经济活力得到了一定程度的释放，小型企业逐渐增多。随着改革开放后市场经济的初步发展，商家间的竞争行为也越来越频繁。在自然竞争的大环境下，大型企业对小型企业的欺压时有发生，部分行业中的垄断行为也多了起来。面对社会现实的急迫需要，反垄断法相关法律制度呼之欲出。

1. 法律、法规的制定

1987年8月，国务院法制局成立了反垄断法起草小组，1988年就提出了《反对垄断和不正当竞争暂行条例草案》，遗憾的是该项法规最终没有出台。1987年9月，国务院发布了《价格管理条例》，10月发布了《广告管理条例》，不同程度地涉及了反垄断问题。前者认定企业之间或者行业组织商定垄断价格的行为是违法行为，后者明确规定在广告经营活动中，禁止垄断和不正当竞争行为等。这一年12月，国家体改委和国家经贸委发布了《关于组建和发展企业集团的几点意见》，对于反垄断也作出了原则性规定。由于地区之间封锁现象的存在，造成商品流通不畅，加剧了市场疲软，1990年11月，国务院发布了《国务院关于打破地区间市场封锁进一步搞活商品流通的通知》，以达到打破地区封锁、搞活商品流通的目的。该通知指出，生产企业在完成国家计划任务后，有权在全国范围内销售商品和采购物资；各地方不得对外地产品和使用外地产品的企业增加不合理税费；各地银行在信贷政策上对本地银行和外地银行要一视同仁等。

1993年《反不正当竞争法》出台之前，对于垄断行为和不正当竞争行为选择分别立法还是合并立法模式出现了分歧。由于当时对于反垄断立法的需求并不迫切，制定时机也不成熟，因此得出的折中方案就是在制定反不正当竞争法时加入部分关于反垄断的内容。所以，该法并不是一部纯粹的禁止不正当竞争行为的法律。该法第二章中规定了五种垄断行为，分别是公用企业等限制竞争行为、行政垄断行为、低于成本价销售行为、搭售行为、串通招标投标行为。这也是后来反垄断法规制结构的雏形。

2. 理论研究

在这一时期，对于国外反垄断法律制度的研究也在持续进行中，且相比前一阶段研究得更为详细,反垄断立法体例和规制对象、执法机关以及法律责任等都在学者的讨论范围内。著作如吴炯的《维护公平竞争法》、国家工商行政管理局条法司组织编写的《现代竞争法的理论与实践》、孙南申翻译的《美国反托拉斯法与贸易法规》等。值得关注的是,王家福主编的《社会主义商品经济制度法律研究》①一书第一次以"反对垄断和不正当竞争"为题对垄断行为进行阐述。论文有杨春平和雷涵的《关于我国竞争立法的理论思考》、宁鲁望的《我国反垄断立法的特点和内容》、杜飞进的《企业兼并问题论纲》、王保树的《企业联合与制止垄断》、刘黎明和桂菊平的《试论对垄断的法律规制》、龚柏华的《西方国家竞争法域外适用的比较研究》、邵建东的《卡特尔与卡特尔政策辨析》等。在理论研究上,学者主要从域外反垄断实践入手,结合我国经济实际情况,分析域外反垄断法律制度对我国执法实践的可移植性和可借鉴性。

在这一阶段,市场经济的发展带来了竞争与反竞争的矛盾。不正当竞争和垄断行为开始出现并影响市场正常秩序,反垄断法有了较为坚实的现实需要,初步的反垄断法规出现,系统性的反垄断立法进入了立法机关的考虑范围,学者们也开始更进一步地研究反垄断法律制度。

(三)孕育阶段——20世纪90年代中后期至《反垄断法》颁布前夕

对于不正当竞争的概念以及它与垄断的关系,学界一直存在争论。学界对于不正当竞争的概念有两种观点:一种是广义的理解,即认为不正当竞争包括垄断;另一种是狭义的理解,即不正当竞争并不包括垄断。大多数学者赞同后一种观点。如史际春认为,"不应当把垄断行为包括在不正当竞争行为之内,垄断也不是什么广义的不正当竞争行为。"②孔祥俊认为,"垄断行为是行为人排除或者限制市场竞争的行为,不正当竞争行为则是以违反商业道德的手段从事市场竞争的行为。"③也有一部分学者从是否本身违法来判断,认为垄断行为不一定是违法的,而不正当竞争则是法律所不允许的。因此,即使《反不正当竞争法》已经出台,学者们对于反垄断独立立法的研究仍孜孜不倦,反垄断

---

① 参见王家福主编:《社会主义商品制度法律研究》,经济科学出版社1992年版。
② 参见史际春:《遵从竞争的客观要求——中国反垄断法概念和对象的两个基本问题》,载《国际贸易》1998年第4期。
③ 参见孔祥俊:《中国现行反垄断法理解与适用》,人民法院出版社2001年版,第218—219页。

法也进入了蓬勃发展的阶段。1997 年《价格法》第十四条规定了不正当价格行为，其中，价格卡特尔、低价倾销和价格歧视行为的条文规定就属于反垄断的内容。1999 年《招标投标法》第五十一条规定，禁止招标人对潜在的投标人的歧视待遇和其他限制投标人竞争的行为，也是关于反垄断的规定。

反垄断立法在 1994 年时被列入了第八届全国人大常委会的立法计划。2003 年 3 月，十届全国人大一次会议决定组建商务部。商务部的主要职责之一就是"研究拟定规范市场运行、流通秩序和打破市场垄断、地区封锁的政策，建立健全统一、开放、竞争、有序的现代市场体系；负责起草、拟定健全规范市场体系的法规、规章和标准，协调打破市场垄断、行业垄断和地区封锁的有关工作"。商务部成立后，按照国务院赋予的各项职责积极开展工作，抓紧起草反垄断法，依据《立法法》广泛征求了国务院各部门的意见。国务院各部门均一致认为应当尽快出台反垄断法。2004 年，商务部在汇总了国务院有关部门和地方政府对于《反垄断法（送审稿）》的意见的基础上，召开了反垄断立法专家论证会，对于其中的难点问题进行探讨，在专家论证后将送审稿上报国务院审议。2004 年，商务部、国务院法制办以及全国人大常委会有关机构考察了欧盟、美国、挪威、日本、墨西哥等国家和地区的反垄断发展状况，撰写了考察报告，为我国正在筹划中的反垄断立法提供建议。同年 9 月，商务部成立了反垄断调查办公室，作为反垄断国际交流、立法及调查等工作的专职部门。2005 年年初，国务院法制办邀请全国人大法工委、最高人民法院、国家发展改革委员会、商务部、国家工商总局等部门的人员成立了反垄断法审查修改领导小组。工作小组前后召开了十几次会议，对送审稿进行反复的探讨和修改。在这个过程中还组织成立了专家小组，其成员来自北京大学、中国人民大学、中国社会科学院等院校、科研机构。这些专家们通过专题研究、专家论证会和工作会议等形式全程参与了反垄断法审查修改工作。在审查过程中，国务院法制办充分发扬立法民主精神，听取了有关部门、地方人民政府、专家学者以及国有大型企业、民营企业、上市公司和外商投资企业等各类意见和建议。2005 年 5 月，国务院法制办会同商务部、国家工商总局联合召开了反垄断法国际研讨会，会上有美国、欧盟、德国、日本、俄罗斯、联合国有关机构等近 20 个国家、地区和国际组织的反垄断执法机构负责人等参加。工作小组经过一年多的努力，在 2006 年 6 月形成了《反垄断法（草案）》。2006 年 6 月，国务院常务会议讨论并原则通过了《反垄断法（草案）》，并提交全国人大进行审议。2007年8月30日,第十届全国人大常委会第二十九次会议对《反垄断法(草案)》进行了第三次审议并表决通过。至此,从起草到通过历经十多年的《反垄断法》终于诞生,并自2008年8月1日起施行。

(四)《反垄断法》的颁布与完善——2008年后

《反垄断法》的颁布对于经济建设和法制建设都具有重要的意义,这部法律是中国社会主义市场经济的内在要求,对于完善中国社会主义市场法律体系更是意义非凡。它在法律制度层面上象征着我国配置资源的手段已经从行政命令转为遵从市场机制规律,通过将反不正当竞争法与反垄断法分别立法,使得我国市场经济法律体制结构趋于完善,对市场行为的认定与规制真正实现了系统化。

1. 我国《反垄断法》的特色

我国《反垄断法》出台较晚,因此有机会借鉴发达国家先进的反垄断立法经验和模式。如《反垄断法》第二条规定了该部法律具有域外适用的效力,这是借鉴了美国反托拉斯法的效果原则。第四十五条借鉴了欧盟竞争法的承诺制度,规定了在反垄断执法机构调查涉嫌垄断行为时,被调查的经营者如果承诺在反垄断执法机构认可的期限内采取具体措施并能够消除该可能垄断行为所导致后果的,反垄断执法机构可以决定中止调查。为了提高反垄断执法的效率,及时查处垄断行为,第四十六条借鉴了美国反托拉斯法的宽恕政策,即经营者主动向反垄断执法机构报告达成垄断协议的有关情况并提供重要证据的,反垄断执法机构可以酌情减轻或者免除对该经营者的处罚。在如何认定和推定市场支配地位以及卡特尔豁免方面,更多地借鉴了德国法的规定。在借鉴外国经验的基础上,我国《反垄断法》的另一大特色就是充分尊重中国国情,比如规定在制止垄断、保护消费者利益的同时,对于关系到国民经济命脉和国家安全的行业以及依法实行专营专卖的行业,国家要保护和鼓励,支持它们做大做强,维护国家经济安全并提升国际竞争力。反垄断法立足于中国国情,要与社会主义市场经济体制相适应,在竞争政策和产业政策之间作好平衡。

2. 《反垄断法》规制的主要内容

(1)禁止垄断协议

垄断协议是指经营者之间订立的以排挤、限制竞争为目的或者能够产生这种影响的协议,包括书面协议和口头协议。① 我国《反垄断法》第十三条和第十四条分别规定了横向垄断协议和纵向垄断协议两种。横向垄断协议一般是具有竞争关系的经营者之间达成的,而纵向垄断协议是处于不同的生产环节或经营阶段的经营者之间达成的,比较典型的情况发生在存在上下游关系的企业。《反垄断法》第十三条规定,具有竞争关系的经营者不得达成下列垄断协议:① 固定或者变更商品价格;② 限制商品的生产数量或者销售数量;③ 分割销售市场或者原材料采购市场;④ 限制购买新技术、新设备或者限制开发新技术、新产品;⑤ 联合抵制交易;⑥ 国务院反垄断执法机构认定的其他垄断协议。但是,考虑到经营者之间有时候限制竞争是有利于提高经济效率的,《反垄断法》第十五条对于一些限制竞争的协议作出了豁免的规定②,比如为了改进技术、研究开发新产品、保障对外贸易中的正当利益等。该法第十四条规定,禁止经营者与交易相对人达成下列垄断协议:① 固定向第三人转售商品的价格;② 限定向第三人转售商品的最低价格;③ 国务院反垄断执法机构认定的其他垄断协议。

(2) 滥用市场支配地位

市场支配地位作为一种经济现象,反映了企业与市场的关系。具有市场支配地位本身并不违法,企业可以通过国家授权或者知识产权等合法方式取得市场支配地位,但是如果企业滥用市场支配地位,损害市场秩序和消费者利益,那么将会受到反垄断法的规制。我国《反垄断法》对市场支配地位的定义及认定、推定市场支配地位应考虑的因素③作了规定。第十七条第二款规定,市场支配地位是指经营者在相关市场内具有能够控制商品价格、数量或者其他交易

---

① 参见王晓晔:《中华人民共和国反垄断法评析》,载《法学研究》2008年第4期。
② 《反垄断法》第十五条:"经营者能够证明所达成的协议属于下列情形之一的,不适用本法第十三条、第十四条的规定:(一)为改进技术、研究开发新产品的;(二)为提高产品质量、降低成本、增进效率,统一产品规格、标准或者实行专业化分工的;(三)为提高中小经营者经营效率,增强中小经营者竞争力的;(四)为实现节约能源、保护环境、救灾救助等社会公共利益的;(五)因经济不景气,为缓解销售量严重下降或者生产明显过剩的;(六)为保障对外贸易和对外经济合作中的正当利益的;(七)法律和国务院规定的其他情形。属于前款第一项至第五项情形,不适用本法第十三条、第十四条规定的,经营者还应当证明所达成的协议不会严重限制相关市场的竞争,并且能够使消费者分享由此产生的利益。"
③ 《反垄断法》第十八条:"认定经营者具有市场支配地位,应当依据下列因素:(一)该经营者在相关市场的市场份额,以及相关市场的竞争状况;(二)该经营者控制销售市场或者原材料采购市场的能力;(三)该经营者的财力和技术条件;(四)其他经营者对该经营者在交易上的依赖程度;(五)其他经营者进入相关市场的难易程度;(六)与认定该经营者市场支配地位有关的其他因素。"

条件，或者能够阻碍、影响其他经营者进入相关市场能力的市场地位。第十八条和第十九条分别规定了认定具有市场支配地位时应当考虑的因素以及如何推定这种地位。这种推定的做法是借鉴了德国法的规定，可以提高当事人的预见性和法律稳定性、可操作性。但是，这种推定不是法定的，当事人可以通过自证推翻对其的推定。第十七条规定了禁止具有市场支配地位的经营者从事下列滥用市场支配地位的行为：① 以不公平的高价销售商品或者以不公平的低价购买商品；② 没有正当理由，以低于成本的价格销售商品；③ 没有正当理由，拒绝与交易相对人进行交易；④ 没有正当理由，限定交易相对人只能与其进行交易或者只能与其指定的经营者进行交易；⑤ 没有正当理由搭售商品，或者在交易时附加其他不合理的交易条件；⑥ 没有正当理由，对条件相同的交易相对人在交易价格等交易条件上实行差别待遇；⑦ 国务院反垄断执法机构认定的其他滥用市场支配地位的行为。同时，该法第五十五条规定，经营者依照有关知识产权的法律、行政法规规定行使知识产权的行为，不适用本法；但是，经营者滥用知识产权，排除、限制竞争的行为，适用本法。由此可看出，即使企业以享有知识产权进行抗辩，也不能获得绝对豁免。

(3) 经营者集中

经营者集中对市场经济发展而言是一把双刃剑。一方面，经营者集中有利于产生规模效益，促进系统化与结构性生产，通过扩大生产规模降低成本，以实现边际效益，从而有利于提高企业效率和竞争力。另一方面，在垄断利润的诱惑下，企业具有无限扩大规模和扩大市场份额以实现事实垄断地位的自然倾向，如果允许它们无限制地并购其他企业，不可避免地会消灭市场上的竞争者，导致垄断性的市场结构。① 为了限制可能的垄断行为，《反垄断法》专章规定了经营者集中条款。第二十条规定，经营者集中的方式除了最为典型的经营者合并外，还有其他间接取得控制权的方式，包括通过取得股权或资产的方式取得对其他经营者的控制权、通过合同等方式取得对其他经营者的控制权或能够对其他经营者施加决定性影响。我国对经营者集中的控制采用的是事前标准，即达到国务院规定的申报标准的经营者集中必须进行事先申报，否则不允

---

① 参见王晓晔：《反垄断法——中国经济体制改革的里程碑》，载《法制日报》2007年9月2日。

许实施集中,同时也规定了一些特殊情形可以免于申报。① 反垄断执法机构接到申报后进行审查时,要考虑经营者的市场份额和市场控制力、相关市场集中度等诸多因素,② 对于具有或者可能具有排除、限制竞争效果的,应该作出禁止集中的决定。同时考虑到经济生活的复杂性,对于经营者能够证明集中对竞争产生的有利因素明显大于不利因素或者符合社会共同利益的,也可以作出不予禁止的决定,并可以附加一些限制性条件以减少对竞争产生的不利影响。

(4) 行政垄断

我国《反垄断法》出台之前,对于是否要将行政垄断纳入其中存在着很大的争议。行政垄断在我国的主要表现就是行业垄断和地方保护主义。行业垄断是指政府及其所属部门滥用行政权力,限制经营者市场准入,排斥、妨碍或者限制竞争。特别表现为一些集行政管理和生产经营于一体的行政性公司、承担着管理行业任务的大企业集团以及一些挂靠在某个部门享有优惠待遇的企业。这些企业凭借政府给予的特权,有着一般企业所不可能具有的竞争优势,在某些产品的生产、销售或者原材料的采购上处于人为的垄断地位,从而不公平地限制了竞争,这种现象被称为"权力经商"。地方保护主义主要表现为地方政府禁止外地商品进入本地市场,或者阻止本地的原材料销往外地,由此使全国本应统一的市场被分割成一个个狭小的地方市场。③ 一些政府部门和行业监管机构通常以维护国家利益为借口来保护国有企业和地方企业,但是实际上这些行政垄断行为并不是政府维护社会经济秩序而进行的社会管理,也不是政府履行宏观调控职能而实施的宏观政策、产业政策等经济政策。法学界有学者主张,基于反垄断法面临的现实情况,我国反垄断法制建设不仅应当把禁止行政垄断作为其实体法的一个重要内容,而且当前还应当将此作为反垄断执法的最重要任务。但也有学者认为,传统反垄断法只是调整企业的限制竞争行为,政府部门的限制竞争行为并非反垄断法应当规制的对象,在行为发生重合时应由

---

① 《反垄断法》第二十二条:"经营者集中有下列情形之一的,可以不向国务院反垄断执法机构申报:(一) 参与集中的一个经营者拥有其他每个经营者百分之五十以上有表决权的股份或者资产的;(二) 参与集中的每个经营者百分之五十以上有表决权的股份或者资产被同一个未参与集中的经营者拥有的。"

② 《反垄断法》第二十七条:"审查经营者集中,应当考虑下列因素:(一) 参与集中的经营者在相关市场的市场份额及其对市场的控制力;(二) 相关市场的市场集中度;(三) 经营者集中对市场进入、技术进步的影响;(四) 经营者集中对消费者和其他有关经营者的影响;(五) 经营者集中对国民经济发展的影响;(六) 国务院反垄断执法机构认为应当考虑的影响市场竞争的其他因素。"

③ 参见王晓晔:《王晓晔论反垄断法》,社会科学文献出版社2010年版,第11页。

第六章
反垄断法治的不断成熟

行政法去调整。① 为了避免自由竞争导致的垄断，需要国家在竞争中充当中立的裁判者角色，但是我国经济生活中的很多现象表明，限制竞争的部分力量来源于政府。比如，国务院办公厅转发的经贸委等部门的第38号文件和第72号文件中规定，除了中石油和中石化外，不允许其他企业从事成品油的批发业务，中石油和中石化享有石油产品零售的专营权。这些国企垄断的行业和自然垄断行业滥用行政权力谋取利益，损害消费者利益，引发社会公众普遍的不满。

虽然在《反垄断法》出台前夕我国的经济体制改革已经历时近三十年，然而由于多年的计划经济思想以及市场不成熟的影响，政府参与市场竞争并滥用行政权力的现象仍然很常见。在第十届全国人大常委会审议反垄断法草案会议上，全国人大代表刘佩琼指出："中国要成为一个经济强国，要参与国际竞争，就要通过立法打破地方保护主义。如果不打破地方保护，我们的市场就是局限的，就不是一个统一的大市场。如果我们的企业在国内市场都走不通，如何走向世界？"② 《反垄断法》颁布之前，对于行政垄断主要是由《反不正当竞争法》规制。1993年《反不正当竞争法》第七条规定："政府及其所属部门不得滥用行政权力，限制他人购买其指定的经营者的商品，限制其他经营者正当的经营活动。政府及其所属部门不得滥用行政权力，限制外地商品进入本地市场，或者本地商品流向外地市场。"遗憾的是，该规定并没有起到规制行政垄断的作用，究其原因是缺少权威的执法机关。该法第三十条规定，政府滥用行政权力限制竞争的，由上级机关责令改正，情节严重的由同级或上级机关对直接责任人员给予行政处分。在《反不正当竞争法》颁布后的十多年中，我们很少听到有上级机关对下级机关滥用行政权力限制竞争的行为责令改正或给予行政处分，该规定形同虚设。

2007年通过的《反垄断法》第八条规定："行政机关和法律、法规授权的具有管理公共事务职能的组织不得滥用行政权力，排除、限制竞争。"对于什么是滥用行政权力，排除、限制竞争的行为，该法第五章专门作了规定，包括强制交易，限制商品在地区间的自由流通，排斥或者限制外地经营者参加本地

---

① 参见王晓晔主编：《经济全球化下竞争法的新发展》，社会科学文献出版社2005年版，第23页。

② 参见《第十届全国人大常委会第二十八次会议简报》，全国人大代表刘佩琼发言，2007年6月25日。

的招标投标活动,排斥或者限制外地经营者在本地投资或者设立分支机构,强制经营者从事垄断行为,制定排除、限制竞争的规定。将行政垄断作为《反垄断法》的规制对象,体现了我国反对行政垄断的决心和态度,这将提高各级政府的反垄断意识,也为理论界的争议画上句号。但是,该法第五十一条第一款规定:"行政机关和法律、法规授权的具有管理公共事务职能的组织滥用行政权力,实施排除、限制竞争行为的,由上级机关责令改正;对直接负责的主管人员和其他直接责任人员依法给予处分。反垄断执法机构可以向有关上级机关提出依法处理的建议。"《反垄断法》将行政垄断的执法权交给了上级机关,而不是反垄断执法机构。这一规定遭到了很多人的批评,使得《反垄断法》的威力大打折扣。

三、《反垄断法》实施过程中存在的问题

从 1994 年开始起草到 2007 年审议通过,《反垄断法》历时 13 年后最终出台。但是,由于制定期间各方为争夺利益矛盾重重,因此这部法律也不可避免地存在着妥协、不完善的地方。比如,是否对于所有行业平等对待、执法机构是否让位于行业监管部门、是否将行政垄断纳入《反垄断法》的规制范围等问题,虽然最终《反垄断法》将这些内容纳入了规制范围,但是规定得过于笼统、模糊,导致实践中运用效果大打折扣。《反垄断法》的这些问题也随着其施行过程的推进而暴露出来。

(一) 关于反垄断立法目的的争论

《反垄断法》第一条规定:"为了预防和制止垄断行为,保护市场竞争,提高经济运行效率,维护消费者合法权益和社会公共利益,促进社会主义市场经济健康发展,制定本法。"其中涉及了三重法益保护目的,直接目的是保护市场经济、提高经济运行效率,更进一步地保护消费者合法权益,以维护社会公共利益为最终目的。在多元的法益保护中,存在最大争议的是社会公共利益。这个概念本身具有较大的抽象性,而且该法第十五条和第二十八条也规定了当事人可以以社会公共利益为由申请垄断协议和排除、限制竞争的经营者集中的豁免。企业一般追求盈利为目的,如果某家企业宣称自己实施的某项行为是为了社会公共利益,几乎没有人会相信的。实际上,"社会公共利益"这个例外

是为国有企业预留的。《反垄断法》第五条规定:"经营者可以通过公平竞争、自愿联合,依法实施集中,扩大经营规模,提高市场竞争能力。"第七条第一款规定:"国有经济占控制地位的关系国民经济命脉和国家安全的行业以及依法实行专营专卖的行业,国家对其经营者的合法经营活动予以保护,并对经营者的经营行为及其商品和服务的价格依法实施监管和调控,维护消费者利益,促进技术进步。"这些条款非常明显地体现了对国有企业的特殊保护。当然,我国处于经济转型的特殊时期,对国有经济倾斜保护无可厚非。尽管维护消费者利益和社会公共利益的规定是并列的,但考虑到我国的反垄断执法机构缺乏足够的独立性,因此当消费者利益与国有企业的利益出现冲突时,执法机构可能会选择维护国有企业的利益而忽视消费者利益。

(二)缺乏统一的反垄断执法机构

根据《反垄断法》相关规定,商务部、国家工商总局和国家发改委三家分头执法。商务部依法对经营者集中行为进行反垄断审查,指导企业在国外的反垄断应诉工作,开展双边乃至多边的竞争政策交流与合作。国家工商总局负责垄断协议、滥用市场支配地位以及滥用行政权力排除、限制竞争方面的反垄断执法工作(价格垄断除外),并为此设立了反垄断与反不正当竞争执法局。国家发改委负责查处价格垄断行为,内设了价格监督检查与反垄断局,负责起草价格监督检查的法规草案以及规章,指导价格监督检查工作,组织实施价格检查,依法查处商品价格、服务价格、国家机关收费中的价格违法行为,依法查处价格垄断行为,按规定受理价格处罚的复议案件和申诉案件。[①] 从上述职责描述中可以看出,三足鼎立的局面一开始就已经设定好。这种多头执法的设置执法成本高,职责分工存在交叉,不可避免地存在着利益争夺和责任推诿的情形。反垄断执法机构不仅要查处市场上的巨头企业和垄断企业的违法行为,还要监督政府部门的行政垄断行为,如此重担必须要求反垄断执法机构具有极高的权威性和独立性,但是三家执法机构只是附属于国务院部委,级别并不是很高,权威性难以保证,这大大减损了《反垄断法》的执行效力。考虑到多头执法的弊病,《反垄断法》第九条规定设立反垄断委员会,负责组织、协调、指

[①] 参见孙晋主编:《中国竞争法与竞争政策发展研究报告(1998—2015)》,法律出版社 2016 年版,第 366 页。

导反垄断工作。该机构的性质为议事协调机构，通过拟定竞争政策、发布评估报告进行指导，并不具有实质行政权力，因此作用有限。2018年的国务院机构改革方案充分说明反垄断多头执法机制需要整改。第十三届全国人民代表大会第一次会议批准了国务院机构改革方案，方案中提出将国家工商总局的职责、国家发改委的价格监督检查与反垄断执法职责、商务部的经营者集中反垄断执法以及国务院反垄断委员会办公室等的职责整合，组建国家市场监督管理总局，作为国务院直属机构。国家市场监督管理总局负责市场综合监督管理，统一登记市场主体并建立信息公示和共享机制，组织市场监管综合执法工作，进行反垄断统一执法以及规范和维护市场秩序等。

（三）反垄断执法与行业监管的协调

我国的电信、电力、邮政、石油等领域都设立了主管部门或行业监管机构。这些行业都是垄断行业，当这些行业出现了滥用行政权力排除、限制竞争的行为时，由主管部门进行管制还是由反垄断执法机构管制，对此《反垄断法》没有明确规定。在我国《反垄断法》制定过程中，对这一问题其实是存在争议的，虽然该法草案曾经在"对本法规定的垄断行为，有关法律、行政法规规定应当由有关部门或者监管机构调查处理的，依照其规定"之后，还规定了"有关部门或者监管机构应当将调查处理结果通报国务院反垄断委员会。有关部门或者监管机构对本法规定的垄断行为未调查处理的，反垄断执法机构可以调查处理。反垄断执法机构调查处理时应当征求有关部门或者监管机构的意见"，但最后通过的《反垄断法》却删除了这一规定。① 因此，在这个问题仍然存在但缺乏明确规定的情况下，反垄断执法机构执法与行业监管部门的管制冲突更多地是依靠国务院反垄断委员会的协调，而无确定的分工。但是，在这些行业与消费者出现利益冲突时，若由行业监管机构处理，其中立性无法得到保证。立法者没有对反垄断执法机构和监管机构的权力划分作出规定，对行政机关来说"法无授权即禁止"，而行业监管机构对于自己手中的权力和利益又是寸步不让，因此反垄断执法机构取得垄断行业的管辖权存在一定的困难。我们可以借鉴其他国家的经验，将对垄断行业的管辖权转交给反垄断执法机构，明确反垄断执法机构的权力，这样不仅可以减少不同机构之间的矛盾冲突，最

---

① 参见王先林：《垄断行业监管与反垄断执法之协调》，载《法学》2014年第2期。

重要的是有利于构建全国统一的市场秩序。

（四）反垄断执法与司法的协调

反垄断执法与司法理应是一体两面的关系，作为反垄断法实施的两个重要方面，执法与司法都应当遵从《反垄断法》和相关法律、法规的规定，共同维护市场竞争秩序。但从我国的反垄断实践来看，执法机构与司法机构对于反垄断实践中的一些问题的认识并不统一，存在一定的观点冲突。例如，在纵向垄断协议认定的问题上，执法机构倾向于"违法推定"，法院则更倾向于要求证明协议存在排除、限制竞争的效果。而一旦执法与司法产生矛盾，首当其冲的是《反垄断法》的遵从度和实施效果。企业面对相互矛盾的观点无法预测行为结果，亦会影响企业的正常经营活动。执法与司法之间产生冲突的原因不外乎以下两点：一是反垄断案件往往仅有执法机构介入，只有少数案件会诉诸法院，而法院也未设立专门的反垄断法庭，裁判的法官往往是商事庭法官。但反垄断案件的审判思路不同于一般的经济案件，其中存在着较为复杂的与市场相关的事实认定环节，法官与反垄断执法机构人员所积累的事实经验有差异，这也会导致两者的判断思维产生分歧。二是执法机构与司法机构之间缺少固定、可靠的沟通对话机制。随着反垄断实践的推进，法官对执法机构经手的反垄断案件的接触与了解较少，更倾向于参考过往的法院裁判案例。

四、《反垄断法》发展总结

自 2008 年 8 月 1 日《反垄断法》生效以来，我国反垄断法律制度的实施已经走过十几年的历程。回首过往，我们欣喜地看到，《反垄断法》从无到有，从陌生到熟悉，从市场秩序的参与者到市场秩序的守护者，作为维护竞争的重要工具，它已经得到了认可，我国的反垄断执法机构也成为国际上重要的执法力量。《反垄断法》颁布的最初几年，争论点还集中在竞争政策与产业政策何者更为重要的基础问题上。由于我国的产业政策一直处于主导地位，当竞争政策与其产生冲突时，往往要让位于产业政策的发展。随着改革开放的深入和市场经济的快速发展，竞争政策开始和产业政策处于并重的地位。而近年来，竞争政策比产业政策更重要的观点也开始占据上风，在市场这只"看不见的手"的主导下，《反垄断法》的重要地位愈发凸显。

(一) 配套措施为《反垄断法》保驾护航

《反垄断法》颁布之初出现了很多批评的声音,由于部分条文的概括性和抽象性,它甚至被有的学者指责为"没有牙齿的老虎"。但根据过去十年的执法情况看,国务院、反垄断委员会和三个反垄断执法机构都制定了大量配套的法规、指南和规章等。而在这些法规、指南和规章的协助下,《反垄断法》体现了较强的操作性和实用性,反垄断执法得以积极有效地展开。《反垄断法》生效的当天,国务院颁布了《国务院关于经营者集中申报标准的规定》。2009年5月,反垄断委员会出台了《关于相关市场界定的指南》。在反垄断委员会的组织和协调下,三家反垄断执法机构各司其职,起草了《关于认定经营者垄断行为违法所得和确定罚款的指南》《关于垄断协议豁免一般性条件和程序的指南》《关于垄断协议豁免一般性条件和程序的指南》《关于汽车业的反垄断指南》《横向垄断协议案件宽大制度适用指南》和《反垄断案件经营者承诺指南》等。2009年5月,国家工商总局公布了《工商行政管理机关查处垄断协议、滥用市场支配地位案件程序规定》。2010年12月,国家工商总局公布了《工商行政管理机关禁止垄断协议行为的规定》《工商行政管理机关禁止滥用市场支配地位行为的规定》和《工商行政管理机关制止滥用行政权力排除、限制竞争行为的规定》。2010年12月,国家发改委出台了《反价格垄断的规定》和《反价格垄断行政执法程序规定》两部配套反垄断法实施的部门规章。2015年4月,国家工商总局公布了《关于禁止滥用知识产权排除、限制竞争行为的规定》。2012年1月,最高人民法院公布了《关于审理因垄断行为引发的民事纠纷案件应用法律若干问题的规定》,这是目前关于反垄断诉讼唯一的司法解释。

(二) 执法成果丰硕

从《反垄断法》生效至2017年上半年,商务部审结了1936件经营者集中申报案件,其中30件附条件批准,2件被禁止,其余都是无条件批准;国家工商总局竞争执法局相关负责人介绍,工商和市场监管部门立案查出的涉嫌垄断案件有82件,结案50件,涉及医药、烟草等多个行业。国家发改委致力于推动公平竞争审查制度的全面实施,建立了由28个部门参加的部际联席会议制度。根据国家发改委网站上公开的信息,截至2017年7月,共有近70个反垄断案例。高通公司滥用市场支配地位案、利乐公司滥用市场支配地位案、茅台五粮液价格垄断案、美国可口可乐公司境内收购中国汇源果汁集团有限公司案、三星等液晶面板价格垄断案等引起各界关注。

就垄断行为分类来看，我国首例纵向垄断协议案——锐邦诉强生纵向垄断协议纠纷案，对垄断协议构成要素的"相关市场""市场地位""行为动机""竞争效果"等进行了分析，对后续裁判起到了示范作用。典型的滥用市场支配地位案例如2013年11月的高通反垄断案。该案中，国家发改委对高通公司在芯片领域的滥用市场支配地位行为发起了反垄断调查，最终对高通公司处以2013年度市场销售额8%的罚款，高达60.88亿元。典型的经营者集中案例如美国辉瑞公司收购美国惠氏公司案。本案交易涉及的相关地域市场是中国大陆地区市场，由我国商务部发起经营者集中审查，也是《反垄断法》实施以来商务部作出的首例附条件批准经营者集中案例。典型的行政垄断案例如2011年广州某市政府滥用行政权力推广GPS案。该市政府在政府会议上决定推广应用GPS汽车行驶记录仪，并指定特定GPS运营商为市级监控平台，在后续工作开展中，要求交警部门对未接入该特定平台的车辆一律不予通过车辆年审，严重破坏了当地GPS市场竞争秩序。最后，广东省政府作出行政复议决定，撤销了该市政府的具体行政指令。该案也是我国《反垄断法》实施后，首例工商机关依据《反垄断法》相关规定，建议纠正地方政府滥用行政权力排除、限制竞争行为的案例。不过值得注意的是，工商机关对政府行政行为仅依法有建议权，并没有强制效力，如果地方政府不予配合，企业公平竞争的合法权利仍然无法得到保障。

从裁判案例的数量来看，自《反垄断法》实施以来，法院审理的反垄断案件也在逐年增加。2008年和2009年，法院系统审理的反垄断案件一审和二审案件分别为10件和6件，2010年33件，2011年18件，2012年55件，2013年72件，2014年86件，2015年156件。2017年反垄断执法案例呈现更多零突破：国内医疗器械领域反垄断第一案产生，盐业专营企业滥用市场支配地位反垄断处罚第一案在内蒙古产生，供电公用企业滥用市场支配地位反垄断调查第一案在江苏产生。[①] 奇虎公司与腾讯公司滥用市场支配地位纠纷案、锐邦诉强生纵向垄断协议纠纷案、华为技术有限公司与IDC公司滥用市场支配地位纠纷案、四家防伪企业起诉国家质检总局案等作为具有重大影响的司法案件，

---

① 参见李远方：《反垄断法十年迎修订 执法力度有望加大》，载《中国商报》2017年9月13日。

突出体现了我国在反垄断司法方面取得的成就。

(三) 针对行政垄断的事前审查制度

2016年6月14日国务院发布了《关于在市场体系建设中建立公平竞争审查制度的意见》（以下简称《意见》），这是我国反垄断法和竞争政策发展中的一个里程碑。在这之前，政府往往披着合法的外衣，通过立法活动限制竞争，制定具有垄断性质的规定，而《反垄断法》条文中对于行政垄断的规制是一种事后的监督和救济，即使该行政垄断行为被纠正了，也已经对竞争产生了不良影响。为规范政府有关行为，防止出台排除、限制竞争的政策措施，逐步清理、废除妨碍全国统一市场和公平竞争的规定和做法，国务院出台了该意见。竞争审查制度是对排除、限制竞争规定的事先监督。《意见》指出，审查的对象是行政机关和法律、法规授权的具有管理公共事务职能的组织（以下统称"政策制定机关"）制定的市场准入、产业发展、招商引资、招标投标、政府采购、经营行为规范、资质标准等涉及市场主体经济活动的规章、规范性文件和其他政策措施。在审查方式上，规定经审查认为不具有排除、限制竞争效果的，可以实施；具有排除、限制竞争效果的，应当不予出台，或调整至符合相关要求后出台；没有进行公平竞争审查的，不得出台；制定政策措施及开展公平竞争审查应当听取利害关系人的意见，或者向社会公开征求意见。《意见》还对审查标准以及推动公平竞争审查制度的有序实施和保障措施作出了细致的规定。《意见》的出台是我国竞争政策框架基本确立的一个重要标志，也是我国市场经济体制走向成熟的决定性事件，这是全面构建国家竞争政策体系的关键之举，也是规制行政垄断的制度创新之举。[①] 随后，国家发改委、财政部、商务部、国家工商总局、国务院法制办联合印发《公平竞争审查制度实施细则（暂行）》，在审查机制和程序、审查标准、例外规定、社会监督、责任追究等方面，对公平竞争审查制度进行了解释和细化。而在2020年《〈反垄断法〉修订草案（征求意见稿）》中，公平审查制度也被列入了正文，虽然尚未明确，但相信公平审查制度被法律落实指日可待。

---

① 参见徐士英：《国家竞争政策体系基本确立的重要标志——有感于〈公平竞争审查制度〉的实施》，载《中国价格监管与反垄断》2016年第7期。

（四）多头执法局面的终结

2018年3月，根据第十三届全国人民代表大会第一次会议批准的国务院机构改革方案，将国家工商行政管理总局的职责、国家质量监督检验检疫总局的职责、国家食品药品监督管理总局的职责、国家发展和改革委员会的价格监督检查与反垄断执法职责、商务部的经营者集中反垄断执法以及国务院反垄断委员会办公室等的职责整合，组建国家市场监督管理总局，作为国务院直属机构。2018年4月10日，国家市场监督管理总局正式挂牌，结束了备受批评的执法三驾马车并行的局面。这将大大提高执法效率，减少之前多头执法导致的利益争夺和责任推诿问题。

不过，反垄断执法机构的合并才刚刚起步，过去长时间的多头执法形成的不同机构的偏好、风格、执法习惯等差异仍然有待磨合，当务之急是在机构融合后加快市场监督管理总局的内部整合，由机构的整合上升成为执法能力、执法经验的整合，使原先的三家机构之间优势互补，才能真正实现反垄断执法能力的提升。

（五）简易程序的引入

2014年2月，商务部颁布了《关于经营者集中简易案件适用标准的暂行规定》，对哪些情形认定为简易案件、哪些情形不认定为简易案件以及认定后的再撤销作了规定。欧盟委员会在实践了10年后才出台简易程序，而我国在短时间内就制定了该项程序，这是《反垄断法》实施过程中取得的重大成就。简易程序的出台不仅减少了企业提交申报材料的数量，还节省了企业等待审批的时间，对于商务部和企业而言都在很大程度上节约了资源，大大提高了经营者集中审查的效率。

（六）国际交流与合作的加强

我国三家反垄断执法机构同美国、欧盟等签订了合作谅解备忘录。如国家工商总局和英国公平交易局签订了合作谅解备忘录，根据该合作谅解备忘录，双方将在各自国家法律允许的范围内，交流竞争和消费者权益保护领域的政策、法律、法规以及立法、执法进展情况；交流各自国家的竞争和消费者权益保护制度；分享在维护市场经济秩序等方面的经验；开展人员交流与培训，并定期修订具体合作项目。① 备忘录可以为我国反垄断执法机构与国外反垄断执法机构的合作奠定法律基础。除了备忘录外，执法机构还定期选派人员到国外反垄断执法机构进行交流学习、与国外反垄断执法机构组织研讨会、参加各种国际性的反垄断法会议等。这些行动有利于向国际社会解释我们的反垄断执法原则，有利于减少国际贸易摩擦。

五、《反垄断法》需要与时俱进

我国的《反垄断法》经过十余年的酝酿才最终出台，在酝酿过程中已经吸收了当时世界上主流的反垄断理念和内容，具有一定的科学性。但是，这部法律也存在着不尽如人意的地方，在前文中已有详述。随着市场经济发展的愈加成熟，对反垄断法内容科学性的要求也越来越高。国外的反垄断法一般三到五年就会修订一次，俄罗斯甚至是一年一改。在我国经济高度发展的背景下，《反垄断法》实施已经十余年，目前有关部门已经启动了《反垄断法》的修订工作。2020 年 1 月 2 日，国家市场监督管理总局公布了《〈反垄断法〉修订草案（公开征求意见稿）》，向社会公开征求意见。这是 2008 年《反垄断法》生效以来，官方首次发布修订草案并公开征求意见。这意味着，随着社会经济发展与经济理念的变化，《反垄断法》的重要性愈发明显，也需要随着时代发展而不断完善、进步。

（一）数据经济时代需要对《反垄断法》作出修改

过去十余年间，我国的反垄断规则主要用于解决工业经济时代的竞争问题，对于解决数据经济时代的竞争问题则有一定的局限性和滞后性。首先，反垄断的工作应该要突破传统的实体市场。目前电商和互联网企业发展迅速，市场容量与实体市场相当，线上市场所占份额越来越高。架构在信息网络中的线上交易有着传统实体市场交易所不具备的特点，而线上市场也存在着较高的垄断行为发生风险，反垄断执法介入这一领域并有针对性地更新执法手段的重要性不言而喻。其次，在《反垄断法》实施的十余年中，对传统行业执法力度较

---

① 参见《工商总局与英国公平交易局签署合作谅解备忘录》，http://www.gov.cn/gzdt/2011-03/24/content_1830933.htm，2020 年 2 月 19 日访问。

大,例如专营专卖的烟草、自然垄断的水电、大宗物件的电器、汽车等领域,在这些传统实体经济行业,垄断行为受到了严格限制和打击;但是仍然有一些行业,反垄断执法机构还没有涉及或是涉及较浅,例如金融领域等。因此,反垄断法的管辖范围需要拓宽。此外,当前全球新技术、新业态发展过程中产生的反垄断问题正在增加,5G、区块链、物联网等新兴技术高速发展,各行各业线上平台不断出现,新的反垄断问题也层出不穷,如何在优化营商环境的政策背景下,有效规制可能出现的新形式的垄断行为,加强知识产权保护,促进社会经济规范、高效发展,也是当下反垄断执法机构所要面对的重要问题。

上述问题,反垄断执法机构在新的技术和行业领域中,必须提升执法能力。而在立法层面上,反垄断法律制度也需要与时俱进,积极应对新兴技术的挑战。在数字经济的背景下,流量劫持、算法共谋、数据垄断等新技术性问题不断涌现,新时代下的反垄断法理应作出回应。就数据垄断而言,在大数据时代,数据的重要性愈发凸显,被称为"新时代的石油",但与传统资源不同的地方在于,数据并非传统的竞争性资源,换言之,一方对数据的占有使用并不妨碍他方对同一数据的使用,而数据本身的获取并不需要太高的成本。数据本身只是用户行为的数字体现,因此从表面含义来看,"数据垄断"似乎是一个伪命题。但是,如果摆脱单纯的数据概念,更进一步到"经过加工的数据"上,就能理解大数据时代的数据垄断问题,及通过强大的数据分析能力才能真正发挥数据集合的作用,从而体现数据垄断的危害性。以支付数据而言,经营者能从消费者的支付数据中分析出消费者的消费偏向,甚至能通过消费者的消费习惯进一步了解消费者的日常行为模式,进而从支付数据在商品销售领域的用途扩展到对消费者个人信息的汇总。数据垄断可能带来的危害也是国外反垄断执法机构对谷歌、Facebook等依赖数据的现代信息技术企业的并购行为进行严格限制,并屡次发起反垄断调查的原因。对此,此次《反垄断法》修订草案中也增设了有关互联网领域的条款。针对互联网平台之间日益严重的"垄断"竞争,草案中特别指出,认定互联网领域的经营者具有市场支配地位,还应当考虑网络效应、规模经济、锁定效应、掌握和处理相关数据的能力等因素。而这一规定的产生也是基于现实情况的需要,此前,各类电商平台、外卖平台要求商户"二选一"的反竞争行为频发,新规也便于更好地认定平台的市场支配地位。

(二) 程序和实体性内容需要进一步明确、完善

《反垄断法》条文有些是原则性的规定，在执行中存在着理解不一致或者难以实际执行的情况。在程序方面，要继续推进程序规则的建立和完善。目前的《反垄断法》虽然有涉及程序方面的规则，但都是与实体规则结合在一起，相较其他国家的反垄断法也比较简单。然而执法程序中所包含的公正、效率这些基本法律价值对于实现《反垄断法》的目标而言是十分重要的，我们有必要将其作为研究重点，进一步细化规则，以增强程序规则的参与性和公开性。而在实体层面，《反垄断法》也存有不足，比如实践中存在着促成垄断协议的达成和实施的行为，但是法律未作规定，仅仅是规定了横向垄断协议和纵向垄断协议本身。又如一些企业以拥有"正当理由"为由实施某些行为并请求予以豁免，对于什么是正当理由有必要明确，以减少执法随意性。因此，在实体和程序方面，《反垄断法》都需要进行完善。

此次《〈反垄断法〉修订草案（公开征求意见稿）》中就充分体现了立法机关在程序性和实体性内容两方面进行完善的想法。首先，征求意见稿首次引入了公平竞争审查制度，明确要求规范政府的行政行为，防止出台排除、限制竞争的政策措施，并在国务院反垄断委员会的职能中增设了协调公平竞争审查工作。其次，补充了垄断协议的责任主体，增设规定禁止经营者组织、帮助达成垄断协议，并规定了相应的法律责任。再次，完善了经营者集中认定标准，细化解释了"控制权"，扩大了对经营者集中的审查范围，完善经营者集中申报标准相关规定，规定反垄断执法机构可以依据经济发展水平制定并修改申报标准，实现对经营者集中审查的与时俱进。又次，明确了执法机构在调查涉嫌垄断行为时，可以要求公安机关进行协助，对于反垄断执法实践中存在的执法可行性的现实问题，提出了可行的解决方案。最后，整体上大幅提升了对违法行为的惩处力度。具体而言：（1）对垄断协议，尚未实施的经营者处罚限额由五十万元提高至五千万元，对行业协会的处罚限额由五十万元提高至五百万元；（2）对经营者集中，应当申报而未申报即实施的，罚款限额由五十万元调整为上一年度销售额百分之十以下；（3）妨碍反垄断调查的，单位罚款由二十万元以下调整为上一年度销售额百分之一以下或五百万元以下，对个人罚款由二万元以上十万元以下调整为二十万元以上一百万元以下。以上是基于社会经济发展所作出的调整，可以通过惩处力度的加强促进经营者的合规动力，同时也是

在与国际反垄断执法中普遍规定的巨额赔偿与罚款逐步接轨。

此次征求意见稿基于 2008 年以来的反垄断法实践和经济社会变化，在很大程度上填补了实体规范的空缺，明晰了对垄断行为的规制模式，提升了规制力度，也针对现存的《反垄断法》中的逻辑结构性和价值取向性问题进行了调整和完善，可以说是承上启下，既总结回应了既有的问题，也对未来反垄断法执法规制作了前瞻性的补充。不过，此次征求意见稿也存在部分值得推敲之处。首先，意见稿第五十条第二款明确区分了可适用承诺制度的软性卡特尔和不可适用承诺制度的硬性卡特尔，产生了对垄断协议的区别对待，但在第十五条中却并未对两种不同的卡特尔进行体系性的划分，这可能会导致在适用承诺制度时产生法律文本内部的体系问题。其次，就经营者集中问题，意见稿规定，对未达到申报标准的经营者集中，反垄断执法机构也可以发起反垄断调查，但却未有明确标准对反垄断机构的调查进行限制。这一规定当然会加强反垄断机构对经营者集中行为的监控和规制，但也不免会让经营者承担不可预期的成本，从而阻碍企业正常的经营活动展开。对此是否应该设立细化标准，或是完善申报制度，仍然是本次修法所需要关注的问题。

（三）应对国际贸易冲突的需要

在经济全球化的背景下，跨国并购愈发普遍，随之而来的是更多的跨国垄断案件，而近年来美国等国家又开始推行贸易保护主义，在这样复杂的背景下，国家贸易冲突中的反垄断问题也应当成为我们亟须关注的焦点，而应对贸易保护主义首先需要解决反垄断执法的管辖权冲突问题。近年来，受全球经济危机的影响，反垄断执法成为部分国家实行贸易保护主义的工具，这不仅有悖于经济全球化的发展方向，也破坏了市场的公平竞争，损害了各国企业和消费者的利益。对于管辖权冲突问题，需要在修法的过程中予以重视，通过加强多边协作等方式妥善解决。另外，经济全球化和企业竞争国际化，对加强反垄断国际合作也提出新要求。随着线上经济的发展，商业平台的业务可能遍布全世界，从爱彼迎这样为人们的起居住行提供服务的房屋短租平台，到苹果、谷歌这样的世界科技巨头，大型企业的影响力在不断地扩大，跨国公司的并购业务也愈发普遍，随之而来的则是跨国垄断行为可能性的攀升。反垄断调查很可能涉及跨国跨境调查，对此，我们要加强反垄断国际交流与合作，积极参与多边反垄断协作协议，共同维护国际市场的公平竞争。

我国是一个有着长期计划经济历史的国家，虽然自 2008 年《反垄断法》生效以来，人们对于反垄断法的认识已经大大加深，但是也有一些人仍然对于反垄断法和竞争政策的理解有着片面性，对政府与市场的关系认识不清。其中，有一部分人是出于对政府之手的惯性信任和对市场的惯性不信任，有一部分人则是不肯放弃手中的权力和特权。我国市场经济体制改革在不断的深化中进入深水区和攻坚期，中共中央和国务院已经发文确定竞争政策的基础性地位。随着反垄断执法活动日渐成熟，修订后的《反垄断法》将会更加适应我国经济的需要，推动我国经济的可持续发展。

第七章
反不正当竞争法治的完善

一、竞争立法的历史回顾

反不正当竞争法起源于19世纪中期以后的欧洲,伴随工业革命和自由市场原则的确立而产生。在此前的行会(吉尔特)时代,行会以铁腕手段维护商业公平秩序,而随着行会解体和自由贸易的引入,不正当竞争也随之产生。为了保证公平竞争,防止原本的自由竞争秩序被打破,欧洲的工业化国家认为应当建立某种公平贸易规则来制止不正当竞争。1850年以后,法国的法院率先运用《法国民法典》第1382条有关侵权责任一般条款,发展出反不正当竞争的判例法体系,为商人提供防止混淆危险、模仿、诋毁、泄露秘密和寄生竞争的保护。德国开创了制定专门的反不正当竞争法的先例。英国既未确立不正当竞争诉讼,又无专门法,但其传统的衡平法和普通法可以实质性地解决一些不正当竞争问题。[①]

(一)空白阶段——否定市场竞争的存在

竞争是商品经济的客观规律,在中华人民共和国成立后相当长的一段时间内,我国在进行社会主义经济建设的过程中,实行的是全国统一集中的计划经济体制,这种经济体制的主要弊端之一就是忽视商品生产、价值规律和市场的作用。这导致人们无法真正了解竞争的实质意义,把竞争作为资本主义经济活动的特有现象,否定社会主义经济生活中存在竞争,调整竞争关系的竞争法在

---

① 参见孔祥俊:《论反不正当竞争法的竞争法取向》,载《法学评论》2017年第5期。

原本就不被重视的法制中更是无人问津,几乎是处于空白状态。①

造成上述认知是有理论根源的。马克思和恩格斯在分析资本主义经济时对竞争问题有过很多论述,历史条件和肩负的历史任务决定了他们的论述大多局限于资本主义私有制商品经济的竞争问题。马克思和恩格斯始终认为,商品生产和竞争是不可分割的,有商品必然就有竞争,但是他们预料社会主义社会不存在商品经济,因此也就不存在竞争。列宁关于竞争的论述主要是小商品生产者之间的竞争和帝国主义时期的竞争,他虽然认识到了在社会主义社会的一定阶段仍然要保留商品生产和商品流通,也就是要有竞争的存在,但是他认为这种竞争是资本家之间的竞争,是资本主义经济和社会主义经济之间的竞争,并没有明确竞争是社会主义经济的内在属性,也就未能从根本上解决社会主义条件下的商品生产和商品流通。斯大林虽然承认社会主义社会仍然存在着商品生产和商品流通,价值规律存在并发挥作用,但是他的商品经济理论是不彻底的,只是有条件地承认商品生产,不承认竞争的存在。②

(二) 孕育阶段——拉开立法序幕的《竞争十条》

中国的竞争法律制度随着改革开放序幕的拉开而开始发展起来。从1978年年底开始,改革开放拉开了中国经济转轨,即计划经济向市场经济转型的大幕,执政党倡导社会主义民主法制建设和商品经济的快速发展是我国经济转轨的制度保障和经济基础。③ 在理论指导方面,1984年党的十二届三中全会通过了《中共中央关于经济体制改革的决定》(以下简称《决定》)。《决定》是中国的经济体制改革重点由农村向城市转移的标志,大胆突破了将计划经济同商品经济对立起来的观念,明确提出要发展社会主义商品经济,商品经济的充分发展是社会主义发展不可逾越的阶段,是实现我国经济现代化的必要条件,社会主义企业并不排斥竞争。《决定》是对马克思主义经济理论的丰富和发展,为当时存在的商品生产和竞争问题指明方向。在实践方面,自从我国在农村首先开展经济体制改革以来,农村集体经济得到了空前的解放和发展,农村经济体制改革的成功鼓舞着城市经济体制改革的探索。商品经济得到了持续快速和较

---

① 参见丁邦开主编:《竞争法律制度》,东南大学出版社2003年版,第100页。
② 同上书,第101—102页。
③ 参见孙晋主编:《中国竞争法与竞争政策发展研究报告(1980—2015)》,法律出版社2016年版,第282页。

为充分的发展，有了众多真正意义上的市场主体。市场主体能够自主经营及其商品能够自由流动，这才有了真正意义上的市场竞争，且竞争机制在社会资源优化配置中扮演着越来越重要的角色。随之而来的限制竞争和不正当竞争现象越来越多，严重干扰了竞争机制发挥作用。① 故而，需要对于市场不正当竞争问题进行立法，以确保健康、稳定的市场秩序的形成。尽管中国的竞争立法起步较晚，但是在之后的发展还是比较顺利的，主要有以下几个方面的原因：一是在十一届三中全会后，党和国家十分重视法制建设，为竞争立法营造了良好的社会大环境；二是随着商品经济地位的确立和我国经济建设的迅速发展，商品开始出现供不应求的局面，市场的作用愈发重要；三是我国的改革和开放是同步进行的，国外的竞争政策和法律被介绍进来，因此我国的竞争立法就有了可以借鉴的经验。②

在 1980 年 6 月召开的全国劳动就业工作会议上，中央提出"鼓励和扶持个体经济适当发展，不同经济形式可同台竞争，一切守法个体劳动者都应受社会尊重"。1980 年 7 月 1 日，国务院常务会议通过了《国务院关于推动经济联合的暂行规定》，规定中指出要按照经济规律沟通横向联系，打破地区封锁和部门分割。这充分说明我国已经认识到遵循经济规律和维护竞争的重要性，反对垄断行为。同年 9 月，国务院批转《国家经济委员会关于扩大企业自主权试点工作情况和今后意见的报告》，报告中指出，随着扩大企业自主权试点工作的开展，一些企业开始重视发挥市场调节作用，普遍增强了经营观念、市场观念、服务观念和竞争观念。同时还指出，企业有权本着择优、竞争、联合的原则，打破地区和行业的限制，销售自销产品和择优购买生产所需的材料设备。由此看出，竞争已经作为企业生存的一项原则被逐渐落实。1980 年 10 月 17 日，国务院常务会议通过了《国务院关于开展和保护社会主义竞争的暂行规定》（以下简称《竞争十条》），这是我国第一个专门调整竞争关系的行政法规，也是我国竞争法律产生的重要标志。《竞争十条》中指出，党的十一届三中全会以来，随着调整、改革、整顿、提高方针的贯彻，特别是企业自主权的扩大和市场调节作用的发挥，竞争逐步开展起来，在我国经济生活中显示出它的活

---

① 参见孙晋主编：《中国竞争法与竞争政策发展研究报告(1980—2015)》，法律出版社 2016 年版，第 283 页。
② 参见丁邦开主编：《竞争法律制度》，东南大学出版社 2003 年版，第 103 页。

力,推动着经济的发展和技术的进步。一方面,《竞争十条》鼓励和支持正当竞争,规定"开展竞争必须扩大企业的自主权,尊重企业相对独立的商品生产者的地位","在社会主义公有制经济占优势的情况下,允许和提倡各种经济成分之间、各个企业之间,发挥所长,开展竞争","广开商品流通渠道,为竞争开辟场所"。另一方面,《竞争十条》也反对不正当竞争,规定"开展竞争必须对不合理的价格逐步进行必要的调整","必须打破地区封锁和部门分割","竞争要严格遵守国家的政策法令,采取合法的手段进行。要树立企业的信誉、企业的道德。不准弄虚作假,行贿受贿,投机倒把,牟取暴利"。同时,各级政府和主管部门要提高认识,加强对竞争的领导,扎扎实实做好服务、协调、统筹、监督工作,及时了解新情况,解决出现的新矛盾、新问题;要学会掌握经济规律,利用价格、税收、信贷、利率等经济杠杆,制定必要的经济法规,指导竞争的健康发展。[1] 现在看来,虽然《竞争十条》具有明显的时代性、局限性和不彻底性[2],但却是我国竞争立法的开端,竞争立法的序幕由此拉开。

不过这种鼓励竞争的态度在 1981 年出现了大转折,原因在于中央财政和国企改革出现了困难。在过去的三年里,为了改善工人和农民的生活水平,中央出台了一系列的政策,包括职工提薪、奖金发放、安置就业、政策退赔、农产品提价、扩大企业和地方财权等,使财政支出大幅增加。与此同时,经济的复苏势必带动建设的复兴,各地的基建规模不断扩大,渐渐扩张到了财政无法控制的地步,而国有企业的放权让利改革让中央财政收入又少了一大块。财政危机在很大程度上是变革过程中所带来的。1980 年年底,胡耀邦派中央办公厅专门组织了一个调查组,对四川、安徽、浙江的扩大企业自主权试点进行调查,《经济体制改革的开端——四川、安徽、浙江扩大企业自主权试点调查报告》称:试点改革情况不容乐观,一方面,放权仍然有限,在原材料供应、劳动管理体制、工资制度和计划外生产等方面企业权力还很小,对搞活企业的作用有限;另一方面,集中管理的价格体制和不合理比价,使各工业部门利润水平相差悬殊,最为典型的是,石油行业成本利润率比煤炭行业高出 100 倍,造成苦乐不均、不公平竞争和相互攀比。少数地区已经开始出现割据的苗头,不但上下争利,而且阻碍经济的横向联系。在城乡之间、地区之间争夺原料、重

---

[1] 参见《国务院关于开展和保护社会主义竞争的暂行规定》。
[2] 参见王艳林:《中国经济法理论问题》,中国政法大学出版社 2001 年版,第 138 页。

第七章
反不正当竞争法治的完善

复建设、盲目生产、以小挤大、以落后挤先进的混乱现象层出不穷。国有企业改革的试点效应也在递减，对于如何力保国有企业，当时经济学界也出现了不同声音。以当时参与改革总体规划的经济学家薛暮桥为代表的推进派认为，放权让利改革有局限性，主张把改革的重点放到"物价管理体制改革"和"流通渠道的改革"方面去，逐步取消行政定价制度，建立商品市场和金融市场。他在十几年后出版的回忆录中说，如果当时按照他的思路推进，中国经济改革将少走很多弯路。当时存在的另外一种意见则认为，国有企业的改革"必须加强集中统一"，"最后的落脚点是中央集中统一"。有人因此提出了"笼子与鸟"的理论，大意是：企业是一只鸟，不能老是绑着它的翅膀，要让它自由地飞翔，但是国有经济体系则是一个大笼子，鸟再怎么飞，也不应该飞出这个笼子。这种论述最终说服了中央决策层，"笼子与鸟"理论统治了整个20世纪80年代的企业改革思路，国有企业的改革成为一场"笼子里的变革"。中央认为，国有企业的变革在中央的控制下循序渐进，可以摸着石头过河，走一步看一步，当务之急是要整治那些不听指挥、无法控制的"笼子外的鸟"，正是它们扰乱了整个经济局势。中央的这种判断很快得到了国有企业的呼应，在各地的媒体和内部报道上出现了大量控诉计划外的小工厂如何与规范的国营企业争夺原材料，如何扰乱市场秩序让国有企业蒙受巨大损失的声音。总而言之，当时试点企业没有搞好的原因就在于这些笼子外的"野鸟"惹祸。对当时形势的这种判断以及基于此作出的方向性决策，使得改革政策出现了大拐弯。1981年1月，国务院先后两次针对"投机倒把"行为发布紧急文件。先是1月7日发布《加强市场管理、打击投机倒把和走私活动的指示》，规定"个人（包括私人合伙）未经工商行政管理部门批准，不准贩卖工业品"，"农村社队集体，可以贩运本社队和附近社队完成国家收购任务和履行议购合同后多余的、国家不收购的二、三类农副产品，不准贩卖一类农产品"，"不允许私人购买汽车、拖拉机、机动船等大型运输工具从事贩运"。1月30日，国务院又发布《国务院关于调整农村社、队企业工商税收负担的若干规定》，明确指出"为限制同大中型先进企业争原料，将社、队企业在开办初期免征工商税和工商所得税二至三年的规定，改为根据不同情况区别对待……凡同大的先进企业争原料，盈利较多的社、队企业，不论是新办或原有企业，一律照章征收工商所得税"。这两个文件措辞严厉，措施细密，并都被要求在各大媒体的头版头条进行刊登报道。一时间，"打击投机倒把"成为最重要的经济运动。将这两个文件与

1979年7月国务院公布的《国务院关于发展社队企业若干问题的规定（试行草案）》进行对比，可以看出中央层面对于民营企业，尤其是萌芽于农村的乡镇企业的角色与定位。该规定指出要鼓励社队企业的创办和发展，但目的是为了解决农村问题，带有清晰的计划经济的痕迹，这些企业不能生产能力过剩，不能与先进的大工业企业争夺原料和劳动力，不能破坏国家资源。因此，当这些企业开始蓬勃成长、与国营企业争夺市场和原材料的时候，对于这些企业的限制就开始了。[1] 国家采取的这些措施避免了改革开放后经济过热带来的动荡，但却使刚刚萌芽的乡镇企业遭遇了寒流，几乎所有在1980年前后创办的企业在1981年度的经济指标都是下滑或停滞的。[2]

1981年国务院出台了《国务院关于制止商品流通中不正之风的通知》，因为在当时的商品流通领域中存在着不正之风，比如一些企业为了推销产品、购买原料、承包业务等，乱拉关系，给中间人、业务人员、采购人员等大量现金或实物，而且巧立名目，称之为"交际费""活动费""邀请费""困难补助费""奖励费""条件款""佣金"等，而实际上这些是行贿受贿、损公肥私行为。这种行为在集体所有制的社队小企业和全民所有制的大企业中都有。对于这种现象，有些领导机关和企业的负责干部的态度却是见怪不怪、不以为非或者是任其自流，有的甚至加以鼓励，利用工作之便，互相拉拢、牟取私利、行贿受贿、敲诈勒索等。因此，该通知中指出，这些行为会破坏社会主义经济，干扰经济调整和体制改革的正常进行，同时还会破坏社会主义竞争，所以必须采取措施，坚决制止。1982年4月10日，国务院发布了《国务院关于在工业品购销中禁止封锁的通知》。该通知出台的背景是：当时地区和部门封锁现象严重，许多地区都出现了对外地生产的工业品进行封锁的情况。一些地区生产的某些机电产品、农机产品和其他工业产品质量不高、性能很差、用户不欢迎，但是却强行在本地区推销，而且还硬性规定不准本地用户到外地选购同类优质产品。有些地区为此还成立了审批机构，甚至强迫撤销本地用户已经签订的外购合同，强制银行拒付货款等。这样用行政命令保护落后企业的做法对国家经济的全局发展是极为有害的，不仅在宏观层面会削弱国家统一计划，分割社会主

---

[1] 参见吴晓波：《激荡三十年：中国企业1978—2008（上）》，中信出版社、浙江人民出版社2007年版，第71—86页。

[2] 同上。

义统一市场,微观上也不利于发挥地区的生产优势和优质产品的增产,不利于生产技术的交流和组织社会化大生产。因此,该通知特意作出规定:企业、事业单位和供销部门,有权到外地区、外部门择优选购各种工业品,任何地区、部门和个人,不得加以限制和阻挠;凡按国家标准生产的合格工业产品和国家定点生产的工业产品等,在优先完成国家任务以后,可以在全国范围内销售和接受订货,任何地区和部门不得加以干涉。要坚决刹住商品流通中存在的不正之风,严禁采取给回扣、给推销费或推荐费、请客送礼、行贿受贿、任意压价、硬性搭配长线产品等不正当手段推销产品。对搞这些不正之风的单位或个人,要追究经济责任和行政责任;违反国家法律的,要依法制裁。1982年,国务院颁布了《广告管理暂行条例》,明确提出禁止在广告的销售活动中的独占和不正当竞争行为。

对于农村商品流通中出现的限制竞争行为,国家也给予了重视。1983年和1984年先后出台的《国家经济体制改革委员会、商务部关于改革农村商品流通体制若干问题的试行规定》和《国家经济体制改革委员会、商务部、农牧渔业部关于进一步做好农村商品流通工作的报告》中提出,"商品经营虽有分工,但都不能垄断","鼓励各种形式的商业企业,按照平等互利的原则,开展多种多样的经营形式","国营商业企业、供销合作社、乡镇集体商业企业、农(牧、渔、林)工商联合企业以及个体商业,要在国家法令、政策允许范围内,在同等条件下竞争,不受部门分工、行政区划、经营层次的限制,有关行政管理部门不得干预"。[①] 1984年9月颁布的《国务院关于改革建筑业和基本建设管理体制若干问题的暂行规定》中规定,"大力推行工程招标承包制,要改革单纯用行政手段分配建设任务的老办法,实行招标投标";"要鼓励竞争,防止垄断。经审查具备投标资格的,不论是国营或集体单位,不论来自哪个地区、哪个部门,都可以参加投标。项目的主管部门和当地政府,对于外部门、外地区中标的单位,提供方便,不得制造困难"。1984年10月20日,党的十二届三中全会通过的《中共中央关于经济体制改革的决定》(以下简称《决定》),从理论上和体制上进一步明确了必须大力开展竞争。同时,《决定》中也提出:"竞争中可能出现某些消极现象和违法行为,各级有关领导机关对此必须保持清醒头脑,加强教育和管理,认真注意解决好这方面的问题"。《决定》中还提

[①] 参见丁邦开主编:《竞争法律制度》,东南大学出版社2003年版,第106页。

出:"经济体制的改革和国民经济的发展,使越来越多的经济关系和经济活动准则需要用法律形式固定下来。国家立法机关要加快经济立法"。在此之后,竞争在我国经济和社会生活中得到了迅速发展,与此相适应的是,竞争法律也得到了迅速发展。国家立法机关将制定竞争法的工作提上了议事日程,一些地方也在国家竞争法律颁布之前制定了地方性竞争法规和规章。

我国竞争法律的产生,明显地体现出下述几个特点:首先,我国竞争法律的产生是与经济体制改革同步进行的,经济体制改革造就了竞争法律产生的经济条件,呼唤着竞争法律的产生。从根本上说,没有经济体制改革,就没有我国的竞争法律,因为没有经济体制改革,我国也就不需要竞争法律。随着经济体制改革的开展,竞争机制也就同时开始渗入到我国的经济生活中发挥作用,对竞争关系的法律调整也就成为题中应有之义。其次,我国竞争法律的起点高。我国竞争法律产生的时间虽然晚,但从一开始就有国外的竞争法律的经验可以借鉴,因此从一开始就显示出起点高的特点。我国实行经济体制改革的同时就实行对外开放,因而国外竞争法律的理论与实践很快就被介绍到我国,这对我国竞争法律的产生起到了积极的推动作用和有益的借鉴作用。最后,我国竞争法律产生的速度快。因为有经济体制改革的呼唤和对国外经验的借鉴,我国的竞争法律产生中遇到的阻力小,竞争法的必要性几乎是全国上上下下的共识,从中央到地方,从理论界到实践部门,都怀着极大的热情促进竞争法律的产生。[1]

(三) 建设阶段——市场化改革中的竞争

1.《反不正当竞争法》的出台

1992年召开的中共十四大提出建立社会主义市场经济体制的目标,在此之后中国经济进入加速发展的阶段。在1993年中共十四届三中全会上通过的《中共中央关于建立社会主义市场经济体制若干问题的决定》,使中国的竞争政策立法开始进入一个蓬勃发展的新阶段。自从我国实行改革开放以来,商品经济不断发展,市场日趋活跃,社会主义现代化建设的步伐明显加快,总的形势很好。但是,在市场经营活动中出现的不正当竞争行为也已不是个别现象,有

---

[1] 参见丁邦开主编:《竞争法律制度》,东南大学出版社2003年版,第106—107页。

些行为甚至相当普遍,严重危害了竞争秩序,损害了有关经营者和消费者的利益。因此,制定反不正当竞争法是十分必要的。尤其是党的十四大已经明确地把建立社会主义市场经济体制确定为经济体制改革的目标,为了维护社会主义市场经济秩序,鼓励和保护公平竞争,制止不正当竞争行为,保障经营者的合法权益,更加迫切需要制定这部法律。最终,《反不正当竞争法》于1993年9月2日由第八届全国人民代表大会常务委员会第三次会议通过,自1993年12月1日起施行。

2. 确立竞争政策的基础性地位

2013年11月,《中共中央关于全面深化改革若干重大问题的决定》中提出"使市场在资源配置中起决定性作用"的重大决策,使得对国家经济政策的重新定位被提上了重要议程,逐步确立竞争政策的基础性地位成为当时关注的焦点。竞争政策有广义与狭义之分,狭义的竞争政策仅指以鼓励竞争、限制垄断为目的的反垄断政策,通常以反垄断法的形式出现。广义的竞争政策是指为了维持市场竞争机制、促进竞争自由所采取的各种公共措施,包括产权改革政策、政府补贴政策等。① 在这里,我们对于竞争政策可以作比较宽泛的理解:即一切有利于促进和维护竞争的经济政策都可以被视为相互作用的竞争政策的重要组成部分。② 确立竞争政策的基础性地位是指用竞争的基本理念去影响和指导其他经济政策的制定和实施,在竞争政策与其他经济政策之间,建立起有效的沟通和协调机制,使竞争政策的理念和要求能够贯穿到各项经济政策之中。③

竞争是市场制度的灵魂,也是市场经济的本质要求,市场运行机制发挥引导资源配置的作用,关键在于市场存在有效的竞争机制。因此,以约束不正当竞争行为、垄断行为、维护市场秩序的竞争政策应发挥重要作用,它在众多市场规制政策中处于基础性地位。④ 市场经济本质上是竞争经济,但是竞争不能是自发的、盲目的和无序的,需要国家通过有效的竞争政策加以引导和规

---

① 参见徐士英:《反垄断法实施面临功能性挑战兼论竞争政策与产业政策的协调》,载《竞争政策研究》2015年第2期。
② 参见徐士英:《竞争政策研究——国际比较与中国选择》,法律出版社2013年版,第8页。
③ 参见候璐:《我国公平竞争审查机制的构建及其完善》,载《价格理论与实践》2016年第7期。
④ 参见吴敬琏:《加强竞争地位不是一蹴而就的》,载《北京日报》2016年12月19日。

范。① 长期以来,由于政府配置资源的思维惯性难以刹车,而高速增长时期以倾斜性产业扶持政策为主导的体制居功至伟,影响深刻,这使得竞争政策与其他经济、社会政策的关系以及协调呈现难解的理论争议和尖锐的现实矛盾。② 在政府干预经济的惯性思维下,竞争政策并不被重视,尤其是竞争政策与产业政策之间的矛盾最为典型。产业政策也有广义与狭义之分。广义上的产业政策是指政府为了实现一定的经济和社会目标而对产业的形成和发展进行干预的各种政策的总和,其功能主要是弥补市场缺陷,有效配置资源,推动产业结构优化升级,从而带动经济发展。与竞争政策直接发生冲突的是狭义上的产业政策,即国家为了实现经济赶超的目标,针对产业结构状况而制定的政策,主要表现为政府为扶持某些特定产业而直接干预资源分配。由于产业政策可以刺激经济,求得短期内可观的效益,所以对其是否可能对竞争机制造成损害基本不予考虑。③ 结果往往是偏离了产业政策实施的初衷,企业参与竞争的意愿和能力下降,支撑产业成熟和持续发展的动力明显不足。④ 因此,虽然在"赶超战略"时期普遍依赖产业政策来推动工业化的快速实现,但随着市场经济的不断发展和可持续发展理念的深入人心,竞争政策已被视为对国民经济产生深刻影响的重要经济政策。社会上逐渐形成共识:竞争能够提高效率、促进创新和产出并提供更多的产品选择和更好的质量,从而增进消费者的福利。适当的产业和贸易政策是必要的,但不是充分条件。在政府赖以调节经济运行的各项政策中,竞争政策占据基础性地位。⑤

中国市场经济体制改革的过程就是逐步形成竞争政策的过程。从萌芽、发展到基本形成,我国的竞争政策经历了几十年的实践。2008 年《反垄断法》的正式实施标志着国家竞争政策体系建设开始启动。通过几十年的改革开放,我国确立竞争政策基础性地位的时机基本成熟,形成以竞争政策为主导的政策体系的条件基本具备。全社会已经普遍认识到市场机制和竞争机制在资源配置

---

① 王先林:《浅析竞争政策与反垄断战略问题》,载《中国市场监管研究》2016 年第 1 期。
② 参见冯彪:《林毅夫 PK 张维迎:我们到底需不需要产业政策?》,载《每日经济新闻》2016 年 11 月 10 日。
③ 参见徐士英:《中国竞争政策论纲》,载《经济法论丛》2013 年第 2 期。
④ 参见徐士英:《中国竞争政策的实施与展望——兼论我国基本经济政策定位》,载《经济法论丛》2017 年第 1 期。
⑤ 参见冯晓琦、万军:《从产业政策到竞争政策:东亚地区政府干预方式的转型及对中国的启示》,载《南开经济研究》2005 年第 5 期。

中的决定性作用,而且也普遍认识到应该如何处理竞争政策与其他经济政策尤其是产业政策之间的关系。① 在竞争政策与竞争法的关系上,竞争政策与竞争法虽然在价值目标上相辅相成,但具体的作用对象有区别,后者通常侧重于对私营部门竞争行为的规制,前者侧重于规制由政府法律、法规或其他行政行为所造成的市场扭曲,通过公平竞争审查与评估制度、竞争中立政策、竞争推进措施等,对政府行为进行评判,以确立"最小妨碍市场竞争"的标准,保证政府行为与市场机制作用的一致性,是确立竞争政策基础性地位的真正意义所在。②

3. 建立公平竞争审查制度

公平竞争审查制度是指政府产业主管部门或竞争主管机关通过分析、评价拟订中的或现行的公共政策可能或已经产生的竞争影响,提出不妨碍政策目标实现而对市场竞争损害最小的替代方案的制度。该制度既有通过审查限制或控制政府管理经济、监管市场权力的一面,也有促进市场公平竞争、进而保障市场主体公平竞争权和消费者权益的一面。改革开放以来,我国以政府为主导的市场经济取得了令世人瞩目的成就,政府负责社会资源的首次优化配置,市场则在政府配置的指导下,对微观资源进行二次调整。但是,政府之手对市场之手也产生了巨大的排挤效应。一方面,在行政权力干预市场经济的过程中,过度的行政权力扭曲了市场的最初资源配置权,直接利用行政手段分配资源的情况愈演愈烈,这极易导致资本与权力的结合,成为寻租问题产生的根源,并演化为滋生腐败的温床;另一方面,政府基于自身的利益诉求,利用行政权力任意干预经济发展,严重扰乱市场经济秩序的现象屡禁不止,如通过直接或间接的方式实行地方保护主义,人为分割市场,限制商品流通,设置行业壁垒和歧视性准入条件,阻碍统一市场的形成。③

2013年,党的十八届三中全会提出"让市场在资源配置中起决定性作用",并明确要求"清理和废除妨碍全国统一市场和公平竞争的各种规定和做法,严禁和惩处各类违法实行优惠政策行为,反对地方保护,反对垄断和不正

---

① 参见徐士英:《中国竞争政策的实施与展望——兼论我国基本经济政策定位》,载《经济法论丛》2017年第1期。
② 同上。
③ 参见张玉洁、李毅:《公平竞争审查制度构建的价值维度和实践进路》,载《学习与实践》2018年第6期。

当竞争"。这为我国公平竞争审查制度的建立奠定了基础，因为只有确立竞争政策的基础性地位，才能从根本上树立竞争优先的制度理念，从而推动公平竞争审查制度的确立和运行。同时，公平竞争审查制度本身对进一步强化竞争政策的基础性地位发挥着不可或缺的作用。①

2015年3月13日，中共中央、国务院出台的《中共中央 国务院关于深化体制机制改革加快实施创新驱动发展战略的若干意见》第一次提出要建立公平竞争审查制度。2016年6月14日，国务院出台了《国务院关于在市场体系建设中建立公平竞争审查制度的意见》，要求国务院各部门、各省级人民政府及所属部门以是否限制市场竞争为准则对政府干预经济活动的政策措施进行实质审查，对不适当的法律、法规及其他政策文件进行修改或废止。这标志着公平竞争审查制度在我国的全面建立。至此，《反垄断法》实施8年后，我国的竞争政策有了另一个强有力的政策工具——公平竞争审查制度，标志着我国的竞争政策实现了质的飞跃，步入了全新阶段。2017年，党的十九大报告中进一步强调了公平竞争审查对"清理政府规定，构建统一市场"的重要推动意义。建立公平竞争审查制度，防止出台新的排除、限制竞争的政策措施，并逐步废除已有的妨碍公平竞争的规定和做法，这意味着建设统一开放、竞争有序的市场体系和落实中共中央和国务院提出逐步确立竞争政策的基础性地位的要求被真正落实迈出了关键的一步。②

二、《反不正当竞争法》的颁布

1. 有无立法必要之争

在《反不正当竞争法》颁布之前，社会上有种意见认为，我国经济竞争中虽然出现了严重的行政垄断和某些经济垄断以及大量的不正当竞争现象，但是对于此类问题，我国的《商标法》《专利法》《广告管理条例》《产品质量责任条例》等经济法规中已经有所规定，不必制定专门的反不正当竞争法，以免重

---

① 参见候璐：《我国公平竞争审查机制的构建及其完善》，载《价格理论与实践》2016年第7期。
② 同上。

复。① 但是，大多数学者认为还是有必要进行专门立法。比如黄勤南认为，反垄断法和反不正当竞争法是对市场竞争和企业竞争进行全面和综合调整的基本经济法律，应当要赋予其基本经济法律的地位。②

2. 立法模式之争

在当时，对于反垄断法和反不正当竞争法采用何种立法模式争议较大。黄勤南认为，不正当竞争和垄断是一个问题的两个方面，都是妨害竞争的行为，不正当竞争导致垄断，反过来垄断又会妨碍竞争。他认为，在我国不正当竞争和垄断经常是黏合在一起而存在的，因此将禁止垄断和不正当竞争合并于一个法律之中符合我国的国情。③ 邓启惠认为，不正当竞争和垄断的性质是不同的，不正当竞争是一种竞争行为，垄断是一种限制竞争行为，不能把二者合并起来统一立法，应当分别立法，并且要把后者放在首位。④ 孔祥俊在其著作中指出，如果对于不正当竞争行为和垄断行为都施加行政干预的话，则反不正当竞争法和反垄断法是进行合并立法还是分别立法就只是形式上的区别而已，并没有实质的区分意义。他认为，如果合并立法和分别立法的实质效果没有差异的话，那么如何确定一个合适的执法机关才是具有实质意义的问题。⑤

3. 立法背景介绍

从我国竞争立法的过程来看，最初的起草思路是想采用合并立法模式。但是，当时我国的市场经济还处于初级阶段，典型的经济垄断和大部分限制竞争行为表现并不突出，对于反垄断条款以及法律出台的紧迫性存在着较大的争议，最终无法达成统一的意见，因此最终采用了名称上看属于单行立法、内容上带有综合调整特征的模式。即我国《反不正当竞争法》主要调整市场竞争中亟须加以规范的不正当竞争行为，同时受传统体制的影响和财政包干体制的制约，将我国经济活动中普遍存在的部门垄断和地区封锁以及某些公用企业限制竞争行为纳入《反不正当竞争法》中加以调整，但有关反垄断法的原则性规定

---

① 参见朱崇实主编：《中国经济法学（部门法）研究综述(1978—2001)》，厦门大学出版社2004年版，第519页。
② 参见黄勤南：《〈论建立和完善我国的经济竞争法律制度〉——探讨禁止非法垄断和制止不正当竞争立法问题》，载《政法论坛》1991年第4期。
③ 同上。
④ 参见邓启惠：《社会主义市场经济中的不正当竞争及其法律调整》，载《江汉论坛》1993年第9期。
⑤ 参见孔祥俊：《反垄断法原理》，中国法制出版社2001年版，第50页。

及企业合并控制、卡特尔控制等基本制度未涉及。可以说，当时我国制定的《反不正当竞争法》是一部主要调整不正当竞争行为、兼及部分限制竞争行为的法律。其后2007年《反垄断法》的颁布，标志着我国的竞争立法已经实现了由"综合调整模式"向"分立式立法模式"的转变。[①] 无论是采用合并立法、分别立法还是混合模式，需要各个国家根据自己的国情作出恰当的选择，"形式的不同没有对和错之分，只有好和更好之别"[②]。

针对分别立法模式的原因和合理性，可以从以下几个方面展开阐述：首先，从国情和发展现状来看，对于一直以来危害最为严重的行政垄断，西方国家的立法和执法实践并没有给我们带来太多经验，需要根据我国的特殊国情进行理论摸索和制度创新。其次，一些经济性垄断行为在当时的市场中表现还不是很突出，理论上的争议也比较大，利弊分析并不是很透彻，在很多重大问题上立法者难以寻求到共识。其后的《反垄断法》出台经过了十多年的艰辛历程，行政性垄断的规定被一改再改正是证明了这一点。再次，从法律的执行角度看，反垄断法的执行难度比反不正当竞争法要大得多，一方面是因为反垄断法具有原则性和模糊性的特点，认定一些竞争行为是否违法往往具有很大的争议；另一方面反垄断法的执行又具有很强的政策性，与一国宏观经济的波动和国际市场的竞争格局关系甚密，在当时的阶段甚至是现阶段，产业政策对我国国民经济的发展都起着至关重要的作用，如何平衡两者一直都是个难题，大多情况下反垄断法的执行更多的要与产业政策协调而不是相反，由此也就增加了反垄断法的执行难度。最后，反垄断法违法者往往经济实力比较强大，与一般的企业相比占据着更多的社会资源，可以调动更大的力量去掩盖违法行为，拥有行政权力背景的企业更是如此，因此处理起来难度较大。[③]

4. 立法起草过程

1987年，我国开始起草《垄断和禁止不正当竞争行为的前提条例》方案。国务院法制局和国家工商行政管理局等七个有关部门曾组成联合小组，开始起草制定反不正当竞争法，在进行到第三次草案起草工作时暂停。1992年初，根

[①] 参见孙晋主编：《中国竞争法与竞争政策发展研究报告(1980—2015)》，法律出版社2016年版，第300页。

[②] 曹士兵：《反垄断法研究》，法律出版社1996年版，第49页。

[③] 参见孙晋主编：《中国竞争法与竞争政策发展研究报告(1980—2015)》，法律出版社2016年版，第288页。

据全国人大常委会的立法计划，国家工商行政管理局承担反不正当竞争法的起草任务，为此成立了专门的起草小组。在原有工作的基础上，收集和研究国内外的有关法律资料，进行调查研究，分析国内外的大量案例，并派人赴美、韩等国考察，起草出了《反不正当竞争法（征求意见稿）》。1993年初，国家工商行政管理局组织召开专家论证会，邀请在京部分知名法学专家和全国人大常委会法工委、国务院法制局以及有关部门的同志对征求意见稿进行了论证。会后，起草小组又广泛征求了中央有关部门、地方、法学研究机构和大专院校的意见，与国务院法制局和全国人大常委会法工委的同志共同进行研究、修改，形成了《反不正当竞争法（草案）》。草案从该法的调整范围、不正当竞争行为、法律责任、行政主管机关等几个方面作出了说明。草案是在总结我国实行改革开放以来的实践经验，借鉴市场经济比较发达、有关法律比较完备的国家和地区的经验的基础上起草的，是符合我国基本国情的，也同国际惯例基本一致。《反不正当竞争法》最终由第八届全国人民代表大会常务委员会第三次会议于1993年9月2日通过，自1993年12月1日起施行。

5．主要内容

《反不正当竞争法》共5章33条。第一章为"总则"，对立法宗旨、经营者在市场交易中应当遵循的原则、"不正当竞争"和"经营者"概念等进行了规定和说明。第二章是对"不正当竞争行为"的规范。不正当竞争行为形形色色，举不胜举，法律无法将其罗列齐全，但是也不能以抽象的概念代替不正当竞争的具体表现形式。我国《反不正当竞争法》借鉴国外反不正当竞争法的立法经验并结合我国的实际情况，在总则部分进行抽象规定后，又在该章以列举的方式明确了被法律禁止的种种不正当竞争行为，主要有：在市场交易中采用不正当手段损害竞争对手利益、公用企业或其他依法具有独占地位的经营者阻碍其他经营者参与竞争、政府及其所属部门滥用行政权力限制竞争、经营中的贿赂行为和暗中给予或接受回扣、利用广告或其他方法对商品作引人误解的虚假宣传、侵犯商业秘密、不正当贱卖、强制交易、经营者欺骗或不适度的有奖销售、经营者损害竞争对手的信誉、招标和投标中的不正当行为等。第三章是"监督检查"。在法律中专章规定监督检查，这在我国的立法中还从未有过。县级以上监督检查部门对不正当竞争行为进行监督检查。第四章是对"法律责任"的规定，有民事责任、刑事责任和行政责任三种。与之前的法律相比，这部法律不仅仅是笼统地列举法律责任，还根据不正当竞争行为的具体情况，分别规定了相应的法律责任。这样既增加了法律规范之间的实体联系，又较好地体现了法律规范的严密性，也便于操作执行。第五章是"附则"。[①]

6. 主要特点

一是务实的立法体例。在反不正当竞争法立法之时，我国实行改革开放才仅仅几年而已，对社会主义市场经济和市场竞争的了解并不透彻。但是当时对于反垄断和反不正当竞争的立法模式的争论表明，我国已经认识到了竞争立法对发展市场经济的重要性。立法者秉承开放务实的态度，没有过多纠结于如何处理反垄断和反不正当竞争的关系，而是根据社会需求和国外形势[②]，快速出台了《反不正当竞争法》，采用一种充满智慧的方式，在《反不正当竞争法》中规定了当时存在的垄断问题。对于条件成熟的行为规定了法律责任，对于条件不成熟的行为采取谨慎的态度，只作出禁止性规定，未急于规定完全的法律责任，为将来的立法完善留下空间，也为协调好与后来的《价格法》《消费者权益保护法》等之间的关系留下必要空间。随着立法的逐步完善，我国才形成了反垄断与反不正当竞争分立的立法格局。[③] 二是保护目标定位准确。首先，该法第一条将保障市场经济发展和维护公平竞争作为目标，而没有附加其他的社会目标，这就为立足于经济效率和公平来看待和执行该法奠定了基础。其次，第一条还开宗明义地指出保护经营者和消费者合法权益的目标，符合当今时代潮流，可以使经营者和消费者福利成为判断不正当竞争行为的重要依据，对于认定不正当竞争行为具有重要意义。但遗憾的是，该法对于消费者保护止步于此，未赋予消费者个人民事诉讼救济的权利，从而与其他相关的法律划清界限。[④] 三是贯彻了有限干预的立法精神。制定该法时国家干预氛围浓厚，但难能可贵的是，《反不正当竞争法》更多地体现了市场精神。首先，该法对于不正当竞争行为的列举不太宽泛，只是规定了《保护工业产权巴黎公约》中的三类行为（仿冒、虚假宣传和商业诋毁行为）及有较高的国内外共识的行为（如商业贿赂、商业秘密和不正当有奖销售）是不正当竞争行为。这些规定都

---

① 参见丁邦开主编：《竞争法律制度》，东南大学出版社2003年版，第107—113页。
② 主要是中美知识产权谈判和中国拟加入关贸总协定。
③ 参见孔祥俊：《〈反不正当竞争法〉修改完善的若干思考》，载《经济法论丛》2017年第1期。
④ 同上。

是遏制典型的不正当竞争、降低交易成本和增加市场透明度所必需的。该法的本意不是将第二条作为一般条款，而是将该法调整的不正当竞争行为限定在第二章明文列举的行为。这样做是防止执法机关对于市场竞争的过度干预和滥用执法权力以及考虑到当时的执法经验不足，体现了对于市场竞争进行审慎干预和有限干预的精神。不过，有许多学者认为本法第二条是一般条款。该法没有概括授权行政执法机关查处没有列举的行为，且对于行为特征的规定较为抽象，实质上有利于为市场自由竞争留下空间，可以适当抑制当时盛行的偏好干预市场的家长制执法作风，有利于发挥市场的自我矫正机制，从根本上有利于保护竞争。①

7. 行政执法模式选择

我国反不正当竞争执法采用的是行政执法为主、司法执法为辅的执法模式，行政机关对不正当竞争进行全面规制，从法律制定到调查处理均由行政机关完成，司法机关仅是起辅助作用，法律责任上也以行政责任为主，民事、刑事责任为辅。考察其原因，主要有以下几个方面：一是从我国的社会发展状况来看，行政手段在很长一段时间内一直是作为社会控制的主要手段，尤其是在计划经济体制下，行政手段更是完全控制了社会的发展。二是当时我国的司法执法模式还不是很发达，与世界上其他国家成熟的司法体系相比，我国的司法体系存在着一定的不足。因此，选择行政执法模式，充分综合了我国的国情、社会体制状况及市场经济运行情况，发挥了行政执法灵活的优势，弥补了司法效率不高的不足。② 但是，这种执法模式也存在着缺陷：一是机构不具有独立性，导致执法受制于人。工商行政管理机关实行垂直管理体制，但是这种体制执行得并不彻底，导致工商行政管理机关无法达到独立行使职权的目的。执法实践中，县市级工商行政管理机关不仅受到垂直管理，还长期受制于当地政府的管理，在财政等方面要依赖当地政府，因此要求其具有独立性是不现实的，这也就导致了反不正当竞争行政执法效果大打折扣。二是多层次管理机制导致执法力度较弱。我国的工商行政管理机关分为中央、省、市、县四级，对应的

---

① 参见孔祥俊：《〈反不正当竞争法〉修改完善的若干思考》，载《经济法论丛》2017 年第 1 期。
② 参见孙晋主编：《中国竞争法与竞争政策发展研究报告(1980—2015)》，法律出版社 2016 年版，第 303 页。

分别是国家工商行政管理总局[①]、省级工商行政管理局、县市级工商行政管理分局、工商所。这样层次过多的执法机构划分，导致基层执法机构行政级别比较低，对不正当竞争行为的执法力度也有限，损害了执法的权威性和实际效果。[②]

为了增强《反不正当竞争法》的可操作性，国家工商行政管理局发布了一系列行政法规，具体如下：《关于禁止有奖销售活动中的不正当竞争行为的若干规定》《关于禁止公用企业限制竞争行为的若干规定》《关于禁止仿冒知名商品特有的名称、包装、装潢的不正当竞争行为的若干规定》《关于禁止侵犯商业秘密行为的若干规定》《关于禁止商业贿赂行为的暂行规定》和《关于禁止串通招标投标行为的暂行规定》。除此之外，最高人民法院还在2007年1月发布了《最高人民法院关于审理不正当竞争民事案件应用法律若干问题的解释》。

1993年我国通过《消费者权益保护法》，从保护消费者权益的角度对经营者的市场竞争行为进行了规范。1997年，通过《价格法》，对价格卡特尔、掠夺性定价、价格歧视作出了规定。1999年，通过《招标投标法》，对传统招、投标的行为及处罚作出了规定。2000年，国务院颁布《电信条例》，规定"电信监督管理遵循政企分开、破除垄断、鼓励竞争、促进发展和公开、公平、公正的原则"。2001年，国务院颁布实施了《国务院关于禁止在市场经济活动中实施地区封锁的规定》，对各种地方保护、地区封锁行为进行了详细的规定。2001年，国务院发布了《国务院关于整顿和规范市场经济秩序的决定》，明确规定"打破地区封锁和部门、行业垄断。查处行政机关、事业单位、垄断性行业和公用企业妨碍公平竞争，阻挠外地产品或工程建设类服务进入本地市场的行为，以及其他各种限制企业竞争的做法"。国家工商行政管理局根据《反不正当竞争法》制定了《关于禁止公用企业限制竞争行为的若干规定》和《关于禁止串通招投标行为的暂行规定》。

8. 存在的问题

随着经济社会的发展，市场中的不正当竞争行为层出不穷，为了鼓励和保

[①] 根据2018年3月国务院机构改革方案，国家工商行政管理总局的职责已经被调整，组建国家市场监督管理总局。

[②] 参见孙晋主编：《中国竞争法与竞争政策发展研究报告(1980—2015)》，法律出版社2016年版，第308—309页。

第七章
反不正当竞争法治的完善

护各类市场主体进行公平竞争，我国自 1993 年起开始实施《反不正当竞争法》。《反不正当竞争法》通过制止不正当竞争行为、保护经营者和消费者的合法权益，极大地促进了社会主义市场经济的健康发展，它也成为我国社会主义市场经济法律体系的重要组成部分。由于立法之初，我国社会主义市场经济才刚刚起步，很多经济发展中存在的问题还没有显露，因此法律中也并无对相关问题的规定。但随着经济的飞速发展，出现了大量新型的不正当竞争行为，从而导致原有的法律很难再进行规制，因此有必要对其进行修改和完善。主要包括以下几点：一是该法在内容上封闭性与原则性并存，一方面缺少必要的兜底条款而使其在适用时不具有灵活性，对经济生活中层出不穷的不正当竞争行为缺乏调控力度；另一方面该法的不少规定过于原则化、抽象化，在实践中难以操作。二是执行机构的职权与执法手段不足，行政强制措施及调查取证手段严重不适应有效打击不正当竞争行为的需要。[①] 三是在法律责任方面不完善，对有些不正当竞争行为没有规定行政责任，而且民事责任的规定也过于笼统，民事损害赔偿制度在治理不正当竞争行为中的作用有待进一步加强，行政查处措施有待进一步创新，需要根据加强事中事后监管的要求，完善民事责任和行政处罚有机联系，并以刑事责任为最后惩戒手段。[②] 四是对互联网等新兴领域的不正当竞争行为缺乏必要的专门规定。五是《反垄断法》颁布之后，两部法律的协调存在问题。《反不正当竞争法》中除了规定比较典型的不正当竞争行为外，还规定了五种从性质上看应该属于反垄断法调整范围的行为，包括公用企业滥用独占地位、行政垄断、掠夺性定价、非法搭售、串通投标。现行《反垄断法》对于这些行为作出了更明确、更完整、更合乎逻辑的规定。为解决两法之间的协调问题，需要对《反不正当竞争法》作出修订，将现有的涉及反垄断的内容删去，使得以维护诚实信用原则和其他公认的商业道德为己任的《反不正当竞争法》和以维护竞争自由公平和经济活力为己任的《反垄断法》之间保持协调，共同形成我国的竞争法体系。[③]

---

① 参见王先林：《关于完善我国竞争法律制度的总体性思考》，载张守文主编：《经济法研究》（第18卷），北京大学出版社 2017 年版，第 275 页。
② 2017 年 2 月 22 日第十二届全国人民代表大会常务委员会第二十六次会议上关于《中华人民共和国反不正当竞争法（修订草案）》的说明。
③ 参见王先林：《关于完善我国竞争法律制度的总体性思考》，载张守文主编：《经济法研究》（第18卷），北京大学出版社 2017 年版，第 274—275 页。

三、《反不正当竞争法》的修改

在特定历史背景下颁布的《反不正当竞争法》在过去的二十多年时间里对于规制市场经济中出现的不正当竞争行为发挥了重要作用。但是，随着我国改革开放后市场经济的高速发展，竞争格局已经发生了很大的变化，原有的法律对于目前新的竞争形势应对乏力。国家工商行政管理总局在2014年正式启动了《反不正当竞争法》的修改程序，2015年11月形成了《反不正当竞争法（修订建议稿）》并送交国务院法制办，法制办在2016年2月就修订草案的送审稿向社会公开征求意见，国务院在2016年11月通过《反不正当竞争法（修订草案送审稿）》后，在2017年2月提交全国人民代表大会常务委员会讨论，最终新法在2017年11月4日第十二届全国人民代表大会常务委员会第三十次会议上通过，并于2018年1月1日开始施行。

《反不正当竞争法》修订过程中主要有以下几个方面的争议：

（1）是否应增加"其他不正当竞争行为条款"？2016年，《反不正当竞争法（修订草案送审稿）》第十四条规定："经营者不得实施其他损害他人合法权益、扰乱市场秩序的不正当竞争行为。前款规定的其他不正当竞争行为，由国务院工商行政管理部门认定。"2017年2月《反不正当竞争法（修订草案）》第十五条规定："对经营者违反本法第二条规定，且本法第二章第六条至第十四条和有关法律、行政法规未作明确规定，严重破坏竞争秩序、确需查处的市场交易行为，由国务院工商行政管理部门或者国务院工商行政管理部门会同国务院有关部门研究提出应当认定为不正当竞争行为的意见，报国务院决定。"2017年9月《反不正当竞争法（修订草案二次审议稿）》则删除了该项法律规定。尽管前两版修订草案关于其他不正当竞争行为的认定条款存在诸多不完善之处，尤其是认定其他不正当竞争行为不能成为反不正当竞争执法机构的专属职权，并应当与立法目的条款、基本原则条款、不正当竞争行为概念条款具有逻辑上的一致性。但无论如何，反不正当竞争立法应当具有开放性和包容性，应当能够对所有市场竞争行为作出正当或不正当的认定，也因此应当规定"其他不正当竞争行为"条款。

（2）如何妥善处理《反不正当竞争法》与《反垄断法》的关系问题？为了避免与《反垄断法》进行重合规定，《反不正当竞争法》的修订草案已经删除

第七章
反不正当竞争法治的完善

了禁止公用企业或独占企业滥用独占地位行为、禁止政府及其所属部门限制竞争行为、禁止掠夺性定价行为、禁止搭售和附加不合理条件行为、禁止串通招投标行为。存在争议的是曾经被视为2016年《反不正当竞争法（修订草案送审稿）》最大亮点的禁止滥用相对优势地位条款是否真的在反不正当竞争立法中有存在的必要性，那些有着明显的相对优势地位但比较难证明其具有市场支配地位的经营者的滥用行为是否真的不需要竞争法进行规制？目前经济生活中被广泛讨论的互联网平台企业、物业公司等经营者从事的限定交易行为是否应当被《反不正当竞争法》规制还是有其他的规制路径？

（3）是否应增加以及如何设计互联网不正当竞争行为条款？

腾讯诉360"扣扣保镖"不正当竞争案①

2010年10月，360推出"扣扣保镖"软件，旨在全面保护QQ用户的安全，包括阻止QQ查看用户隐私文件、防止木马盗取QQ以及给QQ加速、过滤广告等功能。该软件推出后的72小时内，下载量突破2000万，并且还在不断增加。腾讯认为360此举为不正当竞争行为。2010年11月3日，腾讯发布《致广大QQ用户的一封信》，要求用户在两款软件中"二选一"，要么卸载QQ，要么卸载360软件。

2011年4月，腾讯在广东省高院起诉360"扣扣保镖"不正当竞争，索赔1.25亿元。腾讯认为，360"扣扣保镖"破坏和篡改了腾讯QQ软件的功能，同时屏蔽客户广告，破坏了腾讯的商业模式。360方面则辩称，推出"扣扣保镖"是为了360的生存发展，也是尊重用户的选择。"扣扣保镖"是个创新型反捆绑工具软件，不涉及QQ核心聊天功能，不会触碰用户的QQ账号密码和聊天记录等；相反，"扣扣保镖"会大幅度提高QQ账号、密码、聊天记录的安全等级。

2013年4月25日，广东省高院对腾讯诉360"扣扣保镖"案作出一审判

---

① 参见李斌、吴旖旎：《腾讯诉360"扣扣保镖"不正当竞争 索赔1.25亿》，https://www.chinacourt.org/article/detail/2012/09/id/586963.shtml，2020年2月20日访问。

决，判处360败诉，赔偿腾讯500万元。360方面不服此判决，认为在"扣扣保镖"案一审中，广东法院存在很多错误的判定，并将此案上诉至最高人民法院。

该案件围绕四个焦点展开：

一是360"扣扣保镖"是否破坏QQ软件的安全性、完整性，使腾讯丧失交易机会和广告收入？二是360"扣扣保镖"给QQ体检时，提示"体检得分为4分，QQ存在严重的健康问题"，并提示用户使用"一键修复"功能，这其中是否构成商业诋毁？三是360"扣扣保镖"对QQ软件一键修复后，点击QQ面板的安全中心，进入的是360安全卫士的页面，这是否是一种"搭便车"行为？四是广东省高院判决奇虎360向腾讯赔偿500万元，这一金额是过高还是过低？

2014年2月24日，该案在最高人民法院进行终审宣判。最高人民法院认为："市场经济是由市场在资源配置中起决定性作用，自由竞争能够确保市场资源优化配置，但市场经济同时要求竞争公平、正当和有序。在市场交易活动中，经营者应当遵循公平、诚实信用原则和公认的商业道德，违反反不正当竞争法的规定，损害其他经营者的合法权益，扰乱社会经济秩序的行为属于不正当竞争。本案中，奇虎公司、奇智公司积极诱导用户并提供工具来协助其改变QQ的运行方式，根本目的在于依附QQ软件的广大用户群，同时通过对QQ软件及其服务进行贬低、诋毁的方式来推销、推广360自己的产品，从而增加自己的市场交易机会并获取市场竞争优势，该行为从本质上属于不正当地利用他人市场成果为自己谋取商业机会从而获取竞争优势的行为，构成不正当竞争并应承担相应的法律责任。"最终，最高人民法院宣布维持原判，认定360"扣扣保镖"构成不正当竞争，判决其向腾讯赔偿500万元。由于该案所涉及的腾讯和360都是知名大公司且赔偿金额非常高，因而被称为"互联网反不正当竞争第一案"。

百度诉360插标及修改搜索提示词案[①]

2012年，奇虎公司和奇智公司推出的360安全卫士在百度网（www.baidu.

[①] 参见石必胜：《百度诉360插标及修改搜索提示词终审维持原判》，https://www.chinacourt.org/article/detail/2014/01/id/1172800.shtml，2020年2月20日访问。

com）搜索结果页面上有选择地插入了红底白色感叹号图标作为警告标识，以警示用户该搜索结果对应的网站存在风险，但是，360卫士对google等搜索结果中出现的相同网站却没有进行插标，而且，奇虎公司不仅进行了插标，还逐步引导用户点击安装360安全浏览器，通过百度搜索引擎服务对其浏览器产品进行推广。2012年，奇虎公司在其网址导航网站（hao.360.cn）网页上嵌入百度搜索框，改变了百度网在其搜索框上向用户提供的下拉提示词，引导用户访问本不在相关关键字搜索结果中靠前位置的、甚至与用户搜索目的完全不同的奇虎公司经营的影视、游戏等页面，获得更多的用户访问量，并且在网络用户仅设置搜索方向、并未输入相关关键词的时候也进入奇虎公司的相关网页。百度公司认为306卫士的上述行为构成不正当竞争，因此向北京市第一中级人民法院起诉要求赔偿1000万元。

一审法院经审理认为，奇虎公司在百度搜索结果页面上的插标行为和在网址导航网站修改下拉提示词、劫持流量的相关行为构成不正当竞争。据此判决：奇虎公司立即停止涉案不正当竞争行为，连续十五日在360网首页显著位置刊载消除影响的声明，赔偿百度网讯公司、百度在线公司经济损失四十万元、合理支出五万元。

奇虎公司不服一审判决，向北京市高级人民法院提起上诉，其认为：奇虎公司并不特定地针对百度搜索结果网页进行插标，360安全卫士的插标是保障网络安全的必要的正当的行为，不构成不正当竞争。百度搜索框不同于百度搜索引擎，本身没有自动显示下拉提示词，奇虎公司因此在百度搜索框设置了下拉提示词。下拉提示词并不能决定用户访问行为，制作下拉提示词并不属于搭便车的行为，也不构成对百度搜索流量的劫持，不构成不正当竞争行为。

北京市高级人民法院经审理认为："互联网经营者在经营互联网产品或服务的过程中，应当遵守公平竞争原则、和平共处原则、自愿选择原则、公益优先原则和诚实信用原则。在互联网产品或服务竞争应当遵守上述五项基本原则的基础上，应当认为：虽然确实出于保护网络用户等社会公众的利益的需要，网络服务经营者在特定情况下不经其他互联网产品或服务提供者同意，也可干扰他人互联网产品或服务的运行，但是，应当确保干扰手段的必要性和合理性，否则应当认定其违反了自愿、平等、公平、诚实信用和公共利益优先原则，违反了互联网产品或服务竞争应当遵守的基本商业道德，由此损害其他经营者合法权益，扰乱社会经济秩序，应当承担相应的法律责任。前述规则可以简称为非公益必要不干扰原则。在本案中，360卫士被诉的插标行为和修改搜索框提示词的行为干扰了百度搜索的正常运行，而且奇虎公司并未证明上述行为确系保护网络用户的安全所必需，因此上述行为构成不正当竞争，所以驳回上诉，维持原判。"

尽管我国互联网领域不正当竞争行为不断涌现，但这些不正当竞争行为仍可依据现行《反不正当竞争法》进行规制。只是不同产业内不正当竞争行为的具体表现形式各具特色，是否需要在反不正当竞争立法中对互联网不正当竞争行为进行单独规制，并详细列举会不断发生变化的互联网行业不正当竞争行为的具体表现，需要进一步斟酌。[①]

2017年修订的《反不正当竞争法》针对修改过程中的诸多争议给出了回应：一是删除了公用企业限制竞争条款、行政性垄断、低价倾销条款、搭售条款、串通招投标条款，完成了与《反垄断法》的分割，实现了立法体例的独立。反垄断法主要关注的是竞争不足问题，而反不正当竞争法解决的是竞争过度导致的不公平竞争问题，两部法律具有不同的分工与目标。二是增加了对互联网领域的不正当竞争行为的规定，体现了法律与时俱进的精神。但是，这样的规定也遭到了一些学者的批评，比如互联网领域的不正当竞争到底是传统不正当竞争问题的新体现，还是互联网领域出现了法定不正当竞争类型所涵盖不了的新型不正当竞争行为。三是构建了反不正当竞争法的执法体系，充实了执法手段。以往的反不正当竞争执法，不仅工商部门有执法权，特定行业的监管部门也有执法权，因此出现了权责交叉、多头执法的现象，影响了法律的权威。修改后的法律充实了执法手段，给予国务院建立的协调机构在处理与反不正当竞争相关的重大问题时的决策权。四是对经营者违反规定的法律责任进行了完善和细化，也首次引入了实施不正当竞争记入信用记录的规定，回应当下社会对征信体系的重视。五是体现了强烈的竞争自由意识和自觉，反不正当竞争法的整体基调仍然是使市场在资源配置中起决定性作用和更好地发挥政府的作用。2017年《反不正当竞争法》中通过列举性规定和限制一般条款的开放

[①] 参见孟雁北：《发展中的中国竞争法体系》，载张守文主编：《经济法研究》（第18卷），北京大学出版社2017年版，第279—280页。

第七章
反不正当竞争法治的完善

性适用,以竞争自由为基调,重视有限干预和自由竞争的理念,谨慎划定不正当竞争和竞争自由的法律界限。①

本次修订的进步之处主要包括以下几点:一是与时俱进,体现时代特点。2017 年《反不正当竞争法》第十二条有关互联网不正当竞争行为的条款(简称"互联网专条")就是近些年互联网时代的产物;此外,在仿冒混淆、虚假宣传等一般不正当竞争行为中也增加了与互联网有关的条款,具有浓厚的现代色彩。② 二是以市场为主,以国家干预为辅,率先发挥市场的基础作用,而政府只有在必要的时候才进行干预,并不是国家干预越多越好。2017 年《反不正当竞争法》通过列举性规定和既开放又适当限制的一般条款,明确了反不正当竞争法与竞争自由之间的法律界限,防止因为适用范围过大、过宽而使得国家过多干预竞争自由。我们应当把市场能够解决的问题尽量交给市场去处理,市场在资源配置中起决定性作用有利于促使经济更有活力、更有效率和更有效益地发展,只有当市场出现了无法自我调节的问题,才需要国家来进行干预。因此,我们应当秉持最小程度干预原则来确定不正当竞争法的适用范围。例如,法律只禁止引人误解的宣传,即只要引人误解,就算是真实的宣传也需要禁止,但虚假而不引人误解的宣传,就交给市场去识别和解决;市场竞争具有天然的对抗性,市场利益的争夺经常是此消彼长和损人利己,相互"干扰"是常态,法律只禁止极端的"干扰"行为。此外,2017 年《反不正当竞争法》也不列举短期行为。随着经济社会的发展,不正当竞争行为的种类也繁杂多样、千变万化,究竟是否构成不正当竞争行为需要根据具体案情具体分析,大量的短期行为就由法院通过个案判决来解决,并不需要将其归纳在法律中,不然容易引起法律的频繁修订。法律只需要规定具有稳定性和长期性的不正当竞争行为。三是突出了竞争法的属性,我国反不正当竞争法与反垄断法采取了分别立法模式,且其立法目的、利益衡量标准以及行为规范模式都以维护市场竞争秩序为出发点,是一部市场竞争法。③ 2017 年修订的法律更加突出了对于竞争的保护。比如,2017 年《反不正当竞争法》第二条将"扰乱市场竞争秩序"放在"损害其他经营者或者消费者的合法权益"之前,更加突出了反不正当竞

---

① 参见孔祥俊:《论新修订〈反不正当竞争法〉的时代精神》,载《东方法学》2018 年第 1 期。
② 同上。
③ 参见孔祥俊:《论反不正当竞争法的竞争法取向》,载《法学评论》2017 年第 5 期。

争法作为竞争法的定位。实践中，我们应当注意防止反不正当竞争法的知识产权化，反不正当竞争法中虽然有涉及知识产权的内容，但那是以保护竞争为目的的。此外，这次修订也更加突出了反不正当竞争法的行为法特性。反不正当竞争法与一般的侵权行为法不相同，一般的侵权行为法不具有行为法属性，而反不正当竞争法却重在根据行为的特征及其对竞争的损害来认定行为，而不是基于对特定权益的损害。2017年《反不正当竞争法》通过在第二条第二款完善不正当竞争行为构成元素的方式，更加凸显了其行为法特性，也因修订以后的判断依据更加完整和明确而具有行为法的制度支撑。①

但是，该次修订还是存在着诸多不足，比如《反不正当竞争法》作为竞争领域的基本法，属于顶层设计的范畴，与部门规则的法律地位是有明显高低区别的，但是此次修法将互联网领域的竞争纳入了《反不正当竞争法》中。从立法逻辑上看，互联网条款的纳入更多体现的是立法对现实的妥协，这样的规定在很大程度上可以迎合相关领域经营者、网络用户和社会公众的需求，是我国针对自身国情、面向市场经济新领域所开展的主动修法，可以预见在将来能够迅速地发挥作用。但是，互联网市场作为诸多社会市场之一，可以通过另行制定规则进行规制，没有写入《反不正当竞争法》的必要。② 此外，新法第十二条"互联网专条"所具有的宣示作用大于实际意义，它所规定的互联网不正当竞争行为，大部分是从已有案例的判决中归纳得出的，比如"3Q大战"。具体来说，"互联网专条"规定的前两种行为都是从个案中提炼归纳而来，所规定的行为模式非常具体，一般情况下能比较准确地适用，不会有太大偏差。不过这些行为也可能由于过于具体而随着经济社会的发展被快速淘汰。"互联网专条"规定的后两种行为规定得又过于抽象、概括，不一定能够准确适用于所调整的对象，在实际操作中比较容易产生偏差。其中，"恶意对其他经营者合法提供的网络产品或者服务实施不兼容"这一条，虽然明确了是在"恶意"的前提下，且恶意从字面上看是带有否定评价色彩的，但由于市场竞争具有天然的对抗性，损人利己的行为是常态，因此辨别恶意与否变成了一个难题，一旦判断错误便会产生不利后果。另外，经营者是否自愿选择与他人提供的产品或者服务兼容属于自由竞争的范围，一般情况下兼容有利于实现市场利益最大化，

---

① 参见孔祥俊：《论新修订〈反不正当竞争法〉的时代精神》，载《东方法学》2018年第1期。
② 参见宁立志：《〈反不正当竞争法〉修订的得与失》，载《法商研究》2018年第4期。

因此绝大部分理性的经营者通常会选择兼容模式,但这是经营者自由选择的结果,而不是出于法律强制。当然,法律在某些情况下可以限制经营者的兼容自由,比如经营者具有市场支配地位,但这属于反垄断法调整的问题。因此,应该让市场自身去处理是否兼容的问题,而不是直接禁止"对其他经营者合法提供的网络产品或者服务实施不兼容"。在特定情况下确实需要禁止的不兼容,就交给法院通过个案解决,而不是将其规定在法律中一概禁止。"其他妨碍、破坏其他经营者合法提供的网络产品或者服务正常运行的行为"这一兜底条款本身十分笼统、模糊,因为就算是"其他妨碍、破坏其他经营者合法提供的网络产品或者服务正常运行的行为",也有可能是正常的市场竞争行为,或者是实现创新的必由之路。一味地将其全面禁止,可能正好背离了国家奉行的"非公益必要不干扰"原则。

2019年4月23日,《反不正当竞争法》进行了第二次修订。此次修订是为了配合2020年1月1日起实施的《外商投资法》,特别加强规制侵犯商业秘密的行为。修改内容主要包括以下五个方面:一是扩大了商业秘密的范围。新法第九条将商业秘密的定义由"技术信息和经营信息"修改为"技术信息、经营信息等商业信息",通过增加兜底性表述,使得商业秘密的表现形式不再局限于"技术"或"经营"信息。二是扩大了侵犯商业秘密的主体范围。新法第九条中增加了一款,将经营者以外的其他自然人、法人和非法人组织也纳入了侵犯商业秘密责任主体的范围。三是与时俱进,及时完善了侵权手段和侵权行为。在第九条增加以电子侵入手段获取权利人商业秘密的情形,并首次规制了非法间接获取商业秘密的手段,即新增第九条第一款第四项"教唆、引诱、帮助他人违反保密义务或者违反权利人有关保守商业秘密的要求,获取、披露、使用或者允许他人使用权利人的商业秘密"的情形。四是加大了对商业秘密侵权行为的惩罚力度。一方面,在新法第十七条中增加恶意侵权的惩罚性赔偿规定并提高赔偿上限,经营者恶意实施侵犯商业秘密行为,情节严重的,按照权利人因被侵权所受到的实际损失或者侵权人因侵权所获得的利益的一倍以上五倍以下确定赔偿数额,同时将人民法院判决的最高赔偿限额由三百万元提高到五百万元。另一方面,加大行政处罚力度,在新法第二十一条中增加没收违法所得的处罚规定,并将罚款的上限由五十万元、三百万元分别提高到一百万元、五百万元。五是该法新增的第三十二条对侵犯商业秘密的民事审判程序中的举证责任作出倾斜性规定。这一条款对于举证难的商业秘密民事诉讼意义重大，一定程度上降低了权利人的举证难度。本次《反不正当竞争法》中关于商业秘密侵权内容的修改，是我国在加强知识产权保护方面的有力举措，并配合《外商投资法》有关行政机关保护商业秘密的要求，进一步对其他主体通过不正当竞争行为非法获取商业秘密进行规制，使司法救济手段的举证责任向对权利人有利的方向倾斜。这对建立市场公平竞争秩序、保护权利人合法利益有更为积极的作用。

四、未来立法的发展趋势

在反不正当竞争法出台之前，国内学者就已经针对立法模式产生了较大争议。由于出台反垄断法的时机还不成熟，因此我国采用了先出台反不正当竞争法后出台反垄断法的分立式立法模式。当前我们需要根据我国市场经济的发展状况，结合两部法律的内容，重新审视我国竞争立法模式的合理性。过度的自由竞争会导致行为失范，产生不正当竞争行为；而不正当竞争行为的蔓延有可能滋生垄断，反不正当竞争法的规制能够有效防止垄断的形成，反垄断法对市场行为的规制又可避免不正当竞争行为的产生。反垄断法确保市场参与者平等地进入市场，使得进入门槛畅通无阻，反不正当竞争法对门槛内的市场环境进行维护，使其井然有序。因此，两部法律的内容有着相辅相成、互动共生的关系。[①] 分别立法的模式并不能使对不正当竞争行为和垄断行为有完全清晰的界定，在实践中可能出现法律竞合的现象，给司法审判带来困扰。分别立法导致的多头执法也是推动两部法律合并的原因之一，合并立法后可以建立统一的执法机构，培养专业人才，避免当前执法机构职能交叉重叠、机构臃肿的弊病，节约执法成本，提高执法效率。立法模式的选择受到多重因素的影响，我国采用分立式模式与我国的经济条件是紧密相关的。但是，随着经济发展水平的提高和立法技术的进步，重新审视合并立法模式，进行一体化规制，是我国未来立法探索的方向。

---

① 参见明平：《论反垄断法与反不正当竞争法的合并立法模式》，载《江西社会科学》2016年第9期。

第八章
消费者权益保护法治的发展历程

美国总统肯尼迪说过:"人人均为消费者"。国际标准化组织消费者政策委员会(简称COPOLCO)将"消费者"定义为"为个人目的购买或使用商品和接受服务的个体社会成员"[①]。我国消费者权益保护法中所涉及的"消费者",主要是指生活资料的消费者,在特殊情况下也包括生产资料的消费者,如农民的生产性消费活动等。

所谓的消费者问题,在广义上泛指商品经济中,消费者在购买生活资料、接受生活服务的过程中,其正当利益受到提供消费资料和消费服务的经营者损害而发生的问题。消费者问题的普遍存在和日益恶化是现代消费者保护法产生的基本动因。[②] 现代的消费者保护立法是资本主义发展到垄断阶段的产物。当资本主义处于初级经济兴起阶段,社会推崇自由竞争,国家只需要扮演"夜警"的角色,价值规律可以自发地调节经济活动。但到了19世纪末,随着垄断资本主义的形成,竞争秩序遭到了前所未有的破坏。垄断企业、集团利用自己的市场支配地位,操控市场,任意定价。危险产品、虚假宣传、欺诈行为、质量缺陷严重侵犯了普通经营者和广大消费者的权益。在严峻的市场形势下,市场这只"看不见的手"已经不能自发地调节经济活动。资本主义政府不得不决定抛弃"夜警"的角色,开始主动对市场进行适当干预,矫正市场失灵。消费者受害问题作为市场失灵下的产物,得到了资产阶级政府的重视。伴随着消费者的自发反抗,一系列保护消费者的法律规范应运而生。

---

① 转引自顾功耘主编:《经济法教程》(第三版),上海人民出版社、北京大学出版社2013年版,第458页。
② 参见李昌麒、许明月编著:《消费者保护法》(第二版),法律出版社2005年版,第1页。

一、消费者权益保护立法

消费者权益保护法,是国家为保护消费者的合法权益而制定的调整人们在消费过程中所发生的社会关系的法律规范的总称。① 改革开放前,我国一直实行高度集中的计划经济体制,国家是消费品的提供者。消费品短缺、通货膨胀是当时的普遍现象,消费需求无法得到满足是当时的主要矛盾和基调。1978年改革开放以来,我国经济迅速发展,价格调控逐步放开,社会主义市场经济逐步形成,商品类型日益增多。但在消费品的数量和种类增多、消费者的需求逐渐得到满足的同时,侵犯消费者权益的事件屡有发生。

随着侵犯消费者权益现象的日益增多,广大消费者也逐步增强了自我保护的意识。1983年5月,河北省新乐县成立了全国第一个消费者组织。1984年8月,广州市消费者委员会成立。1984年12月26日,中国消费者协会在北京成立。1989年,中国保护消费者基金会成立。② 1985年1月12日,国务院发布国函〔1985〕6号,内容为国务院已收悉《成立中国消费者协会的报告》,同意成立中国消费者协会。中国消费者协会的成立,促进了当时消费者权益保护的发展,但是其工作缺乏具体的法律依据,消费者权益保护立法迫在眉睫。

1987年,福建省发生了一件震惊全国的事件——福州市城门乡樟岚村粪坑腌制大头菜事件。1987年2月28日,福建省消费者委员会收到樟岚村腌制不卫生大头菜的举报。随后,福建省消费者委员会就联系相关人员来到了樟岚村,看到田地里有农民将原来公社用来收集肥料的化粪池用来腌制大头菜。然而,如此恶性的事件,却因为没有相关的法律、法规依据,只能对违法者处以2000元罚款,消费者还无法向生产者索赔。③ 樟岚村粪坑腌制大头菜事件间接促进了我国《消费者权益保护法》的诞生。1987年9月4日,福建省六届人大常委会正式通过了《福建省保护消费者合法权益条例》,这是我国第一部保

---

① 参见顾功耘主编:《经济法教程》(第三版),上海人民出版社、北京大学出版社2013年版,第461页。
② 参见吕勇:《为了亿万消费者——中国消费者权益运动回顾》,载《人民日报》(海外版)2000年5月22日。
③ 参见《315晚会25年回顾:粪坑腌大头菜事件催生维权立法》,http://finance.sina.com.cn/consume/20150314/145721721961.shtml,2020年2月10日访问。

护消费者合法权益的地方法规。此后，江苏、湖北、浙江、吉林等省市也相继制定了类似的消费者保护条例。

我国有关消费者权益保护的立法最早见于《民法通则》第一百二十二条的规定：因产品质量不合格造成他人财产、人身损害的，产品制造者、销售者应当依法承担民事责任。但这仅有的一条概括性规定不能满足现实的需要。此外，《民法通则》作为民事法律，调整的是平等民事主体之间的法律关系，而经营者和消费者表面平等实际不平等的关系表明，只靠民法保护消费者是远远不够的，只有强调倾斜保护弱者的经济法才能够做到事实上保护消费者。在严峻的市场环境下，政府也逐渐重视消费者权益保护问题，消费者权益保护的立法被提上了日程。1985年，国家工商行政管理局在全国人大法工委的指导下，开始起草消费者权益保护法。国家工商行政管理总局对草案广泛征求意见，注重调查研究，经过四次论证会，于1993年3月报送国务院。1993年8月，八届全国人大常委会第三次会议对国务院提请审议的草案进行了初步的审议。1993年10月，八届全国人大常委会第四次会议再次审议，并于10月31日通过《消费者权益保护法》（以满票127票通过），自1994年1月1日起施行。

1993年《消费者权益保护法》共8章55条，"总则"部分统领全文，规定了立法目的，消费者、经营者的定义，以及基本原则。其中，第二条将"消费者"定义为为生活消费需要购买、使用商品或者接受服务的个体社会成员。第二章"消费者的权利"规定了消费者具有安全权、知情权、自主选择权、公平交易权、求偿权、结社权、知识权、受尊重权以及监督权共9项权利。第三章"经营者的义务"规定了经营者具有遵守合同约定，接受消费者的监督，保障消费者的人身、财产安全，提供真实信息，出具有效的凭证或单据，保证产品质量、性能和有效期限，对特定商品承担"三包"责任，不得以格式条款免除自身的责任，不得侵犯消费者的人格和人身自由共9项义务，基本与第二章"消费者的权利"相对应。第四章"国家对消费者合法权益的保护"规定了立法听取消费者意见和政府、工商行政管理部门等其他有关行政部门、有关国家机关以及人民法院各自在消费者合法权益保护方面的职责。第五章"消费者组织"规定了消费者协会和其他消费者组织的合法地位以及消费者协会的职能和禁止从事的活动，这代表着我国各地设立的消费者保护组织终于于法有据。第六章"争议的解决"规定了消费者权益争议解决的途径以及在不同情形下消费者请求赔偿的对象。第七章"法律责任"规定了经营者承担的民事责任、从外国移植来的一倍惩罚性条款以及经营者的行政责任和刑事责任的情形。第八章"附则"规定农民购买、使用直接用于农业生产的生产资料,参照本法执行。这主要是因为虽然农民购买生产资料属于非生活消费,但我国农民属于弱势群体,应当对其予以特殊保护。

二、社会现实变化背景下的《消费者权益保护法》

1993年《消费者权益保护法》的颁布意味着我国对消费者权益的保护程度达到了一个新的高度,对经营者的经营行为进行规定的同时,更使得消费者维权于法有据。从1994年生效起,《消费者权益保护法》开始了对消费者市场的治理。《消费者权益保护法》在唤醒消费者维权意识、保护广大消费者的合法权益、规范经营者的行为、促进整个市场秩序规范方面发挥了重大的作用。

随着经济的发展,人们的消费理念、消费结构、消费方式发生了巨大变化,涌现出了诸多新型的消费方式,《消费者权益保护法》已经不再能满足新形势下保护消费者权利的需要。① 因此,2013年,《消费者权益保护法》进行了大幅修订,对诸多主要条款进行了调整和增补。

1993年至2003年间,我国GDP从35673.2亿元上升到595224.4亿元,位列世界第二。利用外商直接投资从275.1亿美元飞增至1187.21亿美元。② 社会主义市场经济的逐步形成,外资的不断引进,使得我国的消费市场产生了日新月异的变化。随着电脑的普及和互联网技术的发展,电子商务在我国迅速升温,电视、网络购物的人数与交易量与日俱增。但新的消费类型让消费越来越便利、消费成本越来越低的同时,也带来了前所未有的消费问题。新时期消费者的权益该如何保护成为政府以及学术界研究和讨论的重要问题。

2012年3月,十一届全国人大五次会议期间,121名代表提出4件议案,建议修订《消费者权益保护法》。2012年11月,修订《消费者权益保护法》被列入十一届全国人大常委会立法规划。2013年10月25日,十二届全国人大常委会第五次会议表决通过《关于修改〈消费者权益保护法〉的决定》。国家主席习近平签署第7号主席令公布,新《消费者权益保护法》自2014年3

---

① 参见吴宏伟主编:《消费者权益保护法》,中国人民大学出版社2014年版,第8页。
② 数据来自国家统计局。

月 15 日起施行。这是我国《消费者权益保护法》的第二次修订，不同于第一次的仅有一个字的修订，本次修订是全面性的。2013 年《消费者权益保护法》对消费者的权利、经营者的义务、公益诉讼以及政府各个相关部门的责任，特别是社会组织的相关责任，都作了进一步的规定。

与旧法相比，2013 年《消费者权益保护法》新增条款 11 条，合并和删减条款 3 条，实际增加 8 条。新增的 11 个条款中，其中 4 条是有关经营者义务的规定，3 条是有关争议解决的规定，3 条是有关法律责任的规定，还有 1 条是有关对商品进行抽查、检验的责任的规定。[①] 其中的亮点在于：

（一）耐用商品和装饰装修服务举证责任倒置

消费关系属于民事关系，消费者具有接受瑕疵商品或服务后的及时通知义务。但是，耐用商品和装饰装修的瑕疵可能并不会被消费者立刻发现，经常是在使用的过程中发现问题。我国《民事诉讼法》的一般证据规则是"谁主张，谁举证"。若消费者想要证明商品或服务存在瑕疵，就必须自己提供证据。但是，普通消费者往往并没有获得专业知识和技术的条件，结局通常是维权失败或者放弃维权。鉴于此类情况，修订后的《消费者权益保护法》第二十三条第三款规定："经营者提供的机动车、计算机、电视机、电冰箱、空调器、洗衣机等耐用商品或者装饰装修等服务，消费者自接受商品或者服务之日起六个月内发现瑕疵，发生争议的，由经营者承担有关瑕疵的举证责任。"由此确立了特定情形下由经营者承担有关瑕疵的举证责任。让经营者承担举证责任，就是为了改变接受此类商品和服务的消费者信息不对称的地位，使其具有更大的胜诉可能。但举证责任倒置的适用范围并不是无限的，消费者只有在自接受商品或者服务之日起六个月内发现瑕疵才可以适用。

此外，2013 年《消费者权益保护法》仅规定了经营者的瑕疵举证责任，对信息提供的举证责任倒置没有作出规定。有观点认为，如果针对信息提供也能实现举证责任倒置，将会促使经营者更适当地履行向消费者提供信息的义务，并积极保存该充分提供信息的证据，方便未来在发生消费者侵权纠纷时的证据收集和事实调查。但是，为了避免极大增加经营者的经营成本、造成矫枉过正，可仅对以下两种情形规定由经营者承担已履行信息提供义务的举证责

[①] 参见吴宏伟主编：《消费者权益保护法》，中国人民大学出版社 2014 年版，第 8 页。

任：(1) 金融等信息不对称严重的交易领域；(2) 汽车、房屋等标的额较大的交易情形。①

(二) 赋予消费者七日无理由退货权

七日无理由退货是《消费者权益保护法》针对非现场购物方式而专门作出的规定。互联网的飞速发展带来了购物方式的巨大变化，网络、电视等远程购物方式逐渐成为人们消费的主流方式，淘宝、天猫、京东等网上购物平台的成交量远远超过实体店。线上消费与线下消费最大的差异就是消费者在购买时不能接触到商品，尤其是服装等个体化消费品，消费者往往收到商品后才知道是否合适。除此之外，这种差异也直接导致了大量假货的出现，许多消费者被蒙在鼓里而遭受损失。为了保证交易公平，《消费者权益保护法》第二十五条针对网络等远程购物方式赋予了消费者七日无理由退货权，旨在促进买卖双方的平等地位，体现了我国对新时期下新情况的有力应对。但同时也需注意，这种七天的"反悔权"并非在所有情况下都适用。针对以下四种情况的商品，《消费者权益保护法》第二十五条进行了除外规定：(1) 消费者定作的；(2) 鲜活易腐的；(3) 在线下载或者消费者拆封的音像制品、计算机软件等数字化商品；(4) 交付的报纸、期刊。因此，这种"反悔权"实际上是一种有限的撤回权，它被认为是矫正消费者和经营者地位悬殊、实力不对等的举措，是《消费者权益保护法》秉持的实质正义观的体现。但同时也有质疑的声音，认为此种撤回权实际上从法经济学的角度不具备效率上的合理性，这种撤回权的赋予客观上造成了一种低效率的结果，以一种极高的成本实现对于远程交易者的保护，实际上是保护工具设计上出现了偏差，难以实现帕累托最优的社会效果，需要进一步明确可适用撤回权的商品范围、消费者的范围、经营者向退货的消费者收取折旧费和服务费的办法、消费者撤回权行使中的程序控制等问题，进一步完善撤回权制度的相关规定。

(三) 新增非现场商品和服务的信息披露制度

《消费者权益保护法》第二十八条规定，通过网络等非现场方式提供商品或服务的经营者应向消费者提供经营地址等各类信息，目的与第二十五条相

---

① 参见应飞虎：《消费者立法中的信息工具》，载《现代法学》2019 年第 2 期。

近，都是为了解决网络购物等非现场购物的突出问题。现实中，消费者协会、消费者在解决网络购物过程中的争议时，经常找不到相应的经营主体。淘宝等平台上信息虚假的店铺比比皆是，一时间造成了网络购物的乱象。《消费者权益保护法》第二十八条有助于在发生纠纷时明确相应的责任方同时保护消费者的知情权。

（四）明确经营者个人信息保护义务

随着互联网的广泛应用，信息的传递速度达到了有史以来的新高度。商业竞争也越来越重视对消费者需求的掌握程度，消费者开始不停地被商业短信和推销电话骚扰，正常生活受到严重干扰，甚至有的不良商家以明码标价的形式贩卖消费者的个人信息并从中获利。大家都知道是商家"出卖"了消费者的个人信息，但却没人管，也很难确定谁是侵权者。2013 年《消费者权益保护法》首次将个人信息保护作为消费者的权益确认下来，是消费者权益保护制度中的新突破。

2013 年《消费者权益保护法》中，"信息"一词使用 15 次，除原有的消费者协会的信息提供职责外，1 次设定在金融服务提供者的信息提供义务条款中，12 次设定在消费者的个人信息保护条款中。原有的经营者信息义务条款作了修改："经营者向消费者提供有关商品或者服务的质量、性能、用途、有效期限等信息，应当真实、全面，不得作虚假或者引人误解的宣传。"除此之外，2013 年《消费者权益保护法》的一些条款中虽无"信息"一词，但也具有信息工具的功能，如第二十六条、第三十条、第三十三条第一款、第三十七条第三款等，这些条款涉及多个主体的信息权利或义务。信息工具被较多地使用，其主要原因是这一时期"信息"一词及信息不对称理论在中国实现了普及化。

（五）消费者协会可对群体性消费事件提起公益诉讼

近些年来，我国不断出现侵犯消费者权益的群体性事件。对于消费金额较小的纠纷，一场诉讼的流程、交通花费、时间成本对于个体消费者而言都是不小的负担，相当多的消费者在衡量维权成本后选择放弃维权。在诸如三鹿奶粉、苏丹红等群体性消费事件中，消费者通常势单力薄，维权常常陷入尴尬境地。《消费者权益保护法》第三十七条对于消费者协会履行公益性职责的规定赋予了消费者协会向人民法院提起公益诉讼的主体地位，明确消费者协会可以对损害消费者合法权益的行为提起诉讼或支持受损害的消费者提起诉讼，同时有权对于损害消费者合法权益的行为通过大众传播媒介予以揭露、批评。该规定实际上是将我国《民事诉讼法》第五十五条对于"侵害众多消费者合法权益等损害社会公共利益的行为，法律规定的机关和有关组织可以向人民法院提起诉讼"的具体规定落实。这一制度在消费者群体维权诉讼中将发挥巨大的作用，但出于社会稳定的考虑，仅将诉讼权赋予国家和省级的消费者协会。

（六）定位网络购物平台的责任

传统的消费行为发生在消费者和经营者双方之间，纠纷也发生在双方之间。但随着网络购物的兴起，网络交易平台也愈发深入地介入到网络消费行为中，为消费者提供了一个展示卖家商品、提供消费者评价的浏览界面，并可以通过大数据分析向消费者推送符合其偏好的商品。网络平台虽然不是买卖合同的当事人，但在复杂的网络交易法律关系中，它不仅是促成买卖双方之间交易的平台，与经营者之间存在服务合同法律关系，同时也是接受消费者的委托选择第三方支付平台和第三方信用评价机构的中介。[①] 在 2013 年《消费者权益保护法》修订之前，网络交易平台往往以自己并非卖家的理由拒绝消费者的维权，但对于商家经营资质、许可证、信誉等，买家却只能信赖网上交易平台上的信息。因此，在此类情况下消费者是绝对的弱者，需要得到倾斜保护。《消费者权益保护法》第四十四条对网络交易平台的责任进行了清晰定位，即网络交易平台不能提供销售者或者服务者的真实名称、地址和有效联系方式的，承担先行赔偿责任；对于销售者或服务者利用其平台侵害消费者合法权益的行为明知或应知，未采取必要措施的，依法承担连带责任。这实际上确立了网络平台承担民事责任的一般规则，即网络平台提供者在不同义务来源下可能与经营者承担附条件的不真正连带责任和主观连带责任，为探究网络平台在何种责任形态下承担惩罚性赔偿责任奠定了理论基础。

其中，食品电商平台为销售特殊产品的平台，其责任规则能否作为网络平台一般规则的补充，有待进一步的讨论。有学者认为，网络平台附约定条件的

[①] 参见杨立新：《网络交易平台提供者民法地位之展开》，载《山东大学学报》（哲学社会科学版）2016 年第 1 期。

不真正连带责任与食品电商平台单方允诺责任存有差异，其中以是否可以行使追偿权为标志性区别。《食品安全法》的适用具有特殊性，食品电商平台可适用网络平台的一般责任规则，但食品电商平台的特殊责任规则不可被网络平台借鉴。① 总之，这项规定对曾经擅于推卸责任的网络交易平台而言无疑是当头一棒，更为充分地保护了广大网络消费者的权益，也警示着网络交易平台更好地履行自己身为管理者的责任，监督规范平台经营者的经营，自觉加强对于平台消费者侵权投诉的处理。

（七）明确广告经营者、发布者、代言人、推销人的连带赔偿责任

《消费者权益保护法》规定，对于虚假广告或宣传，广告经营者、发布者不能提供经营者真实信息的应承担连带责任。此外，经营者、广告经营者、发布者、代言的公众人物对于关系到消费者生命健康的商品或者服务的虚假广告或宣传造成的损害要承担连带责任。该规定对于打击虚假广告及规范公众人物代言意义非凡。近年来，电视、网络中充斥着大量的虚假广告和代言广告，明星往往对自己代言的产品毫无了解却在广告中大夸特夸（如郭德纲代言的藏秘排油、范冰冰代言的曲美减肥药等）。《消费者权益保护法》第四十五条就是为了遏制这些不负责任的行为，对于虚假广告、问题产品具有威慑作用。

（八）加重消费欺诈惩罚性赔偿

1993 年《消费者权益保护法》中规定的惩罚性赔偿数额为一倍，随着市场经济的飞速发展，一倍的赔偿对于欺诈行为经营者的惩罚并不足以抑制欺诈消费者的行为。因此，2013 年《消费者权益保护法》将惩罚性赔偿的倍数由"退一赔一"升级为"退一赔三"，而且将赔偿的最低数额规定为五百元。对于造成消费者或者其他受害人死亡或者健康严重损害的欺诈行为，规定了消费者所受损失二倍以下的惩罚性赔偿。此规定提高了欺诈行为的违法成本，进一步保护了消费者的权益。

这以上八个亮点体现了我国应对新时期下消费者合法权益保护遇到的困境，提高了经营者的违法成本，代表着我国消费权益保护力度的进一步加强。

---

① 参见罗欢平、杨露：《论网络交易平台提供者惩罚性赔偿责任的一般适用》，载《南华大学学报》（社会科学版）2019 年第 20 期。

2014年1月26日，国家工商行政管理总局发布《网络交易管理办法》（以下简称《办法》），自2014年3月15日起施行，同时废止2010年5月31日国家工商行政管理总局发布的《网络商品交易及有关服务行为管理暂行办法》。《办法》主要根据2013年《消费者权益保护法》的规定对网络商品交易的规定进行了配套完善。2014年9月15日，国家工商总局召开2013年《消费者权益保护法》实施半年情况通报会。会上，时任国家工商行政管理总局消费者权益保护局局长杨红灿表示，在7月份对10家电商约谈之后，阿里巴巴集团、京东商城、1号店等电商平台能够带头整改，网络消费环境逐渐改善。杨红灿介绍称，在2013年《消费者权益保护法》将网购"七日无理由退货"列入法律规定后，阿里巴巴启动了七轮调整，重点针对商家后台认证系统、服务系统、消保系统等的底层构架进行了优化。特别是对不支持"七日无理由退货"的商品，改造后已初步实现"一对一"明示，消费者在下单页面可以进行直接辨认。① 2015年1月5日，国家工商行政管理总局出台《侵害消费者权益行为处罚办法》。

2016年3月15日由国家工商行政管理总局发布的消费者权益报告显示：2015年，全国消协组织共受理消费者投诉近64万件，解决近55万件，解决率近86%，为消费者挽回经济损失10多亿元，2013年《消费者权益保护法》的实施情况乐观。2016年11月16日，国务院法制办公室公布《消费者权益保护法实施条例（送审稿）》（以下简称《条例》），公开征求意见。《条例》中对2013年《消费者权益保护法》的内容进行了进一步的明确规定，同时也关注了消费者反映强烈的诸多热点问题。《条例》第二条规定，以牟利为目的购买、使用商品或接受服务的，不适用本条例。这表明国家工商行政管理总局试图对二十多年来的职业打假行为进行法律层面的探讨，但《消费者权益保护法实施条例》至今尚未颁布。

2017年1月6日，国家工商行政管理总局颁布了《网络购买商品七日无理由退货暂行办法》（以下简称《暂行办法》），进一步明确了不宜退货的商品范围，界定了商品完好的含义，详细规定了七日无理由的退货程序以及网络商品销售者违反退货义务的责任。此外，全国12315互联网平台于2017年3月

---

① 参见原金：《工商总局落实新〈消费者权益保护法〉处罚办法下月出炉》，http://finance.ce.cn/rolling/201409/16/t20140916_3539081.shtml，2020年2月10日访问。

15日正式上线，标志着我国工商和市场监管部门的消费维权工作跨入"互联网＋"时代。1999年3月15日，国家工商行政管理总局在原国家信息产业部的大力支持下在全国统一开通12315消费者申诉举报专用电话，在十几年间处理了大量的消费维权事件。随着互联网的发展，电话在人们的生活中的地位逐步下降，网络成为新宠，全国12315互联网平台对不断畅通消费者诉求渠道、进一步提高消费维权工作效能具有重要意义。

2018年1月8日，工商总局下发《工商总局关于全面开展消费投诉公示试点的通知》，对2016年选取上海、重庆、江西三地开展为期一年的消费投诉公示试点取得的成果进行了认可。为了更加全面地完善该消费投诉公示制度，并同时引导经营者加强经营活动中的自律自觉，最终实现消费者满意度的提高这一预期结果，工商总局决定在全国范围内全面开展消费投诉公示试点。消费投诉公示制度的开展有利于加强对消费者合法权益的保护，推动经营者积极解决消费纠纷、提高诚信守法的经营意识，并落实消费维权主体责任，从而推动消费者权益纠纷的源头治理。

2018年是《消费者权益保护法》正式实施的第二十五年，这二十五年间我国改革开放逐步推进、经济飞速发展，一个巨大的商品和服务市场随之产生。巨大的市场同时也意味着大量的侵犯消费者行为的发生，《消费者权益保护法》作为倾斜保护弱者、维护消费者权益的法律，起到为广大消费者保驾护航的作用。党的十九大报告对于"完善促进消费的体制机制，增强消费对经济发展的基础性作用"提出了明确的要求。

三、电子商务中的消费者权益保护

多年以来，我国的电子商务领域持续保持着高速发展，在转方式、调结构、稳增长、扩就业、惠民生、促扶贫等方面均起到了重要作用。随着我国经济发展进入新常态，在欣欣向荣的表面下，隐藏在背后的种种问题也逐渐浮现。快速发展的领域吸引来了人才和资本的同时也造成了行业乱象，其中不乏大量投机者浑水摸鱼扰乱市场秩序，破坏了原本的交易环境。从管理体制到法律制度，一系列的商业规则均有待建立和完善。

为了更好地保障消费者和经营者的合法权益，回应各方主体迫切的立法需求，历经"五年四审三公开"，2018年8月31日，备受关注的《电子商务法》

终于经十三届全国人大常委会第五次会议表决高票通过，并于 2019 年 1 月 1 日起正式施行。

这是全球首部以"电子商务法"命名的法律。在《电子商务法》颁布之前，我国对消费者权益保护的法律主要见于《消费者权益保护法》中，以《民法通则》《产品质量法》《广告法》《合同法》为补充。针对电子商务活动中的网络欺诈、消费者信息泄露、经营者责任缺失、售后服务质量差、侵犯消费者知情权等常见的几类侵害消费者权益的现象，上述法律规定已明显滞后。《电子商务法》颁布后，针对消费者权益保护的几大变化主要体现在：(1) 禁止刷单以保障消费者的知情权；(2) 将消费者的生命健康安全放在首位；(3) 明确经营者提供原始合同的义务；(4) 经营者不得滥用格式条款；(5) 快递交他人代收必须经收货人同意；(6) 违反《电子商务法》的行为将被重罚。以上《电子商务法》在消费者权益保护领域作出的更新，不仅能够有效改变规制电子商务平台经营者刷销量、刷好评、删差评的问题，制约平台的"大数据杀熟"，防止平台随意"砍单"，同时也强化了经营者的举证责任，并将微商、直播销售等新兴的电子商务销售模式以"其他网络服务"进行兜底纳入管理范围，打击了由门槛低、无实体店、无营业执照和信用担保导致的消费纠纷问题。

然而，随着《电子商务法》实施，诸多的问题也逐渐浮现：

第一，适用范围的问题。《电子商务法》第二条规定，本法的适用范围是"中华人民共和国境内的电子商务活动"，而诸如亚马逊等面向国内消费者的海外购电商平台本身就注册在境外，或在中国网站上购买的海外商品均由境外电商直接提供，对这些位于境外的行为主体，缺乏对其实施本国法律的能力。因为消费者在向这些平台内境外电商、境外个人买手下单时已经自愿接受了平台的用户协议，这些协议通过格式条款来约定境外管辖地和使用境外法律，从而排除中国的管辖和中国法律的适用。而这种排除适用无疑意味着《电子商务法》中对消费者加以保护的条款无法被监管部门引用。除此之外，电子商务的发展也给传统的贸易法和国际私法带来了挑战。互联网创造的匿名网络市场对国际私法中至关重要的联系因素，如住所或惯常居住地的判断带来了诸多困难。这一点在跨境交易中尤为突出，传统的冲突规则依赖于当事人的个人联系因素，以便于缔约一方通过另一方的住所或惯常居住地预测可能对交易具有潜在管辖权的国家和可能适用的法律。然而电子商务环境下的网站域名、IP 地址、电子邮件地址和缔约方的单方面陈述都可能具有误导性或缺乏准确性，一般消费者在进行跨境网购时也不会特意关注或查询供货商的信息，更没有追溯商品的来源是否真实的技术。《电子商务法》的出台正是因为电商恣意销售假冒伪劣商品，所以要加强平台的管理责任。但如果电商本身就是海外实体或居住地在境外，消费者的合法权益受到侵害后也不能通过适用《电子商务法》进行维权，则对于这些境外主体的规制效果就成了镜中花、水中月。

第二，语义模糊带来的实际适用困难问题。举例来说，《电子商务法》第三十八条第二款将平台经营者的责任规定为"相应的责任"，这里模糊的责任规定极易产生歧义，不仅使消费者难以理解，无法在维权时正确选择维权对象，也给案件审理及政府监管带来极大挑战。一般"相应"是指相适应或相符合，其对象应当在上下文中有所指示。但《电子商务法》的上下文中却并未见对"相应"作出的具体指明，由此引来了诸多不确定性。譬如经营者违反《电子商务法》第三十八条，未如实履行审核义务或安全保障义务，经营者应当承担的究竟是连带责任还是补充责任？"精确是法律的生命线。"[1] 在如此复杂的语言环境中，对"相应责任"的识别极为困难，各方主体的理解不可避免地产生偏差，这极大地影响了法律适用的准确性。

四、从"3·15晚会"看消费者权益保护制度发展的社会参与

国际消费者联盟组织于1983年将每年的3月15日确定为"国际消费者权益日"，主要目的在于通过该节日的设定在世界范围内扩大对消费者权益保护的宣传，加强各国对于消费者权益的重视，同时致力于促进国际及地区消费者组织之间的合作与交往，将更好地保护消费者权益这一理念在国际范围内传播。1984年12月26日，中国消费者协会成立，1987年中消协加入国际消费者协会。

1991年3月15日，首届"3·15晚会"在央视编导们的精心策划下，经过重重筹备，终于得以面世。本次"3·15国际消费者权益日消费者之友专题晚会"以直播的形式与全国观众见面。虽然对于侵害消费者权益的行为曝光力度还不算特别大，在形式方面也并非十分完善，但在当时中国经济整体蓄势待发的特殊时期，广大消费者一方面刚刚尝到改革开放的甜头，具有极大的购买

---

[1] 参见孙懿华、周广然：《法律语言学》，中国政法大学出版社1997年版，第32页。

与消费潜力，另一方面却也正在因为买到假冒伪劣产品而吃尽苦头却不知道维权途径在何处，首届"3·15晚会"此时的播出恰好对那些想要维护自己合法权益的消费者起到了很好的启蒙作用。在晚会的现场，导演组特意设置了10部接听消费者投诉的热线电话，整场晚会中电话的铃声此起彼伏，还有很多打不进电话的观众甚至把那些有质量问题的商品带到了直播现场的门口请求曝光。由此可见，晚会的宣传效果达到了，消费者们的维权意识被唤醒了。从此，每年的3月15日就成为一个消费者高度关注的日子，而一年一度的"3·15"晚会也成为广受全国消费者关注的一台大型公益晚会，成为国际消费者权益日宣传活动的主力。[①]

1996年的"3·15晚会"报道了17岁的花季少女贾国宇因卡式炉爆炸毁容的案件。现场的大屏幕上，贾国宇的父亲面对女儿曾经可爱的容颜，悲痛地疾呼："拜托那些制造这些东西的人，别去害更多的人了。"这番发言强烈地震撼着每一位观众的心，也让社会各界对于由产品质量问题引发的侵害消费者生命健康与财产安全问题的严重性有了更深刻的认识。

1995年3月8日，北京女孩贾国宇和家人在一家餐厅吃火锅。正当大家举杯庆祝的时候，火锅下面燃烧着的卡式炉在没有任何征兆的情况下发生了爆炸。贾国宇脸部和手部严重烧伤，经过抢救，虽然脱离了生命危险，但是在身体和心灵上都留下了难以抚平的伤痕。1995年8月1日，贾国宇的父亲依据《消费者权益保护法》第三十五条将北京国际气雾剂有限公司、龙口市厨房配套设备用具厂、北京市海淀区春海餐厅诉至北京市海淀区人民法院。请求法院判决被告赔偿包括65万元精神损害赔偿金在内的共165万余元。

一年后，北京市海淀区人民法院审理认为，保证产品质量，特别是保障消费者人身财产安全是产品生产者必须履行的基本法律义务。因产品质量问题造成的侵权损害结果，应依照《产品质量法》第三十二条和《消费者权益保护法》第四十一条的规定予以赔偿，以维护社会公平与市场秩序。1997年3月15日，北京市海淀区人民法院宣判，被告北京国际气雾剂有限公司、龙口市厨房配套设备用具厂共同赔偿原告贾国宇27万余元，其中精神损害赔偿金10万元。

---

① 参见《1991年315晚会的新生》，http://jingji.cntv.cn/special/315/20100316/103629.shtml，2020年2月10日访问。

卡式炉爆炸毁容案是我国首例精神损害赔偿案件，案件发生时，我国法律没有规定健康权受损害可以判决精神损害赔偿。但在本案中，法院依然认定了贾国宇健康权受侵害后有权得到精神损害赔偿，判决了10万元的精神损害赔偿金，这对后来的案件具有重要的指导意义。此后，全国陆续出现了相似的判例，贾国宇的胜诉为后来者带来了希望。直到2001年3月10日，这方面的法律规定才由《最高人民法院关于确定民事侵权精神损害赔偿责任若干问题的解释》予以肯定。

1998年的"3·15晚会"对传销活动进行了彻底曝光。4月，国务院发出了《国务院关于禁止传销经营活动的通知》。4月21日，政府宣布不再允许任何形式的传销经营活动，已批准登记的最迟应于10月31日前办理变更或注销手续。在国外，传销是一种比较常见的销售方式，其主要概念是：以顾客使用产品产生的口碑作为动力，让顾客来帮助经销商宣传产品并参与分享一部分利润。这跟国内的传销是两个概念。它并非"空手套白狼"的伎俩，也决非"水变油"的骗局，因此也不会比别的销售方式带来更多的发财机会。然而，传销到了中国，却被渲染为"20世纪最后一次暴富的机会"。忽视销售产品品质和市场实际需求，热衷于猎取"人头"和发展"下线"，于是传销成了"老鼠会""神秘链"的同义词。2005年8月10日，国务院第101次常务会议通过《禁止传销条例》，传销行为成为公安部严厉打击的对象。2018年4月，廊坊、北海、南宁、南京、武汉、长沙、南昌、贵阳、合肥、西安、桂林被国家市场监督管理总局列为"2018年传销重点整治城市"。

2002年的"3·15晚会"由最高人民法院、司法部、国家工商行政管理总局、国家质量监督检验检疫总局、中国消费者协会、中央电视台六家单位联合发起。晚会曝光了浙江省慈溪市违规生产非食品PC桶的黑心工厂和市场上热销的湖南省株洲市的"梅花K"新药等，引起了社会广泛的关注。

"梅花K"事件曾被称作"中国假药第一案"。2001年8月24日，湖南省株洲市药监局接到群众举报：该市多人服用"梅花K"黄柏胶囊中毒住院。据患者反映，该产品在当地媒体上大作宣传，声称能通淋排毒、解毒疗疮，治疗多种女性炎症（实际上是虚假宣传）。许多女性纷纷到市内药店购买，但服用后出现了胃痛、呕吐、浑身乏力等不良症状。经调查，医药公司负责人和药厂副厂长为了加大药效，商定在黄柏胶囊中掺加已经变质过期的盐酸四环素，导致药物的降解产物远远超过国家允许的安全范围。株洲市"梅花K"中毒人数共达128人，7名被告人均构成生产、销售假药罪。药品作为特殊商品，关系到人的生命和健康，因此药企更应该担负起确保药品质量安全的责任，被患者信任才是其立足市场的基石。

2004年的"3·15晚会"在抗生素危机、利达手机骗局、农民假种子维权、汽车消费维权等方面有了较大的突破。会上呼吁医生合理使用抗生素，集中力量整治假种子事件。

2007年的"3·15晚会"一开始就公布了郭德纲代言的藏秘减肥茶有欺骗消费者的问题，经专家鉴定，该产品与藏茶并没有关系。产品宣传中，出现了一家名为"亚洲藏茶医学保健研究所"的单位，该公司于2006年3月1日成立，注册股本只有1万港币，董事只有张锦力一人，而张锦力正是"藏秘排油"的策划人。记者在晚会现场发现，郭德纲显然更能引起观众的兴趣，他在电视画面上一出现，就有观众兴奋地叫出他的名字。由此可见，明星代言确实增加了消费者对这一产品的兴趣，起到了促进销售的作用。但是，随着内容的逐渐披露，很多人笑不出来了。

明星代言本是正常的营销手段，通过明星在媒体上宣传和推荐商品，将消费者对明星的信任转移到对商品的信任上，从而带来巨大的销量。但这种营销方式被无良商家利用，花费巨额代言费聘请明星进行虚假宣传，而明星面对代言费也变得没有底线，在对代言产品并没有充分的了解的情况下就向消费者推荐。这种行为的结果是商家靠明星代言获取巨额利润，明星获得代言费，而受到损害的是广大消费者。"3·15晚会"曝光的郭德纲代言事件仅仅是名人代言问题的冰山一角，随后范冰冰、邓婕、侯耀华、王宝强、葛优等明星代言的产品相继被爆出问题，引起国家相关部门对名人代言的重视。代言事件的频出导致了2013年《消费者权益保护法》中新增公众人物对关系到消费者生命健康的商品或者服务的虚假广告或宣传造成的损害要承担连带责任的规定。经过多年的努力，明星代言问题终于得到了有效的治理。

2011年的"3·15晚会"曝光了震惊全国的双汇"瘦肉精"事件。"瘦肉精"是一类药物的统称，主要是肾上腺类、β激动剂、β-兴奋剂，大剂量用在饲料中可以促进猪的生长，减少脂肪含量，提高瘦肉率，但食用含有"瘦肉精"的猪肉对人体有害。央视曝光河南部分养猪户在饲料中添加"瘦肉精"，引起了全社会的关注，让食品安全再次成为社会关注的焦点。"瘦肉精"猪肉遭到媒体曝光后，河南省委、省政府高度重视，公安机关第一时间采取紧急措施，立即查封了报道涉及的 16 家生猪养殖场，对涉嫌使用"瘦肉精"的生猪及 134 吨猪肉制品全部封存。相关部门还派出工作组，深入各地全面彻查。当年 8 月、9 月，两批河南"瘦肉精"案件终审，河南省法院受理的"瘦肉精"案件全部审结，其中焦作市两级法院审结 42 案 80 人、新乡市 6 案 17 人、济源市 1 案 3 人、鹤壁市 4 案 5 人、洛阳市 2 案 4 人、平顶山市 1 案 1 人、信阳市 1 案 1 人、周口市 1 案 2 人，其中以危险方法危害公共安全罪判处 1 案 5 人，以非法经营罪判处 18 案 39 人，以生产、销售有毒、有害食品罪判处 33 案 52 人，以玩忽职守罪判处 4 案 13 人，以滥用职权罪判处 2 案 4 人。①

"瘦肉精"事件轰动全国，不仅给双汇造成了巨大影响，整个肉制品行业都受到牵连。消费者不禁思考：全国著名的肉制品公司双汇竟然都会发生如此恶劣的食品安全事件，那么其余的公司呢？这导致事件过后相当长的时期，消费者对肉制品的购买都极其谨慎。

2013 年的"3·15 晚会"揭露网易等公司追踪用户 cookie 分析邮件内容、收集用户隐私的行为。在采访中，网易公司人员告知记者，网易邮箱可以看到用户的邮件内容，以此来分析用户习惯并发送精准广告。cookie 一词在采访中被反复提到。cookie 是指某些网站为了辨别用户身份、进行 session 跟踪而储存在用户本地终端上的数据（通常经过加密），上面有很多私人信息，而跟消费者毫无关联的第三方未经消费者同意进行收集 cookie，并且服务于非法的营业目的。经过曝光后，网易邮箱仍然不承认存在窃取用户隐私的行为。网易邮箱随后在官方微博发公告称，用户对信息安全的重视，网易感同身受，并一向注重对用户隐私的保护。网易邮箱一天处理约 2 亿封邮件，不存在任何个人参与窥探用户隐私的可能性。尽管如此，在晚会曝光后的开盘之日，网易股价跌幅超过 5%。cookie 事件向社会揭露了一种新型的侵害消费者的手段。随着互联网的普及，人们每天在互联网上花费的时间不断增加，网上购物也成为主要的消费途径。新的时代是用户时代，谁掌握用户的信息更多，谁在市场上的胜算越大，但这不是违法收集用户信息的理由。国外已经对追踪用户信息、收集 cookie 的行为进行了规制，但我国依然没有相关规定，大量的用户信息不经用户同意就被收集、交易，针对性投放、垃圾短信、骚扰电话层出不穷，给消费

---

① 参见《河南"瘦肉精"事件 59 起案件全审结 113 人获刑》，http://www.china.com.cn/city/2011-11/26/content_24010215.htm，2020 年 2 月 20 日访问。

者造成了极大的困扰。在如此严峻的情形之下,当年修订的《消费者权益保护法》将个人信息保护纳入立法之中,规定经营者收集、使用个人信息应经被收集者同意,对收集的消费者个人信息必须严格保密,确保信息安全。

2016年的"3·15晚会"曝光"饿了么"黑心作坊,让数亿外卖平台用户震惊。2016年国内外卖市场快速增长,整体交易额达1761.5亿元,较2015年全年382.1亿元增长361%,越来越多的消费者通过饿了么、美团等外卖订餐网站,足不出户享受美食。可是,订餐网站上商户的营业执照、干净的厨房、店铺的照片的真实性又有几分呢?记者通过调查发现,在饿了么网站上,存在着商家虚构地址、上传虚假实体店照片等情况。另外,在饿了么网站上注册的一些商家,实体店的卫生状况堪忧,甚至是一些无照经营的黑作坊。①随后,饿了么对此作出积极的回应、致歉,以及跟进发布各项务实承诺,包括建立违规餐饮店铺公示专栏,并对其证照的真实性、合法性作出公开承诺。

黑心外卖作坊事件揭露了互联网时代新的食品安全问题。随着"3·15晚会"的曝光,各大外卖平台开始了平台内治理。2017年9月5日,国家食品药品监管总局局务会议审议通过的《网络餐饮服务食品安全监督管理办法》明确规定了"线上线下一致"、平台和入网餐饮服务提供者义务、送餐人员和送餐过程要求等。这是我国首部针对网络餐饮服务制定的法规。

截至2019年年底,"3·15晚会"已经走过了28个年头,在食品、药品、汽车、餐饮、数码产品等行业揭露了大量侵犯消费者权益的事件,为维护消费者权益、规范市场经济秩序、完善法律法规而不懈努力。"3·15晚会"逐渐变成了消费者认可的品牌,它不仅唤醒了消费者的维权意识,也促进了我国消费者权益保护制度的进步和完善。

五、消费者权益保护法争议制度的发展:
惩罚性赔偿与知假买假

说到职业打假,就不得不提中国商业世界的第一"刁民"——王海。20世纪90年代,我国经济飞速发展,市场上假冒伪劣品横行。1993年10月,

---

① 参见《315晚会曝光六大问题 这次央视翻了她们的牌》,https://www.sogou.com/link?url=hedJjaC291Ok-E9WTygIKsyW8xTA7EZ5RXEpgtsbP8ZfEpGQzdL2Bw,2020年2月10日访问。

第八章
消费者权益保护法治的发展历程

第八届全国人民代表大会常务委员会第四次会议通过《消费者权益保护法》，自 1994 年 1 月 1 日起施行。该法第四十九条规定："经营者提供商品或服务有欺诈行为的，应当按照消费者的要求增加赔偿其受到的损失，增加赔偿的金额为消费者购买商品的价款或者接受服务的费用的一倍。"这被称为"惩罚性条款"，是借鉴外国经验，对有欺诈行为的经营者处以超出商品或服务价格之外的额外罚款，目的是阻止经营者继续违法行为。而王海和他之后的职业打假人就是利用了这一条款。

1973 年出生于山东青岛的王海，在他 22 岁时，给了中国消费品市场的商家们一个教训。1995 年 3 月 25 日，王海在北京隆福大厦买了 12 副标价为 85 元的假索尼耳机，然后径直向东城区工商局投诉，要求商场加倍赔偿。执法人员问他："你知道耳机是假冒的吗？"王海答："当然知道。"对方一听就来气了："知道是假的还买，你这不是刁民吗？"《中国消费者报》的记者得悉了这件新鲜事，以《刁民？聪明的消费者？》为题发了一篇新闻稿，结果舆论一下子炸开了锅，支持者、反对者各执一词。王海则来了劲，他连着跑了京城的 10 家商场，专挑假货买，然后要求双倍赔偿，50 天下来，他竟真的得到了近 8000 元的赔偿金。[①] "王海现象"的出现，引发了许多争议，反对方认为知假买假是不道德的行为，不应受《消费者权益保护法》保护；支持方则认为在这个假货横行的市场上，正需要王海这样的人帮助消费者们惩罚售卖假冒伪劣品者。1995 年 11 月，中国消费者协会在北京召开"制止欺诈行为，落实加倍赔偿"座谈会。在座谈会上，政府官员、法学专家和商场老板们就"王海是打假英雄还是'刁民'"是"新型消费者还是钻法律空子"争论得面红耳赤。[②]

虽然社会上讨论得沸沸扬扬，但王海的行为得到了中国消费者协会的支持。1995 年 12 月，王海成为中国保护消费者基金会设立的"消费者打假奖"的第一位获得者。为了推广《消费者权益保护法》，面对商家和社会部分人群对王海行为的指责，国家工商局、国家技术监督局、全国人大法工委、中国消费者协会、全国打假办公室等纷纷表态："王海现象"符合既定方针，应该予以肯定。我国著名经济学家厉以宁在讲话中对"王海现象"进行了支持，认为

---

① 参见吴晓波：《激荡三十年：中国企业 1978—2008（下）》，中信出版社、浙江人民出版社 2008 年版，第 62 页。
② 同上。

王海是守法的,他在运用国家赋予的权利依法行事,经营者制假售假是违法的。王海购假索赔所得是正当收入。衡量一种收入正当与否,关键是看收入违不违法。王海得到的收入是法律允许的。王海的行为不是动机不纯。考察一种经济行为的动机是否纯正,必须结合后果一起考察,单独考察是不科学的。王海购假索赔既保护了个人的利益,也保护了其他消费者的利益,对市场经济的健康有序发展是非常有利的。像王海这样的消费者太少,假如更多的"王海"出现,对消除假冒伪劣是大有好处的。国家技术监督局副局长李保国认为,衡量王海行为的标准是法律,他的行为是有法律依据的,是符合《消费者权益保护法》规定的,应该受到法律保护和社会称赞。七届全国人大法律委员会副主任委员顾明也认为,王海依法打假,在假冒伪劣产品横行一时的情况下有许多好处:第一,保护了消费者的合法权益;第二,保护了守法生产者和依法经营者的利益。职业打假得到了官方的支持,1995年也因此成为职业打假人的元年。

在法院的判决中,知假打假的行为也渐渐得到了支持,其中最著名的就是何山诉徐悲鸿假画案。1982年,何山进入全国人大常委会法制工作委员会从事立法工作,他是《消费者权益保护法》的主要起草人之一和《消费者权益保护法》第四十九条惩罚性条款的积极倡导者。1996年4月,王海在浙江给作为全国人大法工委民法室巡视员的何山打电话,诉说自己及各地一些消费者知假买假、打假受挫的情况。何山当即表示,一定要解决这个问题,实在不行自己就亲自去买假货。他认为对《消费者权益保护法》第四十九条理论上的争议什么时候都允许存在,但对《消费者权益保护法》第四十九条的贯彻不能停止。为了能够在争论中贯彻这一法规,最好的办法是求得法院一纸判决,有了它,争论归争论,执行归执行。

1996年4月、5月,何山先后在北京乐万达商行购买了两幅标明为徐悲鸿先生所作的作品:一张独马,落款"卅十年暮春悲鸿独马"并印章"悲鸿"二字;一张群马,落款为"悲鸿"并印章"徐"字。在何山的要求下,该商行在发票的商品栏中分别填写了"卅三年暮春悲鸿独马"及"悲鸿群马"字样。何山认为这两幅画不是徐悲鸿的真迹,于5月13日以"怀疑有假,特诉请保护"为由诉至北京市西城区人民法院。西城法院经审理查明,何山购买的两幅国画均为非法临摹的仿制品,遂根据《民法通则》第六条、第一百三十四条第一款第七项及《消费者权益保护法》第四十九条判决被告退还何山购画款2900元,

第八章
消费者权益保护法治的发展历程

同时赔偿何山 2900 元。

何山诉徐悲鸿假画案被称为全国首例"疑假买假"诉讼案。与王海不同，他选择用诉讼的方式而不是直接要求商家赔偿的方式解决纠纷。本案回击了对于"专业打假者不是消费者"的议论，即使"知假买假"或"疑假买假"也有获得双倍赔偿的权利。法院对于何山诉讼请求的支持，在弥补何山受到的损失的同时，更是在司法层面上对于广大消费者惩罚性赔偿权利的肯定。

1996 年，王海应邀参加中央电视台崔永元主持的《实话实说》第一期节目"谁来保护消费者"。在节目上，王海怕被全国的商家记住长相，戴了假发套，粘上唱戏用的胡子，再戴副茶色镜，一照镜子，连他都认不出自己来了。① 节目后，王海觉得戴墨镜挺安全，自此，"打假第一人"王海公开亮相的照片里都是戴着一副墨镜。1996 年年底，他成立北京大海商务顾问有限公司，开始接受企业委托打假，公司旗下的调查员一度达到 200 人之众。随着王海的走红，各地开始出现效仿王海的打假人，其中有北京的杨连弟、南京的吴胜、石家庄的郭振清、广州的张磊落等等。1996 年年底 1997 年年初，王海在天津起诉伊势丹商厦销售无进口入网证的索尼无绳电话机，在媒体的高度关注下，一二审接连胜诉，一时大快人心。1997 年，《南方周末》发表专栏文章《郭振清与王海》，称王海是"脚踏实地的爱国者"。

1998 年，美国总统克林顿和夫人访华。在上海举行的"构筑 21 世纪的中国"座谈会上，王海与克林顿夫妇对话，克林顿称王海为"中国消费者的保护者"。12 月，王海被中央电视台邀请拍摄《20 年·20 人》，与张瑞敏、吴敬琏、李宁、王石等人一起成为中国改革开放 20 年的 20 个代表人物。经济学家吴敬琏在赠给王海的书上题写了"市场清道夫"。

2000 年是王海打假的转折之年，爆料人联系王海说津成电线这家公司的产品质量很差，邀请王海前去打假，为消费者维权。王海去了位于河北任丘的工厂所在地，几日后又去了位于沈阳的销售公司买货，回到北京后就起诉并举报。津成电线公司先后几次派人到北京与王海交涉，并交给他总计 10 万余元现金。王海觉得钱给得太少，起码得百八十万，结果他收了对方的现金后并没有停手，继续起诉。这显然不符合"江湖规矩"，激怒了对方。王海在电话里

---

① 参见吴晓波：《激荡三十年：中国企业 1978—2008（下）》，中信出版社、浙江人民出版社 2008 年版，第 62 页。

对津成电线喊价 100 万的录音，也在数日后该公司举办的新闻发布会上被播放了出来，王海一时间灰头土脸。这是王海打假生涯中遭遇的首个"滑铁卢"。公民从支持他打假开始转向怀疑他敲诈勒索，媒体也不再站在他这边，这件事让王海极其不甘。

"津门事件"之后，王海压力很大，然而后来的"南宁事件"更是将王海推向风口浪尖。2000 年 9 月 20 日，王海因未付钱就离开下榻的南宁国际大酒店，与酒店保安发生激烈冲突。被警方带到派出所后，他砸碎了派出所的玻璃，踢坏了办公室的门，突然又脱下裤子只穿着内裤冲出派出所，后被干警送入南宁市第五人民医院。在赔付了派出所的损失后，王海被送进精神病院待了一周。随后，媒体传出王海精神失常的消息。①

2013 年 12 月 9 日，最高人民法院审判委员会第 1599 次会议通过《最高人民法院关于审理食品药品纠纷案件适用法律若干问题的规定》。第三条规定，因食品、药品质量问题发生纠纷，购买者向生产者、销售者主张权利，生产者、销售者以购买明知食品、药品存在质量问题而仍然购买为由进行抗辩的，人民法院不予支持。该条文对二十多年来"知假买假者是不是消费者"的争议一锤定音，展现了最高人民法院对食品和药品行业消费者知假买假、疑假买假的保护，再次让职业打假人有了底气。紧接着，2014 年 3 月 15 日，修订后的《消费者权益保护法》生效，其中将消费欺诈的惩罚性赔偿从"退一赔一"增加到"退一赔三"，此外还规定了赔偿的最低限额为 500 元。种种规定的出台让人们认为"职业打假人的春天要来了"。

2014 年，王海的公司买了 202 万元假货，赚了 400 多万元。至 2015 年，他已投诉过耐克、蓝月亮、京东等知名企业，并成立了四家职业打假公司。2015 年 10 月 1 日，新修订的《食品安全法》正式实施。该法第一百四十八条规定，生产不符合食品安全标准的食品或者经营明知是不符合食品安全标准的食品，消费者除要求赔偿损失外，还可以向生产者或者经营者要求支付价款十倍或者损失三倍的赔偿金；增加赔偿的金额不足一千元的，为一千元。此规定一出台就吸引了大量人士投身打假事业，随着职业打假人的逐渐增多，打假俨然成为一个行业。

---

① 参见《王海南宁"发疯"事件内部迷雾重重》，http://news.sina.com.cn/society/2000-09-22/129561.html，2020 年 2 月 10 日访问。

第八章
消费者权益保护法治的发展历程

《食品安全法》出台后，针对食品的打假层出不穷，但令人失望的是，此类案件大多是针对食品标签而非食品质量。人们不禁感慨打假的初衷已变，如果说王海最初打假含着为消费者维权的目的，那么如今的职业打假人则变成了以索赔获益为目的的投机者。他们仅仅关注如何迅速利用三倍、十倍的惩罚性赔偿规定获取高额利润，对商品的安全问题则漠不关心。2015年，王海的一句话让媒体再次聚焦于他。王海直言：打假和正义无关，赚了钱才能更高尚。我们不得不承认职业打假人存在的合法性和合理性，但部分消费者的维权成功不代表消费者权益保护水平的整体提升。如果只有凭借死缠烂打的职业性打假行为消费者权益才能得到保障，恰恰说明了消费者维权制度的不完善。在2016的安徽省两会上，有人指出，"职业打假已经成了少数人通过知假买假牟取暴利的手段，偏离了初衷"。

2017年5月19日，最高人民法院办公厅发布《对十二届全国人大五次会议第5990号建议的答复意见》（以下简称《意见》），明确表态不支持职业打假人，将适时借助司法解释、指导性案例等形式，逐步遏制职业打假人的牟利性打假行为。函中指出，职业打假人自出现以来，对于增强消费者的权利意识、鼓励老百姓运用惩罚性赔偿机制打假、打击经营者的违法侵权行为产生了一定积极作用。但就现阶段情况看，职业打假人群体及其引发的诉讼出现了许多新的发展和变化，负面影响日益凸显。因食品、药品是直接关系人体健康安全的特殊、重要的消费产品，从保护人民群众的生命健康权出发，人民法院不能以知假买假为由不予支持是基于特殊背景下的特殊政策考量。因此，基于以下考虑，最高人民法院认为不宜将食药纠纷的特殊政策推广适用到所有消费者保护领域。

1. 按照《消费者权益保护法》第五十五条的规定，在普通消费产品领域，消费者获得惩罚性赔偿的前提是经营者的欺诈行为。按照《最高人民法院关于贯彻执行〈中华人民共和国民法通则〉若干问题的意见》第六十八条，民法上的欺诈，应为经营者故意告知虚假情况或故意隐瞒真实情况，使消费者作出了错误意思表示。而对于知假买假人而言，不存在其主观上受到欺诈的情形。

2. 从打击的效果来看，由于成本较小，取证相对容易，牟利性打假的对象主要是大型超市和企业，主要集中在产品标识、说明等方面。该类企业往往是同类市场上产品质量相对有保障、管理较为规范的生产经营主体，而对于真正对市场危害较大的假冒伪劣产品及不规范的小规模经营主体打击效果不明显。

3. 在目前的消费维权司法实践中，知假买假行为有商业化的趋势，出现了越来越多的职业打假人、打假公司（集团），其动机并非为了净化市场，而是利用惩罚性赔偿为自身牟利或借机对商家进行敲诈勒索。更有甚者，针对某产品已经胜诉并获得赔偿，又购买该产品以图再次获利。上述行为严重违背诚信原则，无视司法权威，浪费司法资源，不应支持这种以恶惩恶、饮鸩止渴的治理模式。

在《意见》为职业打假人敲响警钟后，杭州互联网法院在实践领域贯彻了最高院的观点。在2017年杭州互联网法院发布的10大典型案例中，其中第一案——刘艳诉秦乔、浙江淘宝网络有限公司产品责任纠纷案就对职业打假人多次购买国家明令禁止的进口物品的行为进行了处理。判决首次对职业打假人的概念进行界定，指出职业打假人是指以牟利为目的，知假买假并向生产者、经营者主张惩罚性赔偿的自然人、法人及其他组织。本案原告在同一时间段，大量、反复购买相同或者类似产品，并以此来主张惩罚性赔偿，应认定为非消费需要的牟利性行为，所以原告不属于《消费者权益保护法》中的消费者；并确立"职业打假人通过网络交易平台多次购买国家明令禁止进口的物品，以无中文标签及不符合我国食品安全标准等为由，要求商家退一赔十的，不予支持"的裁判规则。

2014年《消费者权益保护法》和2015年《食品安全法》的规定曾被解读为法院支持"知假买假"，让许多职业打假人觉得有了底气。但2017年最高院的《意见》和法院对职业打假人的态度则明确表明，法律已经不再站在职业打假人一边。

自王海初次打假已经过去了二十余年，对职业打假人的争议也终于尘埃落定。我们可以看到，国家对职业打假人的态度与我国消费者权益保护制度的发展息息相关。职业打假初期，市场是混杂的，大量假冒伪劣品充斥其中，此时我国国家机关经验不足，打击力度不大，这时顺应而出的以维护消费者权益为目的的职业打假人就扮演了"市场清道夫"的角色，国家和政府需要此类人辅助国家机关整理市场。但随着社会主义市场经济的逐步完善，国家机关执法力度也在不断加强。2018年3月14日国家工商总局发布的《2017年全国工商和市场监管部门消费者权益保护报告》中提供的数据显示，2017年全国工商和市场监管部门查处商品消费违法案件40192件，案值128969.87万元，罚没金额 32599.6 万元；查处服务消费违法案件 6778 件，案值 3375.09 万元，罚没金额 6522.28 万元。如此情形之下，职业打假人逐渐没有了存在的必要。尤其是在打假初衷变质的今天，商业化的打假行为并非为了净化市场，而是利用惩罚性赔偿为自身牟利或借机对商家进行敲诈勒索。正因为这些原因，职业打假人渐渐受到了官方和媒体的否定。从最初引发争议到被官方肯定，再到近年来最高院明确表示不支持，二十余年的职业打假波澜终于归于平静。

六、金融消费者概念与权益保护之辩

随着金融行业的快速发展和壮大，各种金融产品和金融服务走进了普通人的日常生活，金融消费者的概念也开始反复出现在人们的视野中。为了进一步规范金融机构的经营行为，2016 年 12 月 14 日，中国人民银行发布《中国人民银行金融消费者权益保护实施办法》（以下简称《央行办法》），首次对"金融消费者"的概念进行了定义，即"购买、使用金融机构提供的金融产品和服务的自然人"。2019 年 12 月 27 日，中国人民银行又发布了《中国人民银行金融消费者权益保护实施办法（意见征求稿）》，在《央行办法》的基础上进一步对近年来金融市场存在的侵害金融消费者权益的乱象作出了有针对性的规制，其中就包括完善了金融消费者权益保护机制。而在 2019 年 11 月 14 日，最高人民法院印发的《全国法院民商事审判工作会议纪要》（简称《九民纪要》）中，则专章规定了金融消费者权益保护纠纷案件的审理思路。但从《九民纪要》第五部分的内容看，似乎并未明确排除机构作为"金融消费者"的可能性，在这一点上，与《央行办法》将金融消费者限定为自然人有所区别。《九民纪要》对司法实践的影响举足轻重，在两者的定义产生冲突的情况下，一旦发生诉讼纠纷，在法律适用、举证责任分配、赔偿标准计算等方面都会对法官裁判产生困扰，因此有待在未来的立法中进一步阐明。

《消费者权益保护法》实施后，"消费者"已经成为一个有特定含义的术语，即为生活消费需要购买、使用商品或接受服务的个人消费者。那么，金融消费者究竟是否属于《消费者权益保护法》的调整范围？金融消费者和一般的消费者在《消费者权益保护法》的保护规则适用上是否应存在区别？有观点认为，《消费者权益保护法》中的消费者要求具备"生活需要"这一关键特点，因此金融领域中除例外情况之外的绝大多数购买金融产品或接受金融服务的行为原则上都被认为是一种投资行为，而不属于消费行为。对于金融消费者的保护力度也同样应当进一步区分"普通金融消费者"和"专业金融消费者"。由于专业金融消费者在获取信息方面具有天然优势，且对于金融产品和服务内在的风险具有足够的认知能力，可以不依赖卖方独立对风险进行识别判断，在专业金融消费者是金融机构的情况下，同时还拥有相对更加雄厚的实力和丰富的投资经验，因此在监管的适当性方面，有学者呼吁对二者进行区别监管，如对于专业买房者不需要考虑投资者风险承受能力和产品风险等级匹配等问题，不需要进行特别风险告知，不需要在销售过程中进行录音录像等留痕工作。据此可以得出结论，金融消费者具有其自身的特殊性，目前我国对于金融消费者权益保护的法律、法规并不健全，只零散地分布在《消费者权益保护法》和其他一些金融法律、法规中，没有形成完整的体系，是否可以适用《消费者权益保护法》的规定，仍然需要针对具体情况进行分析。

2019年是改革开放的第四十一年，也是《消费者权益保护法》正式实施的第二十六年。至此，《消费者权益保护法》经历了两次修改，"3·15晚会"举办了二十九年，职业打假在经历二十多年的争议后落下帷幕。在经历了众多大型消费者权益事件后，我国的消费者权益保护制度也日渐趋于完善。新的时代将面临新的挑战，随着我国消费者维权意识的觉醒和国家保护力度的加强，未来我国的消费者权益保护制度定会越来越好。

第九章
产品质量法治的革新

2018年7月15日,国家药品监督管理局发布了《关于长春长生生物科技有限责任公司违法违规生产冻干人用狂犬病疫苗的通告》。通告中指出,根据线索,国家药品监督管理局组织对长春长生生物科技有限责任公司开展飞行检查,发现该企业冻干人用狂犬病疫苗生产存在记录造假等严重违反《药品生产质量管理规范》的行为。这一通告正式揭开了长春长生百白破疫苗事件的序幕。

随着时代的发展,我国由传统的计划经济转向了市场经济,同时伴随着市场经济发展的,是人们不断丰富的物质文化生活。而近些年来爆发的毒奶粉事件、疫苗事件以及抗生素事件则使得人心惶惶,产品质量成为人们广泛关注的问题。梳理我国产品质量法的发展历程,或许能从中寻求解决路径与规制方法。

一、产品质量法律制度

(一)概述

产品质量法律制度,是规范产品质量关系的法律制度,是调整在生产、流通和消费过程中因产品质量所发生社会关系的法律规范的总称。产品质量法律关系,主要由产品责任法律关系、产品质量监督法律关系以及产品质量促进法律关系组成。我国《产品质量法》作为产品质量领域的基本法,涵盖了以上三种产品质量法律关系,并以产品质量监督法律关系和产品责任法律关系为主。

在一部法律规范里同时调整民事法律关系和行政法律关系的做法在我国并不鲜见，体现了事前管理、事中监督、事后追惩的立法指导思想。① 在这一指导思想下，作为集民事赔偿、行政监督以及刑事追究于一体的《产品质量法》，与欧美国家的产品质量责任法相比是一大进步。② 欧美主要针对民事赔偿单独立法。美国率先于1979年颁布了《统一产品责任示范法》。英国、德国、丹麦等国也在欧共体《为协调成员国关于有缺陷的产品的责任的法律、行政规定的指令》的推动下各自制定了有关产品责任的单行法。部分学者对这种颇具特色的立法体例的合理性持否定态度，③ 理由主要集中在产品责任规范的地位不够突出，产品监督的行政色彩浓厚。因此，这部分学者建议借鉴发达国家的立法经验，将产品责任的相关规范从《产品质量法》中抽离出来，制定专门的产品责任法。

（二）法律梳理

除了《产品质量法》之外，其余有关产品责任法的内容散见于《民法总则》《消费者权益保护法》《药品管理法》《食品安全法》④ 等相关法律、法规中。这种既分散又相对集中的产品责任立法模式是我国产品责任立法的显著特点。⑤ 以"加强药品的监督管理，保证药品质量，增进药品疗效，保障人民用药安全，维护人民身体健康"为立法目的，《药品管理法》⑥ 于1984年9月20日经第六届全国人民代表大会常务委员会第七次会议通过。此后，我国分别通过了《计量法》⑦（1985年9月6日颁布）和《标准化法》（1988年12月29日颁布），对改进产品质量、维护国家和人民的利益发挥了重要作用。

"从总体上看，产品质量低、经济效益差、物质消耗高，仍然是我国经济发展中的一个突出问题。一些产品生产者片面追求产量、追求利润，不考虑国家建设和人民需要，甚至发展到弄虚作假、图财害命、破坏生产建设的地步。

---

① 参见汪张林：《我国产品质量法评析》，载《现代法学》2000年第3期。
② 同上。
③ 参见张鸣胜：《刍议我国产品责任立法的体例和目的》，载《江汉论坛》2000年第1期；汪张林：《我国产品质量法评析》，载《现代法学》2000年第3期。
④ 2009年修订《食品卫生法》时，将《食品卫生法》的名称改为《食品安全法》。
⑤ 参见周新军：《对中国与欧盟产品责任立法模式的思考》，载《当代经济》2008年第7期。
⑥ 该法颁布后，进行了两次修订和两次修正：2001年第一次修订，2013年第一次修正，2015年第二次修正，2019年第二次修订。
⑦ 该法颁布后，分别于2009年、2013年、2015年、2017年、2018年进行了五次修正。

第九章
产品质量法治的革新

假冒伪劣产品屡禁不止,极大地损害了国家和消费者的利益。"① 以此为立法背景,1993 年 2 月 22 日,《产品质量法》在第七届全国人民代表大会常务委员会第三十次会议上通过。需要指出的是,其实国家在先前便已经在质量监督管理方面进行尝试,如 1986 年颁布的《工业产品质量责任条例》对保证产品质量发挥了一定的作用,同时为产品质量立法工作积累了大量实践经验,打下了基础。但是,"随着我国经济体制改革的不断深化,市场机制的逐渐形成,以往制定的产品质量行政法规由于受当时历史条件的局限,已经不能适应当前经济建设的客观需要,而且有些规定相互冲突,不够协调,行政处罚普遍偏轻,对市场商品质量如何进行监督基本上未作规定或者规定得不够明确,对违法行为形不成威慑力量。因此,迫切需要制定一部内容比较系统、完整的产品质量法。"②

1993 年 10 月 31 日,《消费者权益保护法》颁布,一部统一保护消费者权益的法律出台,该法涉及产品质量责任的有第三章"经营者的义务"、第六章"争议的解决"以及第七章"法律责任"。在第七章"法律责任"中,不仅列举了产品质量责任承担的具体情形(第四十条共列举了 8 种具体情形以及最后的兜底条款),还规定了产品质量责任的承担方式(第四十三条、第四十四条等)以及赔偿数额的计算(第四十一条、第四十二条以及第四十九条关于欺诈行为的惩罚性赔偿)。当然,该法也规定了相应的行政责任和刑事责任追究条款。

1993 年颁布的《产品质量法》规定,"建筑工程不适用本法规定"。因此,该法的调整范围并不包括建筑工程,进而使得建筑工程的质量缺乏相应的法律规范的规制,以至于在 1998 年出现了被朱镕基总理称为"豆腐渣工程"的九江长江大堤。③ 正因为此时有关建筑工程质量的问题不断爆出,以及长期存在的渗、漏、堵、空、裂等工程质量问题,严重危害了公共安全以及人民的合法权益,在社会上造成了严重的不良影响。因此,在这种情况下,由于建筑活动的质量问题缺乏监督管理,为维护建筑市场秩序,保障建筑工程的质量以及人民群众的生命财产安全,保护建设活动当事人的合法权益,促进我国建筑业长

---

① 1992 年 10 月 30 日,时任国家技术监督局局长徐鹏航在第七届全国人民代表大会常务委员会第二十八次会议上关于《产品质量法(草案)》的说明。
② 同上。
③ 参见王相坤:《朱镕基:为人民不惧"地雷阵"》,http://dangjian.people.com.cn/n/2013/0402/c117092-21005106-2.html,2020 年 2 月 21 日访问。

期的健康稳定发展,亟须制定一部建筑法。①

1995年8月25日,国务院发布了《部分商品修理更换退货责任规定》。它是在总结吸收1986年颁布的《部分国产家用电器"三包"规定》的基础上修改制定的新法规,将原来的三包产品范围从6种扩大到18种,亦称"新三包"规定。

1997年3月14日,第八届全国人民代表大会第五次会议通过了新修订的《刑法》,增加了"生产、销售伪劣商品罪"一节,共11条,加大了对假冒伪劣产品的处罚力度。②

《产品质量法》于2000年进行了第一次修正。"这次对产品质量法的修改,主要是针对产品质量问题,生产、销售伪劣产品问题,'打不痛、打不死'、屡禁不止的问题进行规制,明确地方政府在产品质量工作中的责任,要求企业建立健全并严格实施内部质量监督管理制度;补充、完善行政执法机关实施产品质量监督管理的执法手段;对产品质量违法行为特别是生产、销售伪劣产品的行为,加大处罚力度。"③ 这次修改中,在第一条立法目的中增加了"提高产品质量水平"的规定,修改后的立法目的为"加强对产品质量的监督管理,提高产品质量水平,明确产品质量责任,保护消费者的合法权益,维护社会经济秩序"。另外,延续建筑工程由其他法律,如《建筑法》进行规制的办法,同时将建筑材料、建筑构配件和设备从建筑工程中分离出来,规定"建筑工程使用的建筑材料、建筑构配件和设备,属于前款规定的产品范围的,使用本法规定"。此外,本次修改还进一步明确地方政府的责任,建立企业产品质量约束机制;补充、完善产品质量监督管理的行政执法手段,规定必要的行政强制措施;加大对产品质量违法行为的行政处罚力度。

《农产品质量安全法》于2006年4月29日颁布,并于同年11月1日生效。④ 当时我国《食品卫生法》并不调整种植业和养殖业,《产品质量法》主

---

① 1996年8月23日,时任建设部部长侯捷在第八届全国人民代表大会常务委员会第二十一次会议上关于《建筑法(草案)》的说明。
② 1993年9月1日颁布的《全国人大常委会关于惩治生产、销售伪劣商品犯罪的决定》也随该法的颁布而失效。
③ 1999年10月25日,时任国家质量技术监督局局长李传卿在第九届全国人民代表大会常务委员会第十二次会议上关于《产品质量法修正案(草案)》的说明。
④ 该法后于2018年10月26日进行第一次修正,并于同日起实施。

要的调整范围局限于经过加工、制作、用于销售的工业产品。在此情况下，为了做好《食品卫生法》《产品质量法》以及其他相关法律的衔接工作，减少和防止农产品与食品的交叉，从而造成管理上的混乱，《农产品质量安全法》将农产品明确为来源于农业的初级产品，包括植物、动物、微生物及其产品。该法不仅调整产品的范围问题，还调控行为主体问题①和管理环节问题,②较之从前有很大的进步。

在食品安全领域，1995年起施行的《食品卫生法》对保证食品安全、保障人民群众身体健康安全发挥了积极作用，我国食品安全总体状况不断改善。③"但是，食品安全问题仍然比较突出，不少食品存安全隐患，食品安全事故时有发生，人民群众对食品缺乏安全感。"④ 在此背景下，中央组织起草了《食品卫生法（修订草案）》，在反复研究商讨的基础之上，并经过进一步修改，逐步形成了《食品安全法（草案）》。⑤《食品安全法》于2009年2月28日颁布，2009年6月1日生效。⑥ 同年，《产品质量法》《消费者权益保护法》《计量法》在8月27日通过修正并生效。

二、《产品质量法》的出台

（一）产品的定义

产品是产品质量法的重要构成要件，因此对其进行界定十分必要。1973年国际私法会议在海牙签订的《关于产品责任适用法律的公约》第二条规定："在本公约的范围内：（1）'产品'一词应包括天然产品和工业产品，而不论是

---

① 行为主体既包括农产品的生产者和销售者，也包括农产品质量安全管理者和相应的检测技术机构和人员等。
② 管理环节既包括产地环境、农业投入品的科学合理使用、农产品生产和产后处理的标准化管理，也包括农产品的包装、标识、标志和市场准入管理。
③ 1982年11月19日颁布了《食品卫生法》（试行），并于1983年7月1日开始实施，后随着1995年10月30日《食品卫生法》的公布而废止。
④ 2007年12月26日，时任国务院法制办公室主任曹康泰在第十届全国人民代表大会常务委员会第三十一次会议上关于《食品安全法（草案）》的说明。
⑤ 同上。
⑥ 2015年4月24日《食品安全法》修正案通过，并于同年10月1日起实施。

未加工还是加工过的，是动产还是不动产"。这是一种广义的产品定义，包括动产和不动产。1977年欧洲经济共同体理事会在斯特拉斯堡签订的《欧洲理事会产品责任法公约》第二条规定，"在本公约的范围内：（1）'产品'一词指所有的动产，包括天然动产、工业动产，无论是未加工的还是加工过的，即使是组装在另外的动产内或组装在不动产内，也应包括在内"。这里产品的范围已经缩小为动产。

1985年的《欧洲经济共同体产品责任指令》第二条规定："为本指令之目的，产品指除初级农产品和狩猎产品以外的所有动产，即使已被组合在另一动产或不动产内。初级农产品是指种植业、畜牧业、渔业产品，不包括经过加工的这类产品。产品亦包括电。"产品含动产，但是范围进一步缩小了，不包括天然的未被加工的原始农产品和狩猎产品。同时在第十五条规定："各成员国可以通过对第二条作出部分保留，在其法律中规定本指令第一条意义上的'产品'包括初级农产品和狩猎产品。"其含义是：在适用本指令第一条即"生产者应当对其产品的缺陷造成的损害负责"时，产品包括初级农产品和狩猎产品，这说明"产品缺陷"含初级农产品和狩猎产品的质量问题。

美国《统一产品责任示范法》第一条规定："产品是指具有真正价值的、为进入市场而生产的、能够作为组装整件或者作为部件、零件交付的物品。但人体组织、器官、血液组成成分除外。本法所称'相关产品'是指引起产品责任索赔的产品及其部件或零件。"该定义没有将产品分为有形与无形、动产与不动产，是一种广义的产品定义，更有利于规范经济秩序和保护消费者的权益。

挪威1988年《产品责任法》第二条第一款规定："'产品'指所有货物或动产，包括自然产品或工业产品、原材料或制成品、部分产品或最终产品以及组成另一动产或不动产的一部分的产品。产品也包括生产中所产生的废料，如果这种废料由生产者在第一条规定范围内的活动中投入流通。如果没有其他规定，那么产品是指造成损害的产品。"该定义最大的特点是将生产中所产生的废料纳入了产品的范围，有利于规制废料所造成的损害，解决生产垃圾问题。这在全世界的立法中是不多见的，具有重要意义，值得我国借鉴。

我国《产品质量法》第二条第二、三款规定："本法所称产品是指经过加工、制作，用于销售的产品。建设工程不适用本法规定；但是，建设工程使用的建筑材料、建筑构配件和设备，属于前款规定的产品范围的，适用本法规定。"第七十三条规定："军工产品质量监督管理办法，由国务院、中央军事委员会另行制定。因核设施、核产品造成损害的赔偿责任，法律、行政法规另有规定的，依照其规定。"可见，我国《产品质量法》中的产品主要是指经过加工制作的产品，是不包括初级农产品等天然产品和不动产的，另外这里的产品还是以销售为目的的，非用于销售的物品不是产品。军工产品、核设施、核产品都不属于《产品质量法》规制的产品。

纵观我国《产品质量法》关于产品的规定，尚存在较多不足，主要体现在以下三个方面：第一，未经加工的天然产品被排除在"产品"的范围之外，例如原煤、天然气以及石油等，然而这些天然产品直接关乎我国的现代化建设，对我国影响巨大。同时，初级农产品以及猎物也被排除在"产品"的范围之外，而它们的质量直接关乎人民群众的生命健康安全。第二，不用于销售的产品成为非产品，这样生产者或者销售者便可以为了促销而将不用于销售的产品作为赠品赠送给购买者，此种情形便无法得到《产品质量法》的有效规制，因此规制存在漏洞，在一定程度上会损害消费者的利益。第三，建设工程等不动产也被排除在"产品"的范围之外，使产品的范围太窄，不利于保障不动产的质量。我国应该吸收其他国家有益的经验，扩展产品的定义，从广义上界定产品的范围。①

（二）产品质量法的定义

产品质量法是调整在生产、流通和消费过程中因产品质量所发生的社会关系的法律规范的总称。② 从这一定义可以看出，产品质量法是调整产品质量关系的。具体而言，产品质量关系包括两方面的关系：一是产品质量监督管理关系。它是指各级产品质量监管部门与生产者、销售者之间在产品质量监督管理活动中产生的管理与被管理的关系。这里的管理者包括国务院产品质量监督管

---

① 参见问清泓：《关于我国产品质量法有关问题的探讨》，载《中南民族大学学报》（人文社会科学版）2004年第4期。

② 参见顾功耘主编：《经济法教程》（第三版），上海人民出版社、北京大学出版社2013年版，第480页。

理部门、县级以上地方人民政府产品质量监督管理部门以及其他有关负责产品质量监督管理的行业主管部门；被管理者包括从事产品生产、销售的自然人、法人和非法人组织。二是产品质量责任关系。它是指生产者、销售者与用户、消费者之间在产品质量方面的权利义务关系及由此产生的责任等方面的关系。① 我国《产品质量法》之所以把这两大关系纳入同一部法律规范，是为了贯彻这样一种立法指导思想，即事前管理、事中监督、事后追惩。②

三、新时代下《产品质量法》的不足

由于法律固有的滞后性，使得《产品质量法》在调整和规制的过程中，有很多力不从心的地方。笔者将从《产品质量法》发展现状、发展瓶颈与存在的不足等几个方面，探析在新时代背景下该部法律的缺陷，并力求寻找相应的解决途径。

(一)《产品质量法》的发展现状

为了加强对产品质量的监督管理，明确产品质量责任，我国于1993年通过了《产品质量法》，并于2000年、2009年和2018年进行了三次修正。这部法律不仅借鉴了西方国家关于产品质量的最新理论成果以及最新做法，适应国际潮流，而且在体系安排以及内容设计上也充分考虑了我国国情，使得整部法律在借鉴国外优秀成果的基础之上，仍兼具中国特色。③

在我国，《产品质量法》最大的特色就是行政干预色彩强烈，而相应的损害赔偿责任（民事责任）却不尽健全。如有关行政机关对产品质量进行监督的措施以及相应的行政处罚占至全部条文的三分之二，仅仅罚则这一章的条文就有24条，占据全部条文的将近三分之一；然而，有关损害赔偿责任的条款只

---

① 参见王保树：《商事法学·经济法学》，法律出版社1998年版，第318页。
② 1992年10月30日，在关于《产品质量法（草案）》的说明中，坚持的原则有"产品质量法主要调整产品的生产、储运、销售及对产品质量的监督管理等活动中发生的法律关系，重点解决产品质量宏观调控和产品质量责任两个范畴的问题"，另外，"对产品质量的监督管理采取事先保证和事后监督相结合的原则。国家对可能危及人体健康、人身、财产安全的产品实行生产许可证制度；采取国际通行的企业质量体系认证、产品质量认证等引导方法。同时，要加强对市场商品质量的监督"。
③ 参见徐孟洲、谢增毅：《一部颇具经济法理念的产品质量法——兼评我国〈产品质量法〉的修改》，载《法学家》2001年第5期。

有 9 条，即便再加上规定生产者、销售者的产品质量义务的 14 条，也不足全部条文的三分之一。立法机关赋予行政机关的权力是异常强大的，尤其是第十八条规定的行政监管部门享有的广泛职权以及相应的行政处罚权；① 而对生产者以及销售者的违法行为的处罚却十分严厉。但我们也应该看到，立法者认识到过多的权力必然会导致腐败，若不将行政机关的权力关进制度的笼子里，将会产生巨大的代价。因此，立法者在规定行政机关的质量监督权和行政处罚权的同时，对其违反相关规定应承担的相应法律责任也作了规定，以防止行政权力的滥用。

即便如此，我们仍然可以认为《产品质量法》的行政色彩很浓，就连销售者违反瑕疵担保义务，未按法律规定向消费者承担民事责任的，产品质量监督部门或工商行政管理部门也应出面干预，责令其改正。② 因此，在此种"全能政府"的观念之下，③ 政府行政权力涉及的领域几乎无所不包。与之相比，有关产品质量损害赔偿的规定则相对简陋许多，大部分都是原则性规定，缺乏相应的操作性，而使得产品质量损害赔偿"名存实亡"。由上，我们可以看出立法者试图通过扩大行政机关的行政监督权力并加大违法行为的处罚力度，而并不是通过完善产品质量损害赔偿制度并依靠市场的力量来监督生产者、销售者的产品质量行为。但即便如此，仍不可否认《产品质量法》是符合我国国情并具有中国特色的一部较为优秀的法律。具体表现如下：

---

① 《产品质量法》第十八条："县级以上产品质量监督部门根据已经取得的违法嫌疑证据或者举报，对涉嫌违反本法规定的行为进行查处时，可以行使下列职权：（一）对当事人涉嫌从事违反本法的生产、销售活动的场所实施现场检查；（二）向当事人的法定代表人、主要负责人和其他有关人员调查、了解与涉嫌从事违反本法的生产、销售活动有关的情况；（三）查阅、复制当事人有关的合同、发票、账簿以及其他有关资料；（四）对有根据认为不符合保障人体健康和人身、财产安全的国家标准、行业标准的产品或者有其他严重质量问题的产品，以及直接用于生产、销售该产品的原辅材料、包装物、生产工具，予以查封或者扣押。县级以上工商行政管理部门按照国务院规定的职责范围，对涉嫌违反本法规定的行为进行查处时，可以行使前款规定的职权。"

② 《产品质量法》第四十条："售出的产品有下列情形之一的，销售者应当负责修理、更换、退货；给购买产品的消费者造成损失的，销售者应当赔偿损失：（一）不具备产品应当具备的使用性能而事先未作说明的；（二）不符合在产品或者其包装上注明采用的产品标准的；（三）不符合以产品说明、实物样品等方式表明的质量状况的。销售者依照前款规定负责修理、更换、退货、赔偿损失后，属于生产者的责任或者属于向销售者提供产品的其他销售者（以下简称供货者）的责任的，销售者有权向生产者、供货者追偿。销售者未按照第一款规定给予修理、更换、退货或者赔偿损失的，由产品质量监督部门或者工商行政管理部门责令改正。生产者之间，销售者之间，生产者与销售者之间订立的买卖合同、承揽合同有不同约定的，合同当事人按照合同约定执行。"

③ 参见杨勤法、丁庭威：《新时代我国公平竞争审查制度的解构与重塑》，载《经济法论丛》2019 年第 2 期。

第一，我国是社会主义市场经济，即便在"市场决定论"的今天，市场在资源配置中起决定性作用，也无法否认我国的社会主义市场经济是在政府进行宏观调控下的市场经济。我国的改革是在政府的推动下所进行的自上而下的改革，尤其是从计划经济到有计划的商品经济再到市场经济的过渡变迁中，各个领域皆无法离开政府的引导与监督，产品质量领域由于关系到国家经济、百姓生活，自不待言。

第二，我国的产品质量水平低下，假冒伪劣商品泛滥，政府不得不介入。面对经济全球化所带来的机遇与挑战，我国的产品质量问题依旧较为突出，不利于抓住全球化所带来的机遇。质言之，我国的产品质量状况远远不能适应全球化的发展与全球市场的变迁。主要表现在以下几个方面：首先，产品质量差，产品抽检合格率不高；其次，产品档次低，一些重要的科技以及工业产品与西方发达国家相比落后很多；最后，生产假冒伪劣产品的情形依旧较为突出。假冒伪劣产品造成的重大恶性事件时有发生。[①] 由上可知，我国的产品质量问题不仅仅只是产品的质量问题这么简单，还已经在一定程度上制约我国经济的发展，损害消费者的权益。面对此种情形，应借助政府的力量来进行相应规制，仅仅依靠市场的力量是不够的。

第三，我国生产者、销售者的法律意识较为淡薄。受逐利性、营利性的驱使，部分制售者会迷失方向，生产、销售大量假冒伪劣产品，直接危害人民群众的生命财产安全，从而使得重大恶性事件频繁发生。另外，就我国而言，行业组织相对缺乏，即便具有相应的行业协会，其自律性相对较差，发挥的作用也是相对有限的，政府就不得不干预。

第四，我国消费者的权利意识较为淡薄。每当消费者的自身权益受到损害时，往往不愿意也没有能力及时要求企业承担相应的损害赔偿责任。同时，由于我国现有的法律规定，有关责任者只承担较之所获取利益而言很轻的民事赔偿责任，并不能起到相应的惩戒作用。由于我国消费者的权利意识较为淡薄，如果仅仅依靠市场力量去监督制约制销者是远远不够的，因此在一定程度上需要政府的干预与介入。

与此同时，《产品质量法》的立法体例及其修改是一种创新与进步。在2000年修订时，除保留原有的第四十七条（修订后为第六十八条）之外，还

---

① 参见《必须通过法治途径解决质量问题》，载《法制日报》2000年7月10日第1版。

增加了民事责任优先条款（第六十四条）、① 行政处分适用情形（第六十五条、第六十六条、第六十七条），② 一定程度上防止行政机关权力滥用。

但是，在肯定政府在产品质量问题上发挥作用的同时，也应当看到与此同时市场作用并不能得到充分发挥。由于立法者过分依赖于事后的行政处罚，对制销者在生产、销售产品过程中的权利义务规定得过于简单。同时，《产品质量法》强化政府的监管措施与行政执法，注重政府权力的发挥，而对应当完善的产品损害赔偿责任较为忽视，这使得市场作用的发挥大打折扣。市场主体监督制销者行为的功能难以发挥，也不利于保护消费者。简言之，《产品质量法》过分注重政府的监管职能，而忽视了市场自身的调节作用，在发挥政府和市场二者的作用上略显失衡。这些都有待将来加以完善。③

（二）《产品质量法》的发展瓶颈

我国《产品质量法》这一立法体例确实体现了中国人的思维方式：立法不仅仅要解决当一个有缺陷的产品导致消费者人身、财产损害的时候，由谁向消费者赔偿等问题，更要防微杜渐，防患于未然。要做到这一点，就要加强对产品质量的监督管理。对产品质量的监督管理加强了，生产者、销售者的产品质量意识就提高了，进入消费领域的产品的缺陷就可以避免，从而产品缺陷导致消费者人身、财产损害的情况就不会发生了。这是较为理想的情形。只是，立法者的良苦用心未必就能实现。因为，这种立法体例本身就不科学，它在强调

---

① 《产品质量法》第六十四条："违反本法规定，应当承担民事赔偿责任和缴纳罚款、罚金，其财产不足以同时支付时，先承担民事赔偿责任。"

② 《产品质量法》第六十五条："各级人民政府工作人员和其他国家机关工作人员有下列情形之一的，依法给予行政处分；构成犯罪的，依法追究刑事责任：（一）包庇、放纵产品生产、销售中违反本法规定行为的；（二）向从事违反本法规定的生产、销售活动的当事人通风报信，帮助其逃避查处的；（三）阻挠、干预产品质量监督部门或者工商行政管理部门依法对产品生产、销售中违反本法规定的行为进行查处，造成严重后果的。"

第六十六条："产品质量监督部门在产品质量监督抽查中超过规定的数量索取样品或者向被检查人收取检验费用的，由上级产品质量监督部门或者监察机关责令退还；情节严重的，对直接负责的主管人员和其他直接责任人员依法给予行政处分。"

第六十七条："产品质量监督部门或者其他国家机关违反本法第二十五条的规定，向社会推荐生产者的产品或者以监制、监销等方式参与产品经营活动的，由其上级机关或者监察机关责令改正，消除影响，有违法收入的予以没收；情节严重的，对直接负责的主管人员和其他直接责任人员依法给予行政处分。产品质量检验机构有前款所列违法行为的，由产品质量监督部门责令改正，消除影响，有违法收入的予以没收，可以并处违法收入一倍以下的罚款；情节严重的，撤销其质量检验资格。"

③ 参见徐孟洲、谢增毅：《一部颇具经济法理念的产品质量法——兼评我国〈产品质量法〉的修改》，载《法学家》2001年第5期。

一点的同时忽视了其他方面。

1.《产品质量法》立法体例导致自身法律规范较为混乱

正如前文所述,《产品质量法》主要调整产品质量监管关系和产品质量责任关系。然而,这两类关系是较为不同的,就其性质而言,产品质量监管关系是行政管理关系,而产品质量责任关系是民事主体之间的关系。就前者的法律规范而言,属于公法的范畴,就后者的法律规范而言,属于私法的范畴。众所周知,公法和私法的立法指导思想以及立法原则在根本上是不同的。因此,要在一部法律中体现公法与私法两者的立法指导思想与立法原则,其难度是异常巨大的,甚至说是不可能的。因此,《产品质量法》立法体例容易导致自身法律规范产生混乱。

2.《产品质量法》偏重于产品质量管理的内容

虽然从表面看来,《产品质量法》调整的对象包括产品质量责任关系,强调了当有缺陷的产品导致消费者人身、财产损失时,生产者、销售者要承担产品质量责任,但是仔细研究《产品质量法》的内容,我们就会发现,它更多反映的是产品质量管理的内容,《产品质量法》几乎是"产品质量管理法"。这可以从以下几个方面看出来:

第一,《产品质量法》的第一条就开宗明义地指出了"为了加强对产品质量的监督管理,提高产品质量水平,明确产品质量责任,保护消费者的合法权益,维护社会经济秩序,制定本法。"从这条规定可以看出,《产品质量法》的一个很重要的立法宗旨是"为了加强对产品质量的监督管理"。

第二,《产品质量法》专设一章规范产品质量的监督管理。立法规定了许多的管理制度,包括企业质量体系认证制度、产品质量认证制度、产品质量监督制度等,立法内容详细、具体。

第三,产品质量责任是一种综合责任,包括民事责任、行政责任、刑事责任,对这一点国内绝大多数学者的认识是一致的。但问题是,这三大类责任中,哪一种责任占主导地位?换句话说,产品质量责任首先是什么责任?按产品质量法的性质,首先应是民事责任,而尽管我国《产品质量法》也规定了生产者、销售者违反产品质量义务要承担民事责任,但立法对行政责任的规定更加详细、具体。行政责任是生产者、销售者对国家承担的责任,其前提是违反了国家的行政管理制度。《产品质量》过多地强调产品质量的行政责任,也从一个侧面反映了《产品质量法》的立法宗旨主要是为了加强产品质量管理。

(三)《产品质量法》存在的问题

1. "产品"外延不周延

《产品质量法》第二条第二款规定:"本法所称产品是指经过加工、制作,用于销售的产品。"同条第三款又规定:"建设工程不适用本法规定;但是,建筑工程使用的建筑材料、建筑构配件和设备,属于前款规定的产品范围的,适用本法规定。"由上可知,我国《产品质量法》的调整范围不包括建设工程、未经加工的初级农产品以及不动产与服务等。经过加工、制作以及用于销售的物品才能成为产品,由此可知,非为销售而加工制作的物品不能被视为产品。这样在监管上便具有很大的漏洞。① 与世界发达国家以及有关国际组织对于"产品"定义的外延相比,我国产品定义的外延狭窄。例如,对于天然气、热能等容易给广大消费者的生命、财产安全造成损害的无形产品,我国《产品质量法》并没有较为明确的规定。同时,"产品"的定义也存在语义循环之流弊,用产品来定义产品,属于循环定义,不符合逻辑规则。

2. 未予界定的"瑕疵"一词

产品质量问题大体可分成两类:一是产品不安全;二是产品不适用。前者常由于产品"缺陷"②而造成,后者则常由于产品"瑕疵"而发生。"缺陷"概念提出了构成缺陷产品的两种情况,一种是存在"不合理危险"的事实缺陷,另一种是不符合标准的法律缺陷。然而,在适用中就会出现这样的问题:一方面,生产者生产的产品符合国家标准或行业标准,但又存在着不合理的危险,这种情况下产品是否存在缺陷?另一方面,符合标准的产品,如果给消费者和使用者造成人身和财产损害,生产者是否应该为此承担责任?因此,以"是否符合国家标准、行业标准"作为有无"缺陷"的立法依据,以国家标准

---

① 目前,经营者为商业目的将产品投放市场并不局限于销售,产品最终进入消费领域的方式多样化。例如,有时企业出于营销目的而将商品以无偿赠送、免费试用或以给员工的福利等形式交给消费者或使用者,消费者因使用这些形式的商品造成损害时,仅仅因产品未"用于销售"而不能适用《产品质量法》维护自身权益,从而免除经营者本应承担的产品侵权责任,显然不合情理,也不符合立法意图。

② 《产品质量法》第四十六条:"本法所称缺陷,是指产品存在危及人身、他人财产安全的不合理的危险;产品有保障人体健康和人身、财产安全的国家标准、行业标准的,是指不符合该标准。"

和行业标准作为缺陷产品的优先适用标准具有不合理性。而对"瑕疵"这一重要用语，条文中未加以说明，只在第二十六条第二款第二项出现了"瑕疵"一词："具备产品应当具备的使用性能，但是，对产品存在使用性能的瑕疵作出说明的除外"①。在"生产者、销售者的产品质量责任和义务"一章中，有不少条款都是有关经营者的合同担保义务和瑕疵责任的。在第四十条第一款，还规定了"瑕疵"产品责任，即（1）不具备产品应当具备的使用性能而事先未作说明的；（2）不符合在产品或者其包装上注明采用的产品标准的；（3）不符合以产品说明、实物样品等方式表明的质量状况的。有上述情况之一的，销售者即应负责修理、更换、退货，给消费者造成损失的应当赔偿。根据通说，"商品缺陷"与"商品瑕疵"之间是包含关系，瑕疵的范围更大，商品缺陷是商品瑕疵中对人身和财产安全有危险之虞的那部分瑕疵，仅有瑕疵但不欠缺安全之机能，则不为缺陷。②

3. 概念内涵不清的"产品质量责任"

"产品质量责任"③是我国产品质量立法中提出的概念，与"产品责任"存在一定联系但又不能完全等同。"产品质量责任"是指生产者、销售者、产品质量监管者和其他组织与个人，依照《产品质量法》应尽的义务以及违反该义务时应当承担的法律后果。而传统法学中的"产品责任"是指因产品缺陷导致受害人人身财产方面的损害而产生的侵权责任，是一种民事责任。2000年发布的《〈产品质量法〉条文释义》将"产品质量责任"解释为产品生产者、销售者违反《产品质量法》的规定，不履行法律规定的义务，应当依法承担的法律后果。"产品质量责任"中的"责任"应当包括应尽的产品质量义务以及违反该义务应该承担的法律后果。质言之，该"责任"应当包括积极的正面责任与消极的负面责任。如果仅仅解释为不履行义务应当承担的消极的负面责任则是不妥的。

---

① 《产品质量法》第二十六条："生产者应当对其生产的产品质量负责。产品质量应当符合下列要求：（一）不存在危及人身、财产安全的不合理的危险，有保障人体健康和人身、财产安全的国家标准、行业标准的，应当符合该标准；（二）具备产品应当具备的使用性能，但是，对产品存在使用性能的瑕疵作出说明的除外；（三）符合在产品或者其包装上注明采用的产品标准，符合以产品说明、实物样品等方式表明的质量状况。"

② 参见马一德：《论消费领域产品自损的民事责任》，载《法商研究》2014年第6期。

③ "产品质量责任"指生产者、销售者、产品质量监督管理国家机关和其他有关组织和个人，依照产品质量法律、法规应尽的产品质量义务和违反该义务时应承担的法律后果。

4. 不尽合理的产品责任归责原则

民事责任归责原则会随着时代的变迁而变化。大陆法系由过错责任、过错推定责任到无过错责任,英美法系由疏忽责任、违反担保责任到严格责任,两大法系的归责原则有相近,但又有不同,各国常相互串用。产品责任的归责原则是指生产者、销售者就产品缺陷所造成的他人人身伤害和财产损失,根据何种标准和原则确定其民事责任,它在整个产品责任法体系中居重要地位,是解决产品责任问题的理论依据。① 我国《产品质量法》将严格责任原则与过错责任原则两种归责原则混同使用,将"缺陷"产品责任与"瑕疵"产品责任并行规定,对生产者采取严格责任原则,而对销售者通常实行过错责任原则,这些都存在一定的不合理性。②

四、新时代下《产品质量法》的完善

(一)基于企业社会责任理念

企业社会责任是指在一定的社会发展阶段,企业对其利益相关者承担的有关经济、法规以及伦理等方面的责任。③ 在经济全球化的背景下,企业社会责任引起了世界上不同国家及不同社会团体的广泛关注。该责任形态已经逐步演变成一种新的企业运作哲学。④ 纵观《产品质量法》的历史发展阶段,并结合其在发展过程中所产生的种种社会问题,例如产品假冒伪劣问题,在相应法规并不完善以及并不能及时发挥其规制作用时,将企业社会责任的理念内嵌于产品质量法的制度理念中便显得至关重要。

就我国《产品质量法》而言,其自身并没有对企业的社会责任问题作出相应的规定。而产品质量法是典型的经济法,经济法具有社会本位的重要特性,因此产品质量法的社会本位性自不待言。而企业的社会责任问题便是社会本位

---

① 参见马建英:《产品责任的认定及立法完善》,载《中共银川市委党校学报》2004年第3期。
② 参见蒋冬梅、黎友焕:《企业社会责任理念下的产品质量法修改建议》,载《产业与科技论坛》2008年第5期。
③ 参见黎友焕:《企业社会责任研究》,西北大学2007年博士学位论文。
④ 参见黎友焕编著:《SA8000与中国企业社会责任建设》,中国经济出版社2004年版,第194—195页。

性的重要表现方式之一。例如，我国《产品质量法》第一条明确将"保护消费者的合法权益，维护社会经济秩序"作为立法宗旨，第四十二条第一款规定"由于销售者的过错使产品存在缺陷，造成人身、他人财产损害的，销售者应当承担赔偿责任"等，这些都是有关企业社会责任的相关规定。但这些规定对于强化企业的社会责任理念并对保护消费者的合法权益来说是远远不够的，因此，强化企业的社会责任理念至关重要，对于完善《产品质量法》亦大有助益。

第一，明确"产品"的概念并扩展其外延。诚如前文所述，由于"产品"这一概念不明晰，并且其外延界定存在不周延的情形，往往导致现实生活中《产品质量法》作用的发挥不尽如人意。一般来说，"产品"是指人们运用劳动手段对劳动对象进行加工而成的，用于满足人们生产和生活需要的物品。《产品质量法》中的"产品"是指商品经济社会中用于商品交换关系的客体，且由国家法律予以明确，因此具有一定经济特性以及法律标识。

因此，在《产品质量法》的完善过程中，也应当从"产品"的经济特性以及法律标识两个层面进行完善。首先，经济特性层面的"产品"概念可以沿用之前《产品质量法》中的界定。而法律标识层面的概念，则用于更加精准并且全面地对"产品"进行界定。例如，通过试用、买一送一等方式赠送给消费者的物品也应当成为具有法律标识的产品。即便这些物品没有进行销售，在经济特性上不符合"产品"的概念，但是这些物品是企业为了获得利润而销售的，因此企业必须对其负应有的责任。同时，天然气、热能等无形的物品也应当属于法律层面"产品"的概念，这样如果消费者在使用的过程中产生相应的人身损害，企业亦是责无旁贷。

第二，将经营者[①]的范围扩大至运输商以及仓储者。当下是分工合作的社会，生产经营的过程具有系统性，是一整套机制，因此，应对其系统化的生产经营过程进行管理与规制。《产品质量法》暂时并没有将处于系统性的生产经营过程中的运输者与仓储者纳入调整范围之内，但应当明确的是，如果在运输以及仓储过程中发生相关的产品质量问题，那么法律方面的空缺将导致监管上的缺位。但是，《产品质量法》第六十一条已为产品的运输者、保管者和仓储

[①] 《产品质量法》中规定了生产者和销售者的责任和义务，为保持与一般经济法律、法规的概念通用，可将二者合称为"经营者"，该法第六十二条已使用了"服务业的经营者"概念。

者设立了产品质量行政责任条款，对违反者要依法处以罚款。① 因此，为了对产品质量问题进行更加系统化的监管，并协调该法第六十一条的相关规定，将运输商以及仓储者纳入经营者的调整范围是十分有必要的。

第三，严格经营者的责任，对其采取更为严苛的责任规定。就目前而言，我国的产品质量问题所产生的危害人民群众人身财产安全的案件主要集中在产品的假冒伪劣这一层面。造成这一产品质量问题的重要原因之一便是经营者知假造假并知假贩假，从而从中获取更大的利润。因此，对经营者采取更为严苛的责任规定是十分有必要的。

第四，完善相应赔偿制度，确立惩罚性赔偿和精神损害赔偿制度。我国《产品质量法》规定，对于因产品质量而对他人的人身和财产造成损失的，只有一定的死亡赔偿金和残疾赔偿金，而并不包括相应的精神损害赔偿。而这样的规定并不完善。因为产品质量问题致人死亡或者致人残疾本身便是一件对消费者及相关人精神损伤极大之事，仅仅是死亡赔偿金和残疾赔偿金并不能完全抚慰他们的身心。纵观世界各国，大多数国家对因产品质量问题造成的死伤问题都规定了相应的精神损害赔偿，而此赔偿额具有一定的上限，我国可以参照该方法，加强对个人生命财产安全的保护。② 同时，因产品质量问题造成人身财产安全受损的，不应只进行相应的填补性赔偿便了事，因为产品质量问题事关个体安全乃至国家安全，因此必须对其予以足够的重视。可借鉴英美法系国家的做法，③ 在法律中明确相关惩罚性赔偿制度，加大对因产品质量问题造成损害的惩戒力度。

第五，建立产品召回制度④。产品召回制度是企业社会责任重要且直接的表现形式。它不仅是一种及时止损的方式，同时也是一种防止因产品质量造成

---

① 《产品质量法》第六十一条："知道或者应当知道属于本法规定禁止生产、销售的产品而为其提供运输、保管、仓储等便利条件的，或者为以假充真的产品提供制假生产技术的，没收全部运输、保管、仓储或者提供制假生产技术的收入，并处违法收入百分之五十以上三倍以下的罚款；构成犯罪的，依法追究刑事责任。"
② 参见梁晓春、潘向泷：《我国产品责任法律体系之不足与完善》，载《广东商学院学报》2004年第1期。
③ 当被告对原告的加害行为具有严重的暴力、压制、恶意或者欺诈性质，或者属于任意的、轻率的、恶劣的行为时，法院可以判决给原告超过实际财产损失的赔偿金。
④ 产品召回制度是指产品的制造商、进口商或销售商在得知其生产、进口或销售的产品存在可能给消费者带来危险的缺陷时，按照法定程序，向政府有关部门报告、及时通知消费者，设法从市场和消费者手中收回缺陷产品，并采取免费修理、更换或退货措施的活动。

更多人身财产安全受损的扩大化局面的方式。产品召回制度可能在短期看来会给企业名誉以及收益造成一定的损害，但长远看来，可以为企业赢得负责任企业的声誉，并为长期发展打下坚实的社会基础和信誉基础。[①] 产品召回制度之所以作为企业社会责任的重要表现形式，正是因为它将企业个体的利益和社会公众利益紧密结合起来，在两者之间寻求平衡点。

（二）基于安全理念

从2009年三鹿集团的毒奶粉案件再到2018年的长生集团的毒疫苗案件，短短十年之间，太多触目惊心的产品质量安全问题被媒体揭露，公众的神经也一再被刺激而无法放松。所以，安全理念对于《产品质量法》的完善是至关重要的。

1. 立法层面：将安全理念作为《产品质量法》的宗旨之一

之所以将安全理念作为《产品质量法》的宗旨之一，有以下几个方面的原因：

第一，在现实生活中我国产品质量问题较为突出。正如前文所述，由于经营者和消费者的法律意识较为薄弱，现实生活中《产品质量法》的作用并没有完全得到发挥。产品质量问题频发，对消费者的切身利益产生巨大伤害，有时甚至会给国家的公共安全以及国家利益造成损害。因此，强化《产品质量法》的安全理念，并将其内嵌于该法的宗旨之中十分有必要。

第二，"全能政府"的监管尚不健全。受我国传统计划经济管理方式的影响，政府对于所有事项几乎大包大揽，便造成"全能政府"的形象。然而，随着市场经济的发展，政府大包大揽已明显违背"市场决定论"的资源配置方式，同时，政府的调整也显现出相应的"政府失灵"现象。就产品质量问题而言，政府对产品质量的监管只能是应对产品质量问题的重要方式之一，并不能作为解决产品质量问题的全部。将安全理念内嵌于《产品质量法》之中，将有利于政府转变"全能政府"的观念，将政府就产品质量无法有效调控的部门让与法律进行规制，而法律中的安全理念的原则将发挥政府刚性执法所无法替代的"软法"的作用。

---

① 参见蒋冬梅、黎友焕：《企业社会责任理念下的产品质量法修改建议》，载《产业与科技论坛》2008年第5期。

第三，对标国际标准及发展趋势，逐步提升我国的营商环境。为适应全球化浪潮，抓住机遇，逐步优化我国的营商环境，对标国际标准，将是我国立法的又一重要趋势。①

2. 执法层面：加强并明确政府及经营者的安全意识及安全义务

第一，加强政府的安全意识，明确政府监管产品质量的核心要义是保障产品的安全。我国政府对于产品质量的监督环节较多、认证烦琐，因为这涉及个人以及国家的安全问题，自然无可厚非。我国对于产品质量的管理制度主要分为企业质量体系认证制度、产品质量认证制度等，这些管理制度所取得的效果并不佳，产品质量问题依旧频发。归根究底是这些管理制度的核心和落脚点并不是注重产品的安全性能，一定程度上是"为了监管而监管"，并且设有一定的寻租空间，进而导致监管效果并不如预期。因此，政府在执法的过程中，应当将产品的安全性放在第一位，②将该理念贯穿于执法的过程中，多关注对产品进行监管的核心，减少不必要的行政审批以及行政监管，简政放权。

第二，明确经营者的产品安全义务。经营者的产品责任（义务）是多个方面的，而在执法过程中，应当明确将产品的安全义务作为经营者的第一要务，对违反相应的产品安全义务的行为进行惩处，并要求其承担相应的责任。因为经营者对产品质量的安全进行保障本身就是其法定义务，只有在源头上保证产品的安全，才能在其他环节尽量保证产品的质量安全。因此，执法的过程中，不断强化经营者的产品质量意识，并以相应的惩戒措施不断落实经营者的产品安全义务是今后执法的重要任务之一。

---

① 参见杜志华：《欧盟通用产品安全法律制度初探》，载《现代法学》2003年第6期。
② 从保证产品的安全性出发，我国《产品质量法》关于产品质量的监管可作出如下调整：第一，立法应明确政府监管产品质量的核心是确保产品质量的安全，产品的使用性等交由市场调节；第二，明确产品抽查的重点是可能危及人体健康和人身、财产安全的产品，产品抽查的目的不是检验产品是否合格而是产品是否安全；第三，围绕产品安全增设新的产品质量管理制度，如不安全产品的召回制度。不安全的产品即缺陷产品，由于缺陷产品往往是成批量的，当这些产品投放到市场上后，将对消费者的生命、财产安全造成损害，如不加以干预，其损害将是广泛而无法控制的。正因为如此，在美国首先确立了缺陷产品召回制度以后，其他西方国家也纷纷建立了缺陷产品的召回制度。缺陷产品的召回制度对于强化国家对产品质量的监管、维护消费者合法权益起到了极其重要的作用。虽然我国单项法律如《食品安全法》确定了不安全食品的召回制度、单项法规如《缺陷汽车产品召回管理条例》确定了不安全汽车产品的召回制度，但是单项法律、法规不可能涵盖所有的产品，规范产品质量的基本法是《产品质量法》，那么缺陷产品的召回制度就不能只在单项法律和行政规章的层次，应在我国《产品质量法》中作出相应的规定。

3. 司法层面：围绕产品安全对产品质量责任问题进行重塑

产品质量责任制度是《产品质量法》最大限度地发挥作用的有力保障，该制度的重要宗旨之一便是保证产品的安全。但是，在司法层面，产品质量责任制度的构建仍有不足，需对其进行完善。主要可以分为以下几个方面：

第一，在民事责任方面，明确精神损害赔偿，并且明确惩罚性赔偿制度，增强《产品质量法》的权威性与威慑力。

第二，在行政责任方面，对于向社会提供不安全产品的经营者加大惩处力度，采取经济制裁等措施，增强行政惩罚力度。[①] 只有如此才能最大限度地加大违法经营者生产、销售假冒伪劣产品的成本，甚至使之彻底丧失从事不安全生产经营活动的经济基础。

第三，在刑事责任方面，应提高刑事处罚的力度。对不法经营者进行经济上的制裁的威慑力可能不足，也即民事责任和行政责任的承担并不会对不法经营者造成足够的威慑，因此加大刑事处罚的力度，才能更为彻底地减轻甚至消除经营者对产品安全的忽视，提高整个国家的产品质量安全水平。[②]

五、结　　语

随着我国经济的不断发展，产品质量案件频繁发生，产品质量问题已经成为社会广泛关注的问题。此时，《产品质量法》就要发挥它应有的作用，对相关责任主体进行惩戒，防止恶性事件再次发生。只有这样，新时代的《产品质量法》才能发挥它应有的作用。

---

① 参见孙波：《〈产品质量法〉立法缺陷之补救》，载《前沿》2003年第11期。
② 参见汪张林：《论安全视角下我国产品质量法的完善》，载《福建法学》2010年第3期。

第十章
国企法治的探索与成果

肇始于 1978 年的我国国有企业改革,在党和国家对于"什么是社会主义""怎样建设社会主义"问题的深入思考之下提出,并随着对"国有企业产权性质""政府与国有企业关系"以及"国有资产管理"认识的不断深化与反思调整改革的方向和思路,进而确立每个阶段国有企业改革的着力点,逐步形成了有中国特色的国有企业改革轨迹。改革开放以来,我国企业的外部竞争环境经历了从计划与市场并存的过渡阶段,到社会主义市场经济体制初步建立阶段,再到社会主义市场经济体制完善阶段;同我国企业战略环境的变迁相匹配,我国的企业战略也经历了防守型战略阶段、进攻型战略阶段和分析型战略阶段。[①]

我国经济体制改革是一场伟大的社会实践,而国有企业改革从 1984 年被定位为经济体制改革的中心环节以来,迄今仍未完成,时至今日依旧是我国经济体制改革的深水区。在经济新常态的时代背景下,深入理解国有企业改革的背景,回顾国有企业改革的进程,对于我们进一步推进国企改革这一未竟事业具有重要的理论和实践意义。

一、国有企业的发展历史

我国国有企业有着特殊的发展进程,作为生产资料公有制基本的社会生产

---

① 参见王钦:《改革开放三十年中国企业战略的发展:复杂环境下的"协同演进"》,载《清华大学学报》(哲学社会科学版) 2008 年第 2 期。

组织形式,不仅在生产关系方面扮演了极其重要的角色,还承担了生产力配置和发展的重要任务,成为社会主义经济的物质基础,成为我国社会经济结构的主体,在经济发展和改善人民生活方面具有举足轻重的意义。

基于对社会发展规律的理解,我国国有企业的逐步建立大致经历了三个重要阶段:一是解放战争时期,人民政府通过没收官僚资本和接收帝国主义在华企业,组建了最初的具有社会主义性质的国有企业;二是中华人民共和国成立后,开展了对农业、手工业和资本主义工商业的社会主义改造,形成了一批国有企业;三是为改变长期贫穷落后的状况,打破帝国主义对我国的全面封锁,实现社会主义的工业化,使我国由落后的农业国变成先进的工业国,新组建了一大批国有重点企业。①

国有企业在 1992 年之前被称为"国营企业",或者全民所有制企业。1992年 10 月,中国共产党第十四次全国代表大会召开。在十四大报告中,除了提出我国经济体制改革的目标是建立社会主义市场经济体制,还将我国全民所有制企业由"国营企业"改称为"国有企业"。1993 年第八届全国人民代表大会第一次会议通过宪法修正案,在修正案的第八条中,将"国营企业"改称为"国有企业"。此次修改具有重要意义,一方面,更加明确地指明国家对全民所有制企业拥有排他性所有权。另一方面,"国营"与"国有"一字之差,深刻体现了两权分离之下对于国有企业自主经营的更大程度放权。最重要的是,以国家根本大法的形式明确强调给予国有企业自主经营权。

囿于我国的经济体制基本上效仿了苏联模式,由国家直接管理和指挥国民经济和国有企业的活动,国有企业几乎全部的生产活动都要听命于国家,缺乏自主性,由此产生了种种弊端。② 40 年来国有企业改革历经了计划经济向市场经济转型下的政策引导和社会变迁,政府与企业在此过程中不断寻求二者联系的动态平衡点,以试图逐步改变国有企业"行政附庸"的地位。但是,我国国有企业改革具有直接功利性和实用主义的特征。③ 在放权让利、利改税、承包制、股份制改革的推进中,新旧问题不断出现,无法做到彻底的根除,更深层次的问题则体现在对于国有企业产权制度的触及。资产经营责任制与租赁制的

---

① 参见盛毅主编:《中国经济改革 30 年(企业卷)》,西南财经大学出版社 2008 年版,第 8 页。
② 参见张文魁、袁东明:《中国经济改革 30 年:国有企业卷(1978—2008)》,重庆大学出版社 2003 年版,第 17 页。
③ 同上书,第 48 页。

设计者们试图在不触动国有制的前提下，对国有企业进行改革，这具有一定合理性，但又会带来一些问题。走完全的全民所有制道路，震动最小，但又不能解决企业所存在的根本问题。①

制度设计是推进国有企业平稳改革的重要一环，它以经济转型为诱因，并为经济转型服务：根据经济转型的需要调整制度转型的方向、速度和时序，并通过经济转型的意义体现制度改良的成败。在我国经济结构转型的大背景下，40年来国有企业的积弊激发了完善制度设计的强烈需求。法律作为制度的组成部分，是一个实现现实——也即塑造现实或形成现实——的有力工具，② 法律的有效设计对于我国国有企业的进一步发展，具有直接和深刻的影响作用。与其他制度相比，法律的优势在于它具有正当性、理性、权威性、制度性，一般不具有破坏性，并且具有一套机制保障其实施。基于法律之上的变迁更有针对性，也更具体，③ 它既是因变量又是自变量，直接或间接地影响社会变迁，重新定义规范秩序，拓宽正式权利以期达成预定目标。④ 因此，离开有效的法律设计，我国国有企业改革将无法搭建起稳固的制度结构，更无法实现制度绩效的优化。下文将进一步梳理我国国有企业改革的顶层设计与法律制度，试图以时间、事件为线索，以理论为基调，勾勒出我国国企改革40年来的制度变迁图。

二、产权改革与国企改革的逻辑关系

（一）产权的基本理论概述

对我国国有资产产权制度具有较大影响力的产权理论分别是马克思产权理论和西方产权理论，二者立足于不同的理论土壤，从不同角度分析了产权的具体内涵及其蕴含在理论内核中的应有之义，对于国有企业产权问题的研究和解

---

① 参见王冀民、吴天然：《国有企业改革的新思路》，载《福建论坛》（社科教育版）1987年第2期。
② 参见〔美〕史蒂文·瓦戈：《社会变迁》（第5版），王晓黎等译，北京大学出版社2007年版，第306页。
③ 参见〔美〕史蒂文·瓦戈：《法律与社会》（第9版），梁坤等译，中国人民大学出版社2011年版，第252页。
④ 同上书，第264页。

析均有不同程度的影响。产权制度的研究和演化趋势依赖于产权理论的内在方向和角度。产权是一个由多重权利内容结合而成的权利束,包含对于财产的占有、使用、收益等含义,但它主要指财产权或者财产权利。在马克思产权理论中,着重区分了所有权和所有制,以揭示资本主义财产权利关系及其资本运动的内在原理。马克思把财产权看作生产关系的法律表现,把所有权看作所有制的法律形态。[①] 马克思认为,所有制是指人们在生产过程中对物质资料的占有关系,所有制是一个事实,是一种经济存在,而所有权则是指所有制关系在法律上的表现,是一种法律范畴。[②]

西方产权理论以交易费用理论为中心,主张产权制度是基于交易费用的存在而设计的必要制度,法律是以其强制力保障产权制度实施的重要基础。不同的产权制度设计将产生不同的交易费用,从而对社会经济运行效率产生不同的影响。西方产权理论是新制度经济学的流派之一,以科斯定律(Coase Theorem)为最重要的理论成果。科斯定律的内在含义是,当财产权明确之时,并且交易成本极小或者为零,无论初始之时何种主体拥有产权,市场之下的最终结果都是有效率的,最终实现资源配置的帕累托最优。科斯定律说明了产权和法的重要性,产权明晰和健全的法律制度,是市场有效性的保证。以科斯定律为核心的产权经济学始终关注的是产权和资源配置效率之间的关系,其本质是崇尚私有制、自有经营和自由市场。[③] 当然,在现实世界中,科斯定理所要求的前提往往是不存在的:首先,对财产权作明确界定十分困难,其次,交易成本也不必然为零或者难以达到极小的程度;相反,交易成本在现实中可能十分高昂。但是,科斯定律却强调产权界定的重要性,这为市场提供了一种利用市场机制解决外部性问题的一个新角度和新思路。

从国有企业的角度,明确国有资产产权的归属,实现产权明晰,实现国有资产的保值增值,是国企改革追求的目标。当下,我国国有资产管理体制改革已经进入产权制度改革的关键时候,中央与地方国有资产的产权关系、国有资产与非国有资产产权关系的互动也已经进入一个敏感时期,以国有产权形式存

---

① 参见吴易风:《马克思的产权理论与国有企业产权改革》,载《中国社会科学》1995年第1期。
② 参见史忠良、刘劲松:《产权理论与国有资产管理》,载《首都经济贸易大学学报》2006年第1期。
③ 参见冯华、任少飞:《有效政府与有效市场:改革历程中的政企关系回顾与前瞻》,载《山东社会科学》2007年第7期。

在的国有资产（特别是国有企业中的国有资产）的管理必然要受到相应的产权制度和产权理论的影响。[①] 因此，产权改革与国企改革的逻辑关系是研究国有企业改革历程中无法回避的论证要点。

（二）国有企业改革与产权的相关性

我国自 1978 年以来的经济体制改革本质上是产权改革。[②] 产权关系是经济关系中最核心的因素。国有资产作为公共所有资产，国有资产所有者代表主体不明确，资产归属界定不清，资产所有者与经营者管理职责界定不清，形成了长期的公共管理困境，其结果就是存在着"许多扯皮现象"。科斯第二定理指出：在市场交易成本大于零的情况下，合法权利的初始界定会对资源配置效率产生影响。而国有资产作为公共财产，虽在理论中界定为人人所有，却正因为界定的宽泛、模糊，造成了人人不过问的产权不明晰窘境。"初始产权界定不清"的弊端是深远的，正如 1991 年 12 月朱镕基副总理在全国国有企业技术进步工作会议上所说："内部机制不转换，企业躺在国家身上，职工躺在企业身上，捧'铁饭碗'，吃'大锅饭'，外部环境再好也没有用。"[③] 长期以来，国有产权管理成效低下、政企不分的大环境造成了企业、职工对于国家政策红利的过度依赖，"养懒汉"现象盛行，对国有资产造成了沉重的负担。

对于我国国有企业产权改革的指导思想，存在着不同的观点：一种观点认为，多重因素决定了我国国有企业产权改革只能在马克思主义产权理论指导下进行；第二种观点认为，现代西方产权经济学指导了我国的国有企业产权改革，并一步一步取得重大突破；第三种观点主张，我国国有企业产权改革与其他方面的改革一样，具有"摸着石头过河"的特征，并无现成理论。[④] 就历史背景而言，马克思主义产权理论是中国化产权理论的构建基础，在这段跌宕起伏的实践探索中，我国国企改革也吸收和借鉴了许多西方产权理论中的合理内核，并细化成了符合我国国情的国有企业改革产权方案。

正如弗里德曼（Milton Friedman）所说，经济问题总是与选择联系在一

[①] 参见史忠良、刘劲松：《产权理论与国有资产管理》，载《首都经济贸易大学学报》2006 年第 1 期。
[②] 参见黄少安等：《产权理论比较与中国产权制度变革》，经济科学出版社 2012 年版，第 1 页。
[③] 参见朱镕基：《朱镕基讲话实录》（第一卷），人民出版社 2011 年版，第 103 页。
[④] 参见周学东：《我国国有企业产权改革最优路径研究》，武汉大学 2013 年博士学位论文。

起。我国国有企业改革路径的选择并非始于产权改革,但最终回落到产权结构改革的方向之上。时至今日,产权明晰依旧是国有企业重要的逻辑主线,产权结构合理化搭建依旧是国有企业改革的内在机理。国有企业改革起步之时,政策制定立足于国有制本身不被触动;进一步反思国企人员消极怠惰、企业生产力极度低下的问题缘由后,党的十二届三中全会提出"两权分离"的改革思路,试图保证国有制底线,对企业自主经营进行大幅让步。然而,前期的改革是缺乏深入性思考、系统性设计的,只求迫切地解决燃眉之急,却忘记挖掘国有企业体制根深蒂固的制度弊病。

当需要解决国有企业生产积极性不足的问题时,就实行放权让利;当财政收入滑坡时,就实行经济责任制和进行利改税;要解决国有企业长期亏损问题时,就推行破产制度;要解决党委会和厂长的矛盾及需要提高经营者的积极性时,就实行承包制和租赁制。① 直到 20 世纪 80 年代中后期,学者们才逐步意识到国有制才是当下国有企业改革弊病的最大根源。对此呼声最大的是时任中国社会科学院经济研究所所长的董辅礽教授,他撰文批判了将经济体制改革理解为改善经济管理方法的错误逻辑,明确指出将经济体制改革仅仅看作改变决策权的划分、扩大企业自主权是没有抓住经济体制改革核心和关键的后果。② 在此背景下,董辅礽提出改革应直面国家所有制本身。

人物专栏

董辅礽:直面改革顽疾

董辅礽,浙江宁波人,我国著名经济学家,有"一代经济学大师"之称。他研究的范围很广,在多个领域都有非常重要的建树,对我国的改革推进、经济发展、市场经济体制的建立做出了重大的理论贡献。

1987 年,董辅礽在《世界经济导报》上提出:"社会主义经济是一种以多种公有制为主导的多种所有制结构相结合的经济。"此后,董辅礽基于对国有

---

① 参见张文魁、袁东明:《中国经济改革 30 年:国有企业卷(1978—2008)》,重庆大学出版社 2008 年版,第 48 页。

② 参见董辅礽:《所有制改革与经济运行机制改革》,载《中国社会科学院研究生院学报》1987 年第 1 期。

第十章
国企法治的探索与成果

董辅礽

企业现实积弊的进一步分析和思考,提出以多种公有制为主导、多种所有制共同发展的所有制结构是建立社会主义市场经济体制的前提条件。他曾多次以"八宝饭"作为比喻,认为社会主义经济就像一盘"八宝饭",没有公有制经济固然不成其为社会主义经济,但没有非公有制经济同样不成其为社会主义经济,非公有制经济是社会主义经济不可分割的组成部分,为国有企业改革提出了新的方向。[1]

除此之外,北京大学的厉以宁教授因提出了在中国要积极引进企业的股份制度而被尊称为"厉股份"。厉以宁教授从城镇集体企业与全民所有制企业的发展现状入手,总结出彼时客观上已经形成"集体促全民"的经济形势,并提出设想:如果把全民所有制企业和城镇集体企业作为两端,那么这两端之间必然存在若干中间的形式,半全民—半集体的、较大部分全民—较小部分集体的或较小部分全民—较大部分集体的组成形式,都是有可能存在的。[2] 这一设想为之后提出股份制度奠定了坚实的基础,突破了原本不触动国有制本身的僵化思维,以"混合"形式提出了国企组织结构的新思路。

两年后,厉以宁教授撰文直指传统社会主义经济模式对于公有制含义的错误引导,以及思维上的固有缺陷。强调单一的公有制不符合社会主义社会中发

---

[1] 参见宋克杰:《董辅礽与"温州模式"的情结》,载《上海企业》2005年第7期。
[2] 参见厉以宁:《试论当前我国经济改革的特点》,载《河北学刊》1984年第5期。

展商品经济的要求,应建立由多种所有制混合组成的新型所有制,即包括全民、集体、个体等所有制在内的新型经济联合体。① 这种思想学说,无论在当时还是在现在,对于国有企业改革的指引均产生着深刻的影响作用。

厉股份:股份制改革第一声②

厉以宁,江苏仪征人,著名经济学家,北京大学光华管理学院名誉院长、博士生导师。他是我国最早提出股份制改革理论的学者之一,对我国经济的改革与发展产生了深远影响。

厉以宁

20世纪80年代初,"文革"之后的中国百废待兴,一方面,大批剩余劳动力成为影响社会安定的突出问题;另一方面,国有企业效率低下,原先的国有企业改革路径备受质疑。1980年,厉以宁在全国劳动就业会议上提出,可以组建股份制形式的企业来解决就业问题。厉以宁的这次发言,是在高层会议上第一次

---

① 参见厉以宁:《所有制改革和股份制企业的管理》,载《中国经济体制改革》1986年第12期。
② 参见周俊生:《厉以宁:"厉股份"发出第一声》,载《新民晚报》2010年11月30日。

发出的关于股份制的声音,受到了国务院的高度重视。与此同时,厉以宁强调所有制改革或企业体制的改革才真正涉及激励制和责权制,是解决眼下国有企业动力低下问题的关键要素。厉以宁以其敏锐的目光看到了这种先进的企业组织形式对于推动我国经济发展的重要作用并为此而大声疾呼,因而被称为"厉股份"。

随着产权理论研究逐渐深入,股份制也逐渐在中国萌芽,并为官方所重视和承认。80年代后半期,党中央对于股份制的态度已有所松动。1986年,国务院颁布的《国务院关于深化企业改革增强企业活力的若干规定》提出,各地可以选择少数有条件的全民所有制大中型企业进行股份制试点。1987年,中国共产党第十三次全国代表大会明确指出:"改革中出现的股份制形式,包括国家控制和部门、地区、企业间参股以及个人入股,是社会主义企业财产的一种组织形式,继续试行。"

直至今日,国有企业产权改革一直处在时代的风口浪尖上,并成为改革思路的主线,力求通过坚定的产权改革路径实现国有资产配置帕累托最优,逐步摆脱整体国有企业效率、管理等方面的困境,捋顺政府、企业与市场之间的关系。从法律关系角度,财产制度中的法权关系所反映的是社会生活中现实的经济关系的意志表达,法权关系从根本上由经济关系决定,在不同的经济关系下对应不同的法权关系及法律关系。[①] 基于此,注重产权明晰的法律制度设计对于国企产权的进一步优化有着不可磨灭的重要作用,建立起产权明晰的现代企业制度也是当下国有企业在新时代的改革攻坚部分。

三、国企改革初期:放权让利

(一)试点实行到全面实行

政府、企业和市场都是资源配置和资源利用的组织形式,企业改革和政企关系变化的背后原因是寻求资源有效利用的制度。[②] 国企改革历程之中,政府、市场、企业三者之间的关系错综复杂,权力的取舍、资源的配置始终是重

---

① 参见周学东:《我国国有企业产权改革最优路径研究》,武汉大学2013年博士学位论文。
② 参见冯华、任少飞:《有效政府与有效市场:改革历程中的政企关系回顾与前瞻》,载《山东社会科学》2007年第7期。

要的研究内容。放权让利是国有企业改革的第一个阶段,是初步探索的重要措施。在此阶段,国企改革通过试探性改革措施,寻求正确的改革思路,属于"摸着石头过河"的不确定阶段。与此同时,相关顶层设计也在逐步波动中找到改革的主线。在计划经济体制下,国有企业(当时称国营企业和集体企业)是政府的附属物,在"统包统销"的政策背景下,企业的经营方向由政府主导,企业盈亏由政府负责,企业没有任何经营权,这严重影响了企业和职工的积极性,企业长期处于低效率运行状态。[①]

在此背景下,1978年7月至9月,国务院召开务虚会议。这次会议是十一届三中全会召开之前的一次重要会议,对之后的十一届三中全会改革开放思想以及针对国民经济调整的新"八字"方针产生了直接的影响。国务院务虚会以研究加快四个现代化建设的速度为主题,在总结中华人民共和国成立以来经济建设经验教训的基础之上,大胆地涉及了经济体制方面存在的问题,提出了改革生产关系和上层建筑的意见,提出扩大企业的经营自主权。[②] 放权让利经历了一个由试点实行到全面实行的过程:在国务院务虚会赋予企业生产经营自主权这一精神的鼓舞下,1978年10月起,四川化工厂、重庆钢铁厂、成都无缝钢管厂、宁江机床厂、南充钢厂、新都县氮肥厂六家国有企业进行改革试点。

放权让利的实质意义在于,政府给予企业更多的经营自主权,在企业完成生产计划的前提之下,根据企业绩效和经济核算的情况留存给企业部分利润。为促进职工工作的积极性,并实现经营自主权的效用的高效化,此部分留存利润用于发放职工奖金和企业再投资。在商品短缺时代,职工的积极性促进了企业的产出,缓解了市场供需矛盾这一社会难题。在这六家国有企业实行试点之后,其他省市也仿效四川开始扩权试点。全国扩大企业自主权改革试点由国家经济委员会推行,时任国家经济委员会副主任袁宝华率团先后到英、法、日、美等国考察企业管理,1978年底从日本考察回来后,向国务院提出扩大企业自主权的建议。[③]

在全国范围内推进放权让利式改革的标志性事件是1979年7月国务院颁发《国务院关于扩大国营工业企业经营管理自主权的若干规定》。到1980年6月,试点企业发展到6600个,约占全国预算内工业企业数的16%,产值占

---

① 参见交通银行课题组:《国企改革再探讨:从放权让利到混合所有制》,载《新金融》2014年第8期。
② 参见李正华:《1978年国务院务虚会研究》,载《当代中国史研究》2010年第2期。
③ 参见萧冬连:《国有企业改革之路:从放权让利到制度创新》,载《中共党史研究》2014年第3期。

60%左右，利润占 70%左右。①

政策专栏

《国务院关于扩大国营工业企业经营管理自主权的若干规定》

国务院于 1979 年 7 月 13 日颁发了《国务院关于扩大国营工业企业经营管理自主权的若干规定》，以规范相关放权让利政策的落实和推广。除此之外，国务院同时颁发了《国务院关于国营企业实行利润留成的规定》《国务院关于提高国营企业固定资产折旧率和改进折旧费用使用办法的暂行规定》《国务院关于开征国营工业企业固定资产税的暂行规定》《国务院关于国营工业企业实行流动资金全额信贷的暂行规定》等 4 个配套文件。文件具体内容框架如下：

1. 企业必须保证完成国家下达的计划指标。国家计划指标要逐步建立在产销合同的基础上，在完成国家计划的前提下，允许企业按照市场需要，制订补充计划。

2. 实行企业利润留成，改变目前按工资总额提取企业基金的办法。

3. 逐步提高固定资产折旧率。

4. 实行固定资产有偿占用制度，企业占用的固定资产，要向国家缴纳固定资产税。

5. 实行流动资金全额信贷制度。

6. 鼓励企业发展新产品。

7. 企业有权向中央或地方有关机关申请出口自己的产品，并按国家规定取得外汇分成。

8. 企业有权按国家劳动计划指标择优录取职工。

9. 企业在定员、定额内，有权根据精简和提高效率的原则，按照实际需要，决定自己的机构设置，任免中层干部。

10. 除国家规定外，不得向企业收取摊派费用。

11. 企业主管部门领导在职工代表大会监督下履行义务，行使权限。

---

① 国务院批转国家经委《关于扩大企业自主权试点工作情况和今后意见的报告》(1980 年 9 月 2 日)。

进一步解读《国务院关于扩大国营工业企业经营管理自主权的若干规定》，最为突出的应属第二项"实行企业利润留成制度"。利润留成制度的实行是在放权让利基础之上的对于企业自主经营权的进一步细化，是指在企业完成生产计划的基础之上，利用留成的利润创立职工奖励基金、生产发展基金等具有奖励性质的财产资金池，用于企业再投资以及职工劳务的奖励机制。至于具体的留成比例，不同的企业各不相同，不同行业根据自身产业性质和生产能力进行分级核定。

放权让利并非一蹴而就，自主权利的进一步扩充也历经了数年。1984年，国务院为进一步落实企业的自主权利，颁布了《国务院关于进一步扩大国营工业企业自主权的暂行规定》，以明确列举的形式强调了企业产品经营计划权、物资选购权、资金使用权等多项权利。1992年，国务院颁布《全民所有制工业企业转换经营机制条例》，规定了国有企业享有十四项自主权利，相较于1984年的《国务院关于进一步扩大国营工业企业自主权的暂行规定》增加了四项。

放权让利是一个探索的过程，经历过波澜并逐步发展。放权让利相关措施的实行是计划经济向市场经济过渡过程中的一项重要的改革举措，对于打破计划经济体制对于国有企业发展的束缚，带动企业职工的积极性，促进国有企业扩大生产并逐步走向市场有着积极的作用。

(二) 放权让利再审视

发轫于1978年的放权让利在国有企业改革初期创造了一系列成果，并伴随着1980年著名经济学家蒋一苇提出的"企业本位论"产生了空前的影响。究其本质，放权让利并未触及所有制本身，仅仅在保持产权这一基本问题不改变的基础上，推动企业更大程度地自主决策，最大程度地解决了国企行政附庸怠惰性和行政与市场的间隔性缺陷。随着放权让利的进一步推进，"企业本位论"这一理论的局限性也逐步显露。正如在经济学中，灯塔的例子表明经济学家在不了解真相的情况下会在错误的道路上走得多么深远。[①] 强调企业本位固

---

① 参见〔美〕罗纳德·H.科斯：《企业、市场与法律》，盛洪、陈郁译校，格致出版社、上海三联出版社、上海人民出版社2014年版，第23页。

第十章
国企法治的探索与成果

然是纠正计划经济顽疾的一剂良药，但是忽视国有企业的特殊性，未能树立出资人的正确概念，也会将国有企业推入诸如内部人控制等更深的泥潭。后世观之，放权让利仍旧有值得商榷的地方，它在创造成就的同时也存在着理论与实践的短板。

1984年，福建省55位国有企业的厂长、经理在《福建日报》上联合呼吁要求进一步扩大企业自主权，并犀利地指出当下放权让利的体制弊端，着重强调了企业的五项自主权利：（1）工厂干部的任免权；（2）职务浮动破除终身制；（3）企业自销权；（4）奖励金使用权；（5）厂长负责制。可以看出，在放权让利实施过程中，企业对于在资金上的自主权利有着更深层次的需求，并且企业厂长对于权力范围的进一步扩大也更加迫切。这一行为引起了社会的巨大反响，同时也从侧面反映出放权让利初期，在扩大自主权政策落实方面存在着现实中的虚化，政策宣传火热但落实情况令企业迷茫；厂长在放权让利的过程中对于权力的呼吁更为主动，也逐渐凸显出国有企业中厂长地位的核心性。

事件专栏

五十五位厂长、经理呼吁《请给我们"松绑"》[①]

《福建日报》1984年3月24日头版刊发呼吁信

---

① 参见《五十五名厂长、经理呼吁：请给我们"松绑"》，载《新闻记者》1985年第6期。

时任福建省经委副主任黄文麟是《请给我们"松绑"》呼吁信的主笔人，目前他仍担任着福建省企业和企业家联合会荣誉会长之职。据他回忆，1984年3月22日，福建省55位企业家在福州二化参加了省厂长（经理）研究会成立大会。许多厂长、经理在会上诉苦，有的企业家抱怨修个厕所都要上报。黄文麟根据厂长、经理们的发言，主笔起草了请求放权的呼吁信，呼吁信在人事权、财权、企业自营权等方面提出要求。

55位厂长、经理与福建省经委、省企业管理协会领导合影

从1984年3月24日至27日，短短4天内，由福建省委组织部、福建省经委发起，多个省直部门迅速作出了回应，支持企业放权。福州市委、市政府也在3月26日初步拟定六条"松绑"办法，决定不当新"婆婆"，坚决搞改革。《福建日报》第一版开设《勇于改革 支持"松绑"搞活企业》专栏，全力鼓与呼。

"松绑放权"呼吁信发布后，福建掀起了国企改革的热潮。1985年福建在全省推进了厂长负责制。到2001年年底，全省290家重点大中型企业建立现代企业制度。2002年至2005年，福建开启以产权制度改革为重点的国企战略调整。在2014年7月8日给30位企业家的回信中，习近平总书记写道："当前，各级政府正在加快转变职能、大力简政放权，目的之一就是让市场更好发力，让企业创新创造源泉更加充分涌流，这是又一次重要的'松绑'放权，也是企业家更好发挥智慧力量的历史新机遇。"①

---

① 《习近平总书记给福建企业家回信 希望企业家继续发扬闯劲》，http://money.163.com/14/0728/10/A280JOBM00254TI5_2.html，2020年2月19日访问。

第十章
国企法治的探索与成果

《福建日报》刊发习近平总书记给福建企业家的回信

厂长自身地位的重要性不仅仅反映在1984年的福建"伸手要权"事件中,更体现在企业的生产内容、市场选择等多个方面。"放权让利"在概念上存在含混不清的地方,在很大程度上体现为厂长决策权力的扩张,并且企业对于厂长的依赖程度增加。虽然厂长(企业家)对于企业的重要性具有深厚的经济理论基础:在企业之外,价格变动决定生产,这是通过一系列市场交易来协调的;在企业之内,企业家指挥生产。① 但是,国有企业改革初期的放权让利对于厂长的个人能力、素质也提出了更大的挑战,近乎完全的依赖性造成了"成也萧何,败也萧何"的窘境。

这也正是放权让利缄默于旧体制内进行的一大弊端。事实上,在旧的企业制度框架内,不但政府主管部门对企业日常经营活动的行政干预没有真正消除,企业的经营自主权有很多没有落实,而且企业软预算约束、负盈不负亏等深层次的问题也未被认真触及。② 基于此,之后的经济责任制设置、利改税政策、拨改贷政策等均对国有企业进一步捋顺与国家的经济利益分配关系、厂长责任产生了深远的影响。

---

① 参见〔美〕罗纳德·H.科斯:《企业、市场与法律》,盛洪、陈郁译校,格致出版社、上海三联书店、上海人民出版社2014年版,第30页。
② 参见林岗:《国有企业改革的历史演进及发展趋势》,载《中国特色社会主义研究》1999年第3期。

四、增强国企活力：承包制的推行

纵观历史，承包制在我国共引起两次巨大改革浪潮。第一次是扎根于农村经济改革之中，1978年11月安徽凤阳21户农民，以契约形式发起承包制改革，诞生了一份不到百字的包干保证书，极大地改变了农村经济的风貌，是农村土地制度的重要转折。第二次浪潮，作为城市经济体制改革主线的国有企业改革正是借鉴了承包制的精髓，以增强企业活力为改革的中心环节，并在全国逐步推广了承包经营责任制，从而形成了承包制改革的第二次浪潮。①

（一）制度初始到全面推行

经过前一阶段的放权让利过程，国有企业更加珍视自主权利，并且在改革的逐步深入中显露出诸多放权让利中存在的问题。1984年10月党的十二届三中全会通过了《中共中央关于经济体制改革的决定》，提出"要使企业真正成为相对独立的经济实体，成为自主经营、自负盈亏的社会主义商品生产者和经营者，具有自我改造和自我发展的能力，成为具有一定权利和义务的法人"②。1986年12月，国务院在《国务院关于深化企业改革增强企业活力的若干规定》中提出，要推行多种形式的承包经营责任制，给经营者以充分的经营自主权。可以看出承包经营责任制逐步被顶层设计者重视，成为充分扩大国有企业经营自主权的重要途径。

1981年，最早实行承包制的大型国有企业是首钢，它创造性地提出了以上缴利润包干为主要内容的承包经营责任制。从1981年起，首钢实现利润每年递增20%，资金利税率1988年提高到60.67%，除增加财政上缴外，企业留利迅速增加，原来留利中40%用于生产发展基金，后来首钢自己提出增为60%。③紧随其后，第二汽车制造厂于1982年开始实行承包制。两大国有企业的承包制试点工作对全国的国有企业产生了深刻的影响，其承包制成果也备受关注。

---

① 参见魏达志：《国有企业改革三大模式的体制效应与缺陷——对承包制、租赁制、股份制改革的再评说》，载《2002年中国经济特区论坛：现代化建设中的体制问题学术研讨会会议论文集》，2002年，第52页。
② 参见辛迪诚：《中国国有企业改革编年史（1978—2005）》，中国工人出版社2006年版，第109页。
③ 参见杨培新：《论坚持和完善企业承包制》，载《经济研究》1990年第3期。

1987年4月,国家经济委员会受国务院委托召开全国承包经营责任制座谈会,决定在全国范围普遍推行承包经营责任制。到1987年年底,在11402户国有大中型工业企业中,实行承包经营责任制的达8843户,约占企业总数的77.6%,其中承包期在三四年以上的占承包企业总数的64%。①

首钢承包制与周冠五②

国务院批准首钢实行上缴利润递增包干的批示文件

中国首钢集团(以下简称"首钢")始建于1919年,中华人民共和国成立前30年累计产铁28.6万吨。1979年开始,国家对国有企业进行了一系列"放权让利"的改革。首钢被列为第一批国家经济体制改革试点单位。首钢成为"试点"之后,提出了"3个100%"的新管理法,即:每个员工都必须100%地执行规章制度;出现违规违制,都要100%地登记上报;不管是否造成损失,对违制者要100%地扣除当月全部奖金。在今天看来,"3个100%"的管理方法未免过于强硬,但是在当时企业纪律涣散的大背景下,这个管理方法起到

---

① 参见汪海波:《中国国有企业改革的实践进程(1979—2003年)》,载《中国经济史研究》2005年第3期。
② 参见汪静赫:《改革先锋周冠五》,载《中国企业报》2011年6月17日。

了积极的作用。

中华人民共和国成立以来，周冠五先后担任石景山钢铁厂厂长、石景山钢铁公司经理、首钢革委会副主任等职务。在落实中央扩大企业自主权的过程中，周冠五提出了承包制的方针，即"包死基数，确保上缴，超包全留，歉收自负"，这是周冠五在落实中央扩大企业自主权上的一个创新。在企业产权不变的情况下，该方针有利于理清企业与国家的关系。但是，周冠五的承包制改革，实际上成了企业与政府有关部门不断讨价还价的过程。随着首钢承包制的推行，首钢的效益越来越好，政府有关部门对它的利润上缴要求越来越高，双方矛盾也就越来越大。1986年12月，矛盾进一步激化，北京市财政局下达通知，要求首钢补缴1.0899亿元的利润。周冠五拒不执行，于是北京市财政局强行扣掉首钢账上的2500万元资金。

（二）《企业破产法（试行）》与《全民所有制工业企业法》的出台

相对于正在塑造中的经济环境，法律作为政府治理社会的手段，有着不可替代的强制性作用。对整个经济体系来说，最好的结果就是最大化整体生产价值，对政府来说，能做到这一点的可行手段（除去通常无效的规劝之外）就是在法律或自身管理上作出改变，由最大化生产价值的法律规则、程序和行政管理结构的选择构成法律政策。[①]《企业破产法（试行）》与《全民所有制工业企业法》正是政府在两权分离思想之下颁布的两部法律，具有深刻的时代进步意义，虽然在实施过程中依旧存在着很多弊病，但是它们背后的对于企业两权区分的改革意义，彰显得更加清晰。20世纪80年代，我国宏观经济呈现出生机勃勃的利好景象，长期受到体制扭曲的经济结构在市场的作用下逐步改善，无论是在城市还是农村，人们的购买力随着生活水平的改善而逐步提高，此时，可以说是国有企业改革初期发展的黄金时代。

在两权分离的思想指导下，市场调节的作用更加关键，"自负盈亏"成为企业经营的关键词，效益高的企业在黄金时代下达到产销两旺的境况。与此相对，市场也发挥了优胜劣汰的筛选作用，一些效益差、捕捉市场能力弱的企业

---

① 参见〔美〕罗纳德·H. 科斯：《企业、市场与法律》，盛洪、陈郁译校，格致出版社、上海三联出版社、上海人民出版社2014年版，第21—22页。

则受到重创。此时,《企业破产法(试行)》的出台顺应了时代的要求,首次明确国有企业在无力经营的状态下可以通过破产的方式退出市场。《企业破产法(试行)》的出台有着独特的意义,一方面,响应了十二届三中全会致力于使国有企业成为自主经营、自负盈亏的相对独立的法人的号召,减轻了以往国家需要对国有企业盈亏负责的沉重包袱;另一方面,给予经营不善的企业一种自由退出市场的方式,为发挥市场调节功能起到了法治保障。

首例国企破产案——沈阳防爆器械厂[①]

沈阳市防爆器械厂旧景

1986年8月,连续亏损10年、负债额超过全部资产2/3的沈阳防爆器械厂在"破产警戒通告"一年期限内,经过整顿和拯救无效,宣告破产倒闭,成为新中国第一家宣布破产的公有制企业,引发全国关注。国内几乎所有重要的报刊,均在显著版面位置迅速进行了报道。人们一致认为沈阳市所做的企业的破产尝试,在全国开创了先例,带了个好头,"是沈阳市试行的三大试验中(破产制、股份制、租赁制)最为显著的一个试验"。

---

① 参见刘军、申楠:《解密中国企业破产第一案》,载《政府法制》2009年第5期。

外媒报道:"中国东北的沈阳发生了'地震','超过八级的改革地震'。"美国《华尔街日报》中国记者部部长冯强说:"中国沈阳的一家企业破产,举世瞩目。"我国著名经济学家蒋一苇说:"沈阳的企业破产试验是改革中的大胆尝试,有着重要的现实意义和深远的影响。"全国许多省、市前往沈阳学习破产经验。

《沈阳市工商行政管理局企业破产通告第 1 号》

沈阳防爆器械厂宣告破产体现出破产制度对于我国传统经济制度的巨大冲击,"社会主义企业不存在倒闭问题"的传统认识与做法到此画上了句号。1986 年 12 月 2 日,第六届全国人民代表大会常务委员会第十八次会议通过《企业破产法(试行)》。

1988 年 4 月,第七届全国人民代表大会第一次会议上通过了《全民所有制工业企业法》,这是我国第一部关于企业的法律。事实上,该法于 1979 年就已经开始起草,当时的法律名称为"国营工厂法",因为对企业内部领导体制存在争议而使得起草工作搁置,后于 1984 年再次起草"国营工业企业法"。1988 年颁布的《全民所有制工业企业法》一共 8 章 69 条,其中突显出我国企业立法的三个突破点:(1)全民所有制工业企业的经营权;(2)厂长负责制和企业民主管理;(3)国家管理企业方式的转变。①

---

① 参见王保树:《论〈全民所有制工业企业法〉在企业立法上的突破》,载《中国法学》1988 年第 4 期。

《全民所有制工业企业法》

1988年4月13日,第七届全国人民代表大会第一次会议通过《全民所有制工业企业法》,自1988年8月1日起施行。它以法律的形式正式确立"两权分离"以及厂长责任制,意味着对国有企业的权力下放逐渐从下放到企业转变到下放到以厂长为核心的管理层。

第二条第一、二、三款规定:"全民所有制工业企业(以下简称企业)是依法自主经营、自负盈亏、独立核算的社会主义商品生产和经营单位。企业的财产属于全民所有,国家依照所有权和经营权分离的原则授予企业经营管理。企业对国家授予其经营管理的财产享有占有、使用和依法处分的权利。企业依法取得法人资格,以国家授予其经营管理的财产承担民事责任。"明确了国有企业的法律地位和基本内涵,同时进一步深刻揭示了经营权的本质内容。

第七条则明确规定了厂长负责制,确立了厂长这一管理的核心地位。具体规定为:"企业实行厂长(经理)负责制。厂长依法行使职权,受法律保护。"在国企改革之初,厂长处于行政附属的地位,企业绩效与厂长待遇脱钩,导致厂长在生产经营中无权负责、无力负责、无法负责。厂长责任制的确立,使厂长的权力在法律上达到了巅峰状态,更大程度地激发了厂长带领企业进行生产建设,同时更有助于企业发挥生产和创新能力。

《全民所有制工业企业法》的颁布是企业立法的关键一步,法治建设辅助下的国有企业改革,明确立法、严谨守法是必经之路。直至当下,法律因其自身的强制性特性在改革过程中起到了不可替代的作用。

五、产权多元化探索

(一)股份制试验

股份制改革是一场理论反复但是实践先行的改革。20世纪80年代中后期直至90年代初,社会上对于股份制到底姓资还是姓社的问题争论不休,经济学界一直在寻求从理论学说上为股份制"正名"的方式,但鉴于计划经济之下的体制局限性,股份制并未被官方承认并大力推行。实践中,股份制企业已经在理论界未产生定论的背景之下逐渐发展起来。80年代初期,农村地区一些所谓的乡镇企业正是股份制的先行军,采取了多名投资者出资入股的形式进行筹资经营。后期城市之中也开始尝试股份制,北京天桥百货商场改为股份制企业之后,上海乃至全国范围内都在寻求更加符合意识形态要求,也可以平稳转型促进企业发展的改革道路。

事件专栏

老牌国企的股份制转身——北京天桥百货商场

六七十年代的北京天桥百货商场

北京天桥百货股份有限公司始建于1953年4月,原名为中国百货公司北京市公司第四批发部,后定名为天桥百货商场,成为全国同行中的佼佼者。1958年,周总理还亲临视察。不久,天桥百货商场开展"比、学、赶、帮、超"社会主义劳动竞赛,并获得了"全国第一面商业红旗"的殊荣。

1984年7月25日上午,北京天桥百货股份有限公司成立,成为北京市第一家实行股份制的企业，同时也是全国第一家正式注册的股份制商业企业，还是全国第一家由国营企业转制为股份制的企业。北京天桥百货商场将国有资产折算成国家股，将分账的企业资产折算成企业股，并吸收本企业职工和信贷银行入股，其中国家股占50%，银行股占25.9%，企业股占19.7%，职工股占4.4%。通过占股比例可以看出，经过股份制改革，北京天桥百货商场国家股占比50%，依旧为国有控股企业。在当时的背景下，保持国有控股状况是国企股份制改革坚守的底线。1988年，"天桥"发行第二期700万元股票。1993年5月，"天桥"在上海证券交易所上市。

保持国有控股一方面在当时保证了国家对于改革后的国有企业拥有绝对的控制力，同时也从侧面表现出了国家对于国有资产的保护力度。直至今日，很多国有企业因其特殊性质依旧保持着国有控股的状态，发挥其公共性作用和使命。

（二）混合所有制改革总思路

美国公司法学者的研究指出，在殖民、军事占领、进化论之外，法律制度变迁还有第四种模式——"需求适应型"路径。[1] 混合所有制改革正是基于国企产权与效率综合考虑之下形成的改革模式，其制度设计的关键在于实现政府、国有企业与战略投资者的三方共赢。在推进国有企业改革的历程中，公有制的漏洞逐渐被揭示。单一的国有制企业，人人所有，谁也不直接负责，产权主体"虚置"，长期的计划经济模式使国有企业成了政府的附属物，经营主体"虚置"。[2]

1993年，党的十四届三中全会上指出："随着产权的流动和重组，财产混合所有的经济单位越来越多，将会形成新的财产所有结构。"这为我国的国有企业改革指明了新的方向，混合所有制是不排斥公有制的一种国有企业产权制度，是对公有制的丰富和补充。公司这种组织是投资者、经营管理者、生产劳动者联合生产要素组成的利益共同体，它是受到法律调整的以营利为目的的具

---

[1] 参见〔美〕米尔霍普、〔德〕皮斯托：《法律与资本主义》，罗培新译，北京大学出版社2010年版，第248—249页。

[2] 参见曹在堂：《混合所有制经济的实践与思考》，载《南开经济研究》1995年第2期。

有法人资格的经济实体，用于公司生产经营的资产属于参与联合的各方联合所有，这种联合所有可视为公有制的第三种形式。①

我国现阶段的混合所有制改革是有着独特的内生逻辑的，既与改革长期遵循的实用主义有关，也与对不确定性和风险的过分谨慎有关。② 从表 10-1 中可以更为清晰地看出我国混合所有制改革中的改革重点和推动核心。

表 10-1 混合所有制改革历程表③

时间	会议	表述
1993 年	十四届三中全会	随着产权的流动和重组，财产混合所有的经济单位越来越多，将会形成新的财产所有结构。
1997 年	十五大	公有制实现形式可以而且应当多样化。要努力寻找能够极大促进生产力发展的公有制实现形式。股份制是现代企业的一种资本组织形式，有利于所有权和经营权的分离，有利于提高企业和资本的运作效率，资本主义可以用，社会主义也可以用。
1999 年	十五届四中全会	国有大中型企业尤其是优势企业，宜于实行股份制的，要通过规范上市、中外合资和企业相互参股等形式，改为股份制企业，发展混合所有制经济。
2002 年	十六大	除极少数必须由国家独资经营的企业外，积极推进股份制，发展混合所有制经济。
2003 年	十六届三中全会	要适应经济市场化不断发展的趋势，进一步增强公有制经济的活力，大力发展国有资本、集体资本和非公有资本等参股的混合所有制经济，实现投资主体多元化，使股份制成为公有制的主要实现形式。
2013 年	十八届三中全会	必须毫不动摇鼓励、支持、引导非公有制经济发展，激发非公有制经济活力和创造力。 要完善产权制度，积极发展混合所有制经济，推动国有企业完善现代企业制度，支持非公有制经济健康发展。

（三）国有企业类别股制度初探

国有股份普遍以普通股的形式存在，并且我国《公司法》遵循同股同权原则，故而在国有资本绝对控股或相对控股的国有企业中，社会资本并不拥有足

---

① 参见顾功耘：《公有制的第三种形式——关于公司法的理论探讨》，载《法学》1991 年第 4 期。
② 参见张文魁：《混合所有制的公司治理与公司业绩》，清华大学出版社 2015 年版，第 54 页。
③ 根据厉以宁主编的《中国道路与混合所有制经济》（商务印书馆 2015 年版）汇总得出。

够的决定权。根据资本多数决的规则，政府在国有企业的经营管理上仍然掌握着绝对的话语权。反观民间资本，在顺应政策投资国有企业之后，手中的股份却无法换来同等的决策权。尽管政府为进一步推进混合所有制改革向民间资本频频摇动"橄榄枝"，但面对可能沦为国有资本"附庸"的股权陷阱，民间资本迟迟不愿贸然抉择。有鉴于此，优化国企股权形式，健全国企治理结构，成为新时代下国有企业混合所有制改革的前沿问题。

与普通股（common share）相对应，类别股（class share）的设置更加灵活地分配、组合了股份背后的权利，打破了股份、表决权、控制权之间的比例关系，使得控制权的取得与维持不再单纯地依赖于充足的资本，而可以借助于表决权配置的杠杆达到以较少资本获得或维持公司控制权的目的，① 有效地顺应了当下股权分散化所反映的差异性需求。

类别股可以分为以下两类：第一类是在利润分配和剩余财产分配方面作出特殊安排的股份，如优先股和劣后股；第二类是在表决权方面作出特殊安排的股份，最典型的是双层普通股（dual class common share）：A类普通股是一股一个表决权，B类普通股是一股多个表决权（"多投票权股"）。② 类别股具有股权和债权的双重属性，其实质是在股权内容基础上进行切割得到的股权和债权的混合。优先股是最典型的类别股，当事人之间会事先约定股东的固定回报率、优先分配、优先清算甚至优先赎回等权利，但是优先股股东对一般的公司事项不具有表决权。

黄金股作为类别股的重要组成部分，起源于20世纪80年代的英国国企改革。黄金股是通过法律、公司章程、公司与其他股东达成的表决权特殊安排的契约，其本质上是一种公权力的特殊股权化，通常依据本国法律直接规定并由相关企业章程予以确认，具有公私融合的特点。立足于平衡政企权益的动态杠杆，黄金股似乎是一种值得考量的制度抉择。事实上，在我国国企混改历程中，不乏关于黄金股的实践案例：1994年广西玉柴机械厂改制、2002年上海浦东自来水公司改制、2002年上海贝尔股份有限公司改制、2002年江西萍乡钢铁有限责任公司改制、2003年广东增城市新塘港口项目以及2007年哈尔滨

---

① 参见王东光：《类别股份制度研究》，法律出版社2015年版，第42页。
② 参见朱慈蕴、沈朝晖：《类别股与中国公司法的演进》，载《中国社会科学》2013年第9期。

中庆燃气改制均结合自身意图设置了黄金股制度，并且在维护职工权益、实现国有资产保值增值以及确保国企平稳运行上取得了一定效果。

事件专栏

广东增城市新塘港口项目——中国特色的黄金股

广东增城市新塘港口项目的黄金股在权能设计上体现出属于我国特有的国企改革特色。2003 年，广东增城市政府为加快口岸建设和统一规划，扩大港口码头规模，决定出让港区相关企业的产权。面对这项总资产高达 2.2 亿元的产权交易，社会投资者却始终持观望态度，其中重要的原因就在于社会投资者对于港口未来能否持续经营存在顾虑。因为港口及港口特许经营权作为一种特殊资产，其经营管理以及发展前景在很大程度上都受到政府行为的影响。[①] 社会投资者并不希望政府在此次产权交易过后完全退出，以防交易过后无法享受相关政策的协调和引导。同时，按照最初的设计，将要转让的产权占比较高，包括：增城市口岸经济发展总公司 99%的产权、增城市港口经济发展总公司 100%的产权以及增城市港口建设发展有限公司 20%的产权。另外，政府也担忧交易过后企业发展偏离公共服务的主线。

在此背景下，广州产权交易所设计出满足双方需求的黄金股方案：增城市国有资产经营有限公司保留 1%的股权，持有此股权并不参与分红，但须对于港口未来的发展进行合理的指导和协助，该方案成功让社会投资者与政府顺利完成产权合作。相较于玉柴机械厂与萍钢的黄金股设置，增城市新塘港口项目在设置目的上有着自身特色：力求让作为出让方的政府为产权交易之后的企业提供政策支持和引导。对此目的的追求与我国政企不分、政企难分这一国企改革的难点相关，长久以来，国企始终对于政府有着难以割舍的依赖感，将政府作为国有企业的资源供给者以及政策辅助者，通过一次交易试图让国有企业摆脱政府的扶持，无异于拔苗助长，同时也会让企业随着社会投资者的涌入而无所适从。民主与科学需要相应的成本，而对于港口项目来说，后果可能是公共利益的架空。

---

① 参见唐志勇：《产权交易试水"黄金股"》，载《上海国资》2005 年第 10 期。

因此，这个黄金股实践案例从设立目标的角度来看，具有我国的历史和时代特色，与黄金股在域外的设计初衷有较大不同。域外黄金股的设计初衷体现在两点：其一，保持政府对于国有企业的控制权，以防国有股减持后造成国企的公益使命虚化；其二，给予企业更大的自主经营权，通过黄金股的权责规定间接起到限制政府过度参与经营的情况。增城新塘港口项目立足于我国国企与政府并非完全脱离的现状，通过黄金股优化了政府与企业、政府与投资者、企业与投资者之间的关系，最大程度满足了各方的需求和目的。

六、现代企业制度改革

（一）现代企业制度理念剖析

1993 年 11 月召开的党的十四届三中全会通过了《中共中央关于建立社会主义市场经济体制若干问题的决定》（以下简称《决定》），明确提出国有企业要进行现代企业制度改革，改革的目标是建立"产权清晰、权责明确、政企分开、管理科学"的现代企业制度。《决定》对现代企业制度的规定形成了原则性的说明，并且指出现代企业制度的一个基本特征是实行公司法人制度。这是针对以往国企改革政策中产权不清、权责不明等原因导致的体制混乱、行政干预过强、国有资产流失等问题的现实对策，是国企改革历程中一个重要的制度关键点。

公司制（也称"法人制"）企业产生于 16、17 世纪之交，直至 20 世纪 80 年代以后，逐步形成现代企业制度。公司制度存在两大要点：（1）公司是一个法人组织，建立在法人财产制度基础上；（2）企业要有法人治理结构，也就是所谓的"三会"制度——股东大会、董事会和执行机构。[①] 落实在我国国有企业与制度背景下的要求，现代企业制度则重点体现在三个部分的构建：（1）新型企业产权制度；（2）新型企业组织制度；（3）新型企业管理制度。[②] 其中的重中之重是新型企业产权的解读和建立，自《全民所有制工业企业法》通过并实施以来，以立法形式强调企业的法人资格，使得企业自身主体资格得到法定

---

① 参见吴敬琏：《建立现代企业制度应当解决的几个问题》，载《中国工业经济研究》1994 年第 4 期。
② 参见韩旭：《论现代企业制度的建立》，载《经济问题探索》1993 年第 12 期。

认可,进一步体现出对于企业放权的立法表现。

对于现代企业制度下的产权进行清晰合理的界定,企业从行政附属物逐步转变为拥有明确的法律地位并确立起独立承担民事责任和义务的主体,这是改革过程中的一个重大认识。而现代企业制度的建设则依赖于对于企业法人财产的确立和分配,独立的财产权利是企业以独立法人资格承担民事责任和义务的重要前提,其背后体现出国家终极所有权与企业法人所有权的分离。明确财产的国家终极所有形式,并以此来进行国有企业科学的经营管理,国家拥有企业股权,这是一种转变所有者身份并非转变所有权的路径,是保障国家资产的所有权模式。

(二)《公司法》的颁布

根据全国人大委员会委员长会议的决定,全国人大委员会法制工作委员会于1992年9月下旬开始《公司法》的起草工作。经过对有限责任公司、股份有限公司、国有企业改建的公司等进行实地调查,以及对政府主管部门、司法部门、社会中介机构等重要单位的意见征询,《公司法》前期形成修改稿十三次,直至1993年12月29日八届全国人大常委会第五次会议审议通过了《公司法》。

相对于《全民所有制工业企业法》,此次《公司法》的立法特点主要体现在以下几个方面:(1)《公司法》中明确规定了公司设立和活动的主要程序,将公司作为市场经济中的独立主体进行规制,适应商品经济的客观要求;(2)确立严格的公司组织和管理制度,明确公司的目的在于提高经济效益,实现资产保值增值;(3)公司注册资本实行实缴制,更大程度保障公司资本实有,维护公司债权人和公司自身的利益。除此之外,针对公司与企业之间的关系认定得到明确回应,公司是企业的一种科学组织形式,但企业有多种形式,并不都是公司。《公司法》的调整对象为企业中采用公司形式的组织体,主要表现为有限责任公司和股份有限公司。

《公司法》的颁布促进了政府对于现代企业制度的进一步摸索。1994年,国务院决定选择100户大中型国有企业进行现代企业制度试点。有关资料显示,到1997年年底,在100户国家试点企业中,仅有11户改造为股权多元化的股份有限公司,6户改造为有限责任公司,69户改造为国有独资公司,还有

10 户是由政府主管部门改成为国有独资公司，其他 4 户另行处理。① 试点改革的结果就是绝大多数企业保持着国有独资或国有绝对控股，更关注于法律形式上的变动，却忽视了股权结构上实质性的变动。

（三）现代企业制度成果评析

电信行业国有企业改革：联通改革

中国联通改革历程②

1994 年之前，我国对于电信行业实行政企合一的体制，设立邮电部，其下设电信总局负责电站新行业的管理和运营。1994 年 2 月，国务院实行重大战略调整，将政府职能与电信运营分开；7 月，设立中国联通有限公司进行移动电信业务的运营，在一定程度上打破了电信行业垄断的局面。20 世纪末，几大电信企业实行资产重组并上市。1997 年中国电信（香港）于香港上市，2002 年中国电信于纽约和香港上市。2004 年中国网通以红筹股的方式在纽约和香港上市。2000 年 6 月，中国联通股份有限公司以红筹方式在香港、纽约两地进行上市。

2017 年 8 月联通混改正式开展，值得关注的是，此次混改大幅度降低了国有资产的持股比例，向国企股权多元化迈进一步。此次引入了百度公司、阿里巴巴集团、腾讯公司、苏宁、滴滴等多位实力雄厚的战略投资者，共同认购联通的 A 股股份，此次认购行为的交易总对价高达 780 亿元人民币。其中最具革命性的动作就是把联通集团对中国联通的持股比例从原来的 63.7% 降低

---

① 参见董辅礽主编：《中华人民共和国经济史》，经济科学出版社 1999 年版。
② 参见戴双兴：《英国电信业的规制改革及其启示》，载《产经评论》2004 年第 5 期。

到36.7%。但是，对持股比例进行综合分析，可以看出联通集团、中国人寿保险以及国有企业结构调整基金的持股比例总和为53.03%（＞51%），由此可知，此次混改后国有资本依然处于绝对控股地位，联通作为国企的性质并未发生改变。

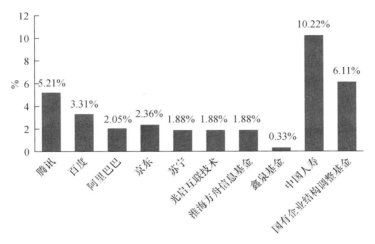

战略投资者持股比例概况

现代企业制度的关注点不仅仅限于如何理顺政企之间的关系，更涉及如何在国有企业内部不同群体之间进行权力分配。在改革发展行至深处时，国有企业公司治理改革涉及更多人的切身利益，如管理高层委托代理关系的激励机制的完善，企业职工基本权益的保障。以此次联通混改事件为例进一步剖析，本次联通"混改"已通过大幅度降低国有资产持股的方式构建起多元化的股权结构，但为保障国家对于电信行业的控制力，依靠联通集团、中国人寿和国有企业结构调整基金持股比例保持国有资产的控制地位，这体现出目前国家对于电信行业的"放手"还心存顾虑。

中国联通作为中国电信市场的三大巨头之一，其改革策略的变动对于电信市场将产生直接影响。对比中国电信和中国移动的改革举措，联通的改革路线具有特殊性，即中国联通是唯一一个采取混合所有制改革模式的电信巨头，其改革具有试验性质。作为第一家从国企集团层面进行混合所有制改革的试点企业，中国联通混改更起着标杆性作用。但可以看出，对于电信垄断行业，国家依旧把持着控制权。

除此之外，此次混改向员工授予 8.48 亿股权激励，公告称，首次授予的激励对象（不包括预留部分）包括公司中层管理人员以及对上市公司经营业绩和持续发展有直接影响的核心管理人才及专业人才（不包括董事及高级管理人员），不超过 7550 人。可以看出，对于职工的股权激励也成为企业在改革过程中逐步关注到的关键点。时至今日，改革进入深水区，只关注外部的政府与企业的关系已经不能够解决企业自身对于市场竞争的向往，更多地关注企业内部人群的激励和保障成为当下现代企业制度发展中的着力点。

七、国有企业改革的方向

（一）回顾近年成绩

在 2018 年两会国资委有关国有企业改革发展记者会上，国务院国资委主任肖亚庆回顾了 2017 年国有企业取得的相关成绩：2017 年全国的国有企业营业收入达到 50 万亿元，利润达到 2.9 万亿元，比上一年分别增长 14.7% 和 23.5%。其中，中央企业的营业收入是 26.4 万亿元，实现利润达到了 1.42 万亿元，分别比上一年增长了 13.3% 和 15.2%。[①] 从营业收入来看，2017 年国企盈利情况创五年来历史新高。除了在利润方面取得好成绩外，为配合供给侧改革的政策导向，国企改革过程中也注重清理"僵尸企业"和"特困企业"，降低国企改革成本，以此间接推动企业经济效益。

混合所有制改革是当下国有企业改革的关键着力点，其重要目的在于处理好政府、市场、企业三者之间的均衡利益，并在实现国有资产保值增值的前提下实现企业股权多元化改革。从 2014 年开始热议混改，到 2015 年的"不要为了混改而混改，不要盲目追求混改数量，要追求效果与质量"，再到 2016 年第一批混改试点企业名单公布，作为国企改革的重要突破口，混合所有制改革是五年来国企改革的热点之一。直至 2017 年，我国国企混改程度逐步加深，自此之后，混改的试点范围也得到扩大，吸引到的社会资本方呈现出多行业、多领域的发展趋势，获得的资本支持达到 900 亿元。

---

① 参见《2018 两会：国资委有关国有企业改革发展记者会》，https://www.guancha.cn/economy/2018_03_10_449663.shtml，2020 年 2 月 19 日访问。

至 2017 年，大部分地方国有企业基本完成了公司制改制，在内部机构治理、资金流向等方面实现了更科学的规划和管理，2019 年年初，中央已经推出三批混改试点企业，其中不乏多家地方国有企业，突显混改逐步深入的趋势。混改主要以两条线、两个领域展开：一条线是国资委主抓的以经营性央企为主，从 2014 年开始，在中国建材和中国医药进行混改试点；另一条线是发改委主抓的以特殊功能性央企为主，从 2016 年秋季以来连续展开三批试点，突出的代表是东航物流和中国联通。

2017 年 4 月，《国务院国资委以管资本为主推进职能转变方案》出台，国资委取消下放各项职能 43 项，是有史以来放权力度最大的一次。企业从政府附庸逐步成长到依据市场指针进行经营的主体，并通过吸引社会资本的方式使自身在资本、业务等方面实现更加专业化、多元化的发展。

（二）2018 年两会重要任务

党的十九大对国企、国资改革作出了重大部署，也提出了新的要求，对今后的改革工作也作出了明确的部署。主要体现为以下四个方面的内容：

1. 推进集团层面的股权多元化和混合所有制改革

推进集团层面的股权多元化和混合所有制改革，就是要选择具备条件的中央企业，推进集团层面股权多元化。2018 年两会之前的混合所有制改革多实施于央企二、三级子公司中，2017 年 8 月中国联通实施混改方案，这是我国第一个从国企集团层面进行混合所有制改革的试点企业，也成为我国国企改革的风向标。从股权比例上解读，国有企业逐步实现由绝对控股转向相对控股，为股权多元化创造基础性准备。

2. 推动中央企业战略重组，包括集团层面的战略重组和专业化重组

下一步国企改革方案将按照"成熟一户，推进一户"的原则，稳步推进装备制造、煤炭、电力、通信、化工等领域的央企战略性重组，促进国有资本进一步向国家战略的重点行业、关键领域和优势企业集中。重组作为经济布局、结构调整的主要内容，对于提高企业专业能力、实现资产有效利用具有重要意义，并将集中优势资源，对相关领域的业务开展、竞争力提升起到关键作用。

3. 划转部分国有资本充实社保基金

国务院于 2017 年 11 月印发《划转部分国有资本充实社保基金实施方案》

（以下简称《方案》）。《方案》指出，随着经济社会发展和人口老龄化加剧，基本养老保险基金支付压力不断加大，企业职工基本养老保险基金逐步出现缺口，为充分体现代际公平和国有企业发展成果全民共享，决定划转部分国有资本充实社保基金，将中央和地方国有及国有控股大中型企业、金融机构纳入划转范围，划转比例统一为企业国有股权的10%。划转的中央企业国有股权，由国务院委托社保基金会负责集中持有，单独核算，接受考核和监督。

此举一方面体现出国有企业的公益性运营性质对于补充社会保障金的蓄水池有着重要的作用，另一方面，也对于国有企业的核算、审计工作提出了更高的要求。如何保障国有企业资产的保值增值，以最优的资产结构缓解社会保障基金的缺口，成为今后的关注重点。

4."双百行动"开启

"双百行动"是指：我国在2018—2020年期间实施"国企改革双百行动"（下称"双百行动"），选取100家中央企业子企业和100家地方国有骨干企业，深入推进综合改革。企业遴选标准主要在以下三个方面：一是有较强的代表性，主营业务突出，在行业发展中具有较强影响力，原则上应当是利润中心；二是有较大的发展潜力，可以是面临激烈竞争、亟须通过改革提高效率、提升核心竞争力的企业，也可以是暂时处于困难阶段，但有计划、有信心通过改革实现脱困发展的企业；三是有较强的改革意愿，主要负责人及业务部门能充分理解、掌握国企改革精神。双百行动具有综合试点的特征，其主要思路在于"以点带面，串点成线，形成模式"，打造治理科学、经营机制高效的新时代国有企业，充分发挥其引领作用。

国有企业改革的合理框架的搭建将是一个历史过程，需要理论与实践的耐心打磨。当下开放型经济新体制为国有企业发展提供了新的机遇，同时企业市场的竞争也将格外激烈。面对新时期的考验，顶层设计应从市场保障、政策推进、国有资产管理等多个角度进行规划布局，体现出助推改革健康有序开展的信心。2020年是我国"十三五"规划的收官之年，也是检验国企改革又一阶段性成果和制度成效的时刻。我国国有企业相关法律设计应紧密围绕法治化、规范化的政策目标，从竞争、监管、保障等多维度进行理性的制度安排，为新时代改革目标升级提供切实可行的法律路径依赖，营造公平、高效、安全的国企运营环境。

第十一章
非公有制经济法治的完善

我国《宪法》第六条第二款对我国现在的基本经济制度作出了明确的表述,即"坚持公有制为主体、多种所有制经济共同发展的基本经济制度",表明公有制经济与非公有制经济是我国社会主义经济的重要组成部分。根据我国现有的经济发展情况,非公有制经济的类型包括个体经济、私营经济、外资经济。改革开放以来,坚持公有制为主体、多种所有制经济共同发展,这一政策经历了从承认、允许和肯定个体经济、私营经济、外资经济的发展,到确立多种所有制经济并存和共同发展基本格局的结构性变迁过程。[①] 随着非公有制经济的不断发展壮大,它在国民生产总值中已经占据半壁江山,成为拉动中国经济增长的重要力量。现在看来,既有公有制主体,又有非公有制主体,是中国市场主体的"天然属性"。但实际上,非公有制主体参与中国市场经济经历了一段漫长又曲折的历程,有一段时间几乎改革每深入一步都会遭到质疑。然而,虽然关于意识形态的争论不断,改革的实践却始终是朝着市场化方向演进的,尤其是农村改革率先突破,乡镇企业异军突起,城乡个体经济和私人经济破土而出。从经济特区到沿海开放城市,对外开放的格局初步形成,外资逐渐进入我国,这就在原有计划体制之外发展出一大块体制外经济。[②] 非公有制经济从小到大,由弱到强,迅速崛起,极大地影响着我国改革开放的进程,使我国经济在长达几十年的时间里快速增长,充满活力。我国非公有制经济产生、

[①] 参见李正图:《改革开放30年来我国所有制理论和政策的结构性变迁》,载《毛泽东邓小平理论研究》2008年第9期。

[②] 参见萧冬连:《从体制变革任务看改革开放分期》,http://www.qstheory.cn/llwx/2018-09/10/c_1123403968.htm,2018年9月21日访问。

崛起的历史，值得我们回顾、反思和总结。关于外资经济的发展状况已在其他章节有所涉及，本章不再赘述，所以本章提到的非公有制经济仅指个体经济与私营经济。

一、非公有制经济发展的历史背景

（一）所有制改革

中华人民共和国成立后，我国照搬苏联的经济管理模式，在经济建设中全面实行计划管理，建立了以计划分配调拨为主的物资管理体制。1949年到1956年期间，对旧市场进行改造，完成农业、手工业和资本主义工商业的社会主义改造，把私营工商业逐步改造成为国营工商业，变生产资料私有制为公有制，消灭资本主义剥削。到1957年年底，全国接受改造的商业达到188.9万户，占当时私营商业户数的比重达到82%，个体商贩也被组织了起来，这标志着我国社会主义商业改造的基本完成和新中国商业发展的第一个历史时期的结束。[①] 自此，中国进入公有制经济"一统天下"的时期。在这个时期内，由于思想上、政治制度上的原因，民营经济一直处于被压制的状态，经过"大跃进"和"文化大革命"两个非常时期后，民营经济在中国的土地上几乎杳无踪迹。这个时期一直延续到1978年党的十一届三中全会的召开。

市场的基本职能之一就是为商品提供交换场所。马克思在对商品的价值与使用价值的问题进行讨论的时候，提到"一切商品对它们的所有者是非使用价值，对它们的非所有者是使用价值。因此，商品必须全面转手。这种转手就形成商品交换，而商品交换使商品彼此作为价值产生关系并作为价值来实现"[②]。可以发现，这段话内含的前提基础是商品交换的当事人彼此承认是商品所有者，也就是说交换相对人拥有商品的所有权。但是，按照"三大改造"之后的经济制度，交换主体之间不会发生现代经济意义上的交易关系，因为当时的制度否认了私有产权的价值，比如农村里农户的私有财产、自留地、私有房基、

[①] 参见李晓西主编：《中国经济改革30年：市场化进程卷（1978—2008）》，重庆大学出版社2008年版，第61页。

[②] 转引自刘兴斌、费培根：《也谈全民所有制经济内部的商品交换——与苏星同志商榷》，载《社会科学研究》1980年第4期。

自养牲畜、农具等一并归为公社所有。① 非公有经济能够在我国萌芽的第一步,就是进行所有制改革,承认私有产权的正当性,明确私有产权的地位。

我国的所有制改革是从农村开始的。从 1958 年开始,农村实行"一大二公"的三级所有的基本制度,不可否认这种人民公社制度对中华人民共和国成立初期的农村基础设施建设和生产生活的统筹起到了积极的作用,但是因为人民公社制度存在的长期忽略成员之间生产能力不均衡、生产组织形式模糊、平均主义分配形式严重等问题,这种制度模式反而遏制了农村经济的发展,导致有的农村长期贫困。安徽省凤阳县小岗生产队便是其中的一个。

1978 年,在安徽省凤阳县梨园公社,小岗是全公社乃至全县最穷的生产队。当年夏收分麦子,每个劳动力才分到 3.5 公斤。全队 18 户人家,只有两户没讨过饭,一户是教师,另一户在银行工作。② 1978 年秋天,严俊昌当了队长。在生存的巨大压力下,他偷偷将生产队的田地分给各家各户,按照"保证国家的,留足集体的,其余剩多剩少都是自己的"对生产成果进行分配。在饥饿的驱使下,小岗村的村民签下了"生死文书",背着公社和大队秘密地搞起了"包产到户"。1979 年秋天,小岗生产队获得大丰收,粮食总产量 6 万多公斤,相当于 1955 年到 1970 年 15 年的粮食产量总和,这个以贫困闻名的小岗村在秘密实行"包产到户"的第一年,第一次向国家交了公粮。

小岗村的成功,促使了以"包产到户"为主要内容的家庭联产承包责任制改革的出现,并引发了广泛的争论。反对者认为,从"队为基础"退到"分田到组""包产到组",会动摇人民公社"三级所有,队为基础"的基本制度,也就是动摇社会主义,③ 还有人认为包产到户是"分田单干",违背了党的政策。关于这个问题,1979 年 3 月 15 日的《人民日报》对反对派的观点进行了肯定,并以权威的语气责难"包产到组"的做法,一时间开展"包产到户"的农村人心惶惶,不知所措。然而,变革在现实中取得的成功,让赞成的声音越来越强,不赞成的声音逐渐被淹没在历史发展的进程当中。1980 年 5 月 31 日,邓小平在一次重要谈话中公开肯定了小岗村"大包干"的做法。当时国务院主

---

① 参见李晓西主编:《中国经济改革 30 年(市场化进程卷)》,重庆大学出版社 2008 年版,第 35 页。

② 参见叶贤:《小岗村"大包干"30 年》,http://news.hexun.com/2008-07-11/107355104.html,2018 年 9 月 21 日访问。

③ 参见张浩:《"三级所有 队为基础"应当稳定》,载《人民日报》1979 年 3 月 15 日。

管农业的副总理万里和改革开放的总设计师邓小平对这一举动表示的支持传达了一个明确的信息：农村改革势在必行。1982年1月1日，中国共产党历史上第一个关于农村工作的"一号文件"正式出台，指出包产到户、包干到户都是社会主义集体经济的生产责任制，① 明确了家庭联产承包责任制的性质，建立以家庭联产承包责任制为主要形式的农业生产方式，开启了公有制为主体、多种所有制经济共同发展的新格局。②

家庭联产承包责任制是农村所有制改革的突破口，它克服了人民公社制度的不足，给予了农民土地经营管理权，使农户与生产成果和经济效益的关系直接化。③ 这场农业改革改变了农村居民的生产方式和生活方式，农民逐渐由自给自足的小生产者向商品生产者、经营者转化，④ 为后来农村商品市场和农民个体运销户、经销商、各类农民合作组织等市场主体的出现、发展奠定了制度基础和物质基础，同时，也在很大程度上影响了国家对个体经济、私营经济的态度与认识。

（二）城乡商品经济的恢复

1. 乡镇企业的发展

中国的乡镇企业发端于20世纪60年代的人民公社时期，是公社和大队为了增加收入，利用当地资源和农村富余劳动力创办的为农业生产和农民生活服务的社队企业。毛泽东誉之为"光明灿烂的希望所在"。社队企业壮大了公社和生产大队的集体经济，使农村开始有了自己的工商业。⑤ 1984年以后，因为以家庭联产承包责任制为主的农村改革的进行，人民公社解体，一大批集体企业解体，一批个体、私营、合作企业冲破阻碍发展了起来。之前集中在乡和镇的社队企业改称为"乡镇企业"。除此之外，农民在这次的农村改革中拥有了土地承包权，第一次拥有了自己的经营空间。1978年12月，党的十一届三中全会宣布解禁农村工商业，家庭副业和农村集贸市场得到认可。这种在国有企

---

① 参见《家庭联产承包责任制出台》，http://news.hexun.com/2008-07-11/107355398.html，2019年9月21日访问。
② 参见万宝瑞：《我国农村改革的光辉历程与基本经验》，载《人民日报》2018年7月23日。
③ 参见李晓西主编：《中国经济改革30年：市场化进程卷（1978—2008）》，重庆大学出版社2008年版，第46页。
④ 同上书，第65页。
⑤ 参见何康主编：《中国的乡镇企业》，中国农业出版社2004年版，第1页。

业之外的充满创新和活力的市场组织形式,促进了乡镇企业的进一步发展。到 1985 年年底,乡镇企业已经发展到 1222 万家,工业总产值 1827 亿元,占全国工业总产值 18.8%,[①] 之后保持着较为稳定的利润率增长速度。到 1992 年,乡镇企业利润总额达到 1119.35 亿元,第一次突破了 1000 亿元。除了创造出大量产值,乡镇企业在促进就业、提高收入、加快经济发展等方面也发挥了重要作用。对此,邓小平评价道:"农村改革中,我们完全没有预料到的最大收获,就是乡镇企业发展起来了。"

对乡镇企业发展的研究发现,乡镇企业在规模扩大、数量增加的同时,其结构也发生了变化。1984 年之后,国家放宽了对农村地区个体经济与私营经济发展的限制,农村地区的个体经济与私营经济得到了快速的发展。如表 11-1 所示,从整体上看,乡镇企业中集体企业的产权比重呈下降趋势,而私营经济与个体经济的比重基本上逐年上升。

表 11-1 乡镇企业产权结构划分情况[②]

年份	集体企业	私营企业	个体企业
1980	100%	—	—
1985	71.23%	5.87%	22.90%
1989	62.11%	7.95%	29.93%
1990	62.00%	7.60%	30.40%
1991	61.92%	6.52%	31.53%
1992	62.97%	7.25%	29.79%

在一定程度上,可以认为乡镇企业是中国社会主义市场经济的先遣军和开创者。乡镇企业的发展弥补了当时小城镇市场上对部分生产急需的工业品、生活必需品、生产资料等供应的空缺。国有企业之外的私营经济、个体经济等企业组织形式的崛起促进了市场进一步完善与发展。乡镇企业的发展为之后中国社会主义市场经济中私营经济、个体经济等多元化的市场主体的发展在思想、组织、干部以及管理经验等方面作了历史准备。但是,由于长期以来对私有经

---

① 参见何康主编:《中国的乡镇企业》,中国农业出版社 2003 年版,第 42 页。
② 根据中华人民共和国统计局编《中国统计年鉴(2017)》(中国统计出版社 2017 年版)数据整理。

济思想上的偏见、制度上的桎梏，加上当时中国经济环境中是将乡镇企业定位为国有企业之外的补充，政府在生产资料的配置上仍采用的是按指令性计划分配的方式，这在相当长的时间里成为困扰以乡镇企业为主的其他市场经济主体成长的根本性难题。私营经济、个体经济想要平等地参与市场竞争，仍然需要在思想、政治环境、法律制度环境等方面的进一步完善。

2. 城镇个体经济

1978 年年初，全国各地出现了知青返城的现象，在当时国民经济濒临崩溃的环境下，解决知青和各阶层人员的劳动就业问题迫在眉睫。据统计，截止到 1979 年上半年，全国需要安排就业的人数高达 2000 万人，其中主要有大专院校、中技校毕业生和家住城市的复员转业军人 105 万人，按政策留城的知识青年 210 万人，插队知青 700 万人，城镇闲散劳动力 120 万人，等等。① 国民经济低迷，面对大量的就业需求，现有的就业岗位可谓杯水车薪，如何安置大量富余的劳动力成为影响社会安定的重要问题。

1980 年 8 月 2 日，中共中央在北京召开的全国劳动就业工作会议上指出，多年来，由于压制乃至取消个体经济，加上在劳动制度上对所有城镇劳动力采取由国家包下来统一分配的办法，造成年年有大批需要就业的人等着国家分配。会议提出：必须逐步做到允许城镇劳动力在一定范围内流动；在解决劳动就业问题上，打破由国家全包的框架，实行在国家统筹规划和指导下，劳动部门介绍就业、自愿组织起来就业和自谋职业相结合的方针。大力扶持兴办各种类型的自筹资金、自负盈亏的合作社；鼓励和扶持个体经济适当发展，一切守法的个体劳动者应当受到社会的尊重。② 在这一方针的指导下，全国各地纷纷解放思想，放宽对私营经济的限制。因此，解决就业问题实际上为打破单一所有制结构和发展个体经济提供了契机，使得在社会主义改造后长期受到压制甚至被取缔的个体经济重新获得扶持。

从更长远的角度来看，发展个体经济不仅是为了解决眼前的就业问题，更深层次的意义还在于为经济制度改革奠定物质基础和思想基础。在此之前，中国一直将私营经济视为资本主义，将个体经济作为"资本主义的尾巴"进行批

---

① 参见李晓西主编：《中国经济改革 30 年：市场化进程卷（1978—2008）》，重庆大学出版社 2008 年版，第 63 页。

② 参见萧冬连：《中国社会主义市场经济转轨之路》，载《中共党史研究》2013 年第 8 期。

判。但是,要在中国对计划经济制度进行改革,发展市场经济,多元化、多层次的市场参与者是市场维持创新活力与竞争力的重要源泉。因此,转变这种对私营经济、个体经济发展的思想非常重要。这种思想转变也是从农村经济改革中开始的。邓小平在十一届三中全会上明确指出,在巩固和发展集体经济的同时,应当鼓励和扶持农民经营家庭副业,增加个人收入,活跃农村经济。农民的家庭副业是农村个体经济的一种重要表现形式,从顶层设计上将个体经济在农村的发展正当化,也为城镇个体经济等民营经济的发展埋下伏笔。

二、私营企业的萌芽

随着个体经济的逐步发展,私营经济便出现了。与个体经济的存在与发展很快就被社会认可不同,私营经济从出现到允许其存在和发展经历了一个十分漫长的过程。这是因为私营经济是以雇工形式出现的。在我国社会主义的大环境下,是否允许存在具有剥削性质的雇工成为当时论争的焦点。

(一)"傻子瓜子"的风波

20世纪80年代初,瓜子属于国家二类产品,是由供销社控制的统购统销物资,人民群众凭票购买,个人经营被视为投机倒把。在那个时候,大家也只能在逢年过节的时候凭票买上一两斤瓜子,这其中的空白市场被像年广久这样敏锐而大胆的小商贩注意上了。那时候的年广久,每天晚上七八点钟开始炒瓜子,一炒就是几百斤,一直干到凌晨五点。趁着人们中午吃饭和下班的时间,偷偷地出去卖瓜子。

年广久的瓜子生意越做越红火,逐渐形成了自己的品牌——"傻子瓜子"。在那个"万元户"都不多见的年代,年广久因为卖瓜子盈利100万,"傻子瓜子"成为特别引人注目的存在。虽然早在1979年,国家工商行政管理局在"文革"结束后的第一次工商行政管理局会议上就提出,"各地可以根据当地市场需要,在取得有关业务主管部门同意后,批准一些有正式户口的闲散劳动力从事修理、服务和手工业等个体劳动,但不能雇工"。这表明国家在个体经济上放开了一定的限制。但是,当时大家对个体经济姓"资"还是姓"社"的问题争论不休,对个体经济的态度都表现得非常谨慎。除了盈利100万以外,年广久还因为瓜子生意红火雇了一些人炒瓜子。因为雇工人数比较多,一时间关于年广久雇工问题的讨论甚嚣尘上。有的人说，傻子瓜子属于资本主义性质，与我们社会主义的性质是不相称的。许多学者将"七下八上"作为一条铁律——只要雇工人数超过8人，经营者的身份便发生"根本改变"，由"小业主"变成"资本家"。从形式上看，雇用12个人的年广久是资本家的说法似乎是板上钉钉，不容辩驳的。但是，朴素的第一直觉又让人无法将"资本家"与那个在瓜子加工厂里挥汗如雨、衣衫破旧的年广久联系起来。因此，关于年广久雇工问题的争论一直持续不休，引起各方关注。1980年，一份关于傻子瓜子问题的调查报告被呈到了中央，摆在邓小平面前。

对年广久作何处理成了一个至关重要的问题，它决定着无数个私营经营者的命运。在看完调查材料后，邓小平作出表态："不要动，先放一放，看一看。"这是邓小平最早谈到傻子瓜子。正是这样的表态，为私营经济的发展创造了弥足珍贵的生存空间，也为年广久的生意扫除了许多隐患。

1981年7月，国务院发出《关于城镇非农业个体经济若干政策性规定》。该规定对城镇个体经济的性质、经营范围，以及如何扶持和保护城镇个体经济的发展等问题，分别作了明确而详细的规定。[①] 该规定还首次对个体经营的雇工问题进行了回应，"个体经营户，一般是一人经营或家庭经营；必要时，经过工商行政管理部门批准，可以请一至两个帮手；技术性较强或者有特殊技艺的，可以带两三个最多不超过五个学徒。"该规定虽然用词模糊，对实际实施的标准难以统一起来，在用词上也回避了"雇工"一词，但是也为私营经济争取到了一定的发展空间。

1981年，年广久结束了东躲西藏打"游击战"式卖瓜子的方式，在芜湖市找了个固定摊位专门卖瓜子，生意也做得越来越大，甚至带动了整个芜湖市炒货市场的兴起。

但是好景不长，到了80年代末，关于姓"资"还是姓"社"的问题的讨论又席卷而来，"私营经济"再次成为敏感词汇。刚刚起步的私营经济对政策的变化非常敏感，一些私营企业甚至把工厂交给集体，化私为公。1989年9月29日，王廷江在临沂市罗庄镇沈泉庄村的村民大会上，宣布把价值600万元资产的个人白瓷厂捐给村集体。这一举动轰动全国，媒体和政府对他这种

[①] 参见李晓西主编：《中国经济改革30年（市场化进程卷）》，重庆大学出版社2008年版，第68页。

"化私为公"的行为都表示了赞许。一时间，作为私营经济里风头无两的代表，傻子瓜子又一次被推到了风口浪尖。

1989年8月，年广久因有"挪用公款""贪污"罪嫌疑被捕，到后来经济问题指控被撤销，改判"流氓"罪，获刑有期徒刑3年，缓刑3年。1992年3月，遭遇牢狱之灾的年广久又因为邓小平在南方谈话中的一段话被无罪释放。时隔八年，邓小平再一次提到傻子瓜子时是这样说的，"农村改革初期，安徽出了个傻子瓜子问题。当时许多人不舒服，说他赚了一百万，主张动他。我说不能动，一动人们就会说政策变了，得不偿失。像这一类的问题还有不少，如果处理不当，就很容易动摇我们的方针，影响改革的全局。"①

后来，随着我国经济体制改革，私营经济的地位被《宪法》以根本大法的形式确定，并且随着经济参与程度逐渐提高，我国进行市场化改革的信号越来越明确，越来越坚定，也不再有人质疑私营经济的成分问题和害怕政策突然改变。傻子瓜子已经淹没在历史的长河中，再也没有了当时特定情况下对私营经济的代表作用。

（二）浙江温州民营企业

谈到私营经济的发展，不得不提浙江温州的民营企业。自1979年国家政策为农村经济的个体经济、私营经济开了道口子，胆子大的人就先行动起来了。资料显示，到1980年前后，温州的个体工商户已经超过3000个，形成以家庭经营为基础、以家庭工业和联户工业为支柱、以专业市场为依托、以购销员为骨干的温州农村商品经济。② 温州成为除了珠三角地区外，中国私营经济最发达的地方。但是，据温州商人回忆，温州私营经济的发展是被"逼"出来的。

温州"三面环山一面环水"，全市人均耕地仅有0.46亩，无法满足当地农民的生活需求。另外，温州城市工业基础和集体经济力量薄弱，全市独立核算的全民所有制固定资产净值只有3.7亿多元，集体工业企业的固定资产净值只有2.8亿多元。十一届三中全会上邓小平对家庭副业地位的确定，为这个农业

---

① 邓小平：《邓小平文选》（第三卷），人民出版社1993年版，第371页。
② 参见全国政协文史和学习委员会、浙江省政协文史资料委员会、温州市政协编：《温州民营经济的兴起与发展》，中国文史出版社2008年版，第4页。

第十一章
非公有制经济法治的完善

生产基础贫瘠的地方带来一线生机，当地农民开始依靠家庭力量发展个体工业、商业和其他服务业。伴随着家庭手工业的兴起，在交易活跃的集镇出现了以区域为划分的专业制造作坊，如桥头镇的纽扣市场、柳市镇的低压电器市场等十大专业市场。逐渐地，那些规模较大的经营者被当地人以"某某大王"相称，如著名的"八大王"。如果说温州民营经济是早期中国民营经济发展的缩影，那么"八大王"的沉浮就是温州民营经济曲折发展的缩影。

随着产业规模的扩大，温州有些企业出现了雇工的问题，因为温州私营企业从一开始就是私人性质的，全国范围内出现了对温州私营企业姓"资"还是姓"社"的讨论。温州人民心里被"想富不敢富，富了怕露富"的大石头压着，战战兢兢搞发展。1982年的一天，舆论风向突然急转，温州市大街上出现了"狠狠打击经济领域中严重犯罪""坦白从宽，抗拒从严"的标语。而浙江省政府为了贯彻执行全国人大常委会《关于严惩严重破坏经济的犯罪的决定》和中共中央、国务院《关于打击经济领域中严重犯罪活动的决定》，决定把温州柳市作为打击经济领域犯罪的重点，把一些从事经营比较冒尖的农民，即所谓的"旧货大王""矿配大王""邮电大王""目录大王"等，以投机倒把罪判了有期徒刑或缓刑[①]，这就是当时温州有名的"八大王"案件。

投机倒把罪是当时有名的经济犯罪中的口袋罪名，"投机倒把"一词具有非常鲜明的计划经济色彩。1979年通过的新中国第一部《刑法》，终于结束了我国长达30年对刑事犯罪无法可依的状态，其中第一百一十七、一百一十八、一百一十九条都是关于投机倒把罪的认定和处罚的。由于《刑法》中投机倒把罪的内容总体上比较宽泛和笼统，非常容易"入罪"，因此与流氓罪、玩忽职守罪一起，被称为三大"口袋罪"。[②] 投机倒把罪，是指以牟取非法利润为目的，违反金融、外汇、金银、物资、工商管理法规，非法从事金融及工商活动，扰乱社会主义经济秩序，情节严重的行为。[③] 也即将以买空卖空、囤积居奇、套购转卖为手段牟利的经济行为判罪入刑。这种低买高卖、填补价值洼地的经济活动现在看来是再正常不过的市场商业行为，但是在当时计划经济背景下，这样的行为被烙上了"扰乱市场的投机行为""资本主义行为"的印记。

---

① 参见全国政协文史和学习委员会、浙江省政协文史资料委员会、温州市政协编：《温州民营经济的兴起与发展》，中国文史出版社2008年版，第19页。
② 参见雷颐：《"投机倒把"的来龙去脉》，载《经济观察报》2016年12月5日。
③ 参见何秉松主编：《刑法教科书》，中国法制出版社1997版，第119页。

1981年，国家的改革风向就有所转变，因为"价格双轨制"的实施，体制内外出现了两种不同的价格，出现了一些利用计划内与计划外的价格差牟取巨大利益的"倒爷"。"倒爷"也成为那些没有政府生产资源配置渠道或资源不足的体制外企业、个体户开展生产经营活动的重要原料渠道。在国内生产力不足、资源短缺的背景下，为了禁止乡镇社队企业的"无序"生长，避免同国企争夺原料，国务院先后两次发出紧急文件打击"投机倒把"行为，个体户、下海商人成为重点关注的投机倒把分子。虽然在经济制度改革初期对"倒爷"、走私行为等现象的整顿肃清，对维护国家与消费者利益起到了一定的保护作用，也遏制了体制内猖獗的官员腐败寻租的现象，但是在1982年的经济整肃运动中，有的地方再一次犯了"左倾"错误，将所有个体户、私营企业的经济活动都认为是投机倒把、严重扰乱经济秩序的行为。这一次的经济整肃运动打击了个体工商户的发展。"八大王"案件一出，严重挫伤了温州乃至全国私营经济发展的积极性，私营企业主惶惶不可终日，唯恐下一个被冠以"投机倒把"罪名的是自己。

1983年第二个"中央一号"文件出台，文件指出农村的联合经济是整个社会主义经济的有机组成部分，对农村个体商业和各种服务业应适当加以发展，并给予必要扶持。该文件出来后，1984年，在各方努力下，"八大王"全部得到了平反。虽然1997年《刑法》取消了"投机倒把罪"，但是"投机倒把"却仍然以国务院1987年颁布的《投机倒把行政处罚暂行条例》形式存在，一直到改革开放30年之后的2008年，在国务院公布《关于废止部分行政法规的决定》后，该条例才被废止。国务院宣布其失效的理由是："调整对象已消失，实际上已经失效。"原因至少包括以下两点：（1）改革开放后，经济制度从计划经济向社会主义市场化经济转变，非公有制经济主体逐步取得相对公平的法律地位，可以公平地参与国内市场经济活动。加之，经过改革开放30年的发展，我国的生产能力大幅提高，1985年中央取消统购统销使生产资源市场化，当年制定"投机倒把罪"的社会经济基础已经不复存在。（2）"投机倒把"这种计划经济色彩浓厚的罪名显然是与国际上市场主体公平参与市场竞争的思想不一致的，国门打开后，国外市场竞争的思想涌入国内，为了与国际市场接轨，对与经济相关的法律、法规作了相应的反思与修订，也就是说，"投机倒把"已经没有了思想基础。由此，"投机倒把"一词退出了我国私营经济发展的历史舞台。

可以说，温州的民营经济是在舆论争议中成长起来的。从温州私营企业家顶住层层压力，冲破旧的制度框架，不断学习创新，到"股份合作企业"的发展，都彰显出了温州商人坚忍不拔、勇于创新的企业家精神。温州民营企业为全国民营企业的发展提供了丰富的实践经验，同时也为国家顶层设计者对制度改革的方向提供了现实的参考样本。

三、私营企业的发展与完善

（一）从"补充地位"到"重要组成部分"

有关"个体经济"发展合法化的法律、法规一开始也是从农村经济相关文件中出现的。1978年12月，党的十一届三中全会原则通过的《中共中央关于加快农业发展若干问题的决定（草案）》中明确指出："社队的多种经营是社会主义经济，社员自留地、自留畜、家庭副业和农村集市贸易是社会主义经济的附属和补充……在巩固和发展集体经济的同时，应当鼓励和扶持农民经营家庭副业，增加个人收入，活跃农村经济。"对于城镇个体经济的发展是在1980年8月中共中央发布的《进一步做好城镇劳动就业工作》文件中提出的："这种个体经济是社会主义公有制经济的不可缺少的补充……一切守法的个体劳动者，应当受到社会的尊重。"由此，关于城镇个体经济的合法化发展也有了政策制度基础。

一直到1982年12月，五届全国人大五次会议通过了新修正的《宪法》。1982年《宪法》承袭了之前关于社会主义公有制优先性和国营企业占主导地位的规定，在第十一条中规定："在法律规定范围内的城乡劳动者个体经济，是社会主义公有制经济的补充。国家保护个体经济的合法的权利和利益。国家通过行政管理，指导、帮助和监督个体经济。"在此次的宪法修正中，将个体经济的合法地位定位为"社会主义公有制经济的补充"，与国营经济、乡镇集体经济组织等其他的经济主体采取了不同的保护策略——对国营经济采取的是"巩固和发展"的政策，对乡镇集体经济组织的态度是"鼓励、指导和帮助"，然而对个体经济执行的政策则是"国家通过行政管理，指导、帮助和监督"。这种对不同所有制采取不同发展态度的形式与我国改革开放后的市场经济的发展方向是相互矛盾的，显然是无法与现实相适应的。随着个体经济发展规模的扩大，出现了有雇佣关系的私营经济。但是，从国家层面到地方政府，对私营经济的态度阴晴不定，造成了制度缺陷和立法空白，对私营经济造成巨大的发展障碍。

因此，在1988年对《宪法》的修正中，第十一条再次被修改，增加了关于私营经济的规定："国家允许私营经济在法律规定的范围内存在和发展。私营经济是社会主义公有制经济的补充。国家保护私营经济的合法权利和利益，对私营经济实行引导、监督和管理。"这次对《宪法》第十一条的修改，将私营经济纳入《宪法》，明确了私营经济的合法地位，从而使个体经济与私营经济在我国的发展都有了宪法依据。

1992年邓小平的南方谈话成为个体经济与私营经济进一步发展的重要节点。他提出了"三个有利于"的重要论断：要看是姓"资"还是姓"社"的问题，判断的标准，应该主要看是否有利于发展社会主义社会的生产力，是否有利于增强社会主义国家的综合国力，是否有利于提高人民的生活水平。他还指出：计划和市场都是经济手段，不是社会主义与资本主义的本质区别，强调我们必须要大胆吸收和借鉴人类社会创造的一切文明成果，包括资本主义发达国家的一切反映现代社会化生产规律的先进经营管理方式。由此，结束了长久以来各界对经济发展过程中出现的各种现象关于姓"资"还是姓"社"的争论，为个体经济和私营经济的深化发展扫除了思想障碍。

1992年10月，在党的十四大上明确了我国经济体制改革的目标是"建立社会主义市场经济体制"。十四大报告中指出，"在所有制结构上，以公有制包括全民所有制和集体所有制经济为主体，个体经济、私营经济、外资经济为补充，多种经济成分长期共同发展，不同经济成分还可以自愿实行多种形式的联合经营。"这里强调的是，"多种所有制经济共同发展"是进一步解放发展生产力的重要动力源泉。十四大报告对所有制的阐述，标志着社会主义初级阶段所有制结构理论和政策的初步形成。① 根据党的十四大精神，1993年3月，八届全国人大一次会议通过宪法修正案，将《宪法》第十五条第一款修改为，"国家实行社会主义市场经济"，明确了经济制度改革的方向，从制度上抛弃了以往指令性的计划经济制度。

---

① 参见万一：《个体和私营经济法律地位发展史述略》，http://www.bjrd.gov.cn/rdzl/llyj/fzlt/201211/t20121130_99925.html，2019年9月25日访问。

第十一章
非公有制经济法治的完善

1997年9月,党的十五大召开。对于个体、私营经济的认识和保护来说,这是一次具有里程碑意义的大会。① 十五大报告明确指出,"非公有制经济是我国社会主义市场经济的重要组成部分。对个体、私营等非公有制经济要继续鼓励、引导,使之健康发展。这对满足人们多样化的需要,增加就业,促进国民经济的发展有重要作用"。这次会议将对个体经济、私营经济的认识提升到前所未有的高度,由"补充地位"上升到"重要组成部分",而且还提出"要健全财产法律制度,依法保护各类企业的合法权益和公平竞争,并对它们进行监督管理",促进我国对私有财产进行立法保护。

根据党的十五大报告的精神,1999年3月15日,九届全国人大二次会议审议通过了宪法修正案。其中,将《宪法》第十一条再次修改为:"在法律规定范围内的个体经济、私营经济等非公有制经济,是社会主义市场经济的重要组成部分。国家保护个体经济、私营经济的合法的权利和利益。国家对个体经济、私营经济实行引导、监督和管理。"这就以宪法的形式明确了个体经济、私营经济是社会主义市场经济重要组成部分的地位,为个体经济与私营经济的生产经营范围不再囿于公有制经济生产不能满足人民生活或企业生产需求的部分提供了宪法基础。同时,个体经济、私营经济与公有制经济一样,都是社会主义市场经济的组成部分,法律地位相等,可以公平地参与市场竞争,不同于之前赋予公有制经济发展的优先地位的法律规定。2004年3月,十届全国人大二次会议审议通过宪法修正案。其中,将《宪法》第十一条第二款修改为:"国家保护个体经济、私营经济等非公有制经济的合法的权利和利益。国家鼓励、支持和引导非公有制经济的发展,并对非公有制经济依法实行监督和管理。"将《宪法》第十三条修改为:"公民的合法的私有财产不受侵犯。国家依照法律规定保护公民的私有财产权和继承权。国家为了公共利益的需要,可以依照法律规定对公民的私有财产实行征收或者征用并给予补偿。"这一次宪法的修改,不仅对个体经济与私营经济作了更完整的阐述,更重要的是明确提出对私有财产进行保护,以宪法形式固定所有制改革的成果,为私有经济的发展奠定坚实的法律基础。

2002年11月,党的十六大召开,会议报告全面地阐述了在非公有制经济

---

① 参见万一:《个体和私营经济法律地位发展史述略》,http://www.bjrd.gov.cn/rdzl/llyj/fzlt/201211/t20121130_99925.html,2018年9月25日访问。

成为社会主义市场经济重要组成部分后的发展方针和政策,指出要根据解放和发展生产力的要求,坚持和完善公有制为主体、多种所有制经济共同发展的基本经济制度。一方面,必须毫不动摇地巩固和发展公有制经济,深化国有企业改革,进一步探索公有制特别是国有制的多种有效实现形式,积极推行股份制,发展混合所有制经济;另一方面,必须毫不动摇地鼓励、支持和引导非公有制经济发展,充分发挥个体、私营等非公有制经济在促进经济增长、扩大就业和活跃市场等方面的重要作用,放宽国内民间资本的市场准入领域,在投融资、税收、土地使用和对外贸易等方面采取措施,实现公平竞争。[①]

2007年10月,党的十七大召开,会议进一步肯定了非公有制经济在我国经济发展方面所起的重要作用,提出"毫不动摇地巩固和发展公有制经济,毫不动摇地鼓励、支持、引导非公有制经济发展,坚持平等保护物权,形成各种所有制经济平等竞争、相互促进新格局"。这是对非公有制经济理论的又一次深化,即在坚持"两个毫不动摇"的基础上,又提出了"两个平等",进一步为非公有制经济发展营造公平竞争的大环境。[②]这一时期,非公有制经济在发展速度和进入领域等方面都有较大改善。

《宪法》里的个体经济与私营经济从无到有的量变,再从"补充地位"到"重要组成部分"的质变,体现了我国个体经济与私营经济在曲折中前进的发展历程。到现在,私营经济与个体经济都得到了很大的发展,成为我国生产总值增量的主力军。但是,因为计划经济的长期实施,事实上公有制经济与非公有制经济并没有真正做到公平竞争,我们仍需要一步步消除制度上的限制,放开市场准入的限制,让非公有制经济进一步发展。

(二)"非公36条"的实施

1982年《宪法》颁布实施以来,根据形势发展的需要,我国先后三次对《宪法》中关于非公有制经济的部分进行修改,为非公有制经济的发展提供了法律依据和保障。在个体经济、私营经济的合法地位由《宪法》确定之后,为了更加具体地规范这些企业的发展,国家也进行了一系列立法活动。比如,越

---

① 参见《江泽民在中国共产党第十六次全国代表大会上的报告(5)》,http://www.haiwainet.cn/n/2C12/1105/c346235-17678168-5.html,2019年10月15日访问。

② 参见《胡锦涛在中国共产党第十七次全国代表大会上的报告(全文)》,http://cpc.people.com.cn/GB/64162/64168/106155/106156/6430009.html,2019年10月15日访问。

来越多的私营企业采取合伙形式设立,为了规范大量增加的合伙企业,我国于 1997 年 2 月 23 日颁布了《合伙企业法》;为了进一步规制个体私营经济的主体及其行为,1999 年 8 月 30 日,九届全国人大常委会第十一次会议审议通过《个人独资企业法》;为了改善中小企业的经营环境,2002 年 6 月 29 日审议通过了《中小企业促进法》,以进一步发挥中小企业在促进市场竞争、增加就业机会、方便群众生活、推进技术创新、推动国民经济发展和保持社会稳定等方面的重要作用。

改革开放以来,我国出台了一系列的法律、法规和政策,以优化非公有制经济发展的法律环境与政策环境,但是在实际落实过程中仍存在着许多阻碍非公有制经济进一步发展的绊脚石。比如,在企业设立与注册方面,针对非公有制经济的条件限制依然不少,过高的设立注册条件,过多的前置审批事项,过严的资本募集方式,束缚了非公有制经济的发展;在市场准入方面,在传统国有经济控制的行业和领域,非公有制经济仍然面临着各种直接或间接的政策性限制和阻碍;在税费方面,还存在一些针对非公有制企业的不合理收费项目,与公有制企业相比,非公有制企业负担仍然较重,等等。要解决这些问题,必须从制度设计入手,加快完善我国现行制度中不利于非公有制经济发展的各项法规、政策。[①]

在这种背景下,2005 年 2 月 25 日,新华社发布国务院 2 月 19 日发布的《关于鼓励支持和引导个体私营等非公有制经济发展的若干意见》。这是新中国成立以来首个以促进非公有制经济发展为主题的中央政府文件,因文件内容共 36 条,这份文件通常被称为"非公 36 条"。这份文件明确提出了推进非公有制经济发展的七个方面共 36 条重要政策措施。"非公 36 条"提出:"支持非公有资本积极参与城镇供水、供气、供热、公共交通、污水垃圾处理等市政公用事业和基础设施的投资、建设与运营。"同时,国家发改委在"非公 36 条"发布不久就提出了一个经国务院同意的贯彻落实文件的分工方案,且涉及 56 个相关部门和单位,这在以往是少有的。[②] 这表明国家在努力改变之前缺乏具体实施细则、各项政策落实不到位的情况。这对民营经济的发展有巨大的激励作

[①] 参见李鸿忠:《支持非公有制经济健康发展》,载《求是》2013 年第 23 期。
[②] 参见李晓西主编:《中国经济改革 30 年:市场化进程卷(1978—2008)》,重庆大学出版社 2008 年版,第 237 页。

用，也对消除非公有制企业进入特许经营领域的制度障碍、刺激民营经济的投资有着重要的作用。

明面上的制度壁垒消除了，国家已经放开了部分垄断部门和行业，但在实际操作中仍存在许多隐性障碍，阻碍非公有制经济的健康发展。行业内逐渐流传出了"玻璃门""旋转门"和"弹簧门"的说法，来分别比喻民营企业参与国家基础设施建设上"准入难"的问题——看上去似乎是没什么限制，但是民营企业与这些政策之间隔了一道玻璃门，看得见却无法进入；在项目招标上，表面上看对各种体制的企业一视同仁，可招标条件里设定了某些条款，让入门的民营企业顺着旋转门又出来了；民营企业刚进入一个行业领域，但马上又因为政府出台的"硬性政策"被弹出门外。隐性障碍已经进一步成为民营资本焕发活力的拦路虎。为了解决这只令人头疼的拦路虎，2010年，国务院出台的《关于鼓励和引导民间投资健康发展的若干意见》（也即"新非公36条"）提出："鼓励民间资本参与市政公用事业建设。支持民间资本进入城市供水、供气、供热、污水和垃圾处理、公共交通、城市园林绿化等领域。"为确保"新非公36条"得到落实，改变社会反映强烈的"玻璃门""旋转门""弹簧门"现象，国务院各部委在2012年7月前抓紧制定了42个实施细则，鼓励民间投资。[①] 在多方的长期努力下，民营经济难以进入长期被国企垄断的行业的困境开始逐渐被打破。

2010年8月，在杭州西湖国宾馆，世界500强榜首企业中国石油与浙江众多民营企业围桌而坐，洽谈合作。达成的成果包括：由民企华立集团与中石油合资的燃料乙醇项目即将于年底在舟山投产，其中华立占股40%，中石油占60%。[②] 石油行业作为国家重要的能源行业，长期以来被国有企业百分之百垄断，"新非公36条"的出台鼓励民营经济进入能源行业。华立集团与中石油合作是中国石油天然气领域首次向民营资本开放，对民营资本进入长期由国企垄断的领域具有里程碑的意义。

[①] 参见《民间投资接棒"稳增长"大任》，http://roll.sohu.com/20120915/n353209074.shtml，2018年9月26日访问。

[②] 参见任鑫恚：《中国石油天然气领域首次向民营资本开放》，https://finance.huanqiu.com/article/9CaKrnJoanm，2019年9月26日访问。

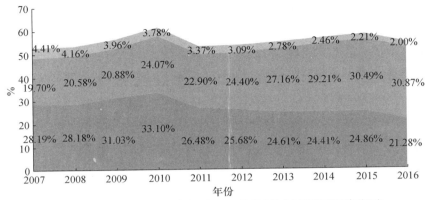

图 11-1 2007—2016 年各种所有制企业投资占比变化①

从图 11-1 可以看出，2010 年之后私营经济固定资产投资的占比呈现出增加的趋势，2007 年私营经济投资比例仅占全社会投资的 19.70%，到 2016 年已经上升为 30.87%，可见两个"非公 36 条"对促进民营资本的投资有着重要的积极影响。

（三）十八大以来非公有制经济的新发展

十八大以来，党和政府鼓励、支持、引导非公有制经济发展的政策发生了全方位而深层次的变化。针对世界经济复苏乏力和我国经济进入新常态等内外环境的深刻变化给非公有制经济发展带来的新问题新需求新挑战，以习近平同志为核心的党中央统筹推进"五位一体"总体布局，协调推进"四个全面"战略布局，提出了一系列新理念新思想新战略，特别是以 2015 年中央统战工作会议讲话、2016 年"3·4"政协联组会上的讲话和 2018 年 11 月 1 日民营企业座谈会讲话为标志，形成了习近平同志关于非公有制经济的系列重要论述。作为习近平新时代中国特色社会主义思想的重要组成部分，它系统地回答了站在新的历史方位上如何认识非公有制经济和民营企业家的地位和作用、未来向哪里去以及如何引领非公有制经济创新发展、非公有制经济人士健康成长等一系列重大问题，从根本上改变了我国非公有制经济政策发展的整体面貌。

---

① 根据中国统计局发布的相关数据整理。

1. 坚持"两个都是"

"公有制经济和非公有制经济都是社会主义市场经济的重要组成部分，都是我国经济社会发展的重要基础。"这是对非公有制经济及其作用的新肯定，充分体现了党和国家对非公有制经济的高度重视。随着社会主义市场经济的不断发展、改革的不断深化、认识的不断提高，非公有制经济的地位也经历了一个不断提高的过程。"两个都是"的提出，进一步提升了非公有制经济在中国特色社会主义市场经济中的地位和作用。十八大之前，人们对非公有制经济地位和作用的认识，是基于十五大报告提出的"公有制为主体、多种所有制经济共同发展的基本经济制度"，非公有制经济是多种所有制经济形式之一。当时的"重要组成部分"的表述标志着非公有制经济从体制外生存变成体制内存在，已经是对非公有制经济认识上的进步。虽然十八届三中全会作出的《中共中央关于全面深化改革若干重大问题的决定》中非公有制经济还是作为中国特色社会主义基本经济制度的"重要组成部分"，但是已经不同于十五大时所确立的基本经济制度的表述。这里的"重要组成部分"，是以"两个都是"为前提的，这是我党历史上第一次将非公有制经济的地位与公有制经济比肩，对非公有制经济的发展无疑是巨大的肯定。肯定基本经济制度作为中国特色社会主义制度的支柱，肯定公有制形式的基础作用，同时承认非公有制经济的重要作用和不可或缺。"两个都是"的论断，将非公有制经济的地位和作用进一步提升，非公有制经济从"有益补充"到"共同发展"，再到"两个都是"，表明了对非公有制经济的认识不断深化。

2. 坚持"两个毫不动摇"，明确"三个没有变"

"两个毫不动摇"是党的十六大根据解放和发展生产力的要求提出的发展非公有制经济的重要原则，是对我国基本经济制度内涵的丰富与发展。公有制经济是基本经济制度的根基所在，非公有制经济是基本经济制度的活力所在，前者需要毫不动摇地巩固、发展，后者需要毫不动摇地引导、支持。十八大以来，习近平不断重申要坚持这一原则。2016年两会期间，习近平总书记指出："基本经济制度是中国共产党确立的一项大政方针，是中国特色社会主义制度的重要组成部分，也是完善社会主义市场经济体制的必然要求。"党的十九大报告重申要坚持"两个毫不动摇"，引导广大非公有制经济人士在新时代做出新贡献。2018年9月，习总书记考察辽宁时，重申非公有制经济是我国经济健康发展的重要力量，必须坚持"两个毫不动摇"方针，有力回应社会关切，释放出正本清源、增强信心的强大正能量。

"非公有制经济在我国经济社会发展中的地位和作用没有变，我们鼓励、支持、引导非公有制经济发展的方针政策没有变，我们致力于为非公有制经济发展营造良好环境和提供更多机会的方针政策没有变。""三个没有变"表明了中央一如既往地对待非公有制经济的态度，推动非公有制经济发展的决心。党和国家对待非公有制经济的地位和作用、发展非公有制经济的方针政策、为非公有制经济发展营造良好环境的政策都没有变。公有制经济和非公有制经济都是中国特色社会主义基本经济制度的重要组成部分，应该相辅相成、相得益彰，二者是有机统一的，而不是相互排斥、相互抵消。"三个没有变"向社会清晰地释放信号，极大地鼓舞了非公有制经济人士干事创业的决心。适逢中国经济发展进入新常态，今后很长一段时间内，中国经济发展增速放缓，发展动力转换，经济结构调整，经济发展与生态环境、资源、人口的约束矛盾凸显，经济发展压力叠加，负重前行，非公有制经济应当主动适应新常态，实现大发展。

3. 坚持"两个不可侵犯"，明确"三个平等"

公有制经济财产不可侵犯，非公有制经济财产同样不可侵犯，"两个不可侵犯"原则的提出，明确了对非公有制经济财产权的保障，从根本上解决了非公有制经济人士所担忧的问题。党的十八届三中全会作出的《中共中央关于全面深化改革若干重大问题的决定》指出，"国家保护各种所有制经济产权和合法权益，保证各种所有制经济依法平等使用生产要素，公开公平公正参与市场竞争，同等受到法律保护，依法监管各种所有制经济。"非公有制经济人士是改革开放初期，在鼓励一部分人先富起来的政策指导下，凭借自身的智慧、技能，抓住改革开放的契机而率先富起来的人群。他们中间不乏社会精英，其劳动成果理应得到承认和保护。"两个不可侵犯"原则的提出，不仅是理论上的重大突破，也必将在生产要素配置方面消除所有制差别带来的歧视和特权，进而激发民间投资的巨大潜力，为非公有制经济发展注入强大动力。这一原则的提出，从根源上解除了非公有制经济人士对人身和财产的焦虑和担忧，为其致力于非公有制经济发展提供保障。

权利平等、机会平等、规则平等，"三个平等"论断的提出为非公有制经济发展确立了基调,这一原则充分彰显了发展非公有制经济、破除垄断,建立统一、开放、竞争、有序的市场体系和公开透明的市场规则的信心和决心。通过废除对非公有制经济的种种不合理规定,消除隐性壁垒,针对非公有制企业进入某些特许经营领域制定具体办法,为非公有制经济发展创造更大的空间,营造更好的环境。权利平等是保障,赋予非公有制经济与公有制经济同等身份和地位;机会平等是激励,让非公有制经济与公有制经济有机会站在同一起跑线上竞争,拓宽了非公有制经济准入的领域;规则平等是前提,让非公有制经济在与公有制经济的竞争中,适用同样的规则,真正让有能力的企业胜出,而不受身份的歧视和制约。"三个平等"论破解了非公有制经济在所有制问题上被歧视的难题,也取消了公有制经济发展的特权,二者同台竞技,凭实力胜出,将会极大地释放非公有制经济的活力。

4. 明确"三个允许"和"三个鼓励"

"三个允许"倡导发展混合所有制经济形式,找到了公有制经济与非公有制经济融合发展的新形式,为非公有制经济全领域的发展扫清了身份障碍。十八大以来,混合所有制经济成为基本经济制度的重要实现形式。允许更多国有经济和其他所有制经济发展成为混合所有制经济;允许国有资本投资项目中,非国有资本参股;允许混合所有制经济实行企业员工持股,形成资本所有者和劳动者利益共同体。将混合所有制经济定位为基本经济制度的重要实现形式,进一步厘清了公有制经济和非公有制经济的相互关系和定位,是对非公有制经济认识的又一重大突破。它打破了是国进民退还是国退民进的争论,公有制经济与非公有制经济不是水火不相容、对立排斥的关系,二者是可以和谐共存的。长期以来,由于行政和行业垄断,非公有制经济碍于身份问题,对一些领域不能涉足。"三个允许"在所有制结构方面的创新,拆除了非公有制经济发展的隐形墙,打破了行政和投资垄断,给非公有制经济更大的发展空间。

"三个鼓励"是从非公有制经济自身发展的视角,指明了新时代的发展方向和路径。鼓励非公有制经济参与国有企业改革,鼓励发展非公有制资本控股的混合所有制企业,鼓励有条件的私营企业建立现代企业制度。作为经济形式的一种新尝试,国有资本、集体资本、非公有制资本等交叉持股、相互融合,彼此互相支撑,又互相监督,你中有我,我中有你,良性竞争,共同发展。在保证公有制主体地位的前提下,引入其他经济成分的目的是推进投资主体多元化,通过引入竞争机制,打破国有企业内部的垄断,增强企业的活力和效率。因此,混合所有制经济不仅是公有制的实现形式,也是非公有制经济的重要实现形式。鼓励、支持、引导非公有制经济参与混改,一方面,非公有制经济在社会主义初级阶段生产力发展不平衡、不充分的情况下,一定程度的发展有利于生产力的进步,扩大就业,为社会提供更多的物质产品。另一方面,从生产资料私有角度来说,非公有制经济还存在剥削逐利的本性,需要加以引导,使其朝着有利于社会主义的方向发展。在对发展非公有制经济的新思考中,混合所有制形式成为非公有制经济实现的重要形式之一,并且鼓励在非公有制企业建立现代企业制度,克服非公有制企业家族式管理的弊端,引导非公有制经济管理走向现代化。

5. 深化"两个健康"

"两个健康"是指"非公有制经济人士健康成长"与"非公有制经济健康发展",二者之间具有相辅相成的内在关系,通过引导非公有制经济人士健康成长,促进非公有制经济健康发展。在坚持"两个健康"的基础上,把"两个健康"从经济功能拓展到政治功能,深化了"两个健康"的内涵。非公有制经济人士成长的经历证明,党和国家的政策引导、良好的外部成长环境、非公有制经济人士自身的努力是其健康成长的重要因素。习近平在2015年的中央统战工作会议上强调,"非公有制经济的健康发展和非公有制经济人士的健康成长,不仅是重大经济问题,也是重大政治问题。"对非公有制经济人士要鼓励支持,更要教育引导。此外,习近平还特别指出,包括非公经济人士特别是年轻一代在内的三类人要成为统战工作重点团结的对象,不仅团结,还要培养和使用。要加强对非公有制经济人士的政治引导,把更多非公有制经济人士团结凝聚在党的周围,听党话,跟党走。十八大以来,我国对非公有制经济人士的健康成长问题非常重视,强调深化理想信念教育,引导非公有制经济人士爱国、敬业、创新、守法、诚信、贡献。从2013年开始,在全国范围内开展了以"民营企业家与中国梦"为主题,以"四信"为主要内容的非公有制经济人士理想信念教育实践活动,促进非公有制经济和非公有制经济人士健康成长。2015年,习近平同志在中央统战工作会议上的讲话和出台的《中国共产党统一战线工作条例(试行)》,以及随后陆续发布的《关于加强政党协商的实施意见》《关于加强人民政协协商民主建设的实施意见》《关于加强新的社会阶层人士统战工作的意见》等文件,推动我国的协商民主向广泛多层制度化方向不断发展,非公有制经济人士"自己人"的社会地位进一步巩固,其代表人士有序参与政治的大门进一步敞开,新时代企业家的作用得到全方位提升。以上三大根基的牢固,助推非公有制经济政策从治标之术开始向治本之道转向,从"头痛医头,脚痛医脚"临时性对策工具向能够发挥综合治理作用的长效机制升级,进入更加重视发挥政策的综合治理和协调配套作用的新阶段,政策开始从着力解决某个单项问题向更加关注整体营商环境优化转向。

改革开放四十多年以来,民间投资已经成为中国经济增长的内生动力,构筑经济增长良性循环的基础。[1] 在经济增长贡献方面,民营经济已经顶起中国经济的大半边天。有统计显示,90%以上的企业是民营企业,55%的税收是民营企业创造的,60%的GDP是民营经济创造的,70%的就业是民营企业创造的,80%的专利发明是民营企业创造的。[2] 在体制变革方面,民营经济体制灵活、竞争意识高、创新精神强、市场效率高等特点,对中国经济发展的综合性、多元化起到了越来越积极的作用,将民间投资的"活水"引入各垄断行业,打破原有的垄断格局,对增强国有企业的竞争意识,推动国有企业改革也有着重要的促进作用。在增加就业容量方面,为城镇无业人员、农村剩余劳动力、高校毕业生、国企改制分流人员等群体的就业问题的解决起到了无法替代的作用。特别是20世纪70年代末80年代初,知青返城热潮的时候,个体经济的兴起,解决了大量社会富余劳动力的就业问题,维护了社会的稳定,解决了人民群众的生计问题。同时,在财政税收方面,随着个体经济、私营经济的发展和规模的扩大,非公有制经济成为国家财政收入增长的重要来源,对提升我国的财政实力、推动国民经济的持续健康发展有着不可磨灭的作用。

然而,目前民营经济的投资生产经营仍然面临着无法忽视的现实阻碍。比如,民营资本要进入国企长期垄断的领域时,隐性障碍的问题仍然存在。因为体制的原因,民营企业在进入这些领域时会受到不平等的对待,导致无法进入或进入困难。目前许多民营资本选择以与国有企业合作的形式进入这些垄断领

---

[1] 参见《民间投资接棒"稳增长"大任》,http://roll.sohu.com/20120915/n353209074.shtml,2019年9月26日访问。

[2] 参见左永刚:《打造经济升级版 要清理民间投资的"附加条件"——专访民进中央经济委员会副主任、温州中小企业发展促进会会长周德文》,http://theory.people.com.cn/n/2013/0809/c49154-22500932.html,2019年9月29日访问。

域，但是大多数情况下是国有企业占有股权优势，对企业有绝对的控制力和支配能力。另外，民营小微企业融资困难也是一直阻碍民营经济发展的突出问题之一，银行因为民营企业缺少政府信用担保的原因而拒绝其贷款请求的情况经常发生，融资难的问题限制着民营小微企业的进一步发展。

2018年9月，署名为吴小平的《中国私营经济已完成协助公有经济发展的任务，应逐渐离场》一文在网络流传。该文提出"在中国伟大的改革开放历史进程中，私营经济已经初步完成了协助公有经济实现跨越式发展的重大阶段性历史重任，应逐渐离场"的观点，一时间激起轩然大波。"私营经济离场论"出来后不久，《人民日报》《经济时报》等多家主流媒体第一时间出来批驳此观点。其中，《人民日报》刊发《民营经济：只会壮大、不会离场》一文指出，那种以形势严峻为名否定民营经济的言论，其危害性还不只是挑战常识、开历史倒车，更严重的是制造市场恐慌情绪，扰乱企业家群体对中国经济的稳定预期。在当前的形势下，企业家群体更应该不为流言所动，相信国家政策的稳定性，踏踏实实把民营经济办得更好。① 2018年10月，习近平总书记在给"万企帮万村"行动中受表彰的民营企业家回信表示："改革开放40年来，民营企业蓬勃发展，民营经济从小到大，由弱变强，在稳定增长、促进创新、增加就业、改善民生等方面发挥了重要作用。民营经济的历史贡献不可磨灭，民营经济的地位作用不容置疑，任何否定、弱化民营经济的言论和做法都是错误的。"他还强调："支持民营经济发展，是党中央的一贯方针，这一点丝毫不会动摇。"面对社会上关于民营经济发展的各种噪音，党中央的及时回应在很大程度上提升了民营企业的发展信心。② "私营经济离场论"本是荒诞之言，但是这一言论却确实引起了私有制经济企业家们的惶恐不安，从一定程度上恰可以表明，当前的制度环境和法律环境仍然没有给私有制经济企业家们一个确信安全的环境，这对于非公有制经济的发展壮大是极其不利的。

2018年11月1日，习近平总书记召开了民营企业座谈会并发表重要讲话。他强调：非公有制经济在我国经济社会发展中的地位和作用没有变。我们毫不动摇鼓励、支持、引导非公有制经济发展的方针政策没有变。我们致力于

---

① 参见李拯：《人民日报评民营经济：只会壮大、不会离场》，http://finance.sina.com.cn/stock/hkstock/ggscyd/2018-09-13/doc-ihiixyeu7212993.shtml，2019年9月26日访问。

② 参见《习近平给"万企帮万村"行动中受表彰的民营企业家的回信》，http://www.xinhuanet.com/2018-10/21/c_1123590760.htm，2019年10月21日访问。

为非公有制经济发展营造良好环境和提供更多机会的方针政策没有变。我国民营经济只能壮大、不能弱化，不仅不能"离场"，而且要走向更加广阔的舞台。他还表示，我国基本经济制度写入了宪法、党章，这是不会变的，也是不能变的。任何否定、怀疑、动摇我国基本经济制度的言行都不符合党和国家的方针政策。所有民营企业和民营企业家完全可以吃下定心丸，安心谋发展。①

在改革开放四十年的节点，习近平总书记的讲话更加肯定了民营经济在我国社会主义市场经济中的重要作用，民营经济已经成为推动我国经济发展不可或缺的力量，我国要继续为民营经济营造更好的发展环境，帮助民营经济解决发展中的困难，让民营经济在新时代的背景下更加蓬勃地发展。

---

① 参见《吃下定心丸，安心谋发展——习近平总书记重要讲话让民营企业倍受鼓舞》，http：//news.gmw.cn/2018-11/03/content_31892110.htm，2019年9月29日访问。

第十二章
我国对外投资的法治塑造

党的十九大报告指出,中国秉持共商共建共享的全球治理观,创新对外投资方式,促进国际产能合作,形成面向全球的贸易、投融资、生产和服务网络,加快培育国际经济合作和竞争新优势。2017年中央经济工作会议更强调,创新对外投资方式,以投资带动贸易发展、产业发展,有效引导支持对外投资。对外投资一直是国家集聚资金优势,助力经济发展的重要源泉。回顾改革开放的历程,我国对外投资经历了禁区突破——重整旗鼓——"引进来与走出去"——立法理念转变等多个阶段性节点。随着多边、双边经贸关系不断发展,我国对外投资潜力巨大、前景乐观,有望朝着高质量、高效率、更为理性的方向发展。

改革开放以来,我国对外投资的成果十分显著,并出现了两个高峰时期,分别是1992—1993年与2016年(见图12-1)。其中,1992年召开的中共十四大确定我国经济体制改革的目标是建立社会主义市场经济体制,对外投资管理由此逐渐规范化,基本形成了从个案审批向规范性审批的转变。2016年前后,我国对外投资流量达到1961亿美元(非金融类1701.1亿美元),投资存量的世界排名达到第六位。具体分析,2016年,我国对外投资合作呈现以下特点:(1) 对外投资合作健康有序发展,与"一带一路"沿线国家合作成为亮点;(2) 对外投资行业结构进一步优化,实体经济和新兴产业受到重点关注;(3) 并购的地位和作用凸显,支持结构调整和转型升级的领域成为热点;(4) 地方企业占据对外投资主导地位,长江经济带沿线省市表现活跃;(5) 对外承包工程新签大项目多,带动出口作用明显。[①]

---

① 参见冯其予:《2016年我国对外投资同比增长44.1%》,载《经济日报》2017年1月17日。

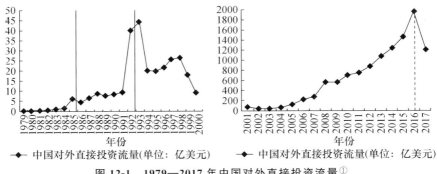

图 12-1　1979—2017 年中国对外直接投资流量[①]

2018 年，我国对外投资依旧保持平稳健康发展。截至 2018 年 9 月，我国境内投资者共对全球 155 个国家和地区的 4597 家境外企业进行了非金融类直接投资，累计实现投资 820.2 亿美元，同比增长 5.1%。[②] 对外投资的发展主要围绕以下几个方面进行：(1) 带动"一带一路"沿线国家开展更多经济活动；(2) 对外投资的产业选择性增强，主要流向租赁和商务服务业、制造业、采矿业、批发和零售业；(3) 境外经贸合作区投资数额呈增长之势。不难看出，我国对外投资逐步向开放型、合作型、优化型转变。

2019 年，世界经济增长的动能放缓，不确定性显著增加，而我国经济稳中有进，内生动力不断增强，成为拉动世界经济复苏和增长的重要引擎。我国政府扎实推进"一带一路"高质量发展，积极融入全球价值链、产业链、创新链，实现对外开放的内外联动。我国跨国公司的对外投资更趋理性，国际影响力和竞争力显著提升。

本章将梳理 1978 年以来我国对外投资的基本情况，并记述对外投资的发展进程，以事件为穿插线索，揭示改革的背景和现状，探讨对外投资的发展趋势与方向，展现改革开放的制度成果与经济成绩。

一、突破禁区：从对外经济合作到对外直接投资

国际合作指的是"通过政策协调过程，行为者将它们的行为调整到适应其

---

① 参见郭凌威、卢进勇、郭思文：《改革开放四十年中国对外直接投资回顾与展望》，载《亚太经济》2018 年第 4 期。
② 参见《2018 年 1—9 月中国对外投资合作情况》，https://www.yidaiyilu.gov.cn/xwzx/gnxw/69033.htm，2018 年 10 月 17 日访问。

第十二章
我国对外投资的法治塑造

他行为者现行的或可预料的偏好上来"①。经济合作是国际合作的方式之一，专指在经济领域的资金、项目、协议合作，体现出资金的流通特性以及经济全球化的时代背景。对外经济合作是一国基于自身的国家战略观念，以经济协作和经济交往的方式实现资金跨国流动，从而实现价值的提升以及价值的创造。

1978 年党的十一届三中全会的召开，标志着党和国家的工作重心转移到经济建设上来。相较于计划经济时期的经济政策，改革开放之后的经济发展逐步呈现加速状态。1982 年党的十二大将对外经济政策提上议程。自此，我国改革开放政策初步践行：一方面，旧的观念被打破，积极变革、勇于开拓的新观念成为主导；另一方面，怀疑和僵化的观念时时会干扰人们对改革方向的判断。② 这成为我国对外投资起步的重要政策基础，体现出顶层对于对外经济合作愈加重视。

报告专栏

关于坚持自力更生和扩大对外经济技术交流的问题③

"实行对外开放，按照平等互利的原则扩大对外经济技术交流，是我国坚定不移的战略方针。我们要促进国内产品进入国际市场，大力扩展对外贸易。要尽可能地多利用一些可以利用的外国资金进行建设，为此必须做好各种必要的准备工作，安排好必不可少的国内资金和各种配套措施。要积极引进一些适合我国情况的先进技术，特别是有助于企业技术改造的先进技术，努力加以消化和发展，以促进我国的生产建设事业。"

"我们进行社会主义现代化建设，必须立足于自力更生，主要靠自己艰苦奋斗。这是绝对不能动摇的。扩大对外经济技术交流，目的是增强自力更生的能力，促进民族经济的发展，而决不能损害民族经济。国内能够制造和供应的

---

① 参见〔美〕罗伯特·基欧汉：《霸权之后：世界政治经济中的合作与纷争》，苏长和、信强、何曜译，上海人民出版社 2001 年版，第 51 页。
② 参见柳彦：《中国国际经济合作观的历史变迁》，载《经济问题》2013 年第 2 期。
③ 参见《胡耀邦同志在党的十二大谈对外经济贸易政策》，载《国际贸易》1982 年第 10 期。

设备特别是日用消费品，不要盲目进口。要在统一计划、统一政策和联合对外的前提下，发挥地方、部门和企业开展对外经济活动的积极性，同时反对任何损害国家民族利益的行为。我们千万不要忘记，资本主义国家和资本主义企业决不会因为同我们进行经济技术交流，就改变它们的资本主义本性。我们在坚持实行对外开放政策的过程中，一定要坚决警惕和抵制资本主义思想的侵蚀，反对任何崇洋媚外的意识和行为。"

以上内容摘自胡耀邦同志在党的第十二次全国代表大会上的报告。

这份报告的摘要反映出当时对于对外经济交流的推进与迟疑，一方面，对于对外经济技术交流的积极作用予以肯定，将之定位为我国坚定不移的战略方针；另一方面，强调自力更生地进行社会主义现代化建设，不盲目进口，同时警惕和抵制任何崇洋媚外的意识和行为，并强调在维护国家经济安全的基础上，初步探索对外经济合作的前景和方向。整体而言，这份报告体现出改革开放初期我国对于对外经济交流的一个态度趋向，是一个开放态度的起点。

（一）第一家合资企业的开办——京和股份有限公司

1979 年 8 月 13 日，在国务院提出的 15 项经济改革措施中，第 13 项是"允许出国办企业"。这一政策标志着我国企业开始了对外直接投资的探索之路。为了贯彻执行这项政策，1981 年和 1992 年，对外贸易部分别颁发了《关于在国外开设合营企业的暂行规定》《关于在境外举办非贸易性企业的审批和管理规定（试行稿）》。[①] 两项规定的颁布，从正面鼓励我国企业进行在国外开设合营企业的尝试，并对开设合营企业提供了保障功能。此后，为了绕开进出口国对中国的限制措施，扩大自身原材料的进口或是加工制成品的出口，部分企业采取投资的方式，到当地或是第三国建立企业，以降低获取信息与生产的成本，实现贸易进出口的扩张。[②]

1979 年 11 月，北京市友谊商业服务公司与日本东京丸一商事株式会社合资在日本成立京和股份有限公司，这是我国在境外开办的第一家合资企业，同

[①] 参见董志凯：《改革开放与跨国（地区）投资历程考察》，载《桂海论丛》2013 年第 1 期。
[②] 参见黄梅波、李泽政：《中国对外直接投资 40 年：动因及模式》，载《东南学术》2018 年第 4 期。

时也是我国第一家非进出口贸易型海外企业。这一时期，我国企业的国际化以内向型为主，吸收外商合资企业的投资，多为劳动密集型的加工项目和宾馆、服务设施等第三产业项目。[①]

京和股份有限公司的地位和性质具有特殊性：首先，京和股份有限公司在境外开办，是我国企业跨境办企业的首次尝试；其次，京和股份有限公司的两个股东分别是中日两家公司，前期的政策沟通、资金流动对于后续对外投资项目的开展具有重要的指导性意义；最后，京和股份有限公司作为非进出口贸易型企业，体现出我国在改革开放初期对于对外投资合作的保守态度。同时，京和股份有限公司的成立也标志着中国对日直接投资的开端。但是，在此之后受缺乏鼓励企业海外投资的战略支撑、日元升值导致投资成本高等因素的影响，中国对日投资出现放缓倾向。直至 2001 年中国加入 WTO 之后，在"走出去"战略的推动之下，中国对日投资再次迎来高潮，更多国有资金、技术走出国门，与日本先进的科技手段、项目运营相互结合，形成中日投资合作的繁荣景象。

（二）第一次对外直接投资高潮

1979—1986 年，在政策的初步指引下，我国共创办海外投资型企业 277 家。经过估算，在此期间，平均每年创办企业数目达到 35 家，企业资产平均规模为 91.25 万美元。其中，中方累计投资总额达到 2.83 亿美元，年均对外直接投资总额达到 3159.38 万美元。这一阶段是我国企业进行海外直接投资和跨国经营的尝试性起步阶段，从整体来看，参与海外直接投资活动的企业尚不多，投资项目少，规模不大，投资领域集中在航运服务、金融保险、承包工程和餐饮业等。

具体而言，这一时期的对外投资呈现出两个特征：第一，投资领域集中，如金融服务、建筑工程承包、餐饮服务等行业。这些行业以服务型劳动力为核心，流动性成本较低，风险较小，远离涉及国家安全的重要行业和领域，从根本上保障了我国对外开放初期的经济稳定与制度平衡。第二，对外投资的主体公司规模较小，数目较少。这是由于我国对外投资刚刚起步，对规模与数目实

[①] 参见厉翔等：《中国企业国际化历程阶段分析》，载《经济视角（下）》2010 年第 10 期。

行有限控制更有利于监管。

从1987年开始,我国经济改革和对外开放的步伐加快,国内经济活动日趋活跃,企业的对外投资意识日趋强烈,我国企业的海外直接投资与跨国经营进入稳健成长的新阶段。仅1987年,我国对外直接投资金额就达到4.1亿美元,是1986年的8倍。与此同时,海外兴办的企业也在不断增加,不论是资金规模还是结构规模都有了大幅度的提升。据统计,1987年,海外兴办的企业达到124家,协议总投资金额达到13亿美元。

发展至1991年,一些综合实力较强的工业企业和金融企业均加入对外直接投资的浪潮中。例如,中国国际信托投资公司1986年利用杠杆租赁收购澳大利亚波特兰铝厂10%股权,这被评为"1986年世界十大融资案例"之一;上海自行车公司1991年在加纳建立了凤凰自行车加纳有限公司,又在巴西与当地企业合资成立两个自行车生产厂,在出口创汇的同时拓展了海外市场。①此阶段是我国对外投资的一个高潮时期,通过不断的政策指引以及制度支持,国内资金合理投资运用到境外企业和项目之中,成为我国经济收入的一个重要来源。同时,在与外资进行合作过程中,我国的国际经济影响力也逐步提升。但是,基于多变的国际经济环境以及经济犯罪的多样化,立法监管再次落后于政策文件,出现监管的漏洞和断层,在创办程序、资金管理、税收监管等方面均面临着巨大的挑战。

事件专栏

中国国际信托投资公司收购澳大利亚波特兰铝厂股权②

中国国际信托投资公司(简称"中信公司",英文名称为"CITIC Group"),是经改革开放总设计师邓小平亲自倡导和批准,由前国家副主席荣毅仁于1979年10月4日创办的,其主要业务集中在金融、实业和其他服务业领域。

---

① 参见黄梅波、李泽政:《中国对外直接投资40年:动因及模式》,载《东南学术》2018年第4期。
② 参见朱赛敬:《杠杆租赁融资模式在我国的应用研究》,载《经济研究导刊》2011年第2期。

第十二章
我国对外投资的法治塑造

1986年，中信公司利用杠杆租赁收购澳大利亚波特兰铝厂10％股权，被评为"1986年世界十大融资案例"之一。杠杆租赁是融资租赁的特殊形式之一，是承租人、出租人和贷款人三方之间的协议安排。其特点是：承租人使用资产并定期支付租金；出租人购买资产，将其交付于承租人，并定期收取租金。以杠杆租赁收购股权是一种杠杆融资模式。杠杆租赁融资模式就是以杠杆租赁为基础设计出来的一种项目融资方式，这种模式在国外应用的范围比较广，可以满足大型资金规模的需求。

在杠杆租赁融资模式下，出租人由多个主体（股权投资人）共同出资构成，是项目资产的所有权人，由其投入的股本资金和以无追索权方式筹集的债务资金解决项目的建设资金，并将项目资产出租给承租人使用，通过收取租金获得收益；承租人是项目真正的投资人，通过定期支付租金获得项目资产的使用权，并运营项目，从而获得项目投资收益。杠杆租赁融资模式可以充分利用税务亏损，降低项目投资主体的融资成本和投资成本。这也是中信公司采取杠杆租赁收购澳大利亚波特兰铝厂10％股权的高明之举，为之后的杠杆租赁融资提供了范本与参照。

二、重整旗鼓：严格整顿清理时期

在前一阶段，我国对外投资在探索中逐步发展，并形成了对外投资的初期高潮，无论在对外投资总额还是海外合作兴办企业的数量上均表现出向好的乐观趋势。但是，对外投资关系着国家经济平稳发展以及国家安全和社会稳定，改革初期的监管空白也导致了对外投资"野蛮生长"的状态。此时，监管部门需要会同相关负责部门进行严肃整顿，并会同立法机关在制度层面对投资行为进行应有的规制与监管，形成立法、司法、行政三管齐下，逐步实现日后的对外投资秩序构建。

（一）程序审查与制度鼓励并进

这一阶段，国家对新增投资实行严格控制的审批政策，并对已有投资重新登记。1992年,党的十四大提出建立社会主义市场经济体制的目标。市场经济体制需要有完善的主体登记制度,并建立信息公开体系,从而达到审慎公正的市场监管。对外投资是社会主义市场经济体制重要的组成部分,审批与登记环节必不可缺。1993年,为了缓解经济过热的局面,使经济实现软着陆,国家实行经济结构调整,对各项海外投资业务进行清理整顿,对新增投资实行严格控制的审批政策,并对已有投资重新登记。

这项程序审查增强了对外投资所建立企业的质量,同时保障了市场相对方对于市场行为参与的知情权,初步形成了对外投资市场主体的合法准入制度,为今后的对外投资奠定了相应的政策和程序基础。除了出于国内市场监管的考虑外,世界经济状况的变化也促使我国采取相应措施,如1997年东南亚金融危机爆发,严重影响亚洲部分大国的经济状况和政局稳定性;不合理的国际分工、贸易和货币体制使得发达国家在整个金融市场中占到绝对优势,同时国际金融市场上游资的冲击导致市场上的炒作获利行为增加,短期暴利行为加剧了资本的不平衡集中。1998年东南亚金融危机反映出全球经济的不断融合性。

面对严峻的东南亚金融危机的影响,我国及时调整对外投资的步伐,在政府工作报告中提出"稳妥地进行对外直接投资"。直至1999年东南亚金融危机逐渐平息,我国政府深刻总结以往的对外直接投资的经验和此次应对金融危机的教训,鼓励"有条件的企业"和"国内有比较优势的企业"进行对外直接投资。严格管理并非完全限制,相关制度的鼓励机制也对我国对外投资起到关键性的保障和促进作用。

对外直接投资有其必要性。任何国家的经济发展都会受到关键性短缺资源的制约,这必然成为经济发展的瓶颈,我国也不例外。当在本国获取资源的成本较高,而进口贸易又受到国际市场供给关系和国际市场价格的影响时,对外直接投资就成为获取这些资源的重要途径。[①] 除此之外,对外直接投资所带来的经济红利、技术优势与资金源泉也是我国改革开放以来对于对外直接投资持支持态度的重要原因。

---

① 参见胡朝晖:《我国发展对外直接投资的必要性》,载《国际商务(对外经济贸易大学学报)》2006年第2期。

第十二章 我国对外投资的法治塑造

事件专栏

首都钢铁集团收购秘鲁铁矿厂[1]

首钢秘鲁铁矿股份有限公司标志图[2]

20世纪90年代初,秘鲁藤森政府决定把长期亏损的国营企业秘鲁铁矿厂进行私有化转型,以期待转变秘鲁铁矿厂的低迷状态。此时,作为我国优质的大型国有企业,首都钢铁集团(以下简称"首钢")为响应国家对外投资政策导向,意欲开拓海外市场,增强自身产业和技术实力。

首钢在决定竞标秘鲁铁矿厂时,我国钢铁业正处于快速发展之中,首钢甚至提出了年产1000万吨钢的目标。不过,铁矿资源不足成为首钢和整个中国钢铁业发展的瓶颈。因此,首钢对秘鲁铁矿厂几乎抱着志在必得的期望。但是,由于缺乏调研经验与估值手段,首钢出资额出现了标高的状态。由于对秘鲁政府意向调研不足,对参与投标的其他几个竞争对手也不了解,首钢在投标中一下子就开出了1.2亿美元的高价。事后,首钢才知道,这个价格远远高出秘鲁政府的标底,也大大高出其他对手的出价。

最终,在秘鲁铁矿厂的国际招标中,首钢斥资1.2亿美元投得该标,收购了秘鲁铁矿厂98.4%的股权,获得马科纳矿区670.7平方公里内所有矿产资源的无限期开发和利用权,成为成功并购外国公司的第一家中国国有企业。

收购后,首钢秘鲁铁矿股份有限公司成立。公司的主要产品有高炉球团、直还球团、细精粉、粗精粉及粗粒度矿等,销往亚洲、美洲以及秘鲁当地市

---

[1] 参见王晓磊:《有色行业海外投资的成功范例——浅析中信投资澳洲波特兰铝厂的成功经验》,载《中国金属通报》2003年第16期。

[2] 图片来源: http://www.mihuaxw.com/news/view/861.html, 2018年10月17日访问。

场，中国钢铁企业是其主要用户。

秦鲁铁矿厂拥有优质的矿产资源，矿石品位高，含铁量在50%以上，并且在所在地区有丰富的铜矿资源。收购初期，首钢试图通过邀请部分工会领导人到中国参观访问的方式，让秦鲁工会领导人了解中国工人在工厂中的状态，从而相互借鉴，实现生产力的提升。然而，适得其反，这引发了工会领导人对于矿厂员工福利的追加要求。1996年，矿厂爆发了长达42天的全面罢工，对矿厂的经营造成了严重的影响。这一劳资问题也对首钢如何更有效地管理员工提出了严峻的挑战。最终，经过多年的探索，首钢逐步实现了对于工会权利的合理把握，基本缓解了工人与企业之间的长期矛盾。但是，直至今日，劳资问题依旧是多个中外合资企业的重要问题，如何平衡不同国家员工的福利要求、权利保障，以及如何适用法律、法规，都有赖于持续关注和不断尝试。

（二）投资结构的改善

对外投资结构是指一国对外投资总量中各分量之间的关系或比例。对外投资类别结构反映一国对外投资中直接投资、证券投资、国际贷款和灵活投资各自所占比例，其主要影响因素是该国经济发展水平和国家的对外投资政策。当一国经济发展迅速，资金存量雄厚的时候，其对外投资结构会更加偏向于对新兴产业的相关投资。与之相反，当经济水平相对薄弱的时候，一国对于对外投资的产业选择集中于传统产业。我国的对外投资产业结构也经历了一个渐进性转变。

冷战结束后至2008年国际金融危机爆发前，经济全球化成为国际经济发展的一大趋势，科技资本富集国、制造国、资源国之间分工协作，国际大三角分工体系基本确立，形成资本、原材料、制成品和服务的国际环流。[1]

在改革开放初期，我国对外投资的产业方向相对集中，主要投资于商务服务业、制造业、采矿业、批发和零售业，并且缺乏相关投资的结构性指引，对外投资的多数主体是经济实力强大的国有企业。同时，由于对外投资的经验较少，面对不熟悉的国际投资环境，产生了多种投资问题。正如前文所介绍的案例中，首钢正是因为对于被收购方的资产状况、股权价值等重要内容不了解，造成出价过高。同时，长期的劳资纠纷也造成首钢秘鲁铁矿股份有限公司初期

---

[1] 参见王春正：《经济全球化发展趋势下的中国对外投资——在庆祝香港回归祖国20周年高峰论坛上的发言》，载中国国际经济交流中心编：《中国智库经济观察（2017）》，社会科学文献出版社2017年版。

的生产经营积极性低迷，管理体制混乱。从另一角度而言，这也是对于国有资产的一种消耗。

1992年年底，我国投资行业从贸易服务向资源开发、生产制造等领域延伸。截至2001年年底，对外直接投资的44%投向了生产性领域，在一定程度上改善了以贸易型投资为主的结构。① 多领域、有针对性的领域投资是对我国多年对外投资经验的总结。可以看出，进入21世纪，我国对外投资的结构更趋多元化，不再局限于改革开放之初以服务型劳动力为核心的相关产业，而是更多地向生产制造等实体领域进行投资。一方面，这体现出我国资金实力的增强，所涉及领域更加全面，已经能够应对多领域的投资压力与后续的资金供给。另一方面，原先的贸易型投资结构对于一国的对外投资造成了较大的局限，也是改革开放以来对于对外投资领域的初试，体现出在对外投资领域制度对于行业的支撑与保障。

投资结构的改善对于之后我国"引进来"与"走出去"的政策导向也奠定了产业结构的基础，对于吸引外资的重点产业之优势地位应予以突出；对于国家更多企业向海外投资的行为，应在监管的同时审查其投资的产业领域，对我国产业结构形成相应的反馈，对相关的投资成果进行汇总，对改革进程中所面对的新问题、新情况及时予以回应，面对世界经济共同体的发展，形成属于我国自己的制度体系。

三、政策导向："引进来"与"走出去"

1997年12月24日，江泽民在会见全国外资工作会议代表时提出："'引进来'和'走出去'，是我们对外开放基本国策两个紧密联系、相互促进的方面，缺一不可……"他指出，我们不仅要积极吸引外资，也要积极引导和组织国内有实力的企业走出去，到国外去投资办厂，利用当地的市场和资源。"在努力扩大商品出口的同时，必须下大力气研究和部署如何走出去搞经济技术合作。"他强调："这是一个大战略，既是对外开放的重要战略，也是经济发展的重要战略。"

"引进来"，顾名思义，是指在改革开放过程中将国外先进的技术、成果和管理经验融入我国的发展过程中，从而加快我国经济的发展速度，稳固企业的

---

① 参见王晓红、李自杰、李耀辉：《改革开放30年我国对外直接投资的回顾与展望》，载《国际贸易》2008年第9期。

管理结构,强化市场的包容性、开放性和吸收性。当然,在"引进来"的同时,更要注重"走出去"。"走出去"才是我国对外开放的重要目标,也是检验我国对外开放成果的核心标准。对外开放的核心是发展外向型经济,"走出去"可以在更大范围内和更高层次上参与国际分工与竞争,有利于打破贸易保护主义,熟悉国际市场,生产适销对路产品,学习国外先进技术和管理经验。[①] 纵观我国改革开放的进程,"引进来"与"走出去"相伴而行。在强调世界经济共同体的今天,各国因资源、环境等联系更加紧密而被视为利益共同体,先进的技术经验更被视为珍贵的资源,在全球进行沟通交流,从而促进整个金融体系的快速提升。

事件专栏

深圳经济特区的改革开放回顾[②]

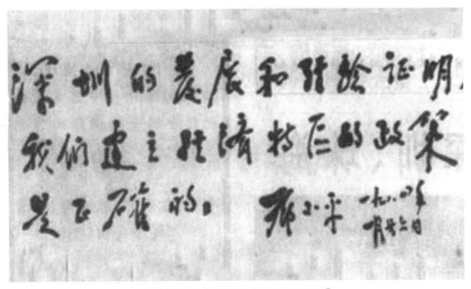

邓小平视察深圳经济特区时的题词[③]

---

① 参见本刊评论员:《跨越:从"引进来"到"走出去"——纪念深圳经济特区成立 20 周年系列评论之三》,载《特区实践与理论》2000 年第 10 期。
② 参见李晓敏、黄超:《境内外媒体点评特区 30 年经验 探讨未来发展路径》,http://unn.people.com.cn/GB/185451/204426/12894784.html,2019 年 11 月 20 日访问。
③ 图片来源:http://www.huaxia.com/zt/tbgz/2004-69/792782.html,2019 年 10 月 18 日访问。

第十二章
我国对外投资的法治塑造

2010年，英国《金融时报》这样评论深圳经济特区：30年前的小渔村是偷渡者的乐园，如今它成为全球新兴市场的样板。《亚洲时报》称，令人炫目的经济增长也给深圳的城市风景带来了令人敬畏的变化，无数的办公大楼、宾馆、商业中心拔地而起……深圳反映出中国正在经历的根本变化，表明中国融入全球经济模式，而经济特区无疑是中国模式中最闪亮的一环。中国特区最大的特点就是在一个国家内部建立起"时空走廊"，虽然这个时空走廊造成了经济发展的不平衡，但是解决了中国"船大难调头"的问题，特区成了中国发展的冲锋舟。

深圳经济特区的批准和成立是一次勇敢的尝试。1980年8月26日，经中华人民共和国第五届全国人大常委会第十五次会议决定批准，在深圳市境内划出327.5平方公里（补更调查数据为395.992平方公里）地域设置经济特区。1980年8月，会议批准颁布了《广东省经济特区条例》，深圳经济特区正式成立，地域包括今罗湖、福田、南山、盐田四个区。2018年1月6日，国务院同意撤销深圳经济特区管理线。

1982年建设中的深圳[①]

[①] 图片来源：http://opinion.jrj.com.cn/2017/04/05073322260022.shtml，2018年10月17日访问。

2017年的深圳经济特区①

　　深圳经济特区在发展过程中也曾遭遇一些阻碍。其中立法权的权限行使就是一个重要的挑战。1992年，全国人大常委会授予深圳经济特区立法权。2000年开始施行的《立法法》继续保留了深圳经济特区的立法权，同时还授予经济特区所在市较大的市立法权。随着深圳经济的迅猛发展，特区内外地方性法规的不一致造成"一市两法"，给整个城市的发展带来诸多障碍。②

　　成立至今，深圳经济特区的发展主要经历了三个阶段③：第一个阶段是从1980年成立到80年代中期，称为"三来一补"与转手贸易阶段。"三来一补"指来料加工、来样加工、来件装配和补偿贸易，是我国在改革开放初期尝试性地创立的一种企业贸易形式，最早出现于1978年。基于成立之初资金实力薄弱、技术欠缺，"三来一补"更加贴近当时深圳经济特区的客观情况，并有助于发挥我国当时的劳动力优势，逐步推进特区优势发展。第二个阶段是至90年代初期，为"三资"企业与自产产品贸易阶段。在这一阶段，特区经济实力

---

　　① 图片来源：http://opinion.jrj.com.cn/2017/04/05073322260022.shtml，2018年10月17日访问。

　　② 参见李舒瑜：《破解"一市两法"问题》，http://news.sina.com.cn/o/2010-01-28/031417005741s.shtml，2019年11月29日访问。

　　③ 参见本刊评论员：《跨越：从"引进来"到"走出去"——纪念深圳经济特区成立20周年系列评论之三》，载《特区实践与理论》2000年第10期。

有所提升,自身劳动力的质量和素质经过初期的磨炼而更具有价值,产品生产加工逐步形成自身的产业链,并且与外资合作更为密切,"三资"企业数量逐步增多,在对外合作与交流上形成了更多的机遇。第三个阶段是高层次的对外开放阶段。随着我国"走出去"企业数量的增加,在世界经济体系之中,我国对外企业的实力逐渐增加,并形成了具有中国特色的对外开放格局。在新时代,深圳经济特区的范本作用对于当下的开放型经济依然有着不可替代的作用。

2018年1月15日,国务院发布了《国务院关于同意撤销深圳经济特区管理线的批复》。批复称,"为促进深圳经济特区一体化发展,结合特区建设发展面临的新形势新使命新任务,同意撤销深圳经济特区管理线"。"这是一个全面开放的积极信号。"中国世界贸易组织研究会副会长、原商务部国际贸易经济合作研究院院长霍建国分析指出,此举有利于粤港澳加强融合,有利于深圳辐射内地,将使得深圳和广东进入融合发展的阶段。①

(一)"引进来"——吸引外资

"引进来"并不是简单地对于某一方面优势资源的引进,而是一种对于优势资源的综合性选择和吸收。对于我国来说,在改革开放之初,面临的最主要的问题就是资金缺陷和技术缺陷。"引进来"在被提出之时也是一种对于传统观念的巨大突破。在改革开放之前,我国奉行"既无内债也无外债"的理念,因此对于外商投资采取一种保守和回避的态度。这虽然保障了我国市场环境的安全性和监管性,但是在一定程度上对于外资进入我国造成了巨大的阻碍,直接后果就是资金的短缺。

《关于建国以来党的若干历史问题的决议》中提出:"我国的革命和建设不是也不可能孤立于世界之外,我们在任何时候都需要争取外援,特别需要学习外国一切对我们有益的先进事物。闭关自守、盲目排外以及任何大国主义的思想行为都是完全错误的。"这一观念的转变对于之后的"引进来"政策有着重要的影响,继而促进了我国经济进一步的对外开放。1984年通过的《中共中央关于经济体制改革的决定》明确指出:"我们一定要充分利用国内和国外两

---

① 参见张文扬:《专家:撤销深圳特区管理线,释放全面开放信号》,载《经济观察报》2018年1月17日。

种资源,开拓国内和国外两个市场,学会组织国内建设和发展对外经济关系两套本领。"在这一背景下,我国对外贸易额逐步增长,吸引外资额不断增多,为企业环境的提升以及改革开放的进一步深化奠定了重要的基础。

(二)"走出去"——海外投资

事件专栏

三大企业"走出去"案例

一、海尔的全球化品牌战略①

海尔位于美国纽约的总部②

海尔集团(以下简称"海尔")创业于1984年,总部位于山东省青岛市,其前身是隶属于青岛二轻局家电公司的青岛电冰箱总厂。青岛电冰箱总厂的前身是1955年组织起来的一个手工业生产合作社。海尔作为全球大型

---

① 参见易北辰:《海尔 AWE 现场展示方案共同诠释"真诚"》,https://www.sohu.com/a/63373175_116262,2019年11月30日访问。

② 图片来源:http://www.qingdaonews.com/gb/content/2010-04/15/content_8349160.htm,2018年10月19日访问。

家电品牌，目前已从传统制造家电产品的企业转型为面向全社会孵化创客的平台。然而，海尔在创立之初所面临的成长环境却十分恶劣。国内外生产电冰箱的厂家众多，国内的生产厂家多达百家，国外品牌的电冰箱产品对于市场的冲击也十分巨大，这对海尔如何进一步发展提出了挑战。在成立初期，海尔采取创名牌的战略措施，逐渐把"海尔"这个区域性品牌发展成一个全国性的品牌。

1997年后，海尔确定了进军"世界500强"的目标，把企业经营目标设定为创出中国的世界名牌，成为世界著名的跨国公司。以1996年12月海尔莎保罗有限公司在印尼雅加达正式成立为标志，海尔成功实现了跨国经营，走向世界。同时，海尔采取出口创牌，建立"三位一体本土化"模式的做法，实施市场链流程再造，走出国门。面对国家"走出去"政策的号召和指引，很多企业迈出步伐，走出国门。但是，面对国际市场激烈的竞争，很多企业出现了难以适应的状况，甚至退回国门。海尔结合自身特点，及时对企业"走出去"的经验进行调研和总结，创造性地提出了"走出去、走进去、走上去"这一"三步走"的战略。这一战略不仅突出了集团要走出去，更反映出海尔在海外市场立足的决心和信心。海尔并未把单纯的"走出去"作为最终目标，而是把树立自身民族品牌，在世界市场真正立足，创造自己的特色市场作为终极奋斗的目标，这也成为海尔日后在国际市场中能够保有市场地位的关键一步。

海尔是我国第一家在美国投资设厂的大型企业。1999年4月30日，海尔在美国南卡罗来纳州建立了美国海尔工业园，于2000年3月正式投入生产。在美国建厂前，海尔在美国的年销售额不到3000万美元。由于该建厂项目的带动，海尔在美国的年销售额3年内提高到2.5亿美元，增长了8倍。这意味着第一个"三位一体本土化"的海外海尔的成立，即设计中心在洛杉矶，营销中心在纽约，生产中心在南卡罗来纳州。

通过海尔"走出去"案例，可以看出一个企业的成功不仅仅依赖于国家政策的支撑，也需要企业自身对于市场规划、经营战略的着重分析和调研。因此，海尔能够在"走出去"浪潮中成功创造出自己的海外市场，体现出属于海尔的经营思维。

二、吉利并购沃尔沃[①]

浙江吉利控股集团（以下简称"吉利"）始建于1986年。李书福以冰箱配件为起点开始了吉利的创业历程。1994年，吉利进入摩托车行业，当年造出中国第一辆豪华型踏板式摩托车。1996年5月，吉利集团有限公司成立，走上了规模化发展的道路。1997年，吉利进入汽车领域，成为中国第一家民营轿车企业。吉利有其独特的市场战略：先把低端市场做好，然后再进入中级轿车市场；在做好做大国内市场以后，再进入国际市场，迅速积累自己的研发能力和投入，不断形成核心竞争力，最终实现2/3的出口，让吉利轿车走遍全世界。

2003年3月24日，主营吉利集团汽车产业的浙江吉利控股集团有限公司成立。从2008年12月传出吉利欲收购沃尔沃至2010年完成收购，收购行为持续将近一年时间。欧盟委员会于2010年7月6日批准了吉利对沃尔沃100%股权的收购。这是迄今为止中国企业对外国汽车企业最大规模的收购项目，收购总资金约18亿美元。2012年，吉利以营业收入233.557亿美元（约1500亿元人民币）首次进入"世界500强"，是唯一入围的中国民营汽车企业。

吉利在发展过程中，市场定位十分准确，对于自身的认识十分深刻，不断提升技术实力、资金实力。吉利收购沃尔沃对于我国整个汽车产业技术结构的发展有着巨大的推动作用。

三、联想并购IBM的PC业务[②]

2004年，IBM宣布将把个人电脑部门出售给中国最大的电脑制造商联想集团（以下简称"联想"）。根据双方达成的协议，联想付出17.5亿美元，包括6.5亿美元现金、6亿美元的联想股票。IBM将拥有联想约18.9%的股份。并购后，联想的规模达到世界第三。与此同时，联想引入三家国际级投资机构，并为其在董事会提供了三个席位，有助于联想面对国际化竞争时作出更加及时有效的决策。在此次并购中，联想付出了巨额资金，体现了联想多年来发展的资金实力。作为并购的对价，联想也需要负担起IBM高达5亿美元的"净负债"，这对联想今后的盈利能力提出了不小的挑战。

---

① 参见何昌盛等：《吉利战略转型案例分析》，https://www.docin.com/p-531318407.html，2019年11月3日访问。

② 参见刘灯辉：《联想并购IBM案例分析》，https://wenku.baidu.com/view/13998448bceb19e8b9f6ba1b.html，2019年11月3日访问。

第十二章
我国对外投资的法治塑造

此次并购对于提升联想的技术实力以及我国计算机产业的制造水准有关键作用。联想缺乏的是核心技术和自主知识产权，在全球市场上的品牌认识度不高，缺乏销售渠道。IBM 则拥有覆盖全球的强大品牌知名度、世界领先的研发能力以及庞大的分销和销售网络。并购 IBM 全球 PC 业务是联想国际化发展的需要。联想对于此次并购行为作了充分的准备和考察。从 2003 年 12 月起，联想开始着手对该项收购进行尽职调查，聘请麦肯锡为顾问，全面评估并购的可行性。2004 年春节过后，联想又聘请高盛作为财务顾问，开始了与 IBM 长达 13 个月的艰苦谈判。联想和 IBM 双方为了使并购顺利通过美国政府的审查，作了充分的准备。联想方面积极配合美国政府部门调查并作出让步，如可不获得 IBM 的美国政府客户名单等。IBM 也曾邀请包括前国家安全顾问在内的政要出面游说政府部门。审查最终于 2005 年 3 月 9 日获得通过。总体而言，对于联想来说，并购 IBM 的 PC 业务是打入国际市场，提高行业集中程度及市场占有率，增加长期获利的一个好机会，但是对因此付出的成本以及之后的营业效益也需要继续进行考量。

1978 年，党的十一届三中全会明确提出，"在自力更生的基础上积极发展同世界各国平等互利的经济合作"。这一对外开放的思想为我国之后的"走出去"战略奠定了基础，同时鼓励我国企业大胆走出国门进行投资经营，融入国际市场，在市场竞争中做独立的市场主体，并不断提升自身的适应能力。江泽民同志承前启后，在总结了我国对外开放的历史后，正式提出把"走出去"作为国家战略。1992 年，江泽民同志在党的十四大报告中明确指出，要"积极扩大我国企业的对外投资和跨国经营"。再往前追溯，胡耀邦同志 1982 年曾经提出过"两个市场、两种资源"。[①] 这个思想实际就已经有了"走出去"的理论基础在里面。2000 年年初，江泽民同志在向中央政治局通报"三讲"情况的讲话中，在全面总结我国对外开放经验的基础上，首次把"走出去"战略上升到"关系我国发展全局和前途的重大战略之举"的高度。2005 年，温家宝同志在政府工作报告中提出："要进一步实施'走出去'战略。鼓励有条件的企业对外投资和跨国经营，加大信贷、保险、外汇等支持力度，加强对'走出

---

① 参见韩福东等：《胡耀邦之子称中国发展市场经济需重视商业伦理》，https://news.sina.com.cn/c/2011-08-20/051023021614.shtml，2019 年 12 月 20 日访问。

去'企业的引导和协调。建立健全境外国有资产监管制度。"

可以看出，改革开放后，国家领导人对于"走出去"十分重视，并且将"走出去"提升到很重要的国家高度。"走出去"战略的提出也是基于对我国改革开放初期所面临的国内外环境的思考。改革开放初期，我国经济因遭受十年"文革"的重创而亟待恢复，综合国力有待增强，人民生活水平也有待改善。在这一阶段，吸引外资是我国以经济建设为中心的重点经济战略之一。随着吸引外资规模的增加，我国企业逐步成长，"引进来"的成果愈加明显。但是，伴随其后的是国内市场逐步在激烈的竞争下接近饱和，谋求更广阔的市场成为我国企业的进一步需求。基于此，"走出去"成为我国企业在改革开放中的又一必经之路。

在新时代，"走出去"依旧是一个值得重视的课题，如何打造服务中国企业"走出去"的高质量资本平台也成为当下政府面对资本市场重大冲击所需要思考的事，同时需要注重对于民族品牌的保护，对于民族企业家精神和品质的培养更是体现一国、一企业的灵魂所在。2018年10月24日，青岛海尔股份有限公司首次公开发行的D股在中欧国际交易所（以下简称"中欧所"）D股市场挂牌交易，标志着中欧所D股市场正式启动。中欧所联席首席执行官陈晗在接受新华社记者专访时表示，D股市场将成为服务中国企业"走出去"的高质量资本平台，也为海外投资者，尤其是欧洲投资者开辟了投资中国、分享中国发展红利的新通道。① 这也成为我国新时代走出去的新的方向。

然而，近几年来，西方大国的贸易保护势力抬头，贸易摩擦、国家安全审查等手段被频繁使用，贸易保护主义在全球范围内愈演愈烈。2019年4月，《欧盟外商直接投资审查条例》开始实施。该条例明确规定，欧盟成员国可以合法阻止外资对涉及关键基础设施、技术、原材料和敏感信息的收购交易。9月，美国财政部发布了《外国投资风险审查现代化法案》（FIRRMA）实施细则，列举了28类关键基础设施。日趋复杂的涉外政策督促中国企业依法合规经营。2019年1月，中国银保监会发布《中国银保监会办公厅关于加强中资商业银行境外机构合规管理长效机制建设的指导意见》《银行业金融机构反洗

---

① 参见沈忠浩：《专访：打造服务中国企业"走出去"的高质量资本平台——访中欧所联席首席执行官陈晗》，http://www.gov.cn/xinwen/2018-10/25/content_5334228.htm，2018年10月19日访问。

钱和反恐怖融资管理办法》，要求中资金融企业严格遵守东道国法律，建立全面有效的跨境合规管理体系。2019年12月，中共中央和国务院联合发布《中共中央 国务院关于营造更好发展环境支持民营企业改革发展的意见》，对民营企业强化合规经营作出明确要求，强调民营企业"走出去"要遵法守法、合规经营，塑造良好形象。政府通过"一带一路"官网、"走出去"公共服务平台，为企业提供法律法规、国际条约、经贸规则、规范指引、典型案例等合规管理相关信息。中国国际贸易促进委员会积极开展系列合规经营专题培训，制定企业合规指引，从而帮助企业更好地"走出去"。

（三）"引进来"与"走出去"并重

1997年，在党的十五大上，江泽民同志进一步提出，"更好地利用国内国外两个市场、两种资源"；"积极参与区域经济合作和全球多边贸易体系"；"鼓励能够发挥我国比较优势的对外投资"。同年，在全国外资工作会议上，江泽民同志提出："我们不仅要积极吸引外国企业到中国来投资办厂，也要积极引导和组织国内有实力的企业走出去，到国外投资办厂，利用当地的市场和资源。'引进来'和'走出去'，是我们对外开放方针的两个紧密联系、相互促进的方面，缺一不可。"2002年，在党的第十六大报告中，江泽民同志提出："坚持'引进来'和'走出去'相结合，全面提高对外开放水平。"

"引进来"与"走出去"看似是两个相反方向的行为，但是二者有着紧密的联系："走出去"与我国对外投资的行为更加贴近；而在我国改革开放的历史上，"引进来"对于我国企业实力的增强、技术水平的提高以及相关市场人才的引进均起到不可磨灭的作用，这也为之后我国进一步扩大海外市场提供了一个基础性台阶，间接推动了我国经济市场的整体性强健。立足当下，"引进来"与"走出去"都是我国企业发展的重要方式，两者有效结合才能使企业更加有实力去面对当前"金融""经济"与"新技术"结合之下的全球性市场风潮。

四、WTO时代：立法理念转变

世界贸易组织（World Trade Organization，WTO）是对成立于1947年的关贸总协定的替代，于1995年1月1日成立。WTO在组织和法律上与联合国等国际组织处于平等地位。① WTO的宗旨对于参与的各国有指导作用：提高生活水平，保证充分就业和大幅度、稳步提高实际收入和有效需求；扩大货物和服务的生产与贸易；坚持走可持续发展之路，各成员应促进对世界资源的最优利用，保护和维护环境，并以符合不同经济发展水平下各成员需要的方式，加强采取各种相应的措施；努力确保发展中国家，尤其是最不发达国家在国际贸易增长中获得与其经济发展水平相适应的份额和利益；建立一体化的多边贸易体制；通过实质性削减关税等措施，建立一个完整的、更具活力的、持久的多边贸易体制；以开放、平等、互惠的原则，逐步调降各成员关税与非关税贸易障碍，并消除各成员在国际贸易上的歧视待遇。

可以看出，WTO的重要作用在于体现发达国家与发展中国家在贸易沟通中的公平性、平等性，并力图构建起全球化的多边贸易体系。WTO的基本原则为互惠原则、透明度原则、市场准入原则、促进公平竞争原则、经济发展原则与非歧视性原则。总体来说，WTO对于优化全球的金融贸易体系有着积极作用。一方面，WTO成员数量众多，对于体系的广度构建有着推动作用。另一方面，WTO有着较为全面的法律框架体系。具体的法律框架是指《建立世界贸易组织的马拉喀什协议》及其四个附件，其中附件一包括《货物贸易多边协定》《服务贸易总协定》和《与贸易有关的知识产权协定》，即附件1A、附件1B和附件1C；附件二为《关于争端解决规则与程序的谅解》；附件三为《贸易政策审议机制》；附件四是诸边协议。随着国际社会经济贸易的不断发展，国际经贸领域的贸易战也日渐频繁。在解决国际经济贸易纠纷方面，WTO自成立以来就发挥着重要作用。

1995年7月11日，WTO总理事会会议决定接纳中国为该组织的观察员。我国自1986年申请重返关贸总协定以来，为复关和加入WTO进行了长达15年的努力。2001年12月11日，我国正式加入WTO，成为其第143个成员。加入WTO对于我国来讲是一把"双刃剑"。从有利的视角探讨我国"入世"这一举动，有利之处体现在以下几个方面：(1)有助于我国构建多元化的市场体系，促进企业市场主体意识的增强；(2)有助于我国与其他成员的贸易往来链条的进一步完善，加强国际经贸合作，促进国际经济循环；(3)有助于加强我国面对市场竞争压力的防控意识和监管意识，建立起属于我国市场经济环境

---

① 参见杨灿英：《加入WTO对外商在华直接投资的影响》，载《山东社会科学》2000年第4期。

下的管理体系,并制定相应的制度与之相互配套。但是,随之而来的弊端也不可忽视。随着贸易往来的频繁增加与愈加深入,贸易风险冒头,金融犯罪的形式更加隐秘,如何合理断定犯罪要件并及时采取措施对国内外监管机关提出了严峻的挑战。

同时,为适应加入WTO后我国经济由"外向型"向"开放型"转变的需要,通过在世界范围内获取资金、技术、智力和其他战略资源,以加快经济发展"转方式、调结构"进程,在《国民经济和社会发展"十五"计划纲要》中,我国正式提出实施以对外直接投资为核心的"走出去"战略。[①] 这也反映了新时代背景下我国发展外向型经济的新方向。

(一)《外商投资法》的出台及其配套规定

《外商投资法》及其配套规定《最高人民法院关于适用〈中华人民共和国外商投资法〉若干问题的解释》(以下简称《外商投资法司法解释》)、《外商投资法实施条例》已自2020年1月1日起施行,"外资三法"(即《外资企业法》《中外合资经营企业法》《中外合作经营企业法》)及其实施条例或实施细则以及《中外合资经营企业合营期限暂行规定》同时废止。这意味着我国外商投资政策正式进入"三法合一"的时代,一并生效的配套规定构成了我国新时代外商投资法律制度的基本框架。

随着改革开放的深入,"外资三法"的相关规范已逐步为公司法、合伙企业法等法律所涵盖,"外资三法"也难以适应新时代改革开放新格局的需要。2019年3月15日,第十三届全国人民代表大会第二次会议通过了《外商投资法》。这是我国外商投资领域第一部统一的基础性法律,在我国经济立法史上具有里程碑意义。该法主要有以下亮点:第一,将原来的"外资三法"合而为一,在废止"外资三法"的同时也为企业预留了五年的过渡期,成为规范我国吸引外资和外向型经济发展的一部关键法律。第二,"外资三法"确立的是"一事一批"的投资规定和《外商投资产业指导目录》"正面清单",对外国投资者而言,增加了其在我国进行投资的难度。《外商投资法》确立的准入前国民待遇加负面清单的管理制度与之前在自由贸易试验区内暂时调整的规定相接

---

① 参见周升起等:《加入WTO十年来的中国对外直接投资:特征、困扰与思考》,载《世界经济研究》2011年第12期。

轨，从根本上摈弃了"外资三法"中的逐案审批制度，对于激发外商投资企业公平进入市场竞争具有积极促进作用。第三，目前国际上并没有形成国际技术转让多边规则，而我国对于技术的需求极为迫切，因此借助外国资本进入机会提出技术转让要求会引起发达国家的极力反对。《外商投资法》明确规定行政机关及其工作人员不得利用行政手段强制转让技术，保障了外国投资者的合法权益。第四，在制定"外资三法"时期，我国是单方面鼓励、尽可能地用优惠政策来引进先进技术和资金以促进国家经济发展。而今中国国际地位有所提高，《外商投资法》建立了外商投资安全审查制度，对于外资的准入和待遇大大放宽，也有利于防止外资企业进入后影响我国的国家安全，保障国内市场安全。

事件专栏

永辉超市因国家安全审查取消收购中百集团[①]

永辉超市股份有限公司（简称"永辉超市"）和武汉商联（集团）股份有限公司（简称"武汉商联"）同为中百控股集团股份有限公司（简称"中百集团"）的股东。永辉超市自2013年起就对中百集团开展投资，此后多次增资。截至2019年上半年，永辉超市及其关联方合计持有中百集团29.86%的股份。在永辉超市屡屡增持的同时，武汉商联也通过增持以及达成一致行动人等方式不断巩固自身实控人的地位。

2019年3月28日，中百集团发布《要约收购提示性公告》称，永辉超市拟要约收购约10.14%的公司股份，要约收购价格为8.10元/股，较公告前一日5.59元/股溢价22.91%。一旦收购完成，永辉超市持股比例将达到40%，取代武汉商联成为中百集团的第一大股东，有可能导致中百集团实际控制人发生变化。2019年8月20日，永辉超市收到国家市场监督管理总局出具的《经营者集中反垄断审查不予禁止决定书》，通过反垄断审查。8月21日，永辉超市收到国家发改委关于公司要约收购中百集团外商投资安全审查申请表和补充

---

① 参见大队长金融：《永辉收购中百，为何败在国家安全审查？》，http://finance.sina.com.cn/stock/relnews/cn/2019-12-20/doc-iihnzhfz7109259.shtml，2019年12月21日访问。

第十二章
我国对外投资的法治塑造

申报文件的邮件。11月11日，永辉超市收到国家发改委的《特别审查告知书》，决定自11月8日起对永辉超市要约收购中百集团外商投资安全审查启动特别审查。12月16日，永辉超市发布公告称，公司决定取消向中百集团发出的部分要约收购计划，维持29.86%的持股比例不变。

这起国家发改委在2019年4月接手商务部的外商投资安全审查工作后首次被公开报道的涉及国家安全审查的外资并购案件，最终以未能通过国家安全审查而放弃收购计划，使得外商投资国家安全审查制度一时成为热门话题，同时也提示外国投资者，有必要郑重对待长期"潜伏"的国家安全审查制度。

外商投资国家安全审查制度是针对外国投资者对特定领域的直接或者间接投资交易进行审查的制度。2007年颁布的《反垄断法》第三十一条规定："对外资并购境内企业或者以其他方式参与经营者集中，涉及国家安全的，除依照本法规定进行经营者集中审查外，还应当按照国家有关规定进行国家安全审查。"这是我国法律第一次明确提出对外资并购境内企业应当进行国家安全审查。经过数年的探索，2011年2月，《国务院办公厅关于建立外国投资者并购境内企业安全审查制度的通知》（以下简称《通知》）发布，详细规定了外商投资国家安全审查的范围、内容、工作机制、程序等事项。同年8月，《商务部实施外国投资者并购境内企业国家安全审查制度有关事项的暂行规定》（以下简称《规定》）发布，细化了外商投资国家安全审查的具体程序。2014年，为取代"外资三法"，商务部启动了《外商投资法》的起草工作。2015年1月公布的《外商投资法（草案征求意见稿）》第四章对国家安全审查制度作了详细规定。然而，2019年3月通过的《外商投资法》仅在第三十五条就国家安全审查制度作了原则性规定。

外商投资国家安全审查制度的主要内容包括以下两点：一是审查范围。国家安全审查的范围为：（1）关系国防安全的外国投资并购。这包括外国投资者并购境内军工及军工配套企业，重点、敏感军事设施周边企业，以及关系国防安全的其他单位。（2）涉及国内重要行业、关键技术的外国投资并购，并且并购后实际控制权可能被外国投资者取得的。这包括外国投资者并购境内关系国家安全的重要农产品、重要能源和资源、重要基础设施、重要运输服务、关键技术、重大装备制造等企业，且实际控制权可能被外国投资者取得。二是审查标准。国家安全审查机构在对某一项外国投资并购项目进行审查时，要考虑以下四个方面的因素：（1）并购交易对国防安全，包括对国防需要的国内产品生产能力、国内服务提供能力和有关设备设施的影响；（3）并购交易对国家经济稳定运行的影响；（3）并购交易对社会基本生活秩序的影响；（4）并购交易对涉及国家安全关键技术研发能力的影响。

根据上述规定，永辉收购中百集团案需要通过国家安全审查的原因主要有三个方面：第一，永辉超市的第一大股东即持股19.99%的牛奶有限公司是在香港登记设立的私人股份有限公司，属于境外法人，因此永辉超市可能被认定为境外投资者。第二，永辉超市和中百集团的业务都以零售业为主，而零售业虽未被明确列入《国务院办公厅关于建立外国投资者并购境内企业安全审查制度的通知》所列举的并购安全审查范围，但可能属于并购安全审查负责部门改变后国家发改委新增的"关注行业"。第三，"外国投资者取得实际控制权"是进行安全审查的条件之一。如前所述，永辉超市若完成此次收购计划，将成为中百集团的第一大股东，可能取得中百集团的实际控制权。

此外，自2020年1月1日起正式实施的《外商投资法》明确规定，应对影响或者可能影响国家安全的外商投资进行安全审查。因此，不仅并购需要进行审查，其他类型的外商投资（如新设合营企业）也需要根据规定申请国家安全审查。

（二）国家利益至上的理念基础

国家利益是国家制定和实施对外政策的基石，贸易是国与国相互依存的重要途径。随着自由贸易的迅猛发展，自由贸易与国家利益的关系必然受到更多关注。[①] 对外投资的方向和领域关系到经济的进一步稳定，尤其是关系到我国国家安全的行业，对于国家利益的保障更加关注，因为其贸易业务的背后更多关系到我国的经济、政治、文化等多方面的稳定性与持续性。面对利益抉择之时，国家利益至上原则需要对我国对外投资行为形成指引。对于国家利益的保障，我国的相关制度构建也有相应的保障性体系构建。我国《外商投资产业指导目录（2017年修订）》中包括"鼓励外商投资清单"，也包括"外商投资准入负面清单"。2018年6月28日，为进一步推动新一轮对外开放，国家发改

---

① 参见秦治来：《也论自由贸易的国家利益至上原则》，载《国际贸易》2011年第5期。

委、商务部发布《外商投资准入特别管理措施(负面清单)(2018年版)》。2018年版负面清单大幅放宽外商投资市场准入,清单长度由原来的63条减至48条,在汽车、通用航空、银行、证券、保险、期货等领域推出一系列重大开放措施,以更大力度推动对外开放。

在对国家利益至上理论的思考中,国家也需要做好对其自身定位的深入思考,并将定位落实在未来制度的需求之中。在未来的海外利益维护中,国家需要扮演好三重角色:(1)利益评估者,明确海外利益的真实价值所在;(2)原则审视者,根据形势变化检视重大外交原则;(3)现代化治理者,更新自身的治理观念,提升自身的治理能力。[①] 由此可见,国家利益至上不仅仅表现为以国家为中心的利益考量,更需要建立起国家定位的准确性分析。在我国接下来的对外投资中,落实国家利益至上的理论机理,将其融入对外投资行为的事前考量和决策、事中行为过程以及事后投资的借鉴中,实现基础性理论的全过程落实。

(三) 公平竞争理念的塑造

依据经济法的"双手并用"原理,各国一般通过"有形之手"和"无形之手"的"协同",实现各类资源的有效配置,由此形成了政府和市场两大资源配置系统。[②] 公平竞争理念是立足于差异性主体行为所强调的理论基础,其目的在于保障信息不对称下的弱势主体,维护经济实力落后的市场主体,最大限度地实现社会主义市场经济之市场环境的公平性行为体系的构建。在对外投资领域,各国面临的更多是与域外市场主体之间的竞争性行为冲突,以及交易内容、交易技术的差异性趋势。作为发展中国家,我国相较于发达国家还存在一定的差距,因此保障我国企业在对外投资过程中体验到公平竞争十分重要。

公平竞争理念需要在多方面得到体现。首先,作为对外投资的直接主体,我国企业应树立公平竞争意识,同时对不平等对待应及时予以反馈,敢于拒绝不公平的市场交易行为,通过法律手段,依靠国家法律体系对自身利益予以保障,并及时了解相关保障秩序、程序与权利的内容。其次,作为对外投资的相

---

① 参见郎帅:《中国海外利益维护中的国家角色探析》,载《沈阳师范大学学报》(社会科学版) 2018年第6期。
② 参见张守文:《公平竞争审查制度的经济法解析》,载《政治与法律》2017年第11期。

对方,域外市场主体也应秉持公平竞争理念,实现权利义务的相对性。我们极力反对基于地域歧视、种族歧视等不合理因素的投资行为,更应警惕基于高科技的经济犯罪行为对于我国广大投资者的侵害,甚至影响我国经济市场的正常运行。最后,公平竞争理念更应该体现在制度设计与制度运行之中,在起到规制作用的同时,也起到对于公平竞争理念的宣传作用,构建自上而下的公平市场制度。

公平竞争对于经济增长具有至关重要的作用。从静态的角度分析,公平的市场竞争能够把资源分配给最有效率的企业,从而促进企业业绩的高效增长;缺乏公平竞争则可能导致资源在企业间的分配缺乏效率,进而抑制整个经济的总产出。① 面对对外投资形式的多样化发展,应把握公平竞争理念的本质与内在机理,只有认清其内在逻辑,才能真正对公平竞争产生认同,并制定更为贴近市场要求的规则。竞争是加快发展、实现繁荣最有效的手段,使市场在资源配置中起决定性作用,而首要的便是营造公平竞争的市场环境。为此,必须加强三大保障:法治保障、政策保障与文化保障。② 法治保障具有强制性,并且位阶较高,因此在三大保障中具有基础性作用。同时,法治保障并不仅限于国内法保障,还应包括国际法保障,这对国际性组织以及国际性合作协议提出了更高要求。政策保障以规范文件与相关条例为主体,不同地域、区域的政策保障力度有所差异,不同区域间可以形成横向借鉴,并且形成对于法治保障的坚实辅助手段,使法治更为灵活有效地应用于经济市场。文化保障具有潜移默化的属性,是一种非正式的保障手段,也是更为深入人心的保障形式。基于文化的自有属性,它在塑造、形成、发展、传播过程中具有很强的稳定性。因此,文化保障的重点在于"塑造",并且文化保障应蕴含在法治保障与政策保障之中,对法治与政策形成无形的内在保障。

2019年12月12日,国务院总理李克强主持召开国务院常务会议,会议通过《外商投资法实施条例(草案)》(以下简称《条例》)。《条例》与《外商投资法》于2020年1月1日起同步配套实施。

---

① 参见龙小宁、黄小勇:《公平竞争与投资增长》,载《经济研究》2016年第7期。
② 参见徐士英:《公平竞争环境的三大保障》,载《人民日报》2016年1月13日。

法规专栏

《外商投资法实施条例》[①]

《条例》围绕外商关切，从行政法规层面实化和明确了相关事项。

一、平等对待内外资企业

《条例》规定在项目申报、土地供应、税费减免、资质许可等方面一视同仁。外资企业依法平等参与国家、行业、地方等各层次标准制定修订，可提出标准立项建议，并承担标准起草等工作。政府及其有关部门不得限制外资企业进入政府采购市场或实行差别及歧视待遇。

二、强化投资保护

《条例》明确国家对外国投资不实行征收，特殊情况因公共利益需要征收的，应依照法定程序和规定进行，并按市场价值给予补偿。禁止利用行政许可、行政处罚等手段强制或变相强制外国投资者、外资企业转让技术。地方政府及其有关部门不得以区划调整、政府换届、责任人更替等为由，对依法作出的政策承诺及订立的合同违约毁约。县级以上人民政府及其有关部门应按照公开透明、高效便利的原则，建立健全外资企业投诉工作机制，指定部门或机构专门受理，投诉工作规则、投诉处理时限等要对外公布。

三、非歧视

《条例》规定主管部门在审核有关行业、领域准入许可时，不得在许可条件、申请材料、审核环节、时限等方面对外国投资者设置歧视性要求。

四、法律责任

《条例》规定了不依法平等对待外资企业、违法限制外资企业平等参与标准制定、不履行政策承诺、强制转让技术等违法行为的法律责任。

五、港澳台投资者

《条例》明确港澳投资者在内地投资参照《外商投资法》和《条例》执行；我国台湾地区投资者在大陆投资，适用《台湾同胞投资保护法》及其实施细则规定，未规定的事项参照《外商投资法》和《条例》执行。

[①] 参见樊旭：《〈外商投资法实施条例〉出台，强调平等对待内外资企业》，https://tech.sina.com.cn/roll/2019-12-13/doc-iihnzahi7378347.shtml，2019年12月21日访问。

会议要求以贯彻《外商投资法》和《条例》为契机，为包括港澳台企业在内的中外资企业营造一视同仁、公平竞争的市场环境。

2013年9月和10月国家主席习近平分别提出建设"新丝绸之路经济带"和"21世纪海上丝绸之路"的合作倡议。2015年，我国企业共对"一带一路"沿线的49个国家进行了直接投资，投资额同比增长18.2%。2015年，我国承接"一带一路"相关国家服务外包合同金额达178.3亿美元，执行金额达121.5亿美元，同比分别增长42.6%和23.45%。"一带一路"背景下的对外投资同样需要强调公平竞争理念，并注重国家利益至上的恒定规则。随着"一带一路"的发展，对外投资的道路也逐渐显现出一些有待改善的问题：投资布局不均衡、投资结构较单一以及投资风险预测能力较弱等。正如对外直接投资决策直接影响投资效率，尽管我国与"一带一路"沿线国家签订了有利于贸易投资的双边协议，但是国家间经济规模、投资环境、制度文化等异质性因素的存在，使投资决策变得异常复杂。[①] 因此，面对挑战，我国既应充分发挥投资国的资本集聚能力，也应注意应对经济不稳定与牵连性所造成的投资负外部效应，谨防持续性风险渗入国内市场，对国民经济造成一定的冲击与创伤。

研究表明，"一带一路"政策在促进我国对外投资的同时，也会带动产业内部的转型升级，而且产业结构的调整会进一步推动国内企业"走出去"，到国外进行再投资。[②] 对外投资是一个紧密相连的体系，其经济利益在链条之上循环创造价值，其风险也会相互影响而形成对一国经济乃至全球经济的巨大阻碍。未来的改革与发展将在总结经验的基础之上形成更新、更准、更稳的投资道路，将推动更大的投资浪潮的涌动，也将迎接更多资本的涌入，坚守底线、保障国家安全、维护市场的公平观念将成为不变的制度理念。

[①] 参见黎绍凯、张广来：《我国对"一带一路"沿线国家直接投资布局与优化选择：兼顾投资动机与风险规避》，载《经济问题探索》2018年第9期。

[②] 参见易文钧：《"一带一路"背景下对外直接投资与中国产业升级的关系》，载《现代商业》2018年第24期。

第十三章
我国金融监管的法治选择

金融是调动和配置社会资金为市场经济服务的重要途径，是现代经济不可或缺的一部分。但是，金融业也是一个高风险行业。风险表现为因不确定因素导致金融资产损失的可能性，通常包括市场风险（如利率风险、汇率风险、交易风险等）和体制性风险（如管理风险、信用风险、政策风险、犯罪风险等）。上述风险具有扩张性强、社会影响大、周期反应明显等特征，[①] 不是金融机构仅凭自身进行风险防控就能完全避免的。金融体系的发展和进步使得金融领域内各个行业间相互联动和影响，银行、保险、证券等任何一个领域的风险都可能最终演变成一场具有强大破坏力的金融危机，其影响力是一般企业破产所无法比拟的。金融危机对国家的发展破坏性极大。1992年欧洲金融危机、1994年墨西哥金融危机、1997年东南亚金融危机以及2008年全球金融危机都向世界展示了金融危机的惨痛代价。因此，世界各国为了防范和化解金融危机，纷纷开始对金融业进行监管，并逐渐发展出多种监管体制、政策和手段。

金融监管是对金融主管部门依法利用公权力对金融市场主体及其金融活动进行规制行为的总称。金融监管的目的是维护金融体系的安全与稳健发展，保护金融消费者的合法权益，维持金融业的健康秩序。从历史上看，现代金融监管体制的建立大约以20世纪30年代大危机为起始点，这次危机历时近五年，国际金融一片混乱。以美国为例，经济危机首先发生在证券市场，随后流动到

---

① 参见顾功耘主编：《经济法教程》（第三版），上海人民出版社、北京大学出版社2013年版，第716页。

银行系统,造成了全美的经济大萧条。① 金融监管体制主要受金融结构影响,金融监管模式总是随着金融结构的变化而调整,纵观历史,各国金融监管大致经历了从混业监管到分业监管再回归混业监管的制度变革。

中华人民共和国成立后,经历了二十余年高度集中的计划经济体制。这一时期,金融充其量只是计划部门的配角。高度集中的"大一统"国家银行体系与众多的农村信用合作社相结合是20世纪50—70年代我国金融业最显著的特点。在此期间,中国人民银行主要依靠行政方式管理金融,工作重心侧重于改革和完善信贷资金管理体制,加强中央银行宏观调控,金融监管并没有发挥作用的空间。我国真正意义上的金融监管启动于1978年改革开放以后,经历了东南亚金融危机和美国次贷危机的冲击以及"入世"的考验。经过四十多年的艰难探索和改革创新,我国金融监管制度不断完善。党的十九大报告对金融监管提出要求,即"健全金融监管体系,守住不发生系统性金融风险的底线"。我国将会继续探索与健全货币政策和宏观审慎政策的"双支柱"调控框架,并进一步强化金融综合协调监管,坚决抵御和化解金融风险,维护系统性金融稳定。②

一、中国人民银行统一监管体制

1978年,我国开始实行改革开放的战略方针,金融体制改革也被提上日程,进入金融监管的探索时期。此后,随着中国人民银行从财政部独立,中国农业银行、中国人民保险公司、信托投资公司和城市信用社等金融机构也相继恢复和建立。

1979年,为加强对支农资金的管理,更好地服务于高速发展农业生产和实现四个现代化,国务院决定恢复中国农业银行。1982年,中国人民银行设立了金融机构管理司,负责研究金融机构改革,审批金融机构的设立和撤并等工作。后来,该金融机构管理司又分设出条法司、非银行金融机构管理司和保险司,原金融机构管理司改称银行司,另外成立了外资金融机构管理司。1983

---

① 参见陈剑平:《改革与完善中国金融监管体制的法律思考》,载《上海经济研究》2006年第2期。
② 参见张莫等:《一行三会就金融监管齐发声 双支柱调控框架日趋清晰》,载《经济参考报》2017年10月20日。

年 9 月，为了充分发挥银行的经济杠杆作用，集中社会资金，支持经济建设，国务院决定由中国人民银行专门行使中央银行的职能。此后，中国人民银行剥离了经营业务，不再兼办工商信贷和储蓄业务，由新成立的中国工商银行承担。中国工商银行与 1979 年恢复的中国农业银行、中国银行、中国人民建设银行合称我国四大专业银行。中国人民银行领导和管理全国的金融事业，建立存款准备金制度和对专业银行的贷款制度。至此，我国央行与专业银行的二级银行制度框架初步确立。

1986 年 1 月 7 日，国务院发布《银行管理暂行条例》。这是我国第一部有关金融监管的政策文件，首次以法律的形式明确中国人民银行对专业银行、信托投资公司、农村信用合作社、城市信用合作社以及其他金融机构的监管职能。实践中，中国人民银行金融监管体系分为四个层级，分别为总行、大区行、地区分行和县支行。中国人民银行对分支行的业务实行垂直领导，四级银行机构分别负责监管辖区范围内的银行和非银行金融机构。这一时期，中国人民银行的金融监管职责主要是：审批金融机构的设立、变更、终止及业务范围，确保其符合相关规定；对金融机构的存款、贷款、结算、呆账等情况随时进行稽核、检查监督，并要求金融机构按时按规上报资产负债表、损益表及其他财务会计报表和资料。金融监管采取的主要措施包括报告制度、年检制度、评级制度等，建立了现场检查和非现场检查相结合的制度，完善了商业银行报表专收、资产负债比例管理等一系列监管制度，并通过定期、不定期考核和检查，及时发现问题，维护金融稳定。①

为了更好地促进经济体制的改革和发展，1986 年 7 月 24 日，国务院发出《国务院关于重新组建交通银行的通知》，决定重新组建交通银行，作为金融改革的试点。交通银行是我国第一家股份制商业银行，也是最早按照改革导向迈出市场化步伐的银行机构，开创了银行业制度创新的先河。1987 年 4 月 1 日，重新组建后的交通银行正式营业，成为我国第一家全国性的国有股份制商业银行。

人们逐渐认识到，金融业对一国经济的发展来说至关重要。无论是出于国内经济发展还是适应改革开放的需要，建立完善的资本市场都是大势所趋。1990 年下半年，关注中国经济的人把目光投向了上海和深圳，这两个城市因

---

① 参见陈红：《中国金融监管制度的发展历程及问题剖析》，载《财政监督》2011 年第 23 期。

为社会经济动荡而中断的资本市场试验终于"修成正果"。[①] 1988年年底，我国开始筹备证券交易所。但是，由于种种原因，计划被搁置。1989年12月2日，上海市委在康平路小礼堂开会筹划开发浦东，时任上海市委书记兼市长的朱镕基明确指出，上海证券交易所的筹备需加快进度。会上，一些干部对此颇显迟疑，银行官员担心交易所成立会分流银行信贷资金；政策人士担心证券买卖带有赌博性质，不利于精神文明建设，也怀疑国有企业向个人发行股票，会不会搞成变相的私有化；主管意识形态的干部则担心，开交易所会不会在上海滩上又培育出一代资产阶级；等等。朱镕基的明确表态才使这些干部的思想稳定下来。[②]

1990年11月26日，上海证券交易所成立。12月19日，上海证券交易所举行开业典礼。开业当日，首批有30种证券上市交易，其中国债5种，企业债券8种，金融债券9种，公司股票8种。交易所采用现货交易方式，不搞期货交易。第一笔交易对象是电真空股票，由海通证券抛出，未达三秒便被万国证券抢去，被宣布无效。再次竞价，申银证券吃进，成交价为365.70元。如此，三大券商在中华人民共和国证券史上的第一笔交易中都亮相了。[③] 半小时后，前市收市时已成交49笔，面额为5879008元。

深圳证券交易所是继上海证券交易所后新中国成立的第二家证券交易所，于1989年11月15日开始筹建。1990年12月1日，深圳证券交易所在上海证券交易所之前"试开市"。股市第一天采用了最原始的口头唱报和白板竞价方式，成交安达股票8000股。1991年7月3日，经国务院授权、中国人民银行批准，深圳证券交易所拿到批文，正式开业。1991年4月3日，深发展（股票代码为000001）上市交易。深圳发展银行的上市拉开了后续股份制银行上市融资的大幕。

改革开放后，我国开始逐步恢复国内保险业务。1979年，我国保险市场上仅有一家国有保险公司。当年10月，中国人民银行下发《关于恢复国内保险业务和加强保险机构的通知》。次年，中国人民保险公司开始恢复停办近二十年的保险业务。

[①] 参见吴晓波：《激荡三十年：中国企业1978—2008》（上），中信出版社、浙江人民出版社2007年版，第244页。

[②] 同上。

[③] 同上书，第246页。

1992年之前,银行、信托、证券、保险等所有金融业务都由中国人民银行集中统一监管,中国人民银行兼有金融宏观调控和金融监管双重职能,对此却没有相应的法律规定。此外,中国人民银行主要依靠行政手段管理金融业务,改革和完善信贷资金管理体制以及加强宏观调控依旧是其工作重点,金融监管的职能比较单一。随着金融业的发展和监管制度的成熟,我国金融分业监管的序幕徐徐拉开。

二、金融分业监管初期

随着上海、深圳证券交易所的成立和发展,我国证券市场迫切需要建立相应的监督管理体系。1992年深圳"8·10股灾事件"更是直接促成了中国证券监督管理委员会(以下简称"证监会")的成立。证监会的成立标志着我国进入金融分业监管新时期。

1992年初邓小平南方谈话之后,我国的改革开放和社会主义现代化建设进入一个新的发展阶段。5月21日,上海证券交易所股价全部放开(此前一直执行涨跌停板制度),由市场引导。结果,从21日至23日,股票价格一飞冲天,3天内暴涨570%。到25日,股指已高达1420点。这一天被称为中国股市真正诞生的一天。

在深圳,股市的热度较上海有过之而无不及。8月10日,深圳股票交易所发生了著名的深圳"8·10股灾事件"。此次事件的导火索是"认购申请表"的发售,当时的股市已是一片狂热,"粥少僧多"的局面使得当局决定以抽签认购的方式发行新股。8月7日,深交所发布1992年度《新股认购抽签表发售公告》,宣布发行国内公众股5亿股,发售抽签表500万张,每张抽签表可认购1000股,中签率为十分之一。认购者最多可持有10张身份证办理购买事宜,一证可买一张抽签表。①

在这之前,有消息灵通人士已经开始暗中搜集身份证。据说,邮局的特快专递和包裹中多是一捆捆的身份证。全国各地成千上万的股民怀揣着一夜暴富的梦想急奔深圳,人潮蜂拥而至。公告预告8月9日上午各网点开始发售抽签

---

① 参见吴晓波:《激荡三十年:中国企业1978—2008》(上),中信出版社、浙江人民出版社2007年版,第281—282页。

表。8日一大早,各个发售点已经排起长龙,人们激动的心劲到了晚上依然不减。

图 13-1　百万人抢购抽签表①

9日上午,抽签表准时开售,仅两个小时就宣布售罄。上百万人乘兴而来,熬夜苦候,却只有少数人买到抽签表,大量寻梦者的愿望落空,再加上发售点工作人员营私舞弊的行为被发现,怒火迅速地在深圳蔓延,无法控制情绪的人们潮水般地涌向市政府讨说法。11日凌晨,深圳市政府宣布决定再增发50万张认购申请表以缓解购买压力。8月11日晚,深圳市市长郑良玉发表电视讲话,事态才开始渐渐平息。

相关部门事后查明,抽签表的发售工作确实存在集体舞弊事件。全市11个金融单位共设300个发售点,有10个单位共95个发售点受到群众举报。相关部门从2900多件(次)群众投诉中筛选出重点线索62个,历时4个月清查,水落石出:舞弊事件涉及金融、监察、工商、公安等5个系统20个单位共75人,其中处级以上干部22人。到12月10日,相关部门清查出内部截留

---

① 图片来源:https://www.finance.66wz.com/system/2010/09/27/102087523.shtml,2020年2月19日访问。

私买的抽签表达 105399 张，涉及金融系统干部、职工 4180 人。其中，金融系统内部职工私买近 6.5 万张，执勤、监管人员私买 2 万多张，关系户购买近 2 万张。① 此次集体舞弊事件对股市造成了沉重的打击，上海、深圳股市一度受重创。8 月 10 到 14 日，深圳股指跌幅为 8.1%，上海股指跌幅更达 45%。深圳股指一直猛跌，到 11 月 23 日才止跌反弹。

此次事件展现出早期股市灰色、暧昧和野蛮的一面②，使得政府不得不开始重视金融监管，直接促成了我国证券管理机构的诞生。1992 年 10 月 12 日，国务院证券管理委员会（简称"证券委"）成立，朱镕基副总理兼任主任，办事机构为证监会。证监会成立后，收回证交所发行股票的审查监管权，证交所再无决定权。此时，债券和基金行业依然由中国人民银行负责监管。证券委和证监会的成立标志着我国金融分业监管体制的起步。1993 年年底，国务院下发了《国务院关于金融体制改革的决定》③，全面重塑我国的金融体系，基本奠定了今后金融监管的方向和大框架，为金融分业监管奠定了现实基础。

我国国债的转让流通开始于 1988 年。1990 年以前，国库券一直以行政分配的方式发行。1990 年，全国性的二级市场正式形成。但是，当时个人投资者普遍把国债作为一种变相的长期储蓄存款，很少有进入市场交易的考虑。1992 年 12 月 28 日，上海证券交易所借鉴美国的做法，首次设计并试行推出了 12 个品种的国债期货合约，标志着我国国债期货交易的开始。1993 年 7 月 10 日，央行宣布对 3 年期以上人民币定期储蓄存款实行保值。7 月 11 日，财政部颁布了《财政部关于调整国库券发行条件的公告》，公布政府将参照央行公布的保值贴补率给予一些国债品种保值补贴。④ 这一公告的出台使得国债收益率开始出现不确定性，国债期货的投机空间扩大。

1995 年，国家提出三年内大幅降低通货膨胀率。1995 年 1 月，327 国债

---

① 参见《8.10 事件令人震惊 内部截留私买抽签表 105399 张》，载《中国证券报》2005 年 8 月 10 日。
② 参见吴晓波：《激荡三十年：中国企业 1978—2008》（上），中信出版社、浙江人民出版社 2007 年版，第 282 页。
③ 《关于金融体制改革的决定》规定："国有商业银行不得对非金融企业投资。"要明确规定各类非银行金融机构的资本金数额、管理人员素质标准及业务范围，并严格审批，加强管理。"对保险业、证券业、信托业和银行业实行分业经营。""国有商业银行……在人、财、物等方面要与保险业、信托业和证券业脱钩，实行分业经营。"
④ 由于通货膨胀，人民币贬值，从而使国债持有人的实际财富减少。为了补偿国债持有人所受的这项损失，财政部会拿出一部分钱作为利息的增加，称为"保值贴息"。

产品市价在 147 元至 148 元之间波动。有"中国证券教父"之称、当时任万国证券交易总部总经理的管金生预测，327 国债的保值贴息率不可能上调，即使不下降，也应维持在 8% 的水平。管金生的分析不无道理：一方面，当时国家财政力量极其虚空，拿出大笔资金补贴 327 国债利率与市场利率之差有很大难度，且当时通胀局势已经得到初步控制。另一方面，由于长期工作于证券市场，管金生对市场传闻的怀疑来自其多年工作的直觉。[①] 万国证券联合辽宁国发集团，从 1 月 23 日起在北京、上海两地开始大举做空，成为市场空头主力。与此同时，财政部辖属的中国经济开发信托投资公司（简称"中经开"）选择大举做多，成为市场上的多头主力。

1995 年 2 月 22 日晚，财政部发表 1995 年第一号、第二号公告，从 3 月 1 日起发行 1995 年 3 年期凭证式国债，年利率为 14%，并实行保值贴补，引发了对 1992 年 3 年期国债将大幅度贴息的市场预期。

2 月 23 日，财政部 1995 年第三号公告的内容已经提前一天在券商之间传开，327 国债将按 148.50 元兑付，空头判断错误。当日 10 时 15 分上交所开市后，327 国债期货即以 149.50 元价格开盘，比前日收盘价 148.21 元高出 1.29 元。当日，中经开率领多方借利好大肆买入，将价格推到了 151.98 元。随后辽国发的高岭、高原兄弟在形势对空头极其不利的情况下，利用旗下控股公司无锡国泰的交易席位，以 148.50 元的价格违规抛出 200 万口空仓（当时上交所限制的单一机构持仓总量为 40 万口）。11 点左右，万国证券总经理管金生紧急约见上交所总经理尉文渊，请求暂停交易，撤销辽国发的 200 万口空仓违规交易，但是被尉文渊拒绝。

13 点开盘后，辽国发突然由空翻多，将其 50 万口做空单迅速平仓，反手买入 50 万口做多，327 国债因此在 1 分钟内涨了 2 元，并达到当天最高价 151.98 元，比前一交易日的收盘价上涨了 3.77 元。如果按照当时万国的持仓量和现行价位交割，将产生约 60 亿元的巨额亏损。16 点 22 分 13 秒开始，万国证券为了扭转败局，疯狂做空 327 国债。在没有足够保证金的前提下，万国证券从 C55 和 P89 的两个自营席位连续打入 23 笔（每笔 90 万口）空单，共 2070 万口。同时，万国证券用公司下属黄浦营业部的 C73 自营席位做多接盘，向下锁定价位。16 点 30 分收盘时，万国证券砸出的 2070 万口 327 合约空单

[①] 参见《327 国债期货事件始末》，载《羊城晚报》2013 年 7 月 6 日。

第十三章
我国金融监管的法治选择

共成交了1044万口,而对倒做多的C73席位接盘315万口,成交锁定了价格,从而在7分47秒内把该合约价位从151.30元打到147.90元。这次激烈的多空绞杀以万国证券盈利而告终。与之相对,以中经开为代表的多头则出现了约40亿元的巨额亏损。

2月23日晚23点,上交所在召开紧急会议后宣布:2月23日16时22分13秒之后的所有交易是异常的、无效的。经过这一调整,当日国债成交额为5400亿元;327品种的收盘价为违规前最后签订的一笔交易价格151.30元,结算价为150.58元。上交所的这一会议决定使得万国证券的尾盘操作收获瞬间化为泡影。万国证券损失惨重,亏损近56亿元,面临破产境地。①

为避免万国证券可能迎来的倒闭而造成证券市场连锁挤兑风险,2月23日晚,由上海市政府出面协调,上交所和多家金融机构以国债回购和银行融资的形式,融给万国证券15亿元资金,加强其柜台的现金支付和周转能力,稳定其客户的心态;同时,万国证券连夜准备了10亿元左右资金和8亿元国库券。最终,针对万国证券的挤兑并没有出现。

上交所于1995年2月24日发布《关于加强国债期货交易监管工作的紧急通知》,就国债期货交易的监管问题作出六项规定:(1)即日起,对国债期货交易实行涨跌停板制度;(2)严格加强最高持仓合约限额的管理工作;(3)切实建立客户持仓限额的规定;(4)严禁会员公司之间相互借用仓位;(5)对持仓限额使用结构实行控制;(6)严格管理国债期货资金的使用。

1995年4月,管金生辞职。5月17日,证监会以国债期货市场屡次发生严重违规交易,我国当时不具备开展国债期货交易的基本条件为由,发出《关于暂停全国范围内国债期货交易试点的紧急通知》,开市仅两年零六个月的国债期货无奈地画上了句号。我国第一个金融期货品种宣告夭折。② 5月19日,管金生在海南被捕,罪名为贪污、挪用公款40余万元。1997年2月3日,管金生以行贿和挪用公款罪被判有期徒刑17年,剥夺政治权利5年,没收个人财产10万元,并没有被追加涉及违规交易的金融罪名。

1995年9月20日,国家监察部、证监会等部门公布了对"327国债期货

---

① 参见宋奕青:《国债期货的信号》,载《中国经济信息》2013年第18期。
② 参见艾钩:《"上帝欲使其灭亡,必先使其疯狂"——国债期货"327事件"之二》,载《商品与质量》2011年第39期。

事件"的调查结果和处理决定,其中指出"这次事件是一起在国债期货市场发展过快、交易所监管不严和风险控制滞后的情况下,由上海万国证券公司、辽宁国发(集团)公司引起的国债期货风波"。处理决定认为,正是因为上海证交所对市场过度投机可能引发的风险严重估计不足,交易规则部分缺位,监管不到位,使得几个月内严重违规交易引起的国债期货风波屡次发生,影响极坏。经过四个多月的深入调查取证,证监会等部门对有关责任人依法依规分别作出开除公职、撤销职务等纪律处分和调离、免职等组织处分,涉嫌触犯刑法的则被移送司法机关处理,还对违反法律、法规的证券机构作出经济处罚。[①]至此,"327国债期货事件"步入尾声。本次事件直接扼杀了我国期货市场的热潮,对金融结构的冲击持续甚久。直到2013年9月6日,国债期货才再次在中国金融期货交易所上市交易,交易规则也有了大幅度的修改和完善。

从金融监管来看,本次事件中存在大量的违规行为,暴露了我国20世纪90年代金融监管能力的不足。1995年,上交所规定,个人持仓不得超过3万口,机构持仓不得超过5万口,最多只允许持仓40万口。不论是万国证券,还是中经开、辽国发,都大大超出上交所规定的持仓额。双方的交易行为更是大胆,在保证金无法做到逐笔盯市和没有成熟的结算价格机制的前提下,没有足额保证金,却大举透支买卖国债期货。监管层级的低下、配套设施的缺乏、制度的不完善、金融业初期的"灰色"共同导致了本次事件,交易者和交易所都有各自的责任。这一事件也被认为是我国证券监管从地方向中央转变的标志之一。1995年后,证监会逐步开始接手证券行业监管。1997年7月2日,根据国务院第150次总理办公会议的决定,上海证券交易所和深圳证券交易所正式划归证监会直接管理。

自1995年以来,我国对金融监管法律制度的建设愈发重视,全国人大及其常委会陆续通过了"四法一决定"[②]等金融法律,国务院发布与批准发布了多部金融行政法规。这些法律、法规构成了金融分业经营的法律基础,标志着我国金融监管步入有法可依的阶段。

这一时期,我国的金融体系发生了巨大的变化,以上海证券交易所和深圳

---

① 参见财政部财政科学研究所课题组:《积极推进政府债券衍生品市场的发展》,载《经济研究参考》2012年第19期。
② "四法一决定"指《中国人民银行法》《商业银行法》《保险法》《票据法》与《全国人民代表大会常务委员会关于惩治破坏金融秩序犯罪的决定》。

证券交易所的成立为标志,多层次的资本市场逐渐发展起来,除了四大国有商业银行外,其他股份制商业银行也纷纷建立,外资银行开始进入中国,非银行金融机构迅速发展,其中保险公司和保险市场发展迅猛。[①] 与金融业的飞速发展相应,多部金融监管法律、法规的出台、中国人民银行监管职能的分离、证监会的设立,标志着我国步入金融分业监管的新时期。

三、金融分业监管成熟期

1997年7月,东南亚金融危机爆发,始于泰国,在短时间内扩散到整个东南亚并波及全世界。东南亚众多国家和地区的汇市、股市持续暴跌,金融系统乃至整个社会经济都受到严重创伤。1997年7月至1998年1月,在仅半年时间里,东南亚绝大多数国家和地区的货币贬值幅度达30%—50%,股市跌幅达30%—60%,印尼盾贬值甚至达70%以上。受汇市、股市暴跌影响,[②] 这些国家和地区经济严重衰退,多年来的经济发展倾覆一旦。东南亚金融危机虽然没有严重影响我国经济,但是也为我国的金融监管敲响了警钟。

1997年年底,第一次全国金融工作会议的召开,标志着我国新一轮金融监管改革的开始。会议特别强调要树立和强化防范、化解金融风险的意识,并对之后三年的中央银行管理体制、商业银行管理体制、地方性金融机构建设、发展资本市场、建立健全金融监管体系、规范和维护金融秩序作出基本部署。中央提出对金融业实现分业监管的目标,决定逐步将证券业和保险业从中国人民银行统一监管中分离出来,分别由证监会和保监会负责监管,并提出了"一行三会"分业监管格局的初步设想。1998年6月,国务院决定将证券委员会并入证监会,将中国人民银行对证券业的监管职能全部移交证监会。中国人民银行的管理体制也在同年发生了重大改革,撤销省级分行,在全国设立九个跨省、自治区、直辖市的一级分行,重点加强对辖区内金融业的监督管理。跨省金融监管的主要目的是摆脱地方政府的行政干预,注重金融监管的独立性和有效性。

---

① 参见《我国金融监管的历史和转型》,https://www.sohu.com/a/74869847_115848,2020年1月15日访问。

② 同上。

1998年11月，国务院成立保监会，将保险监管的职能从中国人民银行分离出来，我国保险市场的独立监管机构已宣告成立。至此，我国的金融监管体制为：中国人民银行专门负责对货币政策和银行业的监管，证监会和保监会分别负责对证券业和保险业的监管，金融分业监管得到了进一步实现。

在1997年东南亚金融危机的警示下，我国政府也意识到规范证券市场的重要性。历经6年起草和修改的《证券法》在1998年年底颁布，并自1999年7月1日开始实施。《证券法》是新中国第一部按国际惯例、由国家最高立法机构组织而非政府某个部门组织起草的经济法，[①] 由此足以看出国家对金融监管的重视。2019年12月28日通过的新修订的《证券法》第六条规定："证券业和银行业、信托业、保险业实行分业经营、分业管理，证券公司与银行、信托、保险业务机构分别设立。国家另有规定的除外。"《证券法》以立法的方式确立了我国金融分业监管体制。该法确定了我国证券发行、交易活动的基本规则，明确了证券交易的禁止行为，对于规范证券发行和交易行为，保护投资者的合法权益，维护社会经济秩序和社会公共利益，促进社会主义市场经济的发展发挥了重大作用。

1999年，财政部相继组建成立信达、东方、长城、华融四大资产管理公司（AMC），分别接受中国建设银行、中国银行、中国农业银行、中国工商银行运作过程中产生的不良资产。同年，财政部担保，四大AMC从央行获得6041亿元再贷款，再向四大国有商业银行及国家开发银行共发行8110亿元金融债券，以此按1∶1的对价购买不良资产。此举被认为是坚持金融改革、化解金融风险的一项关键决策，在清理银行不良债权、重塑银企关系方面具有重要意义。这一年，四大国有商业银行向四大AMC剥离了1.4万亿元不良资产。2000年11月1日发布的《金融资产管理公司条例》第二条明确了资产公司的定位："金融资产管理公司，是指经国务院决定设立的收购国有银行不良贷款，管理和处置因收购国有银行不良贷款形成的资产的国有独资非银行金融机构。"第三条规定了金融资产公司的主要经营目标："金融资产管理公司以最大限度保全资产、减少损失为主要经营目标，依法独立承担民事责任。"

多年来，针对四大AMC的讨论一直存在。2004年5月19日，时任央行行长周小川在"2004北京国际金融论坛"上表示，首次剥离的1.4万亿元不

[①] 参见陈红：《中国金融监管制度的发展历程及问题剖析》，载《财政监督》2011年第23期。

良资产"50%是各级政府行政干预导致的，30%是为了支持国有企业，剩下的 20%才是银行自身经营造成的"。在 AMC 运作期间，关于国有资产流失的怀疑声不绝于耳。行政任务期限将至的时间压力让 AMC 不得不以迅速清空库存为目的实施"大甩卖"。在价格自然也被压低的同时，为防范与私人交易时的利益风险，AMC 对交易对象的选择更倾向于政府。事实上，AMC 拥有不良资产处置的全部成本和收益信息且享有资产折扣权，但是对回收率并没有规定硬性指标，运营损失由国家承担，"寻租"空间由此滋生。2005 年年初，国家审计署披露四大 AMC 被查出各类违规和管理不规范问题，涉及资金高达 700 多亿元，其中发现案件线索 38 件、涉案资金 67 亿元。时任审计署署长李金华在通报中指出，AMC 财务管理松弛，虚报、挪用回收资金的情况时有发生，甚至采取虚报冒领、截留收入、虚列费用等手段，将资金用于发放高额工资及奖金补贴等。"坏账银行"AMC 在国有银行不良资产处置上"成效不大"，坏账只是转移，并未清算。更为严重的是，AMC 在运营中又不断产生新的欠账。总的来说，起初的银行不良资产经过 AMC 处置后并没有减少，如今通过市场化改革又再被塞回财政体系，坏账在被转移、延期支付的同时仍然在被放大、恶化，最终接盘的只能是全体纳税人。①

  2000 年 3 月 16 日，证监会发布《中国证监会股票发行核准程序》。该文件的发布意味着我国股票发行制度开始由审批制向核准制转变。此后，企业发行上市不再需要依据指标分配和地方或国务院有关部门推荐，只要符合法律、法规的要求，经省级人民政府或国务院有关部门同意，主承销商即可向证监会推荐并报送申请文件。同时，新股发行也不再需要经过预选。2001 年 3 月 17 日，我国股票发行核准制正式启动。股票发行核准制的设立代表我国金融监管手段向国际化模式靠拢，虽然离注册制尚有一段距离，但是代表了我国金融监管制度的革新。20 世纪 90 年代的推荐审批制曾存在大量问题。由于上市往往代表着国家对企业的认可，股民往往争先恐后地买进，因此公司的市值会得到提升。地方保护主义和不透明的推荐制度的存在让当地巨额亏损的国有企业代替了真正符合上市要求的企业得到上市的机会。这些国有企业往往为上市而进行财务造假，上市后很难保持盈利。少数企业甚至上市第一年就亏损。核准制

---

① 参见童剑：《国有银行万亿坏账谁来买单？》，http://fangtan.china.com.cn/2012-02/14/content_24632218.htm，2020 年 1 月 15 日访问。

的设立使上市要求变得公开、透明，实行多年的审批制终于结束。

2001年11月10日，WTO第四届部长级会议审议通过了中国加入WTO的申请。12月11日，中国正式成为WTO第143个成员。这对我国金融业意义重大，我国金融监管必须有重大的变化，才能适应WTO所追求的服务贸易自由化的要求。① 按照WTO有关协议，从2003年年底开始，我国取消外国非寿险公司准入限制，保险行业全面对外开放；2006年年底，取消外资银行在我国经营人民币业务的地域限制和客户限制，我国金融业全面开放。"入世"对于我国而言，既是机会也是挑战，应当提高我国金融监管水平以满足"入世"的要求。

2002年11月，证监会、中国人民银行发布《合格境外机构投资者境内证券投资管理暂行办法》，允许境外机构投资我国证券市场，以促进我国证券市场的发展。2003年7月9日，合格境外机构投资者（QFII）正式入市。2007年5月，证监会发布《合格境内机构投资者境外证券投资管理试行办法》，允许证券公司开展QDII业务，实现了在外汇管制下我国资本市场有限度的对外开放。

一直到2003年，我国金融分业监管制度才逐步发展成熟，证监会的合并、保监会的成立都表明我国金融分业监管制度的进一步确立。虽然我国已经初步形成分业经营、分业监管的金融格局，但是在制定监管法律和规则以及具体执行方面仍存在许多问题。例如，金融法律、法规体系不完备，法律、法规内容之间存在重复与冲突；缺少存款保险制度，市场准入存在制度漏洞，一些地方和部门越权审批和擅自乱设金融机构；金融法律制度过于原则性，《中国人民银行法》对金融监督管理仅有7条规定，且操作性不强；缺少对央行工作人员业务素质及违规或滥用职权的监督和惩罚机制；金融执法水平尚待提高，监管意识未统一。执法方面的误区主要是错误地认为中国人民银行监管的对象是金融机构，而不是金融业。因此，有的分支行对非金融机构乱办金融业务，非法设立金融机构，特别是地方政府或政府部门非法干预金融活动，农村频繁出现的高利贷活动，以及邮政储蓄机构违法吸收存款问题监管不力，甚至根本没有意识到要去监管。② 金融监管重市场准入管理，轻持续性监管；重合规性监

---

① 参见齐荒：《WTO与我国金融监管法律制度的完善》，载《当代经济研究》2003年第10期。
② 参见孙建平：《对完善我国金融监管法律的思考》，载《金融与经济》2002年第10期。

管，轻风险性监管；重外部监管，轻内部控制；重人治，轻法制。金融监管措施滞后于市场发展的需要，不能及时发现和处理有问题的银行，各金融监管当局之间缺乏协调配合，监管过度与监管不足并存，离真正专业化的有效金融监管还有相当的距离。[①]

四、"一行三会"金融监管体制

2003年，党的十六届二中全会审议通过《关于深化行政管理体制和机构改革的意见》，十届全国人大一次会议批准国务院机构改革方案，都对金融监管作出进一步部署。中国人民银行对银行、金融资产管理公司、信托投资公司及其他存款类金融机构的监管职能被分离出来，并和中共中央金融工作委员会的相关职能进行整合，设立银监会，由其接手原由中国人民银行履行的监管职责。2003年4月28日，银监会正式挂牌成立。同年12月，我国修订了《中国人民银行法》，银监会正式接管中国人民银行的银行监管职能。这标志着我国"一行三会"的金融监管体系基本确立，正式进入分业监管的新时期。中国人民银行主要负责制定和执行货币政策，对货币市场和外汇市场进行监督管理，维护金融稳定。银监会负责统一监督管理全国银行、信托投资公司、金融资产管理公司及其他存款类金融机构。证监会依法对全国证券、期货市场实行集中统一监督管理。保监会统一监督管理全国保险市场，维护保险业的合法、稳健运行。[②]

在地方层面，中国人民银行下设大区分行，同时管理多个省份；大区分行下设中心支行与支行，分支机构延伸各个县区。银监会分支机构设立到地市级行政区，个别县区也有其办事处。证监会分支机构仅设立到省级行政区，市县均无其分支机构。保监会分支机构也只设立到地市级行政区。在机构内部管理方面，"一行三会"为了保持一定的独立性，防止地方政府过度干预，各监管机构之间自成体系，并实行条线化垂直管理。此外，地方政府为了更好地参与金融事务，纷纷组建地方性金融监管部门——金融工作办公室。该部门隶属于地方政府，分支机构设立到各个县区，主要负责地方金融秩序的维护以及政府

---

① 参见郑泽华：《中国金融监管的历史演进与改革重点》，载《海南金融》2004年第7期。
② 参见郝静明、张莹：《经济学视角下的金融监管改革》，载《经济师》2018年第11期。

与各金融机构间的协调工作。①

虽然我国早在2003年就设立了银监会,但是海外金融混业经营风起云涌,国内金融混业经营、金融深化、金融创新趋势也日趋明朗。在此背景下,2004年10月24日,保监会和证监会联合颁布了《保险机构投资者股票投资管理暂行办法》,酝酿已久的保险资金直接入市政策终于水落石出。这是保险监管部门积极落实进一步加强资本市场中小投资者合法权益保护工作的一项重大举措,对改善国内保险资金运用的结构和效益,增加证券市场的长期稳定资金来源,完善市场投资者结构,引导长期投资和价值投资理念,促进资本市场的稳定、健康发展有着积极而深远的影响。2005年2月,中国人民银行、银监会和证监会共同制定的《商业银行设立基金管理公司试点管理办法》出台,推动商业银行通过设立基金公司的试点工作进入实质操作阶段,开启了我国各金融监管部门合作监管的大门。近年来,我国金融机构的产品不断创新,很多金融业务横跨多个行业,国内金融混业经营的趋势不断加深。为适应此趋势,2005年修订的《证券法》对金融混业经营的限制条款进行了修改,为混业经营预留了制度接口。2007年,中国人民银行修订《金融租赁公司管理办法》,允许符合条件的商业银行设立或参股金融租赁公司,同时允许保险公司投资设立银行。2008年,银监会和保监会签订《中国银监会与中国保监会关于加强银保深层次合作和跨业监管合作谅解备忘录》,原则上同意银行投资入股保险公司。② 诸多法律、法规的颁布为我国跨市场、跨行业的金融交叉性产品、交叉性业务和交叉性工具的监管提供了法律依据。我国金融监管开始在机构监管模式的基础上向功能监管模式转变。

2007年,美国次贷危机爆发。此次危机表面上看是源于市场参与主体出于自身利益而追求过度的金融创新,本质上还是监管不力造成的。不断进行金融创新,使原来分属银行、证券、保险行业的金融服务或金融产品出现一定程度的交融。金融控股公司已经逐渐成为金融机构的主导形式,其内部隔离机制虽可限制信息和资金的内部流动,却难以清晰展现分业经营的特点。③ 美国并

---

① 参见《我国金融监管的历史和转型》,https://www.sohu.com/a/74869847_115848,2020年1月15日访问。
② 参见陈红:《中国金融监管制度的发展历程及问题剖析》,载《财政监督》2011年第23期。
③ 参见刘迎霜:《金融创新时代的金融监管法制变革趋向——次贷危机的启示》,载《浙江社会科学》2012年第4期。

没有针对金融创新浪潮带来的金融行业经营特点的变化,及时制定全国统一的金融服务法。原有的分业监管体系在资产证券化等金融创新面前难以有效监管,金融业职责难以划分和有效履行,造成银行业监管机构不能监管证券公司,证券业监管机构不能干预非证券类债权,保险监管法规不能保护非保险公司。美国在次贷危机后终于意识到有效监管的缺失是危机产生的主要原因,而监管的缺失是由于各监管机构监管割裂所致,因此混业监管改革势在必行。2010年10月1日,美国根据《多德-弗兰克法案》,成立了金融稳定监管委员会,负责发现、分析、化解金融体系中的系统风险。这代表分业监管组织架构的缺陷被逐渐意识到,国家开始重视建立金融协调机制,防范系统风险。[1] 美国次贷危机的发生,为世界各国敲响了割裂监管的警钟,混业制改革已经成为国际主流发展方向。在接下来的十多年,我国虽然没有爆发类似次贷危机规模的金融危机,但是银行的通道业务、网络贷款、P2P爆仓等事件也在不断提醒监管层分业监管无法应对金融创新,混业制改革势在必行。

2009—2010年,银监会出台贷款新规"三个办法一个指引"[2]。贷款新规初步搭建起我国银行业金融机构的贷款业务法规框架,为银行业贷款风险监管的长期制度安排打下了良好的基础。这一时期,地方政府投融资平台的数量和融资规模也飞速发展。2009年年初,中国人民银行与银监会联合发布《人民银行 银监会关于进一步加强信贷结构调整 促进国民经济平稳较快发展的指导意见》,提出支持有条件的地方政府组建投融资平台,发行企业债、中期票据等融资工具,拓宽中央政府投资项目的配套资金融资渠道。审计数据显示,至2010年年底,全国省、市、县三级政府共设立融资平台公司6576家,融资平台公司政府性债务余额为49710.68亿元,占地方政府性债务余额的46.38%。2012年,财政部、国家发改委、中国人民银行、银监会四部门发布《关于制止地方政府违法违规融资行为的通知》,进一步规范融资平台公司融资行为,坚决制止地方政府违规担保承诺行为。[3]

美国次贷危机发生以后,西方各国开始重视金融消费者权益,通过建立集

---

[1] 参见张鹏:《金融监管体系的变迁历程及其对中国的启示》,载《南方金融》2013年第4期。
[2] "三个办法一个指引"包括2009年7月颁布的《固定资产贷款管理暂行办法》和《项目融资业务指引》与2010年2月公布的《流动资金贷款管理暂行办法》和《个人贷款管理暂行办法》。
[3] 参见辛继召:《裂变与重组——详解中国金融监管40年沿革》,载《21世纪经济报道》2018年3月13日。

中的监管体制,加强对金融消费者的保护。金融消费者与一般消费者相比,交易弱势特点更为突出。金融商品的无形性、专业性以及高风险性,使得金融消费者在交易中处于严重的信息不对称的劣势地位。[①] 因此,金融消费者应得到法律上的倾斜保护,以达到交易的实质平等。中国人民银行、银监会、证监会、保监会分别成立了金融消费权益保护局、银行业消费者权益保护局、投资者保护局和保险消费者权益保护局,代表我国金融消费者权益保护的监管组织架构基本确立。2015年11月13日,《国务院办公厅关于加强金融消费者权益保护工作的指导意见》发布,对金融机构在消费者权益保护方面的行为规范作出明确规定,要求金融机构充分尊重并自觉保障金融消费者的财产安全权、知情权、自主选择权、公平交易权、依法求偿权、受教育权、受尊重权、信息安全权等基本权利,依法、合规开展经营活动。这是我国第一次从国家层面对金融消费者权益保护工作进行解读,强调保障金融消费者的八项权利。党的十九大报告和2017年全国金融工作会议也明确提出要加强消费者权益保护工作。我国逐渐重视金融消费者权益,不仅是与国际接轨的表现,对促进我国金融业逐渐繁荣来说也是十分必要的。

  2011年温州民间借贷危机的爆发折射出我国的民间借贷乱象。银行为了维持资本充足率等指标,一般会采用稳健的信贷策略,以抵押担保为贷款的主要部分。国有企业有国家力量作为后台的天然优势,导致银行贷款客户大多是国有企业,一些中小民营企业很难贷到资金。在这样的背景下,民间借贷顺势而生。温州传统的民间借贷一般基于一定的血缘、亲缘、情缘、地缘和业缘关系而发生,交易行为或活动没有固定的场所,因交易频率高、交易主体多而呈高度分散性,又因交易双方通常不愿意公开而具有隐蔽性。[②] 民间借贷通常处于合法与非法之间的灰色地带,风险极大。借贷双方仅靠所谓的信誉维持,借贷手续不完备,缺乏担保抵押,无可靠的法律保障,一旦遇到情况变化,极易引发纠纷乃至刑事犯罪。监管部门对民间借贷的监管一直力不从心,监管机构缺位,监管制度不完善,导致不少非正规金融机构违规操作,高息揽储,或以转贷牟利为目的,套取银行信贷资金,再高利放贷。更有各种非法集资模式,

---

  ① 参见何颖:《论金融消费者保护的立法原则》,载《法学》2010年第2期。
  ② 参见高柳旭:《温州借贷危机折射出民间借贷乱象》,载《中国商界》2016年第8期。

恶意逃债、暴力讨债事件屡有发生。①

2011年开始，温州市上百家企业由于无力偿还巨额债务而倒闭，甚至出现一天内9家企业主负债出走的情况，关停倒闭企业从个别现象向群体蔓延，直接引发了温州的民间借贷危机，民间借贷的危险后果彻底暴露。据央行温州中心支行调查，"温州有89％的家庭或个人、59.67％的企业参与民间借贷，其市场规模达到1100亿元"②。温州资金向房地产类泡沫产业和虚拟经济的聚集带来了巨大的资金空心化风险。大量非正规金融机构、地下钱庄、担保公司的存在，都表明了相关监管部门的监管存在漏洞。为避免类似借贷危机的情况再度发生，加强对民间借贷的监管、丰富中小企业的融资途径、建立中小企业的信用担保体系刻不容缓。可以看到，在接下来的几年，银行开始放宽对中小企业融资的限制，逐步建立新型融资方式。2014年2月，国家企业信用信息公示系统上线运行。2015年8月5日公布的《最高人民法院关于审理民间借贷案件适用法律若干问题的规定》明确规定，民间借贷年利率超过36％为无效，年利率在24％以内的民间借贷受法律保护，而年利率为24％—36％的民间借贷属于自然债务。2018年4月16日，银监会同公安部等联合印发了《关于规范民间借贷行为 维护经济金融秩序有关事项的通知》。该通知明确指出，未经有权机关依法批准，任何单位和个人不得设立从事或者主要从事发放贷款业务的机构或以发放贷款为日常业务活动。

放松资本管制层面的改革也在进行中。2011年12月16日，我国推出人民币合格境外机构投资者（RQFII）业务。2012年6月29日，中国证监会和香港证监会同时宣布港股ETF正式推出。2013年4月1日起，境内居住的港澳台居民可以开立A股账户。继2002年的QFII和2007年的QDII，这些后续业务的推出表明，在我国外汇管制的环境下，允许资本有条件进出。

2013年可以说是我国互联网金融发展的起始年，以移动支付、余额宝、P2P借贷、众筹融资等为代表的互联网金融快速发展。这些金融创新在弥补传统金融模式业务不足的同时，也对银行业等传统金融行业产生了极大的冲击，整个金融市场发展的外部环境、发展模式和风险管理方式发生了重大变化。P2P网贷在接下来的几年里得到迅速发展，直到2018年中旬"爆雷"。2013

---

① 参见高柳旭：《温州借贷危机折射出民间借贷乱象》，载《中国商界》2016年第8期。
② 转引自项峥：《加速虚拟经济与实体经济良性互动》，载《证券时报》2016年1月29日。

年 8 月 15 日，国务院批准建立由中国人民银行牵头，银监会、证监会、保监会和国家外汇管理局参加的金融监管协调部际联席会议制度。联席会议重点围绕金融监管开展工作，不改变现行金融监管体制，不替代、不削弱有关部门现行职责分工，不替代国务院决策，重大事项按程序报国务院。联席会议通过季度例会或临时会议等方式开展工作，落实国务院交办事项，履行工作职责。联席会议建立简报制度，及时汇报、通报金融监管协调信息和工作进展情况。金融监管协调部际联席会议制度的建立被认为是我国防范系统性金融风险的重要措施。很多人相信跨行业、跨金融市场的创新与监管套利等行为有望在此制度框架下得到解决。但是，我们也应该看到这个制度的缺陷。联席会议不是常设机构，并未对现行监管体制进行改变，没有替代或削弱有关部门现行职责分工。从属关系的缺位使得信息披露缺乏足够的动力和有效的约束。一旦各监管机构之间对某项政策产生利益纠葛，或出现对各自所监管行业利益进行保护的行为时，就会缺乏一种强制力量予以调节①，很难形成防范系统性金融危机的合力监管。面对我国金融行业的不断创新和日趋多元化，建立更紧密、更集中的金融监管体系迫在眉睫。

从 2015 年 6 月 15 日开始，A 股爆发了一场前所未有的"股灾"，后来人们给它贴的标签有"杠杆"和"千股跌停—停牌—涨停"。本次"股灾"的直接触发因素是证监会严查配资。在此之前，资金入市制度一直是根模糊的红线。2014 年 7 月，A 股触底反弹，做多气氛浓郁，大量资金纷涌入市，其中既包括银行资金的违规入市，也包括场外高杠杆的配资资金的违规入市，还包括券商降低融资融券（简称"两融"）业务的资金门槛后扩大的资金量。杠杆迅速让市场疯狂，从 2014 年 11 月启动，到暴跌前夕，基本面上的市盈率，创业板为 140 倍，中小板为 87 倍，深圳 A 股为 71 倍，沪深 A 股总体为 34 倍；资金面上，正规的融资余额达到 2.2 万亿元。

杠杆上的"牛市"让监管层担心，2015 年年初即启动着手去杠杆的措施。证监会先是提高券商"两融"业务的资金门槛要求，将资金门槛提高到 50 万元。此举在市场上引起大震荡。最后，管理层作出让步，决定资产低于 50 万元但已开通"两融"业务的投资者可以继续按协议开展"两融"业务；未开通"两融"业务的投资者，将执行 50 万元的门槛设置。

---

① 参见陈红：《中国金融监管制度的发展历程及问题剖析》，载《财政监督》2011 年第 23 期。

在处理完券商"两融"问题之后,监管之手指向了场外配资业务。场外配资属于未被纳入监管层监管范围的民间配资,本质是通过杠杆化融资以达到放大资金量的目的,杠杆比例一般在1∶3到1∶5之间,有的甚至达到1∶10。2015年上半年,场外配资规模急剧扩大,股市风险也随之不断增加。监管问题在于,配资来源多样,入市渠道隐秘,管理层并不清楚股市里的配资资金有多少,对融资的低估由此发生。2015年4月17日,证监会首次要求"两融业务不得开展场外配资、伞形信托"。证监会在发出警示后再无重要动作。在这两个月,上证综指从4287点一路上涨至5178点,创业板更是从2463点上涨到4037点。仅4月17日—6月12日,券商正规融资余额直接从1.72万亿元飙升至2.22万亿元,遑论场外配资。

转折点发生在2015年6月13日,证监会在《关于加强证券公司信息系统外部接入管理的通知》中措辞明确地强调,各证券公司不得通过网上证券交易接口为任何机构和个人开展场外配资活动、非法证券业务提供便利。"去杠杆"后,大盘应声大跌,这一事件又被别有用心者引申为恶意做空事件,A股市场上史无前例的"股灾"因此而产生。被低估的杠杆成为大规模"杀伤性武器"。在此轮暴跌过程中,沪指一度下跌到3300点位置,资产大幅缩水者不胜枚举。如果说对融资力量的低估是对市场新形势的判断失误,那么这次暴跌又暴露出监管部门应急措施的缺乏。

2015年的"股灾"再度引发了全社会对证券业金融监管的关注和反思。总结本次"股灾",证监会存在以下几方面的问题:

第一,发行大提速令市场承压,被指忽视市场感受。新股发行大提速,被认为是压垮市场的一根非常重要的"稻草"。例如,国泰君安从首发申请被通过到正式挂牌上市只用了23天的时间。与此同时,新股发行也由每批24只新股悄然增加到28只。华融证券的投资顾问李泽文解释:"正是希望通过新股扩容来达到让'疯牛'减速的目的,所以证监会才会在中国核电刚刚结束发行后,就立即核准了国泰君安的首发申请。"国泰君安的发行向市场透露了一个非常不好的信号,即在新股发行大提速的同时,推出了大盘股的发行,无疑会令投资者对于市场未来面临的扩容压力感到担忧,忽视了市场的感受。

第二,面对大跌仍称自发调整,被指言论不负责任。6月26日,A股市场暴跌7.4%,盘中惊现2000余只股票集体跌停的悲惨一幕。然而,证监会新闻发言人回应称:"这是市场前期过快上涨的自发调整,是市场自身运行规律的结果。"不过,对于这一说法,众多专家学者并不认可。例如,时任民生证券研究院执行院长管清友就认为,这不是自然调整,基本算是"股灾"。2008年雷曼兄弟倒闭的时候,没有涨跌限制的美国股市也才跌了不到5%。

第三,"救市"的同时放行大盘股 IPO,被指诚意不足。7月1日,A股依然大幅调整,市场的走势再度岌岌可危。7月1日,沪、深证券交易所同时发布公告,下调 A 股交易经手费和交易过户费。当晚10时30分许,证监会发布《证券公司融资融券业务管理办法》,并自公布之日起实施。证监会新闻发言人张晓军还在同日表示,证监会准备采取两项措施,进一步扩大证券公司融资渠道。这三条消息被认为是管理层积极"救市"的重要举措。然而,就是在同一天,证监会公布了江苏银行首发申请获得通过的消息。另外,7月3日和7月6日将分别迎来10只新股网上集中发行。经济学家宋清辉一针见血地指出,管理层想"救市",诚意却显然不够,一方面是在出台一些所谓的"利好",另一方面却仍然在不断地放行大盘股的 IPO。这种"放水"行为,怎么能不令投资者感到担心?

第四,加速降杠杆引发下跌,被指没有应急措施。始于6月15日的股市下跌,虽是由众多原因导致的,但降杠杆是公认的一个重要因素。民族证券的投资顾问牟春亮认为:"管理层连续去杠杆,最终导致了股市大幅下跌。""以 A 股市场的两融业务为例,融资和融券的比例完全失衡,这显然是一种不正常的现象。"丁肇勇表示:"正因如此,证监会才要求金融机构降杠杆,希望提前防范和化解风险。但是,A 股市场仍以散户为主,要么死多,要么死空,实际是一个非理性的市场,因此很容易对监管层的降温举措产生歧义。"

问题虽不可否认,但证监会也有自己的为难之处。比如,市场普遍认为证监会错在没有更早严查配资。问题在于,一查配资,随即而来的指向就是:钱从哪儿来?如果从伞形信托倒推,那么银行资金在其中又扮演什么角色?

财政部曾召集四大国有银行开会,逐家了解银行资金入市的情况,以衡量银行风险管理水平,并为"救市"决策提供参考。四大国有银行提供了各自详细的数据:工行入市资金是1800多亿元,中行入市资金是1700多亿元,农行入市资金是600多亿元,建行入市资金是300多亿元。仅四大国有银行合计,就有近5000亿元。如果算上杠杆比率,市场预估银行入市资金所撬动的入市资金不低于1.5万亿元。银行资金入股市热潮仅仅靠证监会是不能彻底解决的。同时,清理时的不同步也暴露了监管协调方面的缺陷。①

我国分业监管的弊端在此次股灾中暴露一二。金融创新层出,导致监管空白、监管重叠,金融控股集团监管缺位,多个金融领域出现竞争性的监管或放松现象。我国对分业监管的大规模反思出现在 2013 年 6 月,当时银行间市场发生的"钱荒"事件对同业业务的规范提出了迫切要求。但是,由于缺乏数据和信息的共享,各个机构只能作一些定性分析,风险缓释措施不够平缓。2014年 5 月 16 日,中国人民银行、银监会、证监会、保监会、外汇局五部委联合发布《关于规范金融机构同业业务的通知》(简称"127 号文"),要求单家商业银行的同业融出资金不得超过该银行一级资本的 50%,同业融入资金余额不得超过该银行负债总额的 1/3。但是,"127 号文"的实施效果并不明显,联席会议制度也未能有效控制住系统性风险。金融产品的创新和资金的流向超出了分业监管的业务边界。在很多情况下,银行与保险或者券商的交易造成了资金的跨体系流动。但是,在分业监管的框架下,监管机构难以把握资金的流向,也很难有效预判风险点。2015 年"股灾"再次告诉我们,无论是整合各监管部门还是在其上设立金融监管协调委员会,或者两者并行,混业监管改革已经迫在眉睫,接下来的问题是如何改革。

2016 年 1 月 4 日,我国股市熔断机制首日生效,A 股两次熔断,提前 87 分钟收盘。熔断机制是指在交易过程中,当股指波动幅度达到某一限定点时,交易所为控制风险,将暂停交易一段时间,或者可以继续进行交易,但是将报价限制在一定范围之内。由于这种情况和保险丝在电流过量时为保护电器会熔断类似,因此称为"熔断机制"。熔断机制的引入,被期待可以抑制投资者可能产生的"羊群效应",抑制追涨杀跌,降低股票市场的波动,使投资者有充分的时间传播和反馈信息,使信息的不对称性与价格的不确定性有所降低,从而防止价格的剧烈波动。②

事实上,熔断机制发挥的作用并不尽如人意。2015 年 12 月 4 日,上交所、深交所、中金所正式发布指数熔断的相关规定,熔断基准指数为沪深 300指数,采用 5% 和 7% 两档阈值,自 2016 年 1 月 1 日起正式实施。③ 2016 年 1

---

① 参见周迎颖:《[股灾反思录]之四、监管之责》,http://finance.jrj.com.cn/2015/07/23174619547433.shtml,2020 年 1 月 11 日访问。
② 参见牛慧慧:《关于我国市场引入熔断机制的看法》,载《中外企业家》2016 年第 1 期。
③ 参见邢会强:《我国资本市场改革的逻辑转换与法律因应》,载《河北法学》2019 年第 5 期。

月 4 日，沪深 300 指数先后于下午 1 点 12 分和 1 点 33 分触及 5% 和 7% 两档熔断阈值。随后，三个交易所暂停交易至收市。1 月 7 日，早盘在 9 点 42 分和 9 点 57 分再度触发熔断，A 股全天交易时间不足 15 分钟，创造了休市最快纪录。1 月 8 日，证监会叫停熔断机制。

熔断机制的昙花一现再次暴露了我国金融监管的问题，证监会的公信力不可避免地受损。他国先进制度并不必然与本国国情相适应，盲目引入可能导致情况不仅未得到改善，反而进一步恶化。因此，我国未来的金融监管应更注重对本国国情的研究和适应，并在此基础之上建立相应的制度。

在资本放松方面，2016 年 12 月 5 日，深港通正式开通。这是继 2014 年 11 月 17 日沪港通正式开通之后，两地金融市场真正融合迈出的又一大步。相比沪港通，深港通的进步主要有三点：一是在北向和南向都增加了 100 多只标的股；二是取消了总额度限制，可以无限循环地交易下去；三是明确了以后将 ETF 纳入标的。① 这代表我国资本市场进一步放开。

自 2014 年以来，有两项金融业务在我国发展迅速：P2P 网贷和资产证券化。2014 年，国家表明了对互联网金融创新的鼓励态度，并在政策上对 P2P 网络借贷平台给予大力支持，使很多始终关注网络借贷平台而又害怕政策风险的企业家和金融巨头开始尝试进入互联网金融领域，组建自己的 P2P 网络借贷平台。P2P 网贷指的是点对点的网络借款，是一种将小额资金聚集起来借贷给有资金需求人群的一种民间小额借贷模式。P2P 网贷与传统民间借贷最大的不同就是借助了互联网技术，互联网技术让民间借贷不仅仅局限于熟人、小地方，交易双方可不受距离和空间的限制，但是由此带来的风险也成倍增长。缺少监管的 P2P 网贷平台最终引起了"暴雷潮"。2014 年年底，宏观经济趋势下行，融资方逾期可能性加大，且临近年底结账时点，很多人要求拖欠还款。与此同时，A 股进入"牛市"，大量 P2P 资金转入股市，投资人纷纷撤出，导致网贷行业资金流风险凸显。这使得本就乱象丛生的行业淘汰率进一步提升，不少平台"失血"过多、提现困难、难以周转，诈骗、跑路、失联的平台越来越多。"网贷之家"的数据显示，2014 年 10—12 月的单月问题平台数分别为 38、40、92。2015 年，网贷行业迅速发展，平台上线迎来高潮，全年成交量达到

---

① 参见罗知之：《2016 年"抢头条"的十大金融事件》，http://money.people.com.cn/n1/2017/0104/c42877-28996798-9.html，2020 年 1 月 11 日访问。

了9823.04亿元，相比2014年全年增长了288.57％，截至当年年底累计成交量达13652亿元。与此同时，行业集中度越来越高，"马太效应"凸显，头部平台受到更多青睐。2015年12月8日，"e租宝事件"爆发，大型"庞氏骗局"暴露。"e租宝"即"钰诚系"下属的金易融（北京）网络科技有限公司运营的网络平台，打着"网络金融"的旗号上线运营，以高额利息为诱饵，虚构融资租赁项目，持续采用借新还旧、自我担保等方式大量非法吸收公众资金，累计交易发生额达700多亿元，在一年半内非法吸收资金500多亿元，受害投资人遍布全国。"e租宝"对外宣称，其经营模式是由集团下属的融资租赁公司与项目公司签订协议，然后在"e租宝"平台上以债权转让的形式发标融资；融到资金后，项目公司向租赁公司支付租金，租赁公司则向投资人支付收益和本金。然而，"e租宝"从一开始就是一场"空手套白狼"的骗局，所谓的融资租赁项目根本名不副实。"e租宝"案在2018年2月终于落下帷幕，被告被判犯集资诈骗罪、非法吸收公众存款罪等罪行并执行。金融创新监管的缺失，使得"e租宝"类公司有机可乘，如何加强对互联网金融的监管成为重中之重。受"e租宝事件"影响，投资者对P2P的信心降到冰点，随之而来的是P2P平台接连关门，不少银行紧急下文排查与网贷平台的合作情况。一些银行直接关闭了P2P交易接口。伴随着负面消息不断，连甲级写字楼租金都受到影响，有的写字楼业主直接声称不租给金融公司。

2015年7月18日，中国人民银行等十部门联合印发《关于促进互联网金融健康发展的指导意见》（银发〔2015〕221号），要求组建中国互联网金融协会。2015年年底，银监会会同工业和信息化部、公安部、国家互联网信息办公室等部门研究起草了《网络借贷信息中介机构业务活动管理暂行办法（征求意见稿）》，确定了网贷行业监管总体原则是：以市场自律为主，以行政监管为辅，同时，对P2P取消了准入门槛监管，转而实行负面清单管理，明确网贷机构不得吸收公众存款、不得设立资金池、不得提供担保或承诺保本保息等12项禁止性行为。2016年8月，银监会向各家银行下发了《网络借贷资金存管业务指引（征求意见稿）》（以下简称《征求意见稿》）。《征求意见稿》不仅对开展存管业务的银行提出了一定的资质要求，对接入的平台也提出了在工商登记注册地地方金融监管部门完成备案登记、按照通信主管部门的相关规定申请获得相应的电信业务经营许可等五项要求。较受业内关注的一项规定是，存管银行不应外包或由合作机构承担，不得委托网贷机构和第三方机构代开出借人和借款人交易结算资金账户。2016年10月13日，国务院办公厅发布《互联网金融风险专项整治工作实施方案》。2017年8月，银监会发布《网络借贷信息中介机构业务活动信息披露指引》，明确了P2P平台向公众披露的信息以及要求整改的时间等。2017年12月，P2P网络借贷风险专项整治工作领导小组办公室下发《关于做好P2P网络借贷风险专项整治整改验收工作的通知》。随着监管政策的陆续出台，众多违规平台退出市场。互联网金融监管的最终目的就是筛选出真正符合信息中介定位的P2P平台，排除掉"问题平台"。

利用互联网途径降低投资门槛，符合我国普惠金融和帮扶小微企业的宏观发展方向。因此，P2P在几年间迅速融入中国经济，生根发芽并发展壮大。互联网金融在日渐繁荣的同时也给金融监管带来新的挑战，如何有效监管这一新型金融模式成为世界各国共同面临的问题。在我国，一些虚假公司、"庞氏骗局"的存在歪曲了互联网金融之普惠金融的本质。自2014年以来，我国出现了几次P2P"暴雷潮"，国家没有采取"一刀切"的监管方式，一方面是因为我国选择逐渐摸索监管模式，另一方面也给了P2P平台充足的时间走上合规之路。从近几年的监管实践可以看出，我国监管的主线是，在肯定互联网金融的同时，针对行业内大量"浑水摸鱼"的混杂局面，去伪存真，着力恢复互联网金融的"本来面目"，让互联网金融真正做到普及于社、服务于民。

五、"一委一行两会"金融监管体制

随着金融全球化的迅猛发展，金融业务的自由化创新与资本流动的规模不断增加，金融行业混业经营的趋势日渐明朗，各种新业态、新产品层出不穷，影子银行、理财产品不断涌现，大环境已经发生重大变化，由此引出各国需要共同面对的金融发展与安全的平衡问题。无论是金融现代化国家还是积极进行体制改革的转轨中国家，都应该对本国的金融监管组织加以调整。对于我国而言，混合竞业模式模糊了金融市场划分的界限，监管机制与监管方式相对滞后，分业监管明显不适应金融发展形势的要求。

2017年7月举行的全国金融工作会议宣布设立国务院金融稳定发展委员会。11月，经党中央、国务院批准，国务院金融稳定发展委员会成立，旨在强化人民银行宏观审慎管理和系统性风险防范职责，落实金融监管部门监管职责，确保金融安全与稳定发展。有了统一层级的国务院金融稳定发展委员会主持大局,各监管机构之间的协调监管得以更加顺利进行。①

但是,国务院金融稳定发展委员会加持下的"三会"模式依然没有摆脱分业监管的僵化模式,金融创新带来的混业经营仍处于监管缺位的状态,造成资金脱实向虚的局面,金融市场存在发生系统性风险的可能,我国的金融监管体制仍需完善。

2018年4月8日,根据第十三届全国人民代表大会第一次会议批准的国务院机构改革方案,中国银行保险监督管理委员会(以下简称"银保监会")正式挂牌,作为国务院直属事业单位。银保监会的主要职责是,依照法律、法规统一监督管理银行业和保险业,维护银行业和保险业合法、稳健运行,防范和化解金融风险,保护金融消费者合法权益,维护金融稳定。银保监会、证监会和国务院金融稳定发展委员会共同构成了我国"一委一行两会"金融监管模式。

银保监会的成立对一些亟待解决的监管问题具有重要意义。例如,监管标准不统一,导致监管套利;监管缺乏穿透性,"铁路警察,各管一段",对用债务资金作股权投资等高风险行为难以抑制;一些金融业态处于监管盲区,没有人管,出了事才被迫补救;监管部门之间信息沟通不畅,使重要决策缺乏依据;部分监管职能重叠,导致冲突、扯皮和政策信号不一等。②

从原来的"一行三会"金融监管模式,转变为目前的"一委一行两会"金融监管模式,正是基于我国金融业的发展实际。新的金融监管架构既考虑了此前"一行三会"长期存在的微观监管不足和宏观监管协调上的效率问题,又兼顾了实践中的可操作性问题,代表我国金融监管体制发展到了新的阶段。③

2012年前后,我国的金融市场进入"大资管"时代,市场在快速发展的同时也积累了一定风险,促使监管部门不断调整监管政策。自2017年起,金融监管开始全面改革,资管业务成为整顿重点,以"资管新规"为主线。2018年4月27日,在经历了5个多月向社会公开征求意见,并接受来自市场近2000条修改意见后,中国人民银行等部委发布《关于规范金融机构资产管理

---

① 参见陈果静:《债券市场将开统一执法新局》,载《经济日报》2018年12月7日。
② 参见李玉敏:《从"去杠杆"到"稳杠杆"中国金融体系这一年》,载《21世纪经济报道》2018年12月29日。
③ 参见宋易康:《易郭搭档,"一委一行两会"探路中国式金融监管》,载《第一财经日报》2018年3月28日。

业务的指导意见》(简称"资管新规"),资管行业步入统一监管新时代。"一行两会"于7月同时推出资管新规执行细则。其中,银保监会和证监会的细则均为征求意见稿,正式版本的理财新规和证监会资管新规细则分别于9月28日和10月22日公布。在理财新规的基础上,银保监会于12月正式出台《商业银行理财子公司管理办法》。至此,资管业务监管法规体系基本形成。

资管新规坚持"去杠杆"方向不动摇,改善股市、债市流动性,对银行理财形成实质性利好,最重要的是打破了多年的刚性兑付,使保本理财成为历史。资管新规要求资产管理业务不得承诺保本保收益,明确刚性兑付的认定及处罚标准,鼓励以市值计量所投金融资产。资管新规将银行的表外业务纳入监管,清理通道业务。资管新规统一同类资管产品的监管标准,要求监管部门对资管业务实行平等准入,促进资管产品获得平等主体地位,从根源上消除多层嵌套的动机。[①] 银行成立资管子公司,进而分离业务、隔离风险。经过深入的测算、评估,资管新规规定的过渡期为至2020年年底,给予金融机构充足的调整和转型时间。

此前,由于不同类资管业务的监管规则和标准不统一,因此存在部分业务监管套利、产品多层嵌套、刚性兑付、规避金融监管等问题。资管业务涉及的机构众多,包括银行、信托、证券、基金、期货、保险等机构均有资管业务,涉及的产品更是广泛,包括银行非保本理财产品,资金信托计划,证券公司、证券公司子公司、基金管理公司、基金管理子公司、期货公司、期货公司子公司和保险资管机构发行的资管产品等。因此,各个机构相对应的监管机构此前都有自己的监管要求,规则复杂且要求不一。资管新规对资管乱象进行了彻底整治,采取统一监管方式,对发展我国资本市场,鼓励直接投资,让金融产品回归原本的功能定位具有重要意义。

改革开放以来,我国金融业逐渐繁荣。与此同时,我国金融监管也随着市场的发展一步步完善。经历了两次金融危机、多次大型金融事件,我国金融监管体制从中央银行大一统监管发展到"一行三会",再到"一委一行两会",发展不可谓不曲折。国务委员王勇向十三届全国人大一次会议作关于国务院机构改革方案的说明时表示,金融是现代经济的核心,必须高度重视防控金融风

---

① 参见赵晓辉、刘慧、李延霞:《资管新规落地影响几何》,载《中华工商时报》2018年5月2日。

险、保障国家金融安全。为深化金融监管体制改革,解决现行体制存在的监管职责不清晰、交叉监管和监管空白等问题,强化综合监管,优化监管资源配置,更好地统筹系统重要性金融机构监管,逐步建立符合现代金融特点、统筹协调监管、有力有效的现代金融监管框架,守住不发生系统性金融风险的底线。在经历了四十多年的发展后,我国金融监管已经逐步走向成熟。接下来,统一监管、协调监管,防范系统性风险,将成为我国金融监管的重点。我们相信未来中国的金融监管将发挥更大的作用。